공무원 시험대비

2023

진가영
영어독해

이론적용
200제

진가영 편저

동영상강의 www.pmg.co.kr   네이버 카페 cafe.naver.com/easyenglish7

공무원 영어
독해 적중률 100%

QMG 박문각

이 책에
들어가기 전에

진심을 다하는 단기합격 길라잡이로서
수험생들을 위한 공무원 영어 독해 200제를 펴내며

안녕하세요, 여러분들의 단기합격 길라잡이 진가영입니다.

처음 노량진에 와서 시험 준비를 하시는 분들이 여러 권의 독해 교재들을 가지고 수업을 들어도 어떻게 공무원 시험에 나오는 독해 문제들을 처리해야 할지는 분명하게 알지 못하고 독해 책을 풀고 나서도 자신의 방식대로 감으로 문제 푸는 경우가 많다는 점을 느꼈습니다.

따라서 저는 어떻게 하면 공무원 시험에서 1분 안에 1지문의 문제를 감이 아닌 지문에 나온 근거와 명백한 단서에 의해서 풀 수 있을지 도대체 공무원 독해의 출제 알고리즘은 무엇이고 어떻게 대비를 해야 시험장에서 독해 10문제를 모두 맞출 수 있을지 매일 고민하고 연구했습니다.

여러 시행착오와 다년간에 이루어진 학생들과의 직접적인 소통을 통해 공무원 시험에서 독해 영역을 대비하기 위한 효율적인 교재를 만들기 위해 끊임없이 교재의 내용을 수정하며 공무원 시험만을 위한 독해 문제집을 만들기 위해 노력했고 그 결과로 나온 교재가 바로 "진가영 영어독해 이론적용 200제"입니다.

이 교재는 감으로 독해를 푸는 것이 아니라 스스로 답의 근거를 통해서 긴장되는 시험장 속에서 확신을 갖고 많은 문제들을 제대로 풀어볼 수 있도록 실전에 적응하는 훈련을 위해 200문제가 수록되어져 있습니다. 이 질 좋은 문제들을 통해서 매일 꾸준히 연습하시고 강의와 함께 병행하신다면 남들보다 더 빠르게 점수가 오르실 거라 믿고 시험장에서 독해 100점을 받을 수 있을 거라 자신합니다.

〈진가영 영어독해 이론적용 200제〉 교재를 통해 꼭 빠른 합격을 이루시길 항상 응원합니다.

Heaven helps those who help themselves!
하늘은 스스로 돕는 자를 돕는다!

여러분들의 노력이 반드시 합격으로 이어지도록 같이 현명한 길라잡이로서 더 좋은 모습으로 수업을 통해 뵙도록 하겠습니다.

9월 노량진 연구실에서
박문각 영어 1위 진가영

이 책의
목차

진가영 영어독해
이론적용 200제

합격
기준 박문각 공무원

Chapter

01

글의 주제 및 요지

01 · 글의 주제 및 요지

▶ 대비 전략

01 중심 내용 파악 능력이란 대화·담화를 듣거나 글을 읽고 전체적인 내용을 이해·추론할 수 있는 능력으로서, 대화·담화 또는 글의 주제, 요지, 제목 등을 이해하고 추론할 수 있는 능력을 의미한다.

02 평소 인문, 사회, 과학, 예술 등 다양한 분야를 다룬 읽기 자료를 읽으면서 전체적인 맥락을 파악해 보는 연습이 필요하다. 즉 단어 하나하나의 뜻을 해독하여 의미를 이해하기보다는 글 전체를 훑어 읽어가며 필자가 글을 통해 전달하고자 하는 핵심적인 내용을 유추하는 방식의 학습이 효과적이다. 다양한 소재와 종류의 영어 지문을 읽으면서 글이 일반적으로 어떻게 구성되며, 논지가 어떻게 전개되는지 정리해 보는 것도 글의 요지 파악에 도움이 된다.

03 공무원 시험에서 글의 중심 내용 파악 유형은 꾸준히 평균 2문제 이상씩 출제되는 유형이다. 일반적으로 어렵지 않은 유형에 속하지만 긴장되는 시험 상황 속에서는 쉬운 문제도 어렵게 느껴진다. 따라서 반드시 출제 알고리즘을 통해 글의 핵심 내용을 파악하는 방법을 숙지하고 연습을 통해 내것으로 만들어 시험장에서도 충분히 맞출 수 있도록 해야 하며 오답 패턴을 분석하여 자신의 부족한 점을 제대로 진단해 보완하는 것이 필요하다.

▶ 평가 요소

이 문항은 주어진 지문의 내용을 읽고 **전체적인 주제와 요지를 파악한 뒤 핵심 내용을 대표**할 수 있는 제목을 도출해내는 능력을 측정하는 문항이다.

▶ 문항 풀이를 위한 주요 개념·원리

본 문항의 정답을 찾기 위해서는 글의 핵심 내용을 제목으로 가장 잘 표현한 것을 찾을 수 있는 능력이 필요하다. 글의 핵심 내용을 그대로 제목으로 제시하는 경우도 있지만, **함축적이거나 은유적으로 또는 의문문이나 명령문 등의 다양한 형태로 제목을 제시**하는 경우도 있기 때문에 **너무 지엽적이거나 일반적이지 않으면서 글 전체의 내용을 포괄하는 선택지를 제목**으로 고를 수 있어야 한다.

▶ 학습 안내

01 글의 중심 내용을 파악하기 위해서는 **글의 첫 문장과 마지막 문장, 또는 역접의 연결사 (예: however)가 제시된 경우 그 이후 부분을 중심으로 지문에서 제시되는 반복적인 어구 또는 특정 개념과 관련된 표현을 주의 깊게 살펴보아야 한다.** 글의 흐름을 따라가며 주제에 대한 필자의 의견이나 글의 중심 내용을 파악한 뒤, 마지막으로 선택지를 분석하여 글의 전반적인 내용을 아우를 수 있는 가장 적절한 제목을 선택해야 한다.

02 다양한 주제의 글을 접해보는 것 또한 중요하다. **철학, 종교, 역사, 환경, 자원, 과학, 스포츠, 음악, 미술, 교육, 인문학, 컴퓨터, 미디어, 의학, 진로 등에 관한 다양한 주제와 소재**를 다룬 글에 관심을 가지고 읽으면서 각 중심 소재별로 **글이 어떤 방식으로 작성되는지** 살펴보아야 한다.

03 또한 선택지에서 제목이 문자 그대로 표현되기도 하지만, 함축적이거나 은유적으로 또는 의문문이나 명령문의 형태 등으로 제시되므로 **다양한 관용적 표현과 문장 형식에 따라 달라지는 어휘나 구문의 내포된 의미를 평소에 학습**해 두는 것이 필요하다.

04 마지막으로, 선택지에서 정답을 찾을 때 오답이 가진 특징을 잘 파악해야 한다. 오답의 경우 지문에서 내용이 언급되지 않았거나 지문과 일부 연관성을 가지고 제시되기도 하지만, 중심 소재나 주제를 모두 아우르기에는 지나치게 지엽적이거나 일반적이라는 점을 유념하고 정답을 선택해야 한다. 즉, **오답은 주로 지문의 일부 내용 요소를 다루지만, 지문의 내용과 무관한 것을 언급하거나 중심 소재나 내용 요소를 언급하지 않는 특징**을 가졌다는 점에 주목해야 한다.

▶ 문제 풀이 순서

01 보기로 가서 보기에 **공통 단어**가 있는지 확인한다. 공통 단어가 있으면 대략 **내용을 예측**하고 본문으로 간다. 만약, 공통 단어가 없으면 이 글이 무엇에 관한 글인지만 찾자는 생각으로 본문으로 간다.

02 문장의 **첫 문장을 읽으면서** 특정 **명사**나 특정 **용어**가 나오면 집중하면서 속으로 '아 ~ oo에 관한 내용인가?' 하면서 자신에게 읽은 **내용을 상기**시키며 집중해서 첫 문장을 읽는다.

03 **두 번째 문장**으로 가서 첫 문장의 어떤 내용이 **반복**되는지 **첫 문장의 내용과 연관**시키며 반복되는 어구를 찾는다. 이때, **주의**할 것은 반복되는 내용이 **지시대명사**(this, these, that, those)나 **인칭대명사**(it, they, them 등)가 될 수도 있고 단어가 비슷한 다른 단어로 재진술(예: moral - decency/ gene - nature)로 나올 수 있으므로 주의해서 본다.

04 **중간에** but, yet, however 등 **역접 연결사**가 나왔다면 역접 연결사를 포함한 문장을 읽고 **뒤에 한 문장을 추가**로 읽어주며 어떤 내용이 **반복**되고 있는지 추가로 확인해 준다. 단, 역접 연결어 뒤에 문장이 너무 구체적이고 자세하게 길게 나올 때는 굳이 내용을 확인하지 않아도 된다.

05 **마지막 문장**을 읽으면서 다시 한번 글의 첫 내용이나 역접 연결사 뒤의 내용과 **반복되는 내용**을 확인한다. 다만 마지막 문장의 시작이 지시대명사나 대명사로 시작해서 무슨 내용인지 모르겠다면 마지막 문장에서 앞에 한 문장 정도를 더 읽어서 무슨 내용을 받고 있는지 확인한다.

06 대충 **핵심 문장들을 확인**했으면 일단 **선택지로** 다시 돌아가서 자신이 읽은 부분에서 **보지 못한** 내용을 1차적으로 **소거**한다.

07 지문에서 봤던 **핵심 반복 어휘**가 있다면 일단 소거하지 말고 **남겨둔다**.

08 아닌 선택지 두 개를 소거하고 헷갈리는 선택지들이 있다면 **두 선택지의 차이점을 확인**하고 지문의 **핵심 문장으로 다시 가서** 어떤 내용이 나왔는지 반드시 확인한다.

09 만약 겹치는 내용을 찾지 못했을 경우나 반복되는 내용이 잘 확인되지 않을 때는 지문을 추가로 읽고 반복되는 내용을 찾는다.

▶ 주의 사항

01 주제문 찾을 때 보기 먼저 읽고 내용을 예측해서 확인한다.
→ 이때, **보기를 직독직해하는 것이 아니라 보기를 30초 정도 보면서 겹치는 단어가 있는지 확인한다**.

02 첫 번째, 두 번째, 역접, 마지막 문장 등을 읽을 때는 계속 이 글이 무엇에 관한 글일지 **반복되는 어구** 및 특정 개념을 생각한다.

03 첫 문장을 읽으면서 **글의 내용이 긍정인지 부정인지 확인**하면서 읽고 두 번째 문장을 읽을 때는 반드시 **반복되는 내용**이 무엇인지 **동그라미 치거나 밑줄** 그으면서 확인하며 읽는다.

04 글을 읽을 때는 반드시 **항상 주제문인지 구체적인 진술인지 생각**하면서 읽는다.

05 마지막 문장을 읽어야 하지만, 마지막 문장이 예시라면 빠르게 읽고 넘긴다.

06 **마지막 문장**이 대명사가 나와서 무슨 말인지 **이해가 잘 안 되면 바로 앞 문장을 확인**해서 반복되는 내용을 확인한다.

07 대부분 글의 첫 한 두 문장이 주제문인 두괄식이 많다.

08 다만, 첫 번째 문장이 도입 문장인 경우에는 첫 문장의 내용이 두 번째 문장에서 반복되지 않고 **두 번째 문장에 해당하는 내용이 세 번째 문장부터 반복되는 때도** 있으니 주의해야 한다.

09 중간에 역접 연결어(But, Yet, However, Nevertheless)가 들어있는 문장이 있고 그 문장이나 그 이후에 문장에 반복되는 내용이 주제이다.(→ 중괄식 구조)

10 구체적인 문장[예시, 상술, 부연설명, 나열, 수치, 고유명사, dash(-)] 뒤의 문장 앞이나 이후 일반적인 진술이 주제문이다.

▶ 주제문의 특징

MEMO

01 should, must, have to, need to 등 "~해야 한다"라는 표현을 담고 있는 문장

02 important, essential, critical, key, fundamental, necessary, desirable 등 중요성을 나타내는 어휘를 담고 있는 문장

03 For example, For instance, For an illustration, To illustrate, To be specific, Let's take an example, Suppose, Imagine, Picture 등 예시를 나타내는 표현 앞에 나온 문장

04 So, Thus, Therefore과 같은 결론 문장이 특히 초반이나 후반부에 나와 있을 때

05 실험 연구 결과(Research shows that절 등)

06 명령문(동사원형, Don't 동사원형)

07 최상급, 비교급

08 I believe(think, argue 등)과 같이 필자의 견해를 나타내는 표현

09 반복은 주제를 의미

10 자세한 설명 시작 전이나 후가 주제문

필수 문제

01 다음 글의 요지로 가장 적절한 것은?

How do you describe the times we live in, so connected and yet fractured? Linda Stone, a former Microsoft techie, characterizes ours as an era of continuous partial attention. At the extreme end are teenagers instant-messaging while they are talking on the cell phone, downloading music and doing homework. But adults too live with all systems go, interrupted and distracted, scanning everything, multi-technological-tasking everywhere. We suffer from the illusion, Stone says, that we can expand our personal bandwidth, connecting to more and more. Instead, we end up overstimulated, overwhelmed and, she adds, unfulfilled.

① Modern technology helps us to enrich our lives.
② We live in an age characterized by a lack of full attention.
③ Family bonds start to weaken as a result of smart phone development.
④ The older generation can be as technologically smart as the younger one.

어휘
- [ ] the times we live in 우리가 살고 있는 시대
- [ ] fracture 부러지다, 균열되다
- [ ] characterize ～ as ～ ～을 ～라고 간주하다(= portray, describe)
- [ ] an era of continuous partial attention 계속적으로 부분적으로만 주의를 기울이는 시대
- [ ] At the extreme end are + 주어 ～이 ～의 맨 극단에 있다 (장소부사 도치 구문)
- [ ] talk on the cell phone 핸드폰으로 통화하다
- [ ] do homework 숙제를 하다
- [ ] interrupted and distracted 방해받고 주의가 산만해진
- [ ] scan (～을 찾기 위해) 여기저기 훑어보다
- [ ] expand our personal bandwidth 개인적 정보량/대역폭을 확장하다
- [ ] overstimulate 지나치게 자극하다
- [ ] unfulfilled 만족스럽지 못하게 느끼는, 달성되지 못한
- [ ] end up unfulfilled 만족하지 못한 채로 끝나 버리다

02 다음 글의 제목으로 가장 적절한 것은?

Drama is doing. Drama is being. Drama is such a normal thing. It is something that we all engage in every day when faced with difficult situations. You get up in the morning with a bad headache or an attack of depression, yet you face the day and cope with other people, pretending that nothing is wrong. You have an important meeting or an interview coming up, so you talk through the issues with yourself beforehand and decide how to present a confident, cheerful face, what to wear, what to do with your hands, and so on. You've spilt coffee over a colleague's papers, and immediately you prepare an elaborate excuse. Your partner has just run off with your best friend, yet you cannot avoid going in to teach a class of inquisitive students. Getting on with our day-to-day lives requires a series of civilized masks if we are to maintain our dignity and live in harmony with others.

① Dysfunctions of Drama
② Drama in Our Daily Lives
③ Drama as a Theatrical Art
④ Dramatic Changes in Emotions

어휘

☐ engage in something ～을 겪다, ～에 참여하다
☐ when faced with difficult situations 어려운 상황에 직면했을 때
☐ get up in the morning with a bad headache 아침에 일어날 때 두통이 있다
☐ cope with other people 사람들을 상대하다
☐ pretend that nothing is wrong 아무것도 잘못되지 않은 것처럼 행동하다
☐ an interview coming up 다가오는 면접
☐ talk through the issues 이슈들을 철저히 논의하다
☐ elaborate 정교한, 세련된, 정성들인
☐ run off with your best friend 당신의 가장 친한 친구와 눈이 맞아 달아나다
☐ inquisitive students 탐구적인/호기심 많은 학생들
☐ live in harmony with others 남들과 조화를 이루며 살다
☐ get on with something ～을 잘 해내다

03 글의 제목으로 가장 적절한 것은?

Experts tell us that to make a long-lasting impression, we should avoid speaking too fast, articulate our words, and pay special attention to our tone of voice. The fear of public speaking and being the center of attention are well-known terrifying situations for most introverts. Undeniably, though, the art of expressing ourselves is a priceless skill. Words constitute a very small — but still significant — part of our communication with the world. The ability to choose the right phrases, as well as the lack of it, communicates to others the story of our personality, of our brand, and of the degree to which we are willing and motivated to succeed. An introvert can master the skill of a great conversation by joining a professional organization such as Toastmasters. Try to view any chance to speak in front of an audience as a challenge instead of a dread, and explore the speaking opportunity as preparation for the times when you will really need this skill in order to shine.

① How Personality Affects Our Speeches
② Introverts Lack Social Skills to Communicate with the World
③ A Tip For Introverts Who Want to Be Successful: Give Speaking a Shot
④ The Difficulties of Public Speaking

어휘

☐ make a long-lasting impression 오래 남는 인상을 심어주다
☐ avoid speaking too fast 너무 빨리 말하지 않도록 한다
☐ articulate our words 하고자 하는 말을 분명히 말하다 (articulate 똑똑히 발음하다, 분명히 말하다)
☐ pay special attention to our tone of voice 우리의 목소리 톤에 특별한 주의를 기울이다
☐ introvert 내성적인 사람
☐ undeniably 명백히(undeniable 부인[부정]할 수 없는, 명백한, 더할 나위 없는)
☐ a priceless skill 귀중한 능력
☐ give something a shot ~을 도전하다
☐ view A as B A를 B로 바라보다/여기다

04 글의 제목으로 가장 적절한 것은?

The establishment of community gardens in inner city areas can boost social and ecological sustainability, suggest researchers. A study found those that produced food were the ones most likely to deliver "win-win" scenarios. Urban green spaces managed by local people were more likely to be preserved for future generations, they added. The scientists have created an "allotment of the future" as part of Manchester's City of Science festival. "The production of food and the degree to which sites were cultivated for food was catalytic for the overall benefits from ecosystem services," explained Matthew Dennis from the University of Salford's Ecosystem and Environment Research Centre. "It was a nice way of looking at it, that the more effort to cultivate an area for food, the more overall benefits are gained from the site." Allotments have long been a part of the urban landscape, from wartime "dig for victory" campaigns to post-war austerity and rationing. The activity has seen a surge in recent years as people have looked to reconnect with their food.

① Urban Farming: Its Merits and Demerits
② What Should Be Considered When Cultivating an Area for Food?
③ Community Gardens in Urban Areas Have Improved the Urban Landscape
④ Shared Urban Green Spaces for Food Are Good for Communities and Biodiversity

어휘

☐ boost ecological sustainability 생태적 지속 가능성을 향상시키다
☐ most likely to deliver "win-win" scenarios 윈윈 시나리오를 전달할 것 같은(most likely 아마도)
☐ urban green spaces managed by local people 지역 주민들에 의해 관리되는 도시 녹지 공간들
☐ an allotment 시민농장
☐ was catalytic for the overall benefits 전체적인 혜택에 촉매 작용을 했다
☐ ecosystem services 생태계가 주는 여러 가지 혜택
☐ have long been a part of the urban landscape 오랫동안 도시 풍경의 일부였다
☐ austerity 긴축정책
☐ rationing 배급
☐ the activity has seen a surge in recent years 그 활동은 최근에 급증해 왔다
☐ look to reconnect with their food 그들의 음식과 다시 연결되려 하다

05 글의 제목으로 가장 적절한 것은?

During the middle ages the roads weren't always very safe for travelers; meeting people coming the other way on the road was something best done defensively. Historians then believe the keep-left rule was adopted because, on a horse, if you were right handed and you met some unsavory company on the road, you could draw your weapon, typically attached to your left side, with your right hand and bring it to bear quickly against the person who is going the opposite way of you on your right; all the while, controlling the reigns with your left hand. Then of course, if you happened to meet a friend on the road, you could more easily offer your right hand in greeting without needing to reach across your body when on horseback. People on horseback then also typically ruled the road, so everybody else followed suit.

① The Origin of the Keep-Left Rule on the Road

② Horse: A Companion As Well As Means of Transportation

③ The Development of Road Systems in the Middle Ages

④ Weapons: An Essential for Travellers in the Middle Ages

어휘

☐ during the middle ages 중세 시대 동안
☐ weren't always safe 항상 안전하지는 않았다
☐ weren't very safe 그다지 안전하지는 않았다
☐ people coming the other way on the road 길의 반대편에서 오는 사람들
☐ something best done defensively 방어적으로 만나는 것이 최선인 것
☐ the keep-left rule was adopted 왼쪽 통행 규칙이 채택되었다
☐ if you were right handed 당신이 오른손잡이라면
☐ meet some unsavory company on the road 길에서 어떤 불쾌한 행인을 마주치다(unsavory 불미스러운, 불쾌한)
☐ bear against something (방향을 돌려) ~와 대치하다
☐ reign 영역, 범위, 지배, 통치
☐ follow suit 남이 한 대로 따라하다

06 글의 주제로 가장 적절한 것은?

A personal computer is a standard home accessory these days, but it can be a minefield for leakage of personal information. There are a whole host of software programs that can be purchased to protect against hackers from getting into your data, such as antivirus software that protects you from potentially damaging viruses, anti-spyware that will help protect your computer against unwanted software and pop-up advertising, and anti-spam software to prevent unwanted e-mails. There are also personal firewalls that work as a barrier against intrusion into your computer. Rather than just relying on software, common sense should also come into play. Don't reply to or open suspicious e-mails or pop-ups, especially those that indicate that your computer is under attack and ask you to purchase software to protect your information — this is another one of those scams that people fall victim to, called malware or scamware. Finally, if your computer doesn't do this automatically, remember to disconnect from the Internet when you are not using it.

*malware 악성코드

① Set time limits on computer use for children.
② It is important to update your computer regularly.
③ Personal information is the most secure on a personal computer.
④ Take action to protect your computers from PC attacks.

어휘

☐ a whole host of software programs 아주 많은 소프트웨어 프로그램들(a whole host of = a large number of 아주 많은)
☐ leakage of personal information 개인정보의 유출(leakage 누출, 유출, 누설)
☐ protect against hackers from getting into your data (protect against someone from doing something ~가 ~하는 것을 막다)
☐ protect you from potentially damaging viruses 해를 끼칠 수 있는 바이러스로부터 당신을 보호하다
☐ come into play 활동하다
☐ fall victim to something ~의 희생이 되다

07 글의 주제로 가장 적절한 것은?

As bizarre as it may sound, the bacteria in your gut might be contributing to stress. Research has shown that the brain signals to the gut, which is why stress can inflame gastrointestinal symptoms; communication may flow the other way too, from gut to brain. A 2013 UCLA study among 36 healthy women revealed that consuming probiotics in yogurt reduced brain activity in areas that handle emotion, including stress compared to people who consumed yogurt without probiotics or no yogurt at all. The researchers believe that microorganisms in the gut produce stress-relieving hormones, making your brain feel calm and satisfied. This study was small so more research is needed to confirm the results — but considering probiotic yogurt is full of calcium and protein in addition to probiotics, you really can't go wrong by adding more of it to your diet — in terms of improving your physical health as well as of your mental health.

*probiotic 생균제, 유산균

① Hormones the brain produces for the health of the gut
② Relaxing effects of dairy products due to the milk protein
③ The reason probiotic yogurt is good for the gut and the brain
④ Similarities and differences between the gut and the brain

어휘

- ☐ as bizarre as it may sound 이상하게 들릴지 모르겠지만 (bizarre 기괴한, 별스러운)
- ☐ contribute to stress 스트레스에 기여하다
- ☐ gut 장, 소화관, 내장
- ☐ inflame 자극하다, 선동하다, ~에 염증을 일으키다, 눈을 충혈시키다(inflamed eyes 충혈된 눈), 타오르다
- ☐ gastrointestinal 위장의
- ☐ the other way 정반대로
- ☐ compared to people who consumed ~을 먹을 사람들에 비해
- ☐ consume yogurt without probiotics 생균제가 들어 있지 않은 요거트를 먹다(consume = eat)
- ☐ produce stress-relieving hormones 긴장을 완화시키는 호르몬을 생산하다
- ☐ you can't go wrong by adding more of it 그것을 더 추가해서 잘못될 게 전혀 없다
- ☐ in terms of improving your physical health 당신의 신체 건강을 향상시키는 데 있어서

08 글의 주제로 가장 적절한 것은?

More and more people are confident that being visually impaired doesn't mean being cut off from society. There are brilliant new products that help the visually impaired enjoy a more independent lifestyle. The smartphone is a good example. Blind people can use a smartphone with a keyboard and the voice feedback. And there are even apps targeting the blind. Among the new technologies, the voice feedback technology is a true wonder. Clocks, refrigerators, computers, and ovens with voice feedback make life more convenient for both the visually impaired and normal people. Also, chess and other board games that can be read by the finger are widely enjoyed. These items help the visually impaired feel more confident about themselves and enjoy challenges in life.

① The visually impaired facing difficulties
② New products helping the visually impaired
③ The marvelous will power of the handicapped
④ The reason the visually impaired feel isolated

어휘

☐ more and more people are confident that… 점점 많은 사람들이 …라는 것을 확신하고 있다
☐ brilliant new products 기발한 새로운 상품들
☐ being visually impaired 시각장애를 겪고 있다는 것
☐ be cut off from society 사회로부터 고립 / 단절되다(cut something/someone off from something ~을 ~로부터 고립[단절]시키다)
☐ the blind 시각장애인들(the + 형용사 blind)
☐ apps targeting the blind 시각장애인들을 대상으로 삼는 앱들(target vt. ~을 목표[표적]으로 삼다)
☐ feel more confident about themselves 더욱 자신감을 갖다
☐ enjoy challenges in life 인생의 역경들을 즐기다

09 글의 주제로 가장 적절한 것은?

There is a really depressing finding that a recession can quickly drag perfectly good people away from the job market, perhaps forever. A recession does huge damage in its own right, but it can also leave long-lasting scars. A piece of evidence comes from the economist Till Marco von Wachter, of the University of California, Los Angeles. Von Wachter has studied what happens to particular groups of people trying to find jobs in tough labor markets − for instance, people who lose their jobs in a mass layoff, or who graduate and start looking for work. He has found that if such people have to look for work in a recession, rather than when the economy is booming, they tend to suffer lasting damage to their earnings. Part of the problem is that people, understandably, accept jobs that aren't in the fields they really want to enter. They accumulate skills, experience and contacts in the wrong career. A decade after the end of the recessions he studied, von Wachter could still see differences between those who had to look for jobs in a slump and those trying to find employment in a boom.

① The effects of recession on job applicants
② Essential skills you'll need for jobs of the future
③ Earning predictions during a boom and during a recession
④ The necessity of analyzing a job description before submitting your application

어휘

☐ a really depressing finding 정말로 우울한/침울한 결과
☐ drag people away from the job market 사람들을 구직 시장에서 끌어내다
☐ do huge damage 커다란 해를 끼친다
☐ in its own right 그 자체만으로도
☐ leave long-lasting scars 오래 가는 흉터를 남기다
☐ a piece of evidence 한 가지 증거
☐ find jobs in tough labor markets 일자리를 구하기 힘든 일자리 시장에서 직장을 찾다
☐ people who lose their jobs 직장을 잃는 사람들
☐ a mass layoff 대규모 정리해고
☐ when economy is booming 경제가 호황을 누릴 때

10 글의 요지로 가장 적절한 것은?

Almost all groups require some conformity from their members, but in extreme cases the demand for conformity can lead to what social psychologists call "groupthink." Groupthink happens when pressure for unanimity within a highly cohesive group overwhelms its members' desire or ability to appraise the situation realistically and consider alternative courses of action. Members of the group close their eyes to negative information, ignore warnings that the group may be mistaken, and discount outside ideas that might contradict the thinking or the decisions of the group. For example, when the Senate Intelligence Committee investigated the U.S. intelligence community's false presumption that Saddam Hussein possessed weapons of mass destruction that posed a grave threat to American security interests, the committee's July 2004 report specifically identified groupthink as the problem.

① The desire for conformity in a group results in irrational decisions.

② It takes large groups longer to agree on common objectives and activities.

③ The importance of information for national security cannot be overemphasized.

④ Groups make better decisions than individuals as a result of discussion within the group.

어휘

- [ ] require some conformity from their members 그들의 구성원들로부터 어느 정도의 순응을 필요로 하다
- [ ] in extreme cases 극단의 경우에는
- [ ] the demand for conformity 순응에 대한 요구
- [ ] can lead to goupthink 집단사고를 낳게 될 수 있다
- [ ] what social psychologists call "groupthink" 심리학자들이 "집단사고"라고 부르는 것
- [ ] pressure for unanimity 만장일치에 대한 압박
- [ ] within a highly cohesive group 매우 응집력이 강한 조직 내에서
- [ ] overwhelm its members' desire to appraise ~을 평가하려는 그 구성원들의 의욕을 압도하다/제압하다
- [ ] consider alternative courses of action 대안이 되는 행동 방식/방침/방향을 고려하다
- [ ] discount outside ideas 외부의 아이디어를 무시하다 (discount ~을 고려에 넣지 않다)
- [ ] security interest 안보이익
- [ ] presumption 추정
- [ ] pose a great threat to something/someone ~에 심각한 위협을 주다

11 글의 요지로 가장 적절한 것은?

A professional athlete endorses a brand of breakfast cereal. A famous musician features a soft drink company's product in a rock video. The promotional brochure for an advertising agency lists all of the large companies that have used its services. In each case, the advertisers are trying to win your confidence — and your dollars — by citing authorities. The underlying assumption is usually this: famous people and organizations buy our product. Therefore, you should buy it too. Or, you should accept this idea merely because someone who's well known says it's true. Appealing to authority is usually a substitute for producing real evidence. It invites sloppy thinking. When our only evidence for a viewpoint is an appeal to authority, it's time to think more thoroughly.

① An appeal to authority does not mean a claim is true.
② Confidence is needed to evaluate a product accurately.
③ People will sometimes deceive themselves when they're attracted to the appeal.
④ If you were honest with your customers, you'd get a better response.

- □ a professional athlete 프로 운동선수
- □ endorse something (광고 등)의 모델을 하다, 유명인이 상품 광고에 보증 선전을 하다
- □ win your confidence 당신의 신뢰를 얻다
- □ the underlying assumption 기저에 깔려 있는 추측/가정
- □ someone who is well known 사람들에게 잘 알려져 있는 사람
- □ appeal to authority 권위에 호소하다(authority 권위, 권한, 권위자, 대가)
- □ a substitute for producing real evidence 진정한 증거 제시를 대체하는 것
- □ invite ~을 초래하다/야기하다, ~을 권유하다, ~을 이끌다, ~을 유인하다
- □ sloppy thinking 어설픈 사고(sloppy 땅이 질퍽한, 일이 엉성한/조잡한, 옷이 헐렁한)
- □ our only evidence for a viewpoint 어떤 관점을 갖게 만드는 유일한 증거

12 글의 제목으로 가장 적절한 것은?

Such emphasis on the preschool brain has overshadowed the opportunities for growth and change in the brain during and after adolescence. This is known as plasticity. Brain plasticity refers to the brain's ability to change as it experiences fresh phenomenon and learns new information. In essence, it means the brain is on a continual course of rewiring in order to make sense of its environment. Amazingly, due to plasticity, changes occur in both the brain's physical structure and in the way it functions throughout our lifespan. This allows the sixty-year-old man to change his golf stroke or the forty-year-old woman to return to school for her master's degree. It also gives special assistance to those with a brain injury, helping them depend more on their remaining brain functions.

① The Limitations of Post-pubescent Brain Development
② Brain Plasticity Means a Better Brain at Any Age
③ The Ability of the Brain to Heal its Injury
④ Flexibility of the Brain of Preschool Children

어휘

- [ ] emphasis on the preschool brain 미취학 아동의 뇌에 대한 강조
- [ ] the opportunities for growth and change 성장과 변화를 위한 (일으킬 수 있는) 기회
- [ ] during adolescence 10대 시절 동안
- [ ] refer to the brain's ability to change 뇌의 변화할 수 있는 능력을 일컫다
- [ ] in essence 본질적으로
- [ ] is on a continual course of rewiring 끊임없이 뇌의 회로가 다시 깔리는 과정 중에 있다
- [ ] in order to make sense of its environment 그것의 환경을 이해하기 위해서
- [ ] due to plasticity 가소성 때문에
- [ ] in the way it functions 그것이 기능하는 방식에 있어서
- [ ] throughout our lifespan 일생에 걸쳐, 일생 동안
- [ ] those with a brain injury 뇌 손상을 입은 이들

13 글의 제목으로 가장 적절한 것은?

In Sweden, physician Matilda van den Bosch found that after a stressful math task, subjects' heart rate variability — which decreases with stress — returned to normal more quickly when they sat through 15 minutes of nature scenes and birdsong in a 3-D virtual reality room than when they sat in a plain room. A real-life experiment is under way at the Snake River Correctional Institution in eastern Oregon. Officers there report calmer behavior in solitary confinement prisoners who exercise for 40 minutes several days a week in a "blue room" where nature videos are playing, compared with those who exercise in a gym without videos. "I thought it was crazy at first," says corrections officer Michael Lea. But he has experienced the difference. "There's a lot of yelling really loud — it echoes horribly," in the plain gym, he says. "In the blue room they tend not to yell. They say, 'Hold on, I got to watch my video.'"

① The Soothing Effects of Virtual Nature
② The Use of Virtual Reality to Reduce the Crime Rate
③ The Calming Effect of Birdsong on the Heart
④ The Benefits of Meditating in Nature

어휘
☐ heart rate variability 심박수 변동성
☐ return to normal 정상으로 되돌아오다
☐ sat through 15 minutes 15분 내내 앉아 있었다
☐ in a plain room 일반적인(평범한) 방에서
☐ a real-life experiment is under way 실제 생활 속에서 실험이 진행 중이다
☐ solitary confinement prisoners 독방 수감자들
☐ compared with ~과 비교했을 때
☐ those who exercise in a gym without videos 비디오 없이 체육관에서 운동하는 사람들
☐ at first 처음에
☐ they tend not to yell 그들은 고함을 지르지 않는 경향이 있다
☐ hold on 잠깐만

14 글의 제목으로 가장 적절한 것은?

To understand how science works, we must look at how it progresses with time. We must see what led up to today's ideas. Science is a dynamic enterprise and the continual refinement of theories is one of its strengths. Every advance in science is necessarily incomplete and may well be partly inaccurate; this is a natural result of the fact that science is a human activity and thus includes people's biases. Looking back and understanding how a certain idea evolved allows us to better appreciate all of the specific influences on that idea from people of different times and nationalities. We can also better understand the basis of the idea and see how the scientific "knowledge filter" works, at least ideally, by recognizing and removing weaknesses such as personal biases during the different evolutionary stages of the idea.

① The Independence of Science from Society
② Science: A History of Intellectual Superiors
③ The Need for Looking Back into Science History
④ Human Biases: An Enemy of Scientific Progress

어휘

□ how it progresses with time 시간이 흐르면서 그것이 어떻게 발전해 가는지
□ what led up to today's ideas 무엇이 오늘날의 아이디어에 이르렀는지
□ every advance in science 과학의 모든 진보
□ may well be partly inaccurate 부분적으로 부정확한 게 당연하다
□ look back 되돌아보다
□ how a certain idea evolved 어떻게 특정한 아이디어가 진화했는지
□ allow us to better appreciate 우리가 ~을 더 잘 이해하도록 해 준다
□ all of the specific influences on that idea 그 아이디어에 미친 모든 구체적 영향들
□ better understand the basis of the idea 그 아이디어의 근본(기본)을 더 잘 이해하다
□ how the scientific "knowledge filter" works 과학적 지식 필터가 어떻게 작용하는지
□ during the different evolutionary stages of the idea 그 아이디어의 여러 진화 과정 동안

15 다음 글의 제목으로 가장 적절한 것은?

Wilson's involvement in devising a plan to prevent future international conflict began in January 1918 when he laid out his "Fourteen Points." The plan addressed specific territorial issues in Europe, equal trade conditions, arms reduction, and national sovereignty for former colonies of Europe's weakening empires, but the primary thrust of his policy was to create an international organization that would arbitrate peaceful solutions to conflicts between nations. Wilson's Fourteen Points not only laid the foundation for the peace agreement signed by France, Britain, and Germany at the end of World War I, but also formed the basis for American foreign policy in the 20th and early 21st centuries. Although the League of Nations never materialized, largely due to the fact that it was never ratified by the U.S. Congress, it formed the blueprint for the United Nations, which was established after the Second World War.

① Wilson's Contributions to the Foundation of the United Nations
② Wilson's Last Attempt to Establish the League of Nations
③ International Conflicts Prior to World War II
④ The United Nation's Role in Ending Conflicts between Different Nations

어휘

☐ Wilson's involvement in devising a plan 계획을 세우는 데 있어 윌슨이 참여한 것
☐ a plan to prevent future international conflict 미래의 국제적인 분쟁을 막기 위한 계획
☐ laid out his "Fourteen Points" "14개조"를 발표했다
☐ national sovereignty for former colonies 이전 식민지들의 자주권(민족 자결주의)
☐ the primary thrust of his policy 그의 원칙의 주요한 목표 [목적]
☐ arbitrate peaceful solutions 평화적 해결책을 중재하다
☐ peaceful solutions to conflicts between nations 국가 간 갈등을 풀기 위한 평화적인 해결책
☐ formed the basis for American foreign policy 미국 외교 정책의 근거를 만들었다
☐ largely due to the fact that… 주로 …의 사실 때문에
☐ was ratified by the U.S. Congress ~이 미국 의회에서 비준됐다

16 글의 제목으로 가장 적절한 것은?

Every child at one time or another believes the world revolves around him. "Selfish means you are thinking of yourself as opposed to others," explains Michael Lewis, professor of pediatrics and psychiatry at the Robert Wood Johnson Medical School in New Brunswick, New Jersey. "The youngster who is unable to take the view of another is going to appear selfish. There are points in people's lives, one of them being adolescence, when the energy is withdrawn. Hormonal changes and physical growth during that time may be particularly harsh and the energy to focus on others just isn't there." All parents can expect their toddlers and teens to act selfishly at times.

① Parents Make Selfish Children.
② Selfishness: A Symbol of Social Deficiency
③ Childhood Selfishness: A Natural Part of Growth
④ Why Smarter Children Are More Selfish

어휘

☐ at one time or another 한 번씩은, 가끔은
☐ the world revolves around him 세상이 그(Every child)를 중심으로 돌다
☐ think of yourself as opposed to others 다른 이들과 반대되는 존재로 자신을 생각하다
☐ take the view of another 다른 이의 관점에서 생각하다
☐ appear selfish 이기적으로 보이다
☐ points when the energy is withdrawn 그 에너지가 고갈되는 시기
☐ during that time 그 시간 동안
☐ the energy to focus on others 다른 사람에게 집중할 수 있는 에너지
☐ act selfishly 이기적으로 행동하다
☐ at times 때때로

17 글의 제목으로 가장 적절한 것은?

A coral reef is a rocklike formation that's created by a community of tiny sea creatures called corals. Corals live attached to the reef, building hard outer skeletons to protect their soft bodies. When the corals die, their skeletons become part of the reef. The reef grows little by little as the corals die with skeletons accumulating. The Great Barrier Reef is one of the largest and most beautiful coral reefs in the world. It has been growing for thousands of years and it is 1,250 miles long. The Great Barrier Reef is Australia's biggest tourist attraction. People snorkel in its shallow waters to see the incredible variety of sea life. Among the reef's hundreds of kinds of coral live clams, starfish, sea cucumbers, and about 1,500 different kinds of fish. Many of the fish are brilliantly colored to blend in with the colorful corals.

① Reasons to Protect Corals' Habitats
② Corals: Beautiful Soft-bodied Animals that Look Like Stones
③ The Formation and Extinction of a Coral Reef
④ The Great Barrier Reef: A Beautiful Graveyard Filled with Life

어휘

☐ a community of tiny sea creatures called corals 산호라고 불리는 작은 바다생물의 군집
☐ live attached to the reef 암초에 붙어서 살다
☐ build hard outer skeletons 단단한 외부 골격을 형성하다
☐ protect their soft bodies 그들의 부드러운 몸을 보호하다
☐ little by little 점점, 조금씩
☐ die with skeletons accumulating 죽으면서 뼈들이 계속 축적된다
☐ for thousands of years 수천 년 동안
☐ snorkel in its shallow waters 얕은 물가에서 스노클링을 하다
☐ the incredible variety of sea life 환상적인 다양한 바다 생물(incredible = huge and amazing)
☐ Among the reef's hundreds of kinds of corals live clams, starfish, ··· fish.
= Clams, starfish, ··· live among the reef's hundreds of kinds of coral.
☐ are brilliantly colored 화려한 색감을 띄다
☐ blend in with the colorful corals 화려한 색채의 산호들과 섞이다

18 글의 제목으로 가장 적절한 것은?

The science of measuring how people use time is barely a century old. For most of human history, people noted the passing of time by the transit of the sun, the chores that got done by sundown, the tides, the changing of the seasons. But with the rise of the clock and the coming of the Industrial Age, time-and-motion studies on factory floors to boost the productivity of "slow" manual workers became all the rage. Time became money. It could be earned, spent, or wasted. In the 1920s, the U.S. Department of Agriculture studied what farm wives did with their time and offered advice on how to do it more efficiently. The former Soviet Union was the first country to extensively use time diaries to measure collective farm output and worker productivity as part of their central-planning efforts.

*time-and-motion studies 시간-동작 연구(어떤 작업을 하는 데 있어서 어느 정도의 시간이 소요되는지 측정, 분석, 기록하는 연구)

① How People Spend Their Time
② A Change in the Perception of Time
③ Changes the Industrial Age Brought About
④ How to Use Time Efficiently

어휘
- [ ] the science of measuring ~을 측정하는 과학
- [ ] measure how people use time 사람들이 시간을 어떻게 이용하는지를 측정하다
- [ ] is barely a century old 기껏해야 한 세기도 채 되지 않았다 (barely = almost not; not even)
- [ ] the transit of the sun 태양의 이동
- [ ] the chores that got done by sundown 일몰쯤에나 끝나는 잡일
- [ ] the changing of the seasons 계절의 변화
- [ ] with the rise of the clock 시계 생산/사용의 증가로
- [ ] the coming of the Industrial Age 산업화 시대의 도래
- [ ] factory floor 공장의 작업 현장
- [ ] boost the productivity of manual workers 육체노동자의 생산성을 향상시키다
- [ ] the productivity of "slow" manual workers "둔한" 육체노동자의 생산성
- [ ] become all the rage 대유행이 되다
- [ ] collective farm (구소련의) 집단농장
- [ ] central-planning 중심 계획(사회주의 중앙 정책)

19 다음 글의 제목으로 가장 적절한 것은?

The reasons for constructing reservoirs are ancient in origin, and initially focused on the need of humans to protect themselves during periods of drought or floods. Accordingly, reservoirs are usually found in areas of water scarcity, or where a controlled water facility was necessary. Small reservoirs were first constructed some 4,000 years ago in China, Egypt and Mesopotamia, primarily to supply drinking water and for irrigation purposes. Simple small dams were constructed by blocking a stream with soil and brush, in much the same manner as beavers dam a stream. Larger reservoirs were constructed by damming a natural depression, or by forming a depression along the river and digging a channel to divert water to it from the river. Later reservoirs also were used as a source of power, first for moving waterwheels, and subsequently to produce hydroelectric power.

① The Purposes of Reservoirs throughout the History of Humanity
② Types of Reservoirs and Various Uses of Dams
③ The Methods Different Cultures Used to Build Reservoirs
④ The Various Reasons Reservoirs Were Scarcely Used in Ancient Times

어휘

☐ the reasons for constructing reservoirs 인공 저수지를 건설하는 이유들
☐ ancient in origin 기원상으로 오래된/고대에까지 거슬러 올라가는
☐ are initially focused on the need of… 처음에는 ~의 필요에 중점을 두었다
☐ the need of humans to protect themselves 스스로를 보호하려는 인간의 필요성
☐ during periods of drought or floods 가뭄이나 홍수 기간에
☐ areas of water scarcity 물 부족 지역
☐ primarily to supply drinking water 무엇보다도 식수를 공급하기 위해서
☐ in much the same manner as… …과 거의 흡사한 방식으로
☐ waterwheels 물레방아
☐ subsequently 그 다음(그로 인해, 결과적으로)
☐ produce hydroelectric power 수력을 만들어내다

20 다음 글의 제목으로 가장 적절한 것은?

The aristocracy of Carthage was not, as in many other ancient societies, based on land ownership but wealth, pure and simple. Undoubtedly, there were large estate owners in Carthaginian lands beyond the city proper, but property was not the exclusive ticket to power that it was in other ancient cultures. This meant that enterprising individuals, able to exploit the market conditions of the city where goods were imported, exported, and manufactured or cultivated on-site, or those who were able to fund their own private trading expeditions to such rich lands of opportunity as Sicily and Spain, could rise to the very top of society and politics. Indeed, this was a criticism of Aristotle when commenting on Carthage — that such a preoccupation with wealth would lead inevitably to a self-interested oligarchy dominating society.

*oligarchy 소수 독재정치

① A Comparison of Carthage with Other Ancient Cultures
② The Primacy of Wealth among the Aristocracy of Carthage
③ The Growth of Trade and Industry among Carthage's Aristocracy
④ A Scathing Criticism of Carthage's Obsession with Land

어휘

- [ ] was not based on land ownership but wealth 토지 소유권이 아닌 부에 기반을 두었다
- [ ] pure and simple 오로지
- [ ] beyond the city proper 도시 본토를 넘어서
- [ ] the exclusive ticket to power 권력의 길로 갈 수 있는 전용 티켓
- [ ] exploit the market condition of the city 도시의 시장조건을 (부당하게) 이용[활용]하다
- [ ] on site 현지의
- [ ] fund their own private trading expeditions 자신들의 개인적인 무역 탐사에 자금을 대다
- [ ] a criticism of Aristotle 아리스토텔레스가 한 비평
- [ ] such a preoccupation with wealth 부에 대한 그러한 집착
- [ ] a self-interested oligarchy dominating society 사회를 지배하는 이기적인 소수독재정치/과두정치

21 글의 제목으로 가장 적절한 것은?

Whether on vacation or a business trip, entrepreneurs are always busy thinking about their work. The endless amount of work-related commitments make it difficult for them to take their focus away. But these workaholics also need to understand that travelling comfortably while they work is very important and can help them to perform better. So is there actually a possibility where you can work conveniently while you travel around the world? Booking the best is very important for you if you wish to get your work done on the go. This is why you should always take time in selecting the best flight and focusing on factors other than the airfare. If you're on a long-haul flight, opt for the one that has Wi-Fi facilities. That might cost you more, but imagine the amount of work you could get done inflight when you have nothing better to do. Even on a train journey, you can select a route with fewer stops so that you can entirely focus on your work throughout the journey without bothering about any distractions elsewhere.

① Working on the go? Travel Comfortably!
② Leave Your Work Behind When You Travel Around the World
③ Who Can Operate Successfully Without Taking a Break at Work?
④ Always Book a Flight with Wi-Fi Facilities for Your Business Trip

어휘

☐ the endless amount of work-related commitments 끊임없는 양의 업무 관련 일들
☐ take their focus away 집중하지 않다
☐ get your work done 업무를 다 끝마치다
☐ on the go 돌아다니며, 이동 중에
☐ take time in selecting the best flight 최고의 항공편을 고르는 데 시간을 들이다
☐ on a long-haul flight 장거리 비행 시
☐ opt for the one that has Wi-Fi facilities 무선 인터넷 시설을 갖춘 비행기를 택하다
☐ the amount of work you can get done 당신이 끝낼 수 있는 업무량
☐ without bothering about any distractions 어떤 방해에도 신경쓰지 않고

22 다음 글의 주제로 가장 적절한 것은?

Living below your means is a strategy understood by many business leaders. Jeff Bezos has purposefully built Amazon with a culture of frugality. Why? "I think frugality drives innovation, just like other constraints do," he said. Billionaire investor Mark Cuban has also advocated for ruthlessly eliminating frivolous expenditure: "The more you stress over bills, the more difficult it is to focus on your goals. The cheaper you can live, the greater your options." Marcus Aurelius famously sold many of the palace furnishings to pay down his empire's debt. He didn't need luxuries, and they were weighing him and his people down. The more things we desire and the more we have to do to earn or maintain those achievements, the less we actually enjoy our lives — and the less free we are.

① Being thrifty is only achievable if you're already rich.

② Living frugally enables you to live more freely.

③ Many successful people live above their means.

④ The more money you save, the more you can buy what you desire.

어휘

- [ ] living below your means 분수에 맞게 사는 것(means는 income, 즉 수입을 의미함)
- [ ] purposefully build Amazon 의도적으로/목적을 가지고 아마존을 만들다
- [ ] with a culture of frugality 검소한 문화를 통해
- [ ] frugality drives innovation 검소함이 혁신을 주도한다/앞당긴다
- [ ] advocate for eliminating frivolous expenditure 경솔한 지출을 근절하는 것을 옹호하다
- [ ] ruthlessly eliminating frivolous expenditure 경솔한 지출을 가차 없이 근절하는 것

  cf) frivolous 경솔한, 들뜬; 하찮은, 보잘것없는, 시시한

  예 The court discourages frivolous lawsuits. 법원은 시시한 소송을 억제한다.
- [ ] stress over bills 청구서 때문에 걱정하다
- [ ] pay down his empire's debt 그의 제국의 빚을 갚다
- [ ] were weighing him down ~은 그를 걱정하게 만들고 있었다

23 다음 글의 주제로 가장 적절한 것은?

According to Melissa Ho, assistant curator at the Hirshhorn Museum, modernism reaches its peak with Abstract Expressionism in America during the World War II era. Shortly after World War II, however, the ideas driving art again began to change. Postmodernism pulls away from modernism's focus on originality, and the work is deliberately impersonal. "You see a lot of work that uses mechanical or quasi-mechanical means or deskilled means," says Ho. Andy Warhol, for example, uses silk screen, in essence removing his direct touch, and chooses subjects that play off of the idea of mass production. While modern artists such as Mark Rothko and Barnett Newman made color choices that were meant to connect with the viewer emotionally, postmodern artists like Robert Rauschenberg introduce chance to the process. Rauschenburg, says Ho, was known to buy paint in unmarked cans at the hardware store.

① The reasons for the emergence of postmodernism
② The differences between postmodernism and modernism
③ The most famous artists of the postmodern era
④ The effects of postmodernism on society and economy

어휘

☐ reaches its peak with Abstract Expressionism 추상 표현 주의와 함께 정점에 달하다
☐ shortly after World War II 제2차 세계 대전 직후
☐ the ideas driving art 예술을 주도하는 아이디어들
☐ pulls away from… …로부터 벗어나다, …을 앞질러 나가다
☐ modernism's focus on originality 독창성에 대한 모더니즘 의 주된 관심
☐ in essence 본질적으로
☐ remove his direct touch 직접적인 접촉을 제거/배제하다
☐ play off (of) the idea of mass production 대량 생산에 대 한 아이디어를 유용하다/써먹다
☐ were meant to connect with the viewer 관람객들과 연결 되도록 의도된

24 다음 글의 주제로 가장 적절한 것은?

Whether manufacturing cars, or launching modern art, creators remodel what they inherit. They absorb the world into their nervous systems and manipulate it to create possible futures. Consider graphic artist Lonni Sue Johnson, a prolific illustrator who made covers for the New Yorker. In 2007, she suffered a nearly fatal infection that crippled her memory. She survived, but found herself living in a fifteen-minute window of time, unable to recall her marriage, her divorce, or even people she'd met earlier in the day. The basin of her memories was largely emptied, and the ecosystem of her creativity dried up. She stopped painting because she could think of nothing to paint. No internal models swirled inside her head, no new ideas for the next combination of things she'd seen before. When she sat down in front of her paper, there was nothing but a blank. She needed the past to be able to create the future. She had nothing to draw upon, and therefore nothing to draw.

① Creativity relies on the great inventions of the past.

② A mind without memories can be more creative and free.

③ The creations of humans rely on the aid of memory.

④ Each human creation is unique, original, and unaffected by the past.

어휘

☐ what they inherit 그들이 물려받는 것

☐ absorb the world into their nervous system 신경계에 세상을 흡수하다

☐ a nearly fatal infection 거의 치명적인 감염

☐ a infection that crippled her memory 그녀의 기억에 손상을 입힌 감염

☐ found herself living 그녀 자신이 …에 살고 있음을 깨닫게 되었다

☐ people she'd met earlier in the day 그녀가 일찍이 만났던 사람들

☐ internal model 내부 모델(머릿속에 가지고 있었던 다양한 디자인 모델들을 의미)

☐ nothing but a blank 텅 빈 것 외에는 아무것도 없는

☐ had nothing to draw upon 활용할 수 있는 것이 없었다

25 다음 글의 주제로 가장 적절한 것은?

The internet is definitely not secure, no more secure than walking down a street in the middle of the day in a very large city. In such a scenario you are routinely filmed without your knowledge by CCTV, cell phone cameras, regular everyday digital cameras, and even the occasional TV camera. The internet is the same way only instead of video, your every keystroke is recorded, every uploaded photo archived. Did you know you cannot "delete" a photo from many social media sites? Oh sure, you can remove it from your profile and the button is labelled "delete," but many social media sites keep a copy; they always have, and it is in your social media site's end-user agreement. Have you read it? Have you read any of the end-user agreements on these social media websites? You should. Did you know you cannot delete certain social media accounts? You can deactivate them but they will always be there and hackers love inactive accounts.

① The differences between online and offline security
② The Pitfalls and Defects of Many Social Media Websites
③ The security risks associated with using the internet
④ A lack of personal security in online public forums

어휘

☐ no more secure than walking down a street 거리를 걷는 것만큼이나 안전하지 않은
☐ in such a scenario 그런 상황[시나리오]에서는
☐ without your knowledge 자신도 알아채지 못한 채
☐ the amount of information saved on the internet 인터넷에 저장된 정보의 양
☐ keystroke 자판의 입력
☐ every uploaded photo (is) archieved 업로드된 모든 사진이 보관된(archive ~을 기록[보관]하다)
☐ is labelled "delete" ~가 "삭제"라고 표시되어 있다
☐ keep a copy 사본을 보관하다
☐ deactivate 정지시키다
☐ inactive accounts 비활동 중인 계정

26 글의 주제로 가장 적절한 것은?

The conviction that sport can foster positive social change in developing countries has become a major influence within the international politics of sport. Some have posited that an enduring "sport for development and peace" movement has been consolidated as an influence on political and sporting power. The International Olympic Committee and other sports organizations have donated considerable funds to the developing world since at least the early 1960s but have rapidly and visibly increased their engagement with issues of underdevelopment and peacebuilding in the new millennium. The United Nations has established the position of special adviser to the Secretary-General on sport for development and peace. This adviser is tasked with integrating sports-based approaches into the work of the United Nations and with raising the profile of these approaches.

① The true meaning of sportsmanship in competition
② The effect of sport-induced emotion on sponsorship
③ The role of sport in matters of international politics
④ Underfunded sports programs in developing countries

어휘

- [ ] the conviction that … …라는 확신
- [ ] positive social change in developing countries 개발도상국의 긍정적인 사회 변화
- [ ] within the international politics of sport 스포츠의 국제 정치에 있어서
- [ ] posit that… ~라는 것을 주장하다
- [ ] an enduring movement 항구적 운동
- [ ] consolidate 공고하게 하다, 강화하다, 합병하다
- [ ] an influence on political and sporting power 정치적인 스포츠 권력에 대한 영향
- [ ] their engagement with issues of underdevelopment 저개발 문제에 대한 그들의 개입
- [ ] has established the position of special adviser 특별 고문의 지위를 확립했다
- [ ] special adviser to the Secretary-General 사무총장의 특별 고문
- [ ] is tasked with raising the profile 실적을 올리는 임무를 맡다
- [ ] integrate sports-based approaches into the work ~을 ~에 통합하다

27 글의 요지로 가장 적절한 것은?

Indiana Jones faces intrigue and international spies, but you never see him excavating slowly and carefully. Lara Croft wears short-shorts and a gun, both highly impractical during fieldwork. (Why is she never bitten by a mosquito or spider on those bare legs?) And none of these glamorous characters sit in the lab for months after the excavation painstakingly sorting the pieces of artifacts and annotating the site map to put together the picture of the past people whose remains were just excavated. The activities of tomb raiding and treasure hunting — desecrating graves that may be someone's sacred ancestors or grabbing gold from underground or underwater to get rich — are not what modern archaeologists do. The notion that all archaeology is adventurous is a little off-base when you consider how much paperwork (or computer work) and tedious laboratory processing it involves.

① Real archaeologists are different from what the entertainment industry shows.

② Archaeology is about the breadth and diversity of human experience.

③ Archaeologists are called upon frequently to evaluate data and ideas.

④ Real archaeology is half of adventure and half time-consuming mental work.

어휘

☐ face intrigue 음모/간계/계략을 맞닥뜨리다
☐ see him excavating slowly and carefully 그가 천천히 신중하게 유물을 발굴하는 모습을 보다
☐ wear a gun 총을 차고 있다
☐ highly impractical 매우 비현실적인
☐ painstakingly 공들여
☐ annotating the site map 지도에 주석을 다는 것
☐ put together the picture of the past people 과거 사람의 모습을 재구성하다
☐ tomb raiding 무덤을 도굴하는 것
☐ a little off-base 살짝 현실에서 벗어난 것
☐ tedious laboratory processing 지루한 실험실의 처리 과정

28 다음 글에서 필자가 주장하는 바로 가장 적절한 것은?

My stepfather once told me that you will never be alone if you learn to make friends with yourself. The person we will spend the most time with in our life is ourselves. This is why we must cultivate a strong, loving relationship with ourselves. The greatest gift that we can give to ourselves is the gift of self-esteem. If we can't become friends with the person we see in the mirror, we will be incapable of being friends with anyone else. It is impossible for us to give something that we do not possess. That's why friendship has to start from within. We have to make friends with ourselves, learn to appreciate ourselves, and accept ourselves if we are to be successful at developing a strong self-image and improving our level of self-esteem. Your worst enemy or your best friend looks at you in the mirror every day. It's your choice. Make sure that you learn to make the right choice here; your self-image and your self-esteem depend on it!

① We must be careful about who we choose as friends.

② The most important person to make friends with is our own self.

③ High self-esteem and self-image come from making friends with others.

④ It's not easy to love ourselves as much as we should.

어휘

☐ make friends with yourself 스스로와 친구가 되다
☐ cultivate a strong, loving relationship with ourselves 스스로와 강한 사랑의 관계를 맺다
☐ be incapable of being friends with anyone else ~은 다른 이들과 친구가 될 수 없다
☐ start from within 내면에서 시작하다
☐ make friends with ourselves 우리 자신과 친구가 되다
☐ learn to appreciate ourselves 우리 스스로를 인정하는 법을 배우다
☐ if we are to be successful 우리가 성공하고자 한다면
☐ be successful at developing a strong self-image 강인한 자아 이미지를 만드는 데 성공하다
☐ Make sure that you learn 반드시 배우도록 해라
☐ learn to make the right choice 올바른 선택을 하는 법을 배우라

진가영 영어독해
이론적용 200제

합격
기준 박문각 공무원

02

빈칸 채우기

○2 · 빈칸 채우기

▶ 대비 전략

01 이 유형은 글의 핵심적인 내용(주제문이나 주요 세부 내용)과 글의 논리적 흐름을 고려하여 문맥상 빈칸에 들어갈 가장 적절한 표현을 추론하는 능력을 측정하는 문항이다. 공무원 시험에서 당락을 좌우하는 문제가 되는 경우가 많고 대부분의 수험생들이 가장 어려운 독해 영역이기도 하기 때문에 반드시 어떤 원리로 출제되고 있는지를 파악하고 이에 상응하는 철저한 훈련이 필요하다.

02 빈칸 유형 지문을 빠르고 정확하게 읽으면서 지문의 중심소재 및 주제문을 찾고, 이를 바탕으로 글의 중심 내용을 파악하는 능력이 무엇보다 중요하다. 빈칸 추론 문항의 빈칸은 일반적으로 해당 지문의 중심적인 내용 혹은 그것과 밀접한 관련이 있는 세부 정보에 대해서 중점적으로 출제되고 있다.

03 빈칸 추론 문항은 해당 지문에서 정답과 밀접하게 관련된 단서 또는 근거가 되는 부분이 존재하는 것이 일반적이다. 글을 읽어 나가면서 빈칸의 단서 또는 근거가 되는 부분을 찾아 표시하고, 이를 바탕으로 빈칸에 들어갈 말을 추론해 보는 연습이 필요하다.

▶ 평가 요소

이 유형은 글의 핵심적인 내용(주제문이나 주요 세부 내용)과 글의 논리적 흐름을 고려하여 문맥상 빈칸에 들어갈 가장 적절한 표현을 추론하는 능력을 측정하는 문항이다. 빈칸은 글의 핵심 내용에 해당하는 부분이나 핵심 내용과 밀접한 관련이 있는 세부 사항 부분에 주로 제시된다. 빈칸의 대상은 글에서 핵심적인 부분에 해당되는 한 단어가 될 수도 있고, 구나 절 또는 문장 전체가 될 수도 있다.

▶ 주요 개념 · 원리

01 본 유형의 정답을 찾기 위해서는 지문을 빠르고 정확하게 읽으면서 지문의 중심 소재 및 주제문을 찾고, 이를 바탕으로 글의 중심 내용을 파악하는 능력이 무엇보다 중요하다. 빈칸 추론 문항의 빈칸은 일반적으로 해당 지문의 중심 내용 혹은 그것과 밀접한 관련이 있는 세부 정보와 관련이 있다.

02 빈칸 추론 문항은 일반적으로 학술적 지문이 주로 사용되므로 단순하고 기계적인 문제 풀이 요령만으로는 정답을 찾기 어려우며, 평상시 지문 전체의 내용을 빠르고 정확하게 읽어 나가면서 지문의 핵심 소재와 그와 관련된 주제 및 요지를 파악하는 연습을 충실히 해야만 해결할 수 있다.

03 이를 위해서는 다음과 같은 학습 전략이 필요할 것이다. 먼저 평소 다양한 소재와 주제의 학술적 지문을 읽고 이해하는 학습이 필요하다. 영어 I 과 영어 II 과목의 교과서에서 제시되고 있는 여러 기초 학술적 지문을 충실히 학습한 후, 이를 바탕으로 다양한 소재와 주제의 글로 학습 범위를 확장하여 글을 읽고 이해하는 연습을 충실히 하도록 한다.

04 더불어 빈칸 추론 문항은 해당 지문에서 정답과 밀접하게 관련된 단서 또는 근거가 되는 부분이 존재하는 것이 일반적이다. 글을 읽어 나가면서 빈칸의 단서 또는 근거가 되는 부분을 찾아 표시하고, 이를 바탕으로 빈칸에 들어갈 말을 추론해 보는 연습도 효과적이다.

05 또한 깊이 있는 어휘 학습이 매우 중요하다는 점도 명심해야 한다. 빈칸에서 주로 사용되는 학술적 지문을 이해하기 위해서는 일상의 어휘뿐만 아니라 철학, 심리학, 과학, 역사, 문화, 환경, 기후, 유전, 경제 등 다양한 학술 분야에서 자주 사용되는 기초 학술 어휘들에 대한 친숙도를 높여두는 것이 매우 중요하다. 어휘 학습 시에는 영어 단어와 우리말 뜻 하나만을 연결하여 외우는 학습법을 지양하고, 사전을 통해 영어 단어의 다양한 쓰임을 확인하면서 문장과 지문 속에서 해당 어휘의 쓰임을 이해하는 학습을 하도록 해야 한다. 모르는 어휘를 접했을 때 바로 사전이나 해설서를 참고하지 말고 문맥을 통해 의미를 유추하는 연습을 하는 것도 매우 중요한 학습 방법이다.

▶ 문제 풀이 순서

01 글 처음으로 가서 주제문을 먼저 확인해 준다. 이때, 글이 긍정인지 부정인지 확인을 해주고 글의 key word – 반복되는 명사나 특정 개념어를 확인한다.

02 빈칸 앞 문장, 빈칸 문장, 빈칸 뒷 문장을 제대로 읽고 빈칸에서 요구하는 정보와 관계되는 내용 및 빈칸에서 요구하는 정보 확인 – 이때, 반드시 빈칸을 포함한 문장에 나와 있는 단어들은 끊어 읽으면서 최대한 무슨 정보를 찾아야 하는지 즉, 빈칸에서 수험생에게 찾으라고 하는 정보가 무엇인지 제대로 확인해 준다.

03 빈칸에서 요구하는 내용이 **글의 초반이나 후반에 나온 주제문이나 글 앞뒤에 나온 내용 중에서 어떤 내용과 겹쳐 있는지 단서 문장을 정확하게 확인한다.**

04 이때, 빈칸에 들어갈 내용이 긍정 내용인지 부정 내용인지 확인해 준다. 또한, 지시사나 대명사, 연결사 등이 있다면 이를 활용하여 논리적인 관계를 파악하면 답을 찾는 데 도움이 된다.

05 다만 빈칸과 겹치는 단어가 여러 군데 나와 있으면 여러 문장을 다 확인해 주고 답을 어느 정도 주관식으로 생각해 놓은 뒤에 선택지를 분석하며 답을 골라준다. 빈칸 단서를 찾으면서 보지 못했던 단어들 위주로 소거해 준다. 이때 빈칸 내용은 주제문의 내용과 일치해야 되므로 글 전체의 흐름이 긍정이었는지 부정이었는지 생각하면서 소거를 해 줘도 도움이 된다. 3개는 비슷한데 하나만 다르다면 그게 답일 가능성도 있다!

06 다만, 빈칸의 내용을 읽었는데 무슨 말인지 전혀 감이 안 오는 난해한 지문 같은 경우는 처음 부분부터 읽으면서 주제문을 확인해 주고 주제문에 맞는 진술을 골라준다. 이때 주제문에 맞게 답을 고르려고 했는데 소거가 잘 안 되거나 감이 오질 않는다면 지문 전체를 쭉 읽으면서 지문에 언급되지 않는 내용을 소거해 주는 방식으로 답을 고른다.

필수 문제

01 밑줄 친 부분에 들어갈 말로 가장 적절한 것을 고르시오.

> The idea of clowns frightening people started gaining strength in the United States. In South Carolina, for example, people reported seeing individuals wearing clown costumes, often hiding in the woods or in cities at night. Some people said that the clowns were trying to lure children into empty homes or the woods. Soon, there were reports of threatening-looking clowns trying to frighten both children and adults. Although there were usually no reports of violence, and many of the reported sightings were later found to be false, this _____ .

① benefited the circus industry

② promoted the use of clowns in ads

③ caused a nationwide panic

④ formed the perfect image of a happy clown

어휘

- [ ] the idea of clowns frightening people 광대가 사람들을 위협한다는 생각
- [ ] start gaining strength in the United States 미국에서 힘을 얻기 시작하다
- [ ] report seeing individuals wearing clown costumes 광대 의상을 입은 사람들을 목격했다고 보고하다
- [ ] in the woods 숲속에서
- [ ] lure children into empty homes or the woods 빈집이나 숲속으로 아이들을 유혹하다
- [ ] threatening-looking clowns 위협적인 외모의 광대
- [ ] frighten both children and adults 아이와 어른 모두를 놀라게 하다
- [ ] reports of violence 폭력에 대한 보고
- [ ] many of the reported sightings 보고된 목격 사례들의 상당수
- [ ] were later found to be false 나중에 거짓으로 밝혀졌다

02 밑줄 친 부분에 들어갈 말로 가장 적절한 것은?

If you are an observant person, you may have encountered situations like these before: in some relationships, whether personal or work-oriented, there are people who do the work, and people who benefit from it. And unfortunately, these two groups are not always the same. In organizations, you may see that there are leaders who leave all the task executions up to workers and yet earn the bulk of profits from the venture. Moreover, these leaders also take all the credit for the actions undertaken by their employees without sharing any of the honors. In personal relationships, you may see this phenomenon as well: You can see one partner working hard to build up an estate, while there is another who reaps the benefits, yet does not pull his or her share. Unfairness is still rampant everywhere around us, and the old saying, "_____ _____," reminds us of this phenomenon. It is an useful way of commenting about it, and maintaining an awareness of its existence in relationships.

① Who is rowing the boat, and who is eating the cod?

② Chop your own wood; it will warm you twice.

③ Diligence is the mother of good luck.

④ The rich man thinks of next year, the poor man of the present moment.

어휘

☐ observant 관찰력 있는, (법률이니 관습을) 준수하는
☐ have encountered situations like these before 전에 이와 같은 상황을 맞닥뜨리다
☐ leave all the task executions to workers 모든 일 처리를 직원들에게 떠넘기다
☐ the bulk of something ~의 대부분
☐ take all the credit for the actions 그 행동들에 대한 모든 공을 차지하다
☐ undertake 착수하다
☐ build up an estate 재산을 모으다
☐ reap the benefits 이익을 챙기다
☐ pull one's share 자기 몫(역할)을 다하다
☐ rampant 만연한
☐ maintain an awareness of something ~을 계속해서 인지하고 있다

03 밑줄 친 부분에 가장 적절한 것은?

Rigorous differentiation delivers real stars — and stars build great businesses. Some contend that differentiation is bad for morale. They say that _____ _____. Not in my world. You build strong teams by treating individuals differently. Just look at the way baseball teams pay 20-game-winning pitchers and 40-plus home run hitters. The relative contributions of those players are easy to measure — their stats jump out at you — yet they are still part of a team. Everybody's got to feel they have a stake in the game. But that doesn't mean everyone on the team has to be treated the same way. I learned that baseball is all about fielding the best athletes. Whoever fielded the best team won.

① team building should be based on ability

② management must recognize the individual efforts of each individual separately

③ differential treatment erodes the idea of teamwork

④ responsibility is the logical result of the fair evaluation of one's work

어휘

☐ rigorous 심한, 엄격한
☐ deliver real stars 진정한 스타를 낳는다
☐ build great businesses 큰 사업을 일으킨다
☐ Some contend that… 어떤 이들은 …라고 주장하다
☐ Not in my world 말도 안 된다, 어림도 없다
☐ build strong teams 강한 팀들을 만든다
☐ by treating individuals differently 개개인을 다르게 대우함으로써
☐ morale 사기, 의욕
☐ relative contribution 상대적 기여도
☐ A jump out at B A가 (거슬릴 정도로) B의 눈에 띄다
☐ have a stake in something ~에 지분이 있다, ~에 이해관계가 있다
☐ field ~을 경기에 내보내다, ~을 출전시키다
☐ A is all about B A에 있어 중요한 것은 B이다

04 밑줄 친 부분에 들어갈 말로 가장 적절한 것을 고르시오.

To become an effective communicator, remember that _____. I grew up on a cotton farm in the south, where we defoliated for boll weevils and other vermin regularly and where we had neighbors who bought bees for their hives and baby chicks for their hatcheries. As a preteen driving across country with my family on vacation, someone pointed out the car window to a "flea market." I glanced at the warehouse-looking structure, expecting to see a breeding lot for fleas: I had never seen a flea market, but had seen a lot of fleas. Likewise, when I use the phrase "storage facilities" in our business writing workshops for a Houston client, people think about "oil tanks." In Silicon Valley, "storage facilities" conjures up either storage space on their in-house server or websites "in the cloud."

*boll weevils 목화 바구미
*vermin 해충

① climate determines the range of an economy
② knowledge is limited by formal education
③ language is used by people objectively
④ personal experience affects interpretation

어휘
☐ grow up on a cotton farm 목화 농장에서 자라다
☐ defoliate (고엽제를 써서) 고사시키다, 잎을 모두 따다
☐ buy bees for their hives 양봉을 위해 꿀벌들을 사다
☐ buy baby chicks for their hatcheries 부화장을 위해 병아리를 사다(hatchery 부화장)
☐ a preteen 9살에서 12살 사이의 아이
☐ drive across country on vacation 휴가차 차를 타고 전국을 돌아다니다
☐ point out the car window to a flea market 차창 밖으로 보이는 벼룩시장을 손으로 가리키다
☐ a breeding lot for fleas 벼룩을 키우기 위한 곳[부지]
☐ formal education 공교육
☐ interpretation 해석, 통역
☐ conjure up storage space 저장 공간을 떠올리다(conjure up 마음에 그려내다, 생각해 내다)

05 밑줄 친 부분에 들어갈 말로 가장 적절한 것을 고르시오.

The belief that the arts are intellectually undemanding occupations, suitable for amusement and diversion, is deeply ingrained in the Western psyche. When asked to list the intellectual giants in Western cultural history, most people will list Einstein or Newton before Rembrandt or Picasso. The assumption that the arts are intellectually inferior as modes of knowing and understanding antedates psychology by at least 2,000 years, reaching back to Plato. In favoring the "ideal forms" as the supreme source of true knowledge, Plato argued for _____. The archetypes that the rational mind can grasp in their cold purity, he presumed to be free of the distortions of the senses and hence superior to the knowledge given in perception. Sensory knowledge based on the actuality of nature was made up of imperfect copies or imitations of these ideals. Furthermore, the objects appearing in works of art were "imitations of imitations," hence doubly inferior.

① the lesser status of the arts

② the balance between the arts and the sciences

③ the inferiority of knowledge to nature

④ the importance of the arts for sensory knowledge

어휘

□ undemanding occupations 노력을 덜 요구하는/시시한 직업들

□ suitable for amusement and diversion 즐거움(위안, 재미, 오락, 놀이)과 기분전환에 적합한

□ is deeply ingrained in the Western psyche 서양인의 정서/심리에 깊이 새겨 있다

□ list the intellectual giants 지적 거장들을 열거하다

□ the arts are intellectually inferior 예술이 지적으로 열등하다

□ antedate (시기적으로) …에 앞서다, …보다 먼저 일어나다

□ favor ~을 더 좋아하다

□ argue for something ~을 주장하다

□ be free of the distortions of the senses 감각의 왜곡이 없다

□ be superior to something ~보다 우위에 있다

06 밑줄 친 부분에 들어갈 말로 가장 적절한 것을 고르시오.

In many respects, one can think of an interview as a purposeful conversation where the actual data collected are in the form of what someone says. It is up to the interviewer to guide or facilitate the conversation. This can be done in two ways. There is a structured approach (like a survey), but more commonly in interviews one follows a semi-structured approach. This is very much a "looser" and more open technique. The interviewer will have certain topics they will wish to explore, with the emphasis being on allowing the interviewees to express and communicate what they feel or have experienced about what is being researched. So, instead of having a fixed agenda of questions, the interviewer will have an outline of areas or issues to be addressed and will raise those areas or issues as and when appropriate during the interview. This can mean _____ _____.

① not rigidly adhering to a preset order

② having the conversation without any outline

③ the interviewer focuses on the interviewee's questions

④ not being able to deviate from the fixed agenda

어휘

☐ in many respects 여러 면에서
☐ a purposeful conversation 목적이 있는 대화
☐ it is up to the interviewer to do… …하는 것은 인터뷰를 하는 사람에게 달려 있다
☐ facilitate the conversation 그 대화를 더욱 수월하게 만들다
☐ be done in two ways 두 가지 방법으로 행해지다
☐ issues to be addressed 다뤄져야 할 문제들(address 어떤 문제를 다루다, 해결하다)
☐ raise those issues 그런 문제들을 제기하다/꺼내다
☐ as and when (미국식)= if and when (영국식) 어떤 일이 발생할 때
　예 We don't own a car - we just rent one as and when we need it. 우린 차를 갖고 있지 않아. 그냥 필요할 때 렌트해서 써.
☐ as and when appropriate 적절하다 싶을 때
☐ a preset order 이미 정해진 순서

07 밑줄 친 부분에 들어갈 말로 가장 적절한 것을 고르시오.

Sports normally involve people trying to meet special challenges constructed by the rules. For example, soccer balls must be advanced without use of the hands. In attempting to meet the challenge, athletes can succeed or fail under immense pressure, exhibit remarkable skills, and often demonstrate virtues such as coolness under stress or vices such as selfishness for all to see. It is the attempt to meet specially constricted challenges that explains a great deal of what makes sports so special to spectators and participants alike. Playing a sport or watching others play captures, on a small and specific scale, the human drama of striving to meet challenges and test one's abilities — something that, in all sorts of contexts, we confront every day and that indeed drives human civilization. When we look at it this way, it is no wonder that people around the world who may have almost nothing else in common can _____.

① share a love of sports

② understand each other's culture

③ cooperate with other sports teams

④ understand the rules of sports

어휘

- [ ] meet a challenge 시련을 이겨내다, 도전에 대응하다
- [ ] people trying to meet special challenges 특별한 난관을 극복하려 노력하는 사람들
- [ ] challenges constructed by the rules 규칙에 의해 만들어진 난관들
- [ ] vices for all to see 누가 봐도 알 수 있을 정도의 부도덕/결함/약점
- [ ] specially constricted challenges 특별히 압축된 난관들 (constrict 압축하다, 죄다, 수축시키다)
- [ ] spectator 관중
- [ ] strive to meet challenges 난관을 극복하기 위해 애쓰다
- [ ] capture the human drama 인간 드라마를 붙잡다(capture 생포하다, 포획하다)
- [ ] confront 직면하다
- [ ] drive human civilization 인간의 문명화를 재촉하다(drive 이끌다, 몰다, 경영하다)
- [ ] people who may have almost nothing else in common 거의 다른 어떠한 공통점도 없는 사람들

08 밑줄 친 부분에 들어갈 말로 가장 적절한 것은?

Humans have long associated food with community, perhaps because finding and preserving it required cooperation. Hunters of meat must have shared with gatherers of plants. No one knows how prestige may have been allocated to success in such endeavors, but we do know that most humans relied mostly on the berries, seeds, and vegetables provided by plant finders. And this practice of sharing survived the coming of agriculture as evidenced in our word "companion" — the breaking of bread together. Even in modern America, foodways are passed from generation to generation, often surviving the loss of an ancestral language (A love of pasta continued in second generation immigrants from Sicily even when knowledge of the Italian language did not). For thousands of years, humans have communed with the dead (or gods) by eating and drinking with them. The pleasures of eating are deeply _____.

① social　　　　② spiritual
③ short-lived　　④ intermittent

어휘

□ have long associated food with community 오랫동안 음식과 지역사회를 연관지어 왔다

　예 I don't associate him with energetic sports. 그 사람하고 활기찬 스포츠와는 연상이 안 돼.

□ prestige 위신, 명망, 체통, 영예
□ be allocated to something ~에 할당되다
□ success in such endeavors 그런 노력에 있어서의 성공
□ rely mostly on the berries 주로 장과/열매(berry)에 의존하다
□ this practice of sharing 이 공유의 관습
□ as evidenced in our word ~이란 단어에서 증거를 찾을 수 있는 것처럼
□ evidence ~의 증거가 되다, ~을 입증하다
□ foodways 식습관
□ from generation to generation 대대로
□ survive the coming of agriculture 농경사회의 도래에도 살아남다(survive 견디다, 극복하다)
□ commune 교감하다
□ spiritual 영적인, 정신적인, 종교적인
□ short-lived 일시적인, 단기의
□ intermittent 간헐적인

09 다음 글의 빈칸에 공통으로 들어갈 가장 적절한 것은?

Social influences have long been the subject of research to explain the plight of individuals who are unable to cope with their given environment. Most notable is the issue of overcrowding and urban sprawl. Classic studies conducted on several species have shown that when their numbers exceed the territorial boundary of each animal, despite an abundance of food and water, several seemingly healthy animals die off. This need for _____ appears to be universal in the animal kingdom. This includes humans, who likewise begin to show signs of frustration in crowded urban areas, traffic jams, long lines at checkout stands, or whenever their _____ is "invaded." The origin of this particular social influence may be instinctual in nature.

① public safety   ② social justice
③ personal space   ④ adequate nutrition

어휘

- [ ] have long been the subject of research 오랫동안 연구의 주제였다
- [ ] the plights of individuals 개인의 곤경/고난(plight 곤경, 궁지, 어려운 입장)
- [ ] cope with their given environment 주어진 환경에 대처하다
- [ ] the issue of overcrowding is most notable 인구 과밀이 가장 주목할 만하다(본문은 보어 도치 구문임.)
- [ ] urban sprawl 도시 확산 현상
- [ ] classic studies conducted on several species 몇몇 종에 행해진 고전적 연구
- [ ] the territorial boundary of each animal 각 동물들의 영역적 경계
- [ ] despite an abundance of food and water 음식과 물이 풍부함에도 불구하고
- [ ] seemingly healthy animals die off 겉보기에 건강한 동물들이 죽다(die off 무리가 모두 죽어버리다)
- [ ] this need for personal space 개인적 공간의 필요
- [ ] is universal in the animal kingdom 동물의 왕국에서는 보편적이다
- [ ] crowded urban areas 밀집된 도시 지역
- [ ] whenever their personal space is invaded 개인적 공간이 침범당할 때마다

10 밑줄 친 부분에 들어갈 말로 가장 적절한 것은?

Time flies when you're having fun. Sometimes, you may enjoy an activity or someone's company so much that you lose track of other important things to do. This, then, can lead to a lifetime of misery. Many things that taste or feel good to us may have a harmful effect on our health, well-being, or progress if we overindulge in them. It is all too easy to be overcome by the glitter and glamour of the moment, and forget our real purpose. _____ is a virtue that is sometimes learned the hard way. It is easy advice to give, of course, to keep track of the important things, while limiting all the fun and joy you want in life, but it is harder to execute this advice, especially when you are still young and feel as if you can conquer the world! However, practice makes one perfect; so keep on trying.

① Loyalty ② Wisdom

③ Simplicity ④ Moderation

어휘

- [ ] enjoy someone's company 누군가와 함께 즐거운 시간을 보내다
- [ ] lose track of other important things 다른 중요한 것들을 잊다
- [ ] lead to a lifetime of misery 일생일대의 불행(고통)을 초래하다
- [ ] have a harmful effect on our health 우리의 건강에 해로운 영향을 미치다
- [ ] overindulge in something ~에 지나치게 탐닉하다
- [ ] the glitter and glamour of the moment 순간의 화려함과 매혹
- [ ] it is all too easy (for someone) to do something ~을 하는 것은 매우 쉽다
- [ ] learn (something) the hard way 실수나 안 좋은 경험을 통해 배우거나 깨닫다
- [ ] keep track of the important things 중요한 것들을 놓치지 않다
- [ ] execute this advice 이 충고를 실행에 옮기다
- [ ] practice makes one perfect 연습은 우리를 완벽하게 만든다(one＝people)
- [ ] keep on trying 계속 노력하다

11 밑줄 친 부분에 들어갈 말로 가장 적절한 것은?

There are plenty of times in life when you face hardship: when things don't go the way you want them to, when you encounter disagreements, or when life is just difficult and you're experiencing setbacks at every turn. But this is life, and tough times often accompany life lessons. The harder the lesson, the more difficult it may be to get through it. Even if you feel like your world is falling apart, don't give up! Look at the situation as something that you have to rise above and resolve to come out of it on a positive note. I've always heard (and often found it to be true) that if a bad situation doesn't kill you, it will make you stronger. You gain a sense of strength in your soul by _____.

① pulling your weight
② embracing adversity
③ going overboard
④ taking matters into your own hands

어휘

☐ There are plenty of times when you… 당신이 …하는 때가 많다
☐ face hardship 고난/곤경에 직면하다
☐ things don't go the way you want them to 당신이 바라는 대로 삶이 이루어지지 않다
☐ experience setback 좌절을 겪다
☐ at every turn 인생의 전환점마다(turn 전환점)
☐ tough times 힘든 시기
☐ accompany life lessons 인생의 교훈을 동반하다
☐ get through something ~을 통과하다
☐ fall apart 무너지다
☐ rise above something (어려운 일 등)에 굴하지 않다
☐ come out of it(= the situation) on a positive note 역경으로부터 좋게/긍정적으로 빠져나오다

12 밑줄 친 부분에 들어갈 말로 가장 적절한 것은?

Watching sad or traumatic movies can sometimes be just what the doctor ordered. A new study reveals that watching distressing movies may _____. Researchers at Oxford University say that movies that get your emotions going can increase the amount of endorphins released by the brain. These are our body's natural painkillers — chemicals that make us feel better after physical or psychological pain. Dr Robin Dunbar, a co-author of the study, explained that: "Maybe the emotional distress you get from tragedy triggers the endorphin system." He added: "The same areas in the brain that deal with physical pain also handle psychological pain."

① inhibit the production of endorphins
② boost our tolerance to pain
③ aggravate our mental and physical health
④ help us become more outgoing and confident

- [ ] traumatic movies 매우 충격적인/비참한 영화
- [ ] distressing movies 비참한 영화(distress 심통, 비참, 비탄, 걱정, 육체적 고통, 곤궁, 괴롭히다)
- [ ] get your emotions going 감정이 흘러가게 하다(여기서 go 는 wake up의 의미에 가까움)
- [ ] endorphins released by the brain 두뇌에 의해 분출된 엔돌핀
- [ ] make us feel better 우리의 기분이 더 나아지게 만들다
- [ ] trigger the endorphin system 엔돌핀 시스템이 작동하도록 자극하다/촉발하다
- [ ] deal with physical pain 신체적인 고통을 처리하다/다루다
- [ ] handle psychological pain 심리적 고통을 다루다
- [ ] inhibit ~을 억제하다
- [ ] tolerance to pain 고통에 대한 인내
- [ ] aggravate 악화시키다, 심하게 하다; 《구어》 성나게 하다, 괴롭히다

13 다음 빈칸에 들어갈 말로 가장 적절한 것을 고르시오.

Anyone who has ever achieved any degree of success knows that _____ _____. Success is borne on the shoulders of commitment, discipline, and persistence. Yet our popular culture conveys a very different message to children: success doesn't have to be difficult or time consuming. Popular culture is full of stories about overnight successes, pills to lose weight fast, and "breakthrough" products to look ten years younger. Children see young actors such as Hilary Duff and Haley Joel Osment and musical geniuses like the violinist Sarah Chang, but they don't see the many years of determination, practice, and sacrifice that got them to the top of their professions. Children don't realize that overnight successes are actually, usually ten years in the making.

① one person can make a big difference
② nothing in life worth having comes easily
③ people have to accept their children as they are
④ there's always another way to get something done

어휘

- [ ] commitment 단련, 훈련
- [ ] convey a very different message to children 아이들에게 매우 다른 메시지를 전달한다
- [ ] discipline 절제, 자제
- [ ] persistence 끈기
- [ ] doesn't have to be time consuming 시간이 오래 걸릴 필요 없다
- [ ] overnight success 하룻밤 사이의 성공(overnight 하루아침에, 별안간)
- [ ] breakthrough 획기적인
- [ ] determination (굳은) 결심, (마음이 흔들리지 않고 결심한 것을 추진하는) 의지
- [ ] sacrifice that got them to the top of their professions 직업에서 최고가 되도록 만든 희생

14 밑줄 친 부분에 가장 적절한 것은?

When trying to memorise new material, it's easy to assume that the more work you put in, the better you will perform. Yet taking the occasional down time — to do literally nothing — may be exactly what you need. The remarkable memory-boosting benefits of undisturbed rest were first documented in 1900 by the German psychologist Georg Elias Muller and his student Alfons Pilzecker. In one of their many experiments on memory consolidation, Muller and Pilzecker first asked their participants to learn a list of meaningless syllables. Following a short study period, half the group were immediately given a second list to learn — while the rest were given a six-minute break before continuing. When tested one-and-a-half-hours later, the two groups showed strikingly different patterns of recall. The participants given the break remembered nearly 50% of their list, compared to an average of 28% for the group who had been given no time to recharge their mental batteries. The finding suggested that our memory for new information is especially fragile just after it has first been encoded, _____ _____ interference from new information.

① strengthening the memory due to
② making it more susceptible to
③ tampering with our recall regardless of
④ enabling a thorough shutdown from

어휘

☐ it's easy to assume that… ~라고 추측하기 쉽다
☐ take the occasional down time 간간히 휴식을 취하다
☐ do literally nothing 말 그대로 아무것도 안 하다
☐ remarkable memory-boosting benefits 상당한 기억력 향상 효과
☐ undisturbed rest 방해받지 않는 휴식
☐ memory consolidation 기억력 강화
☐ half the group 그 그룹의 절반
☐ were immediately given a second list 즉시 두 번째 리스트를 받았다
☐ were given a six-minute break 6분의 휴식을 받다
☐ showed strikingly different patterns of recall 놀랄 만큼 다른 회상/상기 패턴을 보이다
☐ the participants given the break 그 휴식을 받은 참가자들
☐ an average of 28% 평균 28%
☐ the group who had been given no time 아무 시간도 받지 못한 그룹
☐ time to recharge their mental batteries 그들의 정신 충전지를 충전할 시간

15 밑줄 친 부분에 들어갈 말로 가장 적절한 것을 고르시오.

A popular perception of artists and their works in the Western world is that they are visionary, nonconformist, and often anti-establishment. Although this is often true in contemporary Western societies, much art found in other societies (and indeed in our own Western tradition in past centuries) functions to reinforce the existing sociocultural system. For example, art can help instill important cultural values in younger generations, coerce people to behave in socially appropriate ways, and buttress the inequalities of the stratification system in a society. We can say that the arts can _____.

① be damaging to society
② pen us to new ideas
③ contribute to the status quo
④ change the human condition

어휘

□ a popular perception of artists 예술가에 대한 대중적 인식
□ visionary 환상의, 몽상적인
□ nonconformist (관행 등을) 따르지 않는
□ anti-establishment 반체제의
□ function to reinforce the existing system 기존의 시스템을 강화하는 기능을 한다(function 기능하다, 작용하다)
□ the existing sociocultural system 기존의 사회문화적 시스템/체제
□ instill important cultural values 중요한 문화적 가치를 주입하다(instill 주입하다)
□ coerce someone to do something (힘이나 위협을 가하여) ~가 ~하도록 시키다
□ buttress 힘을 실어 주다
□ stratification system 계층 구조
□ distraction 기분 전환, 주의 환기
□ status quo 현재 상황

16 밑줄 친 부분에 들어갈 말로 가장 적절한 것을 고르시오.

We have seen both witnesses and lawyers adopt an overly casual demeanor or use slang in an attempt to _____ _____. Many of the cases we handle are tried in the courts in downtown Los Angeles where a substantial number of jurors in any particular trial are African American. We have seen wealthy, well-educated and conservative white lawyers try to appeal to black jurors with the use of ghetto slang or repeated mentions of Martin Luther King or other African-American notables. On one occasion, a lawyer even told a jury during jury selection that Spike Lee was his favorite movie director. This was truly a misguided effort: Such obvious mimicking sounded condescending and manipulative and communicated that the lawyer had little respect for the jurors' intelligence.

① identify with the jury
② obfuscate their activities
③ improve educational standards
④ retain their unique and separate identity

어휘

- [ ] adopt an overly causal demeanor 지나치게 격식없는 태도를 취하다(demeanor 태도, 행실)
- [ ] in an attempt to do ~하기 위해
- [ ] many of the cases we handle 우리가 다루는 사건의 많은 경우
- [ ] a substantial number of jurors 상당수의 배심원들
- [ ] well-educated and conservative white lawyers 교육 수준이 높은 보수적인 백인 변호인들
- [ ] ghetto 빈민가
- [ ] notable 유명 인사
- [ ] on one occasion 한번은
- [ ] a misguided effort 잘못된/그릇된 노력
- [ ] condescending 생색을 부리는
- [ ] manipulative 조작의, 조종하는
- [ ] have little respect for the jurors' intelligence 배심원들의 지성을 전혀 존중하지 않다
- [ ] obfuscate (일부러) 혼란스럽게 하다, 이해하기 어렵게 하다

CHAPTER 02

17 밑줄 친 부분에 들어갈 말로 가장 적절한 것을 고르시오.

Research from psychologists at the University of Georgia and University of Kansas suggests that a slim body might get you places in the big city, but it's a lot less useful in a small town. Victoria Plaut, PhD, and colleagues polled 550 women on whether their _____ corresponded with their reported well-being and social connectedness. It did for women in urban settings, but not for those in rural ones, according to the research, which was published in Personal Relationships. The researchers suggest this might be because urban areas offer much more social choice in terms of who one spends time with, while rural areas with lower populations offer fewer social choices. "When you have more choices in friends," Plaut explains, "you need a quick sorting mechanism like appearance. But when you have fewer choices in friends, your friends tend to be the people you are already connected to. And so quality time matters."

① personality type
② social ability
③ academic qualifications
④ physical attractiveness

어휘

- psychologists at the University of Georgia 조지아 대학의 심리학자들
- a slim body 날씬한 몸(매)
- get someone places ~에게 좋은 기회 또는 좋은 자리[직위]를 만들어 주다
- it's a lot less useful 그것은 훨씬 덜 유용하다
- poll 550 women on ~에 대해 550명의 여인들에게 설문조사를 하다
- correspond with their reported well-being 설문으로 얻은 그들의 행복 지수와 일치하다(reported 설문으로 얻은)
- connectedness 유대(the state of being joined or linked), 유대감, 소속감
- offer much more social choice 훨씬 더 많은 사회적 선택의 기회를 제공한다
- in terms of who one spends time with ~와 같이 시간을 보내느냐에 있어서

18 밑줄 친 부분에 들어갈 말로 가장 적절한 것은?

A dramatic example of _____ _____ was provided by anthropologist Clyde Kluckhohn, who spent much of his career in the American Southwest studying the Navajo culture. Kluckhohn tells of a non-Navajo woman he knew in Arizona who took a somewhat perverse pleasure in causing a cultural response to food. At luncheon parties she often served sandwiches filled with a light meat that resembled tuna or chicken but had a distinctive taste. Only after everyone had finished lunch would the hostess inform her guests that what they had just eaten was neither tuna salad nor chicken salad but rather rattlesnake salad. Invariably, someone would vomit upon learning what he or she had eaten. Here, then, is an excellent example of how the biological process of digestion was influenced by a cultural idea. That is, the culturally based idea that rattlesnake meat should not be eaten triggered a violent reversal of the normal digestive process.

① how food has brought different cultures together
② how a cultural idea can influence our biological processes
③ what can be done to avoid communication breakdown
④ what is meant by cross-cultural variations in nonverbal communications

어휘

☐ tell of a woman he knew 그가 알았던 한 여인의 이야기를 들려주다
☐ take pleasure in (doing) something (~하는 것)을 즐기다, ~에서 별난 즐거움을 누리다
☐ perverse (사람들이 예상하거나 받아들이지 못할 정도로) 이 상한, 별난
☐ have a distinctive taste 독특한/특이한 맛을 가진
☐ invariably 언제나, 변함없이
☐ upon learning what the or she had eaten 그/그녀가 먹는 것이 무엇인지를 알게 되자마자
☐ trigger a violent reversal 격한 역행을 유발하다(a violent reversal → vomit)

CHAPTER 02

19 다음 글의 빈칸에 들어갈 말로 가장 적절한 것은?

A legendary basketball coach, John Wooden, who led UCLA to ten NCAA championships in twelve years, knew that work done in haste would be wasted. Every young man in his team had been a star in high school. Each one felt himself capable of making any play necessary to win. "It was just not in their genes to think of slowing down; they all wanted to go faster and faster, which was why the job of slowing them down was such a priority for me. I devoted more teaching to this one point than to any other," said Wooden. He applied this principle to life outside the basketball court, adding that "impatience will sabotage a talented group of individuals in any workplace." In a world of instant messaging and rush-hour traffic jams, we get so caught up in getting things done that we can forget how we are doing them or the people we might be hurting in our _____.

① pursuit of speed

② devotion to quality

③ hunger for education

④ obsession with wealth

어휘

□ a legendary basketball coach 전설적인 농구 코치

□ lead UCLA to ten NCAA championships UCLA가 NCAA에서 열 번의 우승을 하도록 이끌다

□ in twelve years 20년 동안, 20년에 걸쳐

□ work done in haste 성급하게 한 일

□ wasted 헛된, 쓸모없는

□ capable of (doing) something ~을 할 수 있는

□ sabotage ~을 파괴[방해]하다

□ get caught up in something (특히 안 좋은 일)에 휘말리다

□ get so caught up… that we can … 너무 ~한 나머지 ~하게 될 수도 있다

□ obsession 집착

20 밑줄 친 부분에 들어갈 말로 가장 적절한 것은?

Think of your mind as an army. Armies must adapt to the complexity and chaos of modern war by becoming more fluid and maneuverable. The ultimate extension of this evolution is guerrilla warfare, which exploits chaos by making disorder and unpredictability a strategy. The guerrilla army never stops to defend a particular place or town; it wins by always moving, staying one step ahead. By following no set pattern, it gives the enemy no target. The guerrilla army never repeats the same tactic. It responds to the situation, the moment, the terrain where it happens to find itself. There is no front, no concrete line of communication or supply, no slow-moving wagon. The guerrilla army is pure mobility. That is the model for your new way of thinking. Do not let your mind _____. Attack problems from new angles, adapting to the landscape and to what you're given. By staying in constant motion you show your enemies no target to aim at. You exploit the chaos of the world instead of succumbing to it.

① dominate your actions
② settle into static positions
③ jump to a hurried conclusion
④ keep you from fighting with your enemy

어휘
- [ ] Think of your mind as an army 군대라고 생각해라
- [ ] adapt to the complexity and chaos of modern war 현대 전쟁의 복합성과 혼돈에 적응하다
- [ ] maneuverable 쉽게 조정될 수 있는
- [ ] exploit chaos 혼돈을 십분 활용하다
- [ ] unpredictability 예측 불가능성
- [ ] pure mobility 완전한 기동성(pure 완전한, 완벽한)
- [ ] succumb to the chaos of the world 세계의 혼돈에 굴복하다

21 밑줄 친 부분에 들어갈 말로 가장 적절한 것은?

For those who love their pets, cruelty to animals is incomprehensible. Recent research has found that animal abuse is closely linked to other forms of abuse. Thus senseless animal abuse can serve as a warning, indicating the need for therapy. James Hutton, a British social worker, examined families that had been reported for cruelty to animals to determine if they were known to other social agencies for problems like child or marital abuse. He found that most of the families that had been investigated for cruelty to animals were also known for other serious psychiatric and social problems. Thus if agencies were to share files, animal abuse could be a good early warning for _____.

① continued animal abuse

② unfair treatment in childhood

③ abusive behavior toward people

④ a timid and indecisive personality

어휘

☐ cruelty to animals 동물 학대, 동물에 대한 잔인한 행위
☐ incomprehensible 이해할 수 없는
☐ senseless animal abuse 몰상식한 동물 학대(senseless 분별없는, 몰상식한)
☐ serve as a warning 경고의 역할을 하다(serve as something ~의 역할을 하다)
☐ the need for therapy 치료의 필요성
☐ be known for problems like child or marital abuse 아동 학대나 배우자 학대로 알려져 있다
☐ a social worker 사회 복지사
☐ serious psychiatric problems 심각한 정신적인 문제들
☐ a good early warning 유용한 조기 경보
☐ indecisive 우유부단한

22 밑줄 친 부분에 들어갈 말로 가장 적절한 것을 고르시오.

It is hard to know what the first social psychology experiment was, but it is generally accepted that Indiana University professor Norman Triplett conducted one of the first social psychology experiments in 1897. While examining the cycling records for the 1897 season, he noticed that bicycle riders who competed against others performed better than those who competed against the clock. Triplett proposed that when you compete with someone it releases a competitive instinct, which increases your "nervous energy" and thereby enhances your individual performance. Triplett tested his hypothesis by building a "competition machine." He had 40 children wind up a reel, alternating between working alone and working parallel to each other. The results showed that winding time was faster when children worked side by side than when they worked alone. Thus, _____ _____ enhanced performance on this simple task.

① the high expectation of some reward

② the mere presence of another person

③ the overall improved sense of teamwork

④ the enthusiastic cheering of the audience

어휘

☐ conduct experiments 실험을 하다

☐ one of the first social psychology experiments 첫 번째 사회심리학 실험 중 하나

☐ examine the cycling records 사이클 기록을 조사하다

☐ bicycle riders who competed against others 다른 사람과 경쟁한 사이클 선수들

☐ release a competitive instinct 경쟁 본능을 발산하다

☐ wind up a reel 릴을 감아올리다(wind something up ~을 감아올리다)

☐ alternate between A and B A와 B 사이를 왔다갔다 하다

☐ parallel to each other 서로 나란히

23 밑줄 친 부분에 가장 적절한 것은?

In a study students heard a story that named sixty concrete objects. Those students who were tested immediately after exposure recalled 53 percent of the objects on this initial test but only 39 percent a week later. On the other hand, a group of students who learned the same material but were not tested at all until a week later recalled 28 percent. Thus, taking a single test boosted performance by 11 percentage points after a week. But what effect would three immediate tests have relative to one? Another group of students were tested three times after initial exposure and a week later, they were tested again and able to recall 53 percent of the objects — the same as on the initial test for the group receiving two tests. In effect, the group that had received three tests immediately after initial exposure _____ compared to the group who had only received one test immediately after exposure, and this group remembered more than those who had received no test immediately following exposure.

① was not motivated by their failure

② had been immunized against forgetting

③ had been ignored because they were mistaken

④ was able to recall three times more things

어휘

☐ name 이름을 부르다
☐ concrete objects 구체적인 사물들
☐ were tested immediately after exposure 노출 후 바로 테스트를 받다
☐ on this initial test 이 첫 번째 시험에서
☐ a week later 일주일 후
☐ were not tested at all 전혀 테스트를 받지 않았다
☐ boost performance by 11 percentage points 능력을 11 퍼센트 포인트 증대시키다
☐ in effect 결과적으로, 사실상
☐ receive three tests immediately after initial exposure 최초의 노출 후 즉시 세 번의 테스트를 받다
☐ compared to something/someone ~와 비교하여
☐ immunize ~을 무력하게 하다, ~에게 면역력을 주다

24 밑줄 친 부분에 가장 적절한 것은?

Sometimes people use objects to adorn a space. We display things on our desks and in our offices and homes, not just for their function but also because we find them pleasing in some way. Other people observe these objects and can make interpretations about us. We often use objects to achieve certain effects including signaling _____ _____. The chairs and couch in your living room may approximate a circle that invites people to sit down and talk. Classroom seating may be arranged in theater style, which discourages conversation. A manager's office with a chair facing the manager across the desk encourages formal conversation and signals status. It says, "Let's talk business — I'm the boss and you're the employee." A manager's office with a chair placed at the side of her desk encourages more informal conversation. It says, "Don't be nervous — let's just chat."

① what kinds of hobbies we engage in
② what we are aspiring to become in life
③ what we expect to happen in the space
④ what cultural background we come from

어휘

- [ ] adorn 장식하다
- [ ] display things on our desks 책상에 물건을 진열하다
- [ ] find them pleasing 그것들이 우리를 기분 좋게 한다고 느끼다
- [ ] in some way 어떤 면에서는
- [ ] make interpretations 해석하다
- [ ] achieve certain effects 특정 효과를 얻는다
- [ ] signal 암시하다, 신호를 보내다
- [ ] approximate a circle 원 모양을 만들다(approximate ~와 비슷한 것[모양]을 만들다)
- [ ] invite people to sit down and talk 사람들이 둘러 앉아 이야기를 나눌 수 있게 유도하다
- [ ] face ~을 바라보다, ~로 향해 있다

25 밑줄 친 부분에 가장 적절한 것은?

Current leadership training, almost anywhere you look for it, uses the word vision freely, but most often its basis is _____. Potential leaders are taught to use their minds to analyze various hypothetical scenarios. By leaving out feeling, intuition, insight, and the profound wisdom of the soul, this training falls short of its potential. No one can deny the simple truth that the greatest leaders are also great souls. Faced with apartheid in South Africa, slavery before the Civil War, or colonial domination in India, their eyes saw the same thing that everyone else saw. Their minds had the same thoughts as countless others around them. In their hearts they felt the same injustice. But Nelson Mandela, Abraham Lincoln, and Mahatma Gandhi each went deeper and asked, from the core of his being, how to elicit a new response, how to turn a new vision into reality.

*apartheid 예전 남아프리카 공화국의 인종 차별 정책

① cultural
② literal
③ intellectual
④ controversial

- almost anywhere you look for it 거의 어느 곳에서나 그것을 찾아볼 수 있다
- use the word vision freely 비전이라는 단어를 자유롭게 사용한다
- potential leaders 미래의 지도자들, 잠재적 지도자들
- hypothetical scenarios 가정적 시나리오들
- analyze various hypothetical scenarios 다양한 가정적 시나리오들을 분석하다
- leave out feeling, intuition, insight and… 느낌, 직감, 직관을 버리다/배제하다(leave something out ~을 생략하다)
- fall short of its potential 그것의 잠재력에 있어서 미달하다 (fall short of something (기준 등에) 미치지 못하다)
- elicit a new response 새로운 반응을 끌어내다
- turn a new vision into reality 새로운 비전을 실현하다

26 밑줄 친 부분에 가장 적절한 것은?

A new study shows that men are better than women at making up after a fight. The research was conducted by a team from Harvard University in the USA. It looked at the differences between how men and women made up with each other after same-sex sporting events. Lead author of the research, professor Joyce Benenson, concluded that men spend a longer time and put more effort into making up with their male sporting foes than women did with their female opponents. The researchers analyzed recordings of tennis, table tennis, badminton, and boxing involving men and women from 44 countries. They found that men spent considerably more time than women _____. Professor Benenson said she was surprised by her findings, especially at how women spent so little time making up with their rivals.

① supporting their team members
② analyzing and evaluating what they did
③ shaking hands and physically embracing their opponents
④ comparing and competing with their foes

어휘

☐ make up after a fight 싸운 후 화해하다
☐ the research was conducted by a team 그 연구는 한 팀에 의해 수행되었다
☐ make up each other 서로 화해하다
☐ lead author of the research 그 연구의 수석 연구원(수석 필자)
☐ put more effort into making up 화해에 더 많은 노력을 들이다
☐ foe 적
☐ opponent (게임, 대회 등의) 상대
☐ make up with their female opponents 그들의 여자 상대 선수들과 화해하다
☐ involve 포함하다, 관련시키다, 참여시키다
☐ spend considerably more time shaking hands 악수를 하는 데 월등히 많은 시간을 보내다
☐ was surprised at how… 얼마나 …한다는 사실에 놀랐다

27 밑줄 친 부분에 들어갈 말로 가장 적절한 것은?

The arrival of talking pictures in 1927 had a greater impact on the recording industry than just introducing new technology. It also changed the market structure of the industry. The movies produced popular music, which recording companies wanted to sell. The rights to the music now in demand by the public belonged to the movie companies, which soon recognized a good market opportunity, and instead of partnering with the record producers, they took them over. Warner Brothers purchased a recording studio in 1930, _____ the process. It now owned the music performed in its films, and it produced the recordings the film-going public grew to love. In turn, it promoted its music on its radio stations, just in case somebody had not already heard it in the movie theater. Warner Brothers grew from a nearly bankrupt $10 million company in 1927 to a $230 million corporate behemoth three short years later.

① localizing
② aggravating
③ decelerating
④ consolidating

어휘

□ the arrival of talking pictures 유성 영화의 도래
□ have a greater impact the recording industry 음반업계에 더 크나큰 영향을 미치다
□ introduce new technology 새로운 기술을 도입하다
□ in demand 수요가 많은
□ the rights to the music 그 음악에 대한 권리
□ the music now in demand by the public 현재 대중의 수요가 많은 음악
□ partner 동업자가 되다
□ take something over ~을 인수하다, ~을 넘겨받다
□ film-going public 영화 관람객
□ in turn 그 다음에는
□ behemoth 거대 기업
□ localize 국부화하다
□ aggravate 악화시키다
□ decelerate 속도를 늦추다
□ consolidating (하나로) 통합하다

28 밑줄 친 부분에 들어갈 말로 가장 적절한 것을 고르시오.

When two people are working together to raise children, there is almost always some natural disagreement. Children are the first to figure this out. They are like lawyers combing through a contract looking for a loophole or seeking out the slightest weakness in the prosecution's case. Once they find it, they leap on the opportunity. Remember, all children, but especially toddlers and preschoolers, are looking for opportunities to do more of what they like and less of what they dislike. They also have very little control over their world. They are told where to go, when to wake up, what to wear, and what to eat. If they can use their language or their behavior to create more control and make life more enjoyable for themselves, why shouldn't they? Well, there are plenty of reasons why they shouldn't. One obvious reason is that young children know what they want, but they don't know what they need. Also, children who can work one parent against the other tend to weaken parental authority. Therefore, you should _____ when managing your child's behavior.

① respect your spouse's own approach
② decide who to stand up for
③ get advice from more experienced parents
④ establish a more united and consistent front

어휘

- [ ] raise children 아이를 기르다/양육하다
- [ ] the first to figure this out 이것을 해결하는 첫 번째 인물
- [ ] comb through something ~을 철저하게 조사하다
- [ ] look for a loophole 허점/빠져나갈 구멍을 찾다
- [ ] seek out the slightest weakness 가장 취약한 약점을 찾다 (slight 취약한, 근소한)
- [ ] leap on the opportunity 그 기회에 올라타다, 그 기회를 잡다
- [ ] do more of what they like 그들이 좋아하는 것을 더 많이 하다
- [ ] do less of what they dislike 그들이 싫어하는 것을 덜 하다
- [ ] create more control 더 많은 통제 권한을 만들다[갖다], 더 제멋대로 할 수 있다
- [ ] stand up for someone ~의 편을 들다

29 밑줄 친 부분에 들어갈 말로 가장 적절한 것을 고르시오.

IQ is a lot like height in basketball. Does someone who is five foot six have a realistic chance of playing professional basketball? Not really. You need to be at least six foot or six one to play at that level, and all things being equal, it's probably better to be six two than six one and better to be six three than six two. But past a certain point, height stops mattering so much. A player who is six foot eight is not automatically better than someone two inches shorter. (Michael Jordan, the greatest player ever, was six six after all.) A basketball player only has to be tall enough — and the same is true of intelligence. _____.

① Intelligence has a threshold

② It doesn't matter what your IQ is

③ It doesn't matter how tall you are

④ The more intelligent, the more successful you'll be

30 밑줄 친 부분에 들어갈 말로 가장 적절한 것을 고르시오.

Contrary to what most economists think, there is some evidence that people do, indeed, _____. In an ingenious study, George Loewenstein, a psychologist at Carnegie Mellon University in Pittsburgh, examined the choices of Halloween trick-or-treaters. On Halloween 1993, kids coming to his house in Pittsburgh were offered a pile of candy bars and told they could pick two. All the kids picked two different candy bars. Now, everyone has a favorite candy — be it Snickers, Milky Way, or Three Musketeers — so if people wanted to maximize the expected utility of their future consumption, they would pick two of the favorite bar. This behavior is not limited to children, either; college students acted the same way.

① leave their options open

② value having options over gains

③ cut their losses

④ go into overdrive

31 밑줄 친 부분에 들어갈 말로 가장 적절한 것을 고르시오.

_____.

Social networking is a good example of this. When it was created it was so that people could share thoughts and ideas with like-minded people and keep in touch with distant family. Then it evolved into the monster it is today. It is heavily involved in every aspect of your life now even if you choose not to use it. How many times do potential employers base their hiring decisions on what they see on social media rather than on the resume? How many stories are there of people losing their jobs, health insurance coverage, and even their relationships because of something on social media that seemed totally innocent at the time? "It's obscene the level of personal privacy we have given up in the 21st century, and most of us do not even realize it has happened," social media expert Dr. Cohen says.

① Sometimes our bad behavior can have very unfortunate consequences

② Sometimes a good idea can turn into something very bad

③ Often we cannot trust the authenticity of information online

④ The convenience of the internet is evident in society

어휘

☐ like-minded people 유사한 생각을 가진 사람들
☐ keep in touch with distant family 멀리 떨어진 가족들과 연락하며 지내다
☐ evolved into the monster 진화해서 괴물이 되었다
☐ in every aspect of your life 우리 삶의 면면에
☐ is heavily involved in ~에 깊이 개입돼 있다
☐ choose not to use it 그것(소셜 네트워킹)을 사용하지 않기로 하다
☐ potential employers 미래의(잠정적) 고용주(고용자)들
☐ base their hiring decisions on what they see on social media 고용 판단의 기준을 소셜미디어상에서 보는 것에 둔다
☐ How many stories are there of people losing their jobs…?
   → There are many stories of people losing their jobs… 를 How 의문문으로 바꾼 문장임.
☐ seemed totally innocent 전혀 아무런 해도 끼치지 않을 것처럼 보였다
☐ at the time 그 당시에

32 밑줄 친 부분에 들어갈 말로 가장 적절한 것을 고르시오.

Because AI has the potential to become more intelligent than any human, we have no surefire way of predicting how it will behave. We can't use past technological developments as much of a basis because we've never created anything that has the ability to, wittingly or unwittingly, outsmart us. The best example of what we could face may be our own evolution. People now control the planet, not because we're the strongest, fastest, or biggest, but because we're the smartest. If we're no longer the smartest, are we assured to remain in control? Our research group's position is that our civilization will flourish as long as we win the race between the growing power of technology and the wisdom with which we manage it. In the case of AI technology, our position is that the best way to win that race is not to impede the former, but to _____ the latter by supporting AI safety research.

① intercept   ② suppress

③ accelerate   ④ impede

어휘

☐ has the potential to become… …될 가능성을 가지고 있다

☐ have no surefire way of predicting 감히 짐작해 볼 도리가 없다

☐ has the ability to outsmart us 우리보다 (한 수) 앞설 수 있는 능력을 가지고 있다

☐ wittingly or unwittingly 알게 모르게, 부지불식간에

☐ not because …, but because … …때문이 아니라, …때문에

☐ Are we assured to remain…? 여전히 ~할 거라고 확신하는가?

☐ remain in control 여전히 지배하고 있다

☐ as long as we win the race 우리가 그 경기를 이기는 한

☐ in the case of AI technology 인공지능 기술이란 점에 있어서

☐ our position is that … 우리의 입장은 이렇다

☐ the best way to win that race is not to (verb)…, but to (verb) … 그 경기를 이기는 가장 좋은 방법은 …이 아니라 … 이다

33 밑줄 친 부분에 들어갈 말로 가장 적절한 것을 고르시오.

The single most important human insight to be gained from this way of comparing societies is perhaps the realization that everything could have been different in our own society — that the way we live is only one among innumerable ways of life which humans have adopted. If we glance sideways and backwards, we will quickly discover that modern society, with its many possibilities and seducing offers, its dizzying complexity and its impressive technological advances, is a way of life which has not been tried out for long. Perhaps, psychologically speaking, we have just left the cave: in terms of the history of our species, we have but spent a moment in modern societies. Anthropology may not provide the answer to the question of the meaning of life, _____.

① but it can at least tell us where we are going and how we will get there

② but at least it can tell us that there are many ways in which to make a life meaningful

③ however, it does give us a clue as to why each society exhibits different characteristics

④ however, it can at least show us the good and bad aspects of our own society

어휘

☐ human insight 인간의 통찰
☐ the way we live 우리가 사는 방식
☐ innumerable ways of life 삶의 무수한 방식
☐ quickly discover that… …을 재빨리 깨닫다
☐ seducing offers 유혹적인/매력적인/구미가 당기는 제안
☐ a way of life 삶의 방식
☐ has not been tried out ~은 아직 한 번도 시도된 적 없다
☐ psychologically speaking, 심리학적으로 말하면,
☐ in terms of the history of our species 우리 종의 역사로 말하자면
☐ the answer to the question of the meaning of life 삶의 의미에 대한 질문의 답

34 밑줄 친 부분에 가장 적절한 것은?

Although what is expected of members of a corporation sometimes clashes with their own moral values, they are rarely encouraged to deal with the conflict in an open, mature way. In fact, the more one suppresses individual moral urges in the name of organizational interests, the more "mature," committed, and loyal one is considered to be. Conversely, the less willing the individual, the less "mature" and the more suspect. For example, when a Beech-Nut employee expressed concerns about the fact that the concentrate the company was producing for its "100% pure" apple juice contained nothing more than sugar water and chemicals, his annual performance review described his judgment as "colored by naive and impractical ideals." Or consider the reports of Wall Street analysts pressured by their firms to recommend to clients stocks or bonds the analysts knew to be "junk" or "garbage." Employees frequently have to fight hard to maintain their moral integrity in a showdown with _____.

① financial crises

② technical inefficiency

③ political conflicts

④ organizational priorities

어휘

- what is expected of members of a corporation 회사 직원에게 기대하는 것
- clash with their own moral values 자신의 도덕적 가치와 충돌하다
- in the name of organizational interests 조직의 이익이라는 이름 아래
- interests (복수 명사일 때) 이해관계, 이익
- suspect 수상한, 의심스러운; 의심하다; 용의자
- concentrate 농축액
- nothing more than sugar water and chemical 설탕물과 식품 첨가물에 지나지 않는
- colored by naive and impractical ideals 순진하고 헛된 이상에 물든
- maintain their moral integrity 자신들의 도덕적 신념(청렴)을 지키다/유지하다
- a showdown with ~와의 끈질긴 싸움/대결/논쟁/협상 등
  - 예 a showdown with the striking workers 파업 노동자들과의 대결
  - 예 in a showdown with organizational priorities 기업의 우선순위와의 대결에서

35 밑줄 친 부분에 들어갈 말로 가장 적절한 것을 고르시오.

Even with vast improvements in air quality since the 70s, people haven't stopped dying from the air they breathe. An analysis published in 2013 from researchers at MIT estimated that about 200,000 premature deaths occur each year in the United States because of fine particulate air pollution. A study published in January in Environmental Health Perspectives reported that daily deaths over a decade in metropolitan Boston peaked on days when concentrations of three common air pollutants were at their highest, even though those levels would currently satisfy the U.S. Environmental Protection Agency. So despite a half-century of progress, airborne grime is still a menace. Researchers are now finding that more than the lungs are at risk, as dirty air may in fact be _____ to some of the greatest threats to public health, including diabetes, obesity and even dementia.

① a risk

② a troubleshooter

③ an accomplice

④ a nuisance

어휘

- [ ] vast improvements in air quality 공기 질(깨끗한 상태)에 있어서의 대폭적인 개선
- [ ] haven't stopped dying 멈추지 않고 죽어 나갔다
- [ ] dying from the air they breathe 그들이 숨쉬는 공기 때문에 죽는 것
- [ ] premature deaths 요절
- [ ] occur each year 해마다 발생하다
- [ ] daily deaths 일별 사망자 수
- [ ] on days 낮에
- [ ] a half-century of progress 반세기의 진보/발전
- [ ] are at risk 위험에 처해 있다
- [ ] may in fact be an accomplice 사실상 공범자일 수도 있다
- [ ] an accomplice to some of the greatest threats 가장 큰 위협이 되는 몇 가지 것들의 공범자
- [ ] the greatest threats to public health 국민건강에 가장 큰 위협이 되는 것들

36 밑줄 친 부분에 들어갈 말로 가장 적절한 것을 고르시오.

The more you search for fast, temporary relief with a candy bar, a can of soda, or a bag of chips, _____ _____. Calories consumed without the accompanying nutrients that aid in their assimilation and metabolism lead to a buildup of toxic substances in the cells that promote cellular aging and disease. Eating low-nutrient calories increases dangerous free-radical activity within the cells and allows for the buildup of cellular waste. These low-nutrient calories also increase other toxic materials in the body, such as advanced glycation end products (AGEs). AGEs affect nearly every type of cell and molecule in the body and are major factors in aging and age-related chronic diseases.

① the more toxic your body becomes as you give it more low-nutrient calories

② the more likely you are to create an addiction for similar low-nutrient calories

③ the less likely you are to suffer from the types of diseases resulting from free-radical activity

④ the less your body can be damaged by the accumulated buildup of cellular waste

어휘

☐ The more you search for…, the more… 더 ~하면 할수록, 더 ~하게 되다

☐ give it (= your body) more low-nutrient calories 당신의 몸에 더 많은 저영양 칼로리를 주다

☐ the accompanying nutrients 수반되는(딸린) 영양

☐ a buildup of toxic substances 독소 물질들의 축적

☐ promote cellular aging 세포 노화를 부추기는

☐ allows for the buildup of cellular waste 세포 쓰레기의 축적을 용납하다(allow = permit)

☐ nearly every type of cell 거의 모든 종류의 세포

☐ major factors in aging 노화에 있어서 중요한 요소들

37 밑줄 친 부분에 들어갈 말로 가장 적절한 것을 고르시오.

Small differences in performance can _____ when repeated over time. This is yet another reason why habits are so important. The people and organizations that can do the right things, more consistently are more likely to maintain a slight edge and accumulate disproportionate rewards over time. You only need to be slightly better than your competition, but if you are able to maintain a slight edge today and tomorrow and the day after that, then you can repeat the process of winning by just a little bit over and over again. And thanks to winner-take-all effects, each win delivers outsized rewards. We can call this The 1 Percent Rule. The 1 Percent Rule states that over time the majority of the rewards in a given field will accumulate to the people, teams, and organizations that maintain a 1 percent advantage over their competitors. You don't need to be twice as good to get twice the results. You just need to be slightly better.

① lead to excessive competition and unfair results

② lead to very unequal distributions

③ make little difference

④ by far bring about the worst

어휘

- [ ] small differences in performance 어떤 일을 하는 데 있어서의 작은 차이들
- [ ] lead to very unequal distributions 불공평한 배당/배분을 낳다(distribution 배당, 배분, 분배)
- [ ] when repeated over time 시간이 흐르면서 계속 반복했을 때
- [ ] are more likely to maintain 더욱 유지하기 쉽다
- [ ] disproportionate rewards 불균형한(여기서는 더 큰) 보상들
- [ ] the day after that 그 다음날
- [ ] winning by just a little bit 그저 아주 작은 차이에 의한 승리
- [ ] outsized rewards 보통보다 큰 보상
- [ ] their competitors 그들의 경쟁 상대들
- [ ] don't need to be twice as good 두 배나 잘 할 필요는 없다
- [ ] get twice the results 두 배의 결과를 얻다

38 밑줄 친 부분에 들어갈 말로 가장 적절한 것을 고르시오.

Robert Frost's poem "The Road Not Taken" is often interpreted as an anthem of individualism and nonconformity, seemingly encouraging readers to take the road less traveled. This interpretation has long been propagated through countless song lyrics, newspaper columns, and graduation speeches. But as Frost liked to warn his listeners, "You have to be careful of that one; it's a tricky poem — very tricky." In actuality, the two roads diverging in a yellow wood are "really about the same," according to Frost, and are equally traveled and quite interchangeable. In fact, the critic David Orr deemed Frost's work "the most misread poem in America," writing in The Paris Review: "This is the kind of claim we make when we want to comfort or blame ourselves by assuming that our current position is the product of our own choices ⋯ The poem isn't a salute to can-do individualism. It's a commentary on the self-deception we practice when constructing the story of our own lives." In the final stanza, _____ as he justifies the choices he's made and shapes the narrative of his life.

① we can't decide where the road the speaker chose will take him

② we can't know whether the speaker is sighing with contentedness or regret

③ the speaker is confident that he chose the better of the two roads

④ the speaker is doubtful whether he chose the better of the two roads

어휘

☐ an anthem of individualism 개인주의를 위한 성가
☐ encourage readers to take ⋯ 독자들로 하여금 ⋯을 택하라고 독려하다
☐ take the road less traveled 남들이 덜 걸어간 길을 택하다
☐ has long been propagated 오랫동안 전파되어 왔다
☐ the most misread poem 가장 곡해해 읽는(잘못 해석되는) 작품(시)
☐ the kind of claim we make 우리가 (주장)하는 그런 종류의 주장(make a claim 주장하다)
☐ a salute to can-do individualism '할 수 있다'식의 개인주의에 대한 경의
☐ the self-deception 자기기만
☐ the story of our own lives 우리 자신의 삶의 이야기

39 밑줄 친 부분에 가장 적절한 것은?

Sue Stennes-Rogneff, a high school teacher with 23 years of experience who currently teaches US and world history, says she has seen a shift over the years in the way that history has been taught; instead of teaching concepts, there is now a greater emphasis on teaching facts. This, Stennes-Rogneff notes, makes it harder for the students to retain what they have learned, especially since "a lot of young people are naturally not interested in history." The results of a recent survey commissioned by Common Core, an organization working to bring comprehensive instruction − including history and other liberal arts − to American classrooms _____

_____ among high school students of basic US and world history. Out of 1,200 17-year-old respondents to a national telephone survey, nearly a quarter could not identify Adolf Hitler, less than half could place the Civil War in the correct half-century, and a third did not know that the Bill of Rights guarantees the freedom of speech and religion.

① show a deep understanding
② indicate a strong distaste
③ suggest strong recall ability
④ reveal an embarrassing ignorance

40 밑줄 친 부분에 가장 적절한 것은?

It's been said that the definition of insanity is trying the same thing over and over again but expecting a different result. Yet that's exactly what most people do. They tell themselves that today they won't get angry, or overeat, etc — but then don't actually do anything differently. They try the same routine and hope it will work this time. Of course, it doesn't. As Warren Buffett rightly said, "You know… you keep doing the same things and you keep getting the same result over and over again." Failure is a part of life we have little choice over. Learning from failure, on the other hand, is optional. We have to choose to learn. We must _____ — to tweak and change until we actually get the result we're after. But that's hard.

① consciously opt to do things differently
② carefully decline to take advice
③ constantly focus on the end goal
④ willingly accept ourselves

어휘

- It's been said that… …라고들 얘기한다
- the definition of insanity 정신이상의 정의
- over and over again 되풀이해서
- that's exactly what most people do 그것이 바로 대부분의 사람들이 하는 행동이다
- As Warren Buffett rightly said,… 워렌 버핏이 정확하게 지적했듯이
- keep doing the same things 똑같은 것을 계속하다
- keep getting the same result 계속해서 똑같은 결과를 얻다
- a part of life 삶의 일부
- learning from failure 실패로부터 배우는 것
- choose to learn 배우는 것을 선택하다
- get the result we're after 우리가 추구하는 결과를 얻다

41 밑줄 친 부분에 가장 적절한 것은?

Against the conventional wisdom that music is a uniquely human phenomenon, recent and ongoing research shows that animals actually _____.
But rather than liking classical or rock, Snowdon, an animal psychologist at the University of Wisconsin-Madison, has discovered that animals march to the beat of a different drum altogether. They enjoy what he calls "species-specific music": tunes specially designed using the pitches, tones, and tempos that are familiar to their particular species. A strong example of this was shown back in 2009, when researchers composed two songs for tamarins — monkeys with vocalizations three octaves higher than our own and heart rates twice as fast. The songs sound shrill and unpleasant to us, but they seem to be music to the monkeys' ears. The song modeled on excited monkey tones and set to a fast tempo made the tamarins visibly agitated and active. By contrast, they calmed down and became unusually social in response to a "tamarin ballad," which incorporated happy monkey tones and a slower tempo.

① do have a liking for soft music
② do share our capacity for it
③ are very good with instruments
④ are big on human music

어휘

- [ ] against the conventional wisdom that… …라는 일반적인 생각과는 달리
- [ ] recent and ongoing research 최근의 진행중인 연구
- [ ] rather than liking classical or rock 클래식이나 록을 좋아하기보다는/대신
- [ ] are familiar to their particular species 각각의 특정 종에 익숙한
- [ ] vocalizations three octaves higher than our own 우리보다 세 배 높은 옥타브의 발성법
- [ ] heart rates twice as fast 우리 인간보다 두 배 빠른 심장 박동
- [ ] seem to be music to the monkeys' ears 그 원숭이들의 귀엔 음악처럼 들리다
- [ ] the song modeled on excited monkey tones 흥분한 원숭이의 톤을 모델로 삼은 그 노래
- [ ] the song set to a fast tempo 빠른 템포에 맞춰진 그 노래
- [ ] make the tamarins visibly agitated and active 타마린들을 눈에 띄게 흥분하고 활동적으로 만들다
- [ ] By contrast,… 그와는 반대로,…
- [ ] in response to a "tamarin ballad" "타마린 발라드"에 반응하여

42 밑줄 친 부분에 가장 적절한 것은?

Evolutionary scientists have over the years come to appreciate just how _____ an event Darwin's visit to the Galapagos Islands was. We might go as far as to consider the Galapagos Islands a natural laboratory, perfectly suited to observe the various results of evolutionary processes. We must first reconsider the phenomena of variations across a population being passed on through subsequent generations. If the population is very large or in close proximity to, and can interbreed with other populations of the same species, advantageous traits must trickle down over many generations before a critical number of individuals can be cast as a distinct species. However, if the population is small and isolated (only able to breed amongst itself), then an advantageous variation might only be passed down through relatively few subsequent generations before a new species distinguishes itself. The Galapagos Islands provided the perfect environment for accelerated evolution and speciation in Darwin's finches. The populations were small and perhaps most importantly, isolated from mainland South America.

① mysterious

② serendipitous

③ imprudent

④ out of the ordinary

어휘

- ☐ over the years 수년에 걸쳐
- ☐ We might go as far as to consider… 우리는…라고까지 생각할 수 있을지도 모른다
- ☐ (the place which is) perfectly suited to observe ~을 관찰하는 데 완벽하게 들어맞는
- ☐ the phenomena of variations being passed on 차이들이 전달되는 현상들
- ☐ is in close proximity to other populations 다른 인구들에 근접해 있다
- ☐ trickle down 천천히 흘러들어가다
- ☐ over many generations 많은 세대에 걸쳐
- ☐ a critical number of individuals 결정적 수의 개체들
- ☐ relatively few subsequent generations 비교적 적은 후세대
- ☐ were isolated from mainland South America 남아메리카 대륙으로부터 고립되어 있었다

43 밑줄 친 부분에 가장 적절한 것은?

Venezuela is home to this world's largest rodent, the capybara. Like rats, capybaras have long, always-growing incisors but are missing the next three teeth that most mammals have. Rodents' incisors, like those of all mammals, are coated with a hard substance called enamel. They use these front teeth for gnawing. With short ears, a long face, and two big front teeth, the capybara's head resembles that of a guinea pig. However, with legs that are shorter in the front than in the back and a tough, leathery hide, the capybara's body looks more like a miniature hippopotamus. Perhaps having an enormous rodent as a pet doesn't sound like much fun, _____! Like dogs, capybaras can learn tricks and skills. They can beg for food, walk on a leash, and climb stairs.

① and you'd be right
② but you'll figure that out
③ and perhaps you already have one
④ but you'd be surprised

어휘

- [ ] is home to the world's largest rodent 세상에서 가장 큰 설치류의 본거지/본고장이다
- [ ] capybaras are missing the next three teeth 카피바라는 앞니 바로 옆의 이빨 세 개를 잃어버렸다
- [ ] are coated with a hard substance 딱딱한 물질로 코팅되어 있다
- [ ] a hard substance called enamel 에나멜이라 불리는 딱딱한 물질
- [ ] doesn't sound like much fun 그다지 재미있어 보이지 않다
- [ ] beg for food 음식을 구걸하다
- [ ] walk on a leash 목줄을 차고 돌아다니다(= walk with a leash)
- [ ] climb stairs 계단을 오르다

44 밑줄 친 부분에 가장 적절한 것은?

When faced with a surprising event, we often want to push through and keep going. But sticking to a plan in the face of surprising new information can be a recipe for disaster. This has played a role in many failures, from the Facebook IPO (Initial public offering) to the Deepwater Horizon oil spill. Instead, managers need to foster norms that help people overcome the sense of defeat that comes from halting an ongoing process or giving up on a planned course of action. A young trader on Wall Street, for example, told us that he'd never received as much praise from senior managers as when he stopped an apparently profitable trade after realizing that he didn't fully understand it. Such feedback helps create norms that, one day, might prevent an unexpected event _____ _____.

① from ruining the original protocol

② from becoming a new standard for business

③ from turning into a meltdown

④ from becoming a boon

어휘

☐ when faced with ~을 직면했을 때, ~을 맞닥뜨렸을 때
☐ push through and keep going 계속 밀어붙이고 나아가다
☐ stick to a plan 계획을 고수하다
☐ can be a recipe for disaster 재앙을 초래할 수 있다
☐ has played a role in many failures 실패에 한 역할을 해왔다
☐ overcome the sense of defeat 패배감을 극복하다
☐ he had never received as much praise… as when he…
  그가 ~했을 때만큼 그렇게 많은 칭찬을 받은 적이 없었다
☐ didn't fully understand it 그것을 완전히 이해하지 못했다
☐ an unexpected event 예상치 못한 사건
☐ turn into a meltdown 대폭락으로 돌변하다

45 밑줄 친 부분에 가장 적절한 것은?

"The reason that _____, Vimes reasoned, was because they managed to spend less money. Take boots, for example. He earned thirty-eight dollars a month plus allowances. A really good pair of leather boots cost fifty dollars. But an affordable pair of boots, which were sort of OK for a season or two and then leaked like hell when the cardboard gave out, cost about ten dollars. Those were the kind of boots Vimes always bought, and wore until the soles were so thin that he could tell where he was in Ankh-Morpork on a foggy night by the feel of the cobbles. But the thing was that good boots lasted for years and years. A man who could afford to spend fifty dollars had a pair of boots that'd still be keeping his feet dry in ten years' time, while the poor man who could only afford cheap boots would have spent hundreds of dollars on boots in the same time and would still have wet feet.

① the rich were so rich
② the poor were so poor
③ the poor could save money
④ the rich were happier

어휘

☐ spend less money 돈을 덜 쓰다
☐ were sort of OK 그런대로 괜찮았다
☐ the cardboard gave out 판지가 다 떨어졌다
☐ were so thin that he could tell… 너무 얇아져서 그가 ~을 알 수 있을 정도였다
☐ But the thing was that… 하지만 중요한 것은 …이었다
☐ lasted for years and years 수년 동안 지속됐다
☐ keep his feet dry 그의 발을 마른 상태로 유지시키다
☐ in ten years' time 10년이 지난 후
☐ would have spent hundreds of dollars on boots 부츠 사는 데 100달러를 썼을 것이다

46 밑줄 친 부분에 가장 적절한 것은?

More and more studies are now pointing to the numerous ways in which our gut bacteria may influence both our _____ _____. For instance, researchers have found that germ-free mice that had been deprived of beneficial gut bacteria displayed symptoms of anxiety, depression, and cognitive impairment. Since the bacteria in our gut can alter the function of our brain by producing certain hormones or neurotransmitters — and emotional responses can, in turn, affect our gut bacteria — it should come as no surprise that some studies have found a link between post-traumatic stress disorder and certain strains of bacteria. Other studies have not only pinpointed specific bacteria whose absence can trigger symptoms of depression in rodents, but they have also shown that supplementing said bacteria can reverse signs of depression.

① dietary and emotional health
② behavior and empathy
③ mental and emotional well-being
④ social life and emotion

어휘

- mice that had been deprived of beneficial gut bacteria ~이 제거된 쥐들
- cognitive impairment 인지장애
- alter the function of our brain 우리 뇌의 기능을 바꾸다
- in turn 결국, 결과적으로, 교대로
- it should come as no surprise that… …하는 것이 결코 놀랄 일이 아니다
- specific bacteria whose absence can trigger symptoms of depression → the absence of specific bacteria can trigger symptoms of depression 우울증 증상을 유발하는 특정 박테리아의 결핍
- supplement said bacteria 앞에서 혹은 위에서 언급한 박테리아를 보충하다
- reverse signs of depression 우울증 징후를 뒤집다(개선하다)

47 밑줄 친 부분에 들어갈 말로 가장 적절한 것을 고르시오.

Tears are often considered a source of shame and weakness in our society. But for all the bad publicity that crying gets, it is actually good for you. Have you ever been so stressed out that you cried? It's OK to admit it. In fact, it's a downright healthy thing to do! Crying is a natural way to reduce emotional stress that, if left unrelieved, has negative physical effects on the body, including increasing the risk of heart disease and other stress-related disorders. Here are reasons why crying is good for you. Crying relieves stress. Because stress can increase our risk for heart attack and damage certain areas of our brain, the human ability to cry has survival value. In addition, tears remove toxins from the body. The reason people feel better after crying is that they may be removing, in their tears, chemicals that build up during emotional stress. So next time you feel those tears welling up, _____.

① try to hold back your tears

② go ahead and cry your eyes out

③ cry out for help

④ just remember, it's no use crying

어휘

☐ for all the bad publicity = in spite of the bad publicity 안 좋은 평판에도 불구하고

☐ have been so stressed out that you cried 무척(so) 스트레스를 받아서(that) 울다

☐ downright = completely 완전히

☐ a natural way to reduce the stress 스트레스를 줄일 수 있는 자연스러운 방법

☐ if left unrelieved = if (emotional stress) is left uncontrolled 누그러지지 않는다면

☐ has negative effects on the body 신체에 부정적인 영향을 끼치다

☐ the risk of heart disease 심장병에 걸릴 위험

☐ stress-related disorders 스트레스와 관련된 (육체적/정신적) 질병

☐ reasons why crying is good for you 울음이 건강에 좋은 이유

☐ Crying relieves stress 울음은 스트레스를 풀어준다

☐ our risk for heart attack 심장마비 위험

☐ remove toxins from the body 몸에서 독소를 제거하다

☐ The reason people feel better after crying 운 다음에 기분이 한결 좋아지는 이유

☐ feel those tears welling up 눈물이 차오르는 것을 느끼다

CHAPTER **02**

48 밑줄 친 부분에 가장 적절한 것은?

People become upset with the stock market because they don't think prices should fluctuate as much as they do. People look at the price of a company's stock and don't believe that the company's real value can really fall or rise by 25 to 50 percent in a year. After all, when the price of an airline's stock tumbles it still owns as many planes and can fly as many routes. So why is it worth so much less? Airline stock prices don't really depend on how many airplanes the airline owns. Rather, when you buy the stock you _____ _____. What the future earnings are worth is a matter of opinion, as is the price of the stock tomorrow when you try to sell it. What happens if people think a particular company is headed for fantastic profits and they turn out to be wrong? In the beginning the price of its stock is likely to soar on stockholders' forecasts of future riches. But then one day the news may come out that things aren't what they had hoped for and the stock could crumble.

① pay for the future transaction costs
② invest in the company's present assets
③ get a portion of last year's net sales profit
④ buy a share in the company's future earnings

어휘

- [ ] become upset with the stock market 주식시장 때문에 화가 나다
- [ ] they don't think prices should fluctuate as much as they(=prices) do(=fluctuate) 가격이 (현재) 요동치는 것처럼 요동쳐서는 안 된다고 생각하다
- [ ] by 25 to 50 percent 25%에서 50% 정도
- [ ] after all 어쨌든, 모름지기, 요컨대
- [ ] the price of an airline's stock tumbles 항공사의 주가가 하락하다
- [ ] a matter of opinion 의견의 문제
- [ ] is headed for fantastic profits 환상적인 이익을 향해 가다
- [ ] turn out to be wrong 틀린 것으로 드러나다
- [ ] in the beginning 처음에는
- [ ] is likely to soar 급등하게 될 가능성이 높다
- [ ] the news may come out that… …라는 뉴스가 나오게 될 수도 있다
- [ ] what they had hoped for 그들이 원했던 것

49 밑줄 친 부분에 가장 적절한 것은?

A classic example of _____ in order to interpret and explain action was first created by Heider and Simmel and again by Michotte. Both created a movie. Here is the plot: A protagonist strives to attain a goal. An antagonist interferes. Thanks to a helper, the protagonist finally succeeds. This movie, however, stars three dots. One dot moves some distance up an inclined line, back down, and up again, almost reaching the top. Another abruptly collides with it, and the first dot moves back down. A third gently touches our "main character" and moves together with it to the top of the incline. Viewers see only the motion of these three dots. Still, all observers — all (and this test has been given to three-year-olds and up) — see the first dot as trying to reach the top, the second as hindering it, and the third as helping it to reach its goal. Actions have no meaning without goals and motives.

① how dependent we are on goals
② why we must consider circumstances
③ how motivation is unnecessary
④ why we turn to personal experiences

어휘

- we are dependent on goals 우리는 목표에 의존한다
- in order to interpret 해석하기 위해서
- Here is the plot. 줄거리는 다음과 같다
- protagonist 주인공
- strive to attain a goal 목표를 달성하기 위해 애쓰다
- thanks to a helper 조력자 덕택에
- move some distance up an inclined line 대각선 위쪽으로 어느 정도 올라가다
- back down 아래로 내려가다
- abruptly collide with it 그것과 갑자기 충돌하다
- move together with it to the top of the incline 그것과 함께 경사의 꼭대기로 이동하다
- see the first dot as trying to reach the top 첫 번째 점이 꼭대기에 도달하려고 노력하는 것으로 보다
- see the second (dot) as hindering it 두 번째 점이 그것을 방해하고 있는 것으로 보다(hinder 방해하다, 막다)
- reach its goal 목표를 달성하다

50 밑줄 친 부분에 들어갈 말로 가장 적절한 것은?

Sometimes it seems so attractive to hang out with people who seem far more adventurous and daring than our own circles. However, it may also be a dangerous thing to do. When you have always been protected and remained in safe environments, you _____ when you start mingling with those who are used to running and fighting for their lives. They may already be used to the harsh realities of their lives, but you, the protected one, will have a hard time adapting and may even get into serious trouble. Particularly for younger generations it may seem very attractive to hang out with those who are feared by the majority, and become part of their in-crowd. But once you realize that you are in the wrong company, it may not be so easy to get out. Think on these lines when choosing your environment.

① are taking initiatives
② are hanging your head in shame
③ will keep blowing hot and cold
④ are asking for trouble

어휘

- □ it seems so attractive to hang out with people who⋯ ~한 사람들과 어울리는 것은 매력적으로 보인다(it = to hang out⋯)
- □ hang out with people 사람들과 어울려 다니다
- □ people who seem far more adventurous and daring than our own circles 우리 자신의 무리보다 훨씬 더 모험심 있고 대담해 보이는 사람들
- □ are asking for trouble 화를 자초하고 있다
- □ start mingling with those who⋯ ⋯한 사람들과 어울리기 시작하다
- □ are used to running and fighting for their lives 악다구니 같은 삶에 익숙하다
- □ those who are feared by the majority 구성원 대다수가 무서워하는 이들
- □ become part of their in-crowd 잘나가는 그들 무리의 일부가 되다
- □ are in the wrong company 잘못된 무리에 있다, 나쁜 무리와 어울리다
- □ it may not be so easy to get out 빠져 나가는 것이 그리 쉽지 않을 수도 있다

51 밑줄 친 부분에 들어갈 말로 가장 적절한 것을 고르시오.

If you think of delegation as giving someone else the difficult, undesirable, or uninteresting part of work, you may feel guilty doing it. After all, none of us wants to be the big bad boss. Then again, you don't have to martyr yourself! Just because you don't like doing a task doesn't mean someone else won't enjoy it. Yes, some tasks and projects aren't "fun" or "fantastic learning experiences," but that's life, and that's work; someone is getting paid to do that work! We all have different skills, interests, and talents, so don't feel guilty _____.

Delegation works best when you put the right person in the right job at the right time and allow everyone to make an important contribution to the success of a goal.

① doing the boring work by yourself
② challenging your big bad boss
③ doing a task that is a lot of fun
④ asking someone else to help

어휘

- [ ] think of delegation as giving… 위임을 ~주는 것이라고 여기다(delegation 위임)
- [ ] undesirable part of work 달갑지 않은 일
- [ ] martyr yourself 스스로를 박해하다(martyr 박해하다, 괴롭히다)
  cf) martyr yourself ⇒ take on all of the work alone의 의미로 쓰였다
- [ ] don't like doing a task 어떤 일을 하는 것을 좋아하지 않다
- [ ] someone is getting paid to do that work 누군가는 그 일을 하라고 돈을 받고 있다
- [ ] Delegation works best when… 위임은 …할 때 가장 잘 작동된다
- [ ] put the right person in the right job 적임자를 적합한 일에 배치하다
- [ ] at the right time 적절한 때에
- [ ] make a contribution to the success of a goal 목표를 이루는 데 기여하다
- [ ] make an important contribution 중요한 기여를 하다
- [ ] the success of a goal 목표 달성

52 밑줄 친 부분에 들어갈 말로 가장 적절한 것을 고르시오.

Most companies screen job candidates to bring in people who are like company insiders, who learn how to do things "the right way" quickly, and who see things much like everyone else in the company. These criteria make sense if a company wants people who will repeat its tried-and-true ways of thinking and acting. However, companies and teams that do innovative work _____. They welcome newcomers who have new ideas and see things differently than insiders, and especially, who won't get brainwashed into thinking just like everyone else. They want people who avoid, ignore, or reject "the heat of the herd," as futurist George Gilder puts it.

① want people acting like insiders
② need a different sort of person
③ seek persons who value traditional ways
④ allow people to accept the heat of the herd

어휘

☐ screen job candidates 후보재(면접자)들을 선별하다/가려내다
☐ bring in people 사람을 데려오다
☐ people who are like company insiders 회사의 내부 직원들과 비슷한 사람들
☐ criteria 기준, 표준, 척도(criterion의 복수형)
☐ make sense 말이 되다, 이치에 맞다
☐ tried-and-true ways of thinking and acting 검증된 방식으로 생각하고 행동하는 것
☐ see things differently than insiders 내부 직원들과는 다르게 (사물, 일을) 보다
☐ get brainwashed into thinking like everyone else 세뇌당해서 다른 이들처럼 생각하게 되다
☐ the heat of the herd 무리의 열기
☐ as futurist George Gilder puts it 미래학자 조지 길더가 말하는 것처럼
☐ value traditional ways 전통 방식이 가치 있다고 여기다

53 밑줄 친 부분에 들어갈 말로 가장 적절한 것은?

There is a famous story from the early days at IBM where an employee made an error that cost the company over $100,000. The employee somberly approached the founder and chairman, Thomas J. Watson, Sr., and said, "I presume, Mr. Watson, that you will expect my resignation." Watson looked at him and said, "Resignation? I just spent $100,000 training you!" Although such an enlightened attitude toward screwing up is rare in today's business world, employees should not be afraid to _____. Trying new approaches to problem resolution and taking calculated risks in order to learn better ways to achieve your objectives should be encouraged.

① ask questions
② make mistakes
③ provide feedback
④ use common sense

어휘

☐ the early days at IBM IBM 설립 초창기에
☐ make an error 실수를 저지르다
☐ an error that cost the company over $100,000 회사에 100,000달러의 손실을 발생시킨 잘못
☐ somberly 우울하게, 칙칙하게
☐ I presume… (확실치는 않지만) 나는 분명 ~라고 생각한다
☐ resignation 사표, 사임
☐ spend $100,000 training you 자네를 교육시키는 데 100,000달러를 쓰다
☐ such an enlightened attitude 그런 깨어있는 태도
☐ an enlightened attitude toward screwing up 일을 완전히 망친 것에 대한 깨어있는 태도
☐ try new approaches to problem resolution 문제 해결을 위한 새로운 접근 방식을 시도하다
☐ take calculated risks 계산 하에 모험(위험)을 감수하다
☐ better ways to achieve your objectives 목표를 이루는 더 나은 방법들

54 밑줄 친 부분에 들어갈 말로 가장 적절한 것은?

Even if the original function is known, some artworks with specific religious, political, and civic roles may no longer be viewed in the same way. Much religious art is now displayed in museums where its original purpose is neither relevant nor visible. Even in religious structures visitors may look at art with a secular detachment. Many works of art from the past have become so familiar that it is hard to _____ how they were perceived in their original context.

① forget　　　　② fathom
③ overstate　　　④ generalize

어휘
- [ ] Even if the original function is known 비록 본연의 기능이 알려져 있더라도
- [ ] some artworks with specific religious roles 특정 종교적 역할을 가진 몇몇 예술 작품
- [ ] may no longer be viewed in the same way 더 이상 똑같은 방식으로 보이지 않을지도 모른다
- [ ] neither relevant nor visible 관련도 없고 눈에 띄지도 않는
- [ ] in religious structures 종교적인 건축물에서
- [ ] look at art with a secular detachment 세속적 무관심으로/세속적으로 이탈하여 예술을 바라보다(detachment 분리, 이탈, 세속·이해 따위로부터 초연)
- [ ] how they were perceived 어떻게 그 작품들이 인식되었는지
- [ ] fathom (오랜 고민 끝에 어려운 문제 등을) 이해하다
- [ ] overstate 과장하여 말하다
- [ ] generalize 일반화하다

55 밑줄 친 부분에 들어갈 말로 가장 적절한 것은?

When we were kids we played sports for fun and exercise. Rarely did a parent or coach look at an eight-, nine-, or ten-year-old child and try to groom him or her into a professional athlete. Over the last two decades, that has changed. As professional athletes became celebrities, with a lot of media exposure and enormous contracts, many parents became excited about any talent exhibited by their child. As parents groomed their children to be the next Cal Ripken, Tiger Woods, or Michael Jordan, children no longer had the opportunity to _____, without the pressures associated with success.

① become greater professional athletes
② develop other talents
③ concentrate on their studies
④ enjoy sports for fun

어휘
- [ ] play sports for fun and exercise 스포츠를 재미로, 그리고 운동 삼아 하다
- [ ] Rarely did a parent or coach look at 부모와 코치는 거의 보지 않는다
- [ ] groom him or her into a professional athlete 그/그녀를 프로 선수로 대비시키다(groom 대비시키다, 훈련하다)
- [ ] over the last two decades 지난 20년에 걸쳐
- [ ] improved academic performance 학업 성취도 향상
- [ ] provide motivation for improved academic performance ~에 동기를 부여하다
- [ ] a lot of media exposure 수많은 매체에의 노출
- [ ] enormous contracts 엄청난 계약
- [ ] any talent (which was) exhibited by their child 자기 아이들이 보여준 재능
- [ ] have the opportunity to enjoy the sport for fun 스포츠를 재미로 즐길 기회를 갖다

56 다음 글의 빈칸 ㉠, ㉡, ㉢에 들어갈 말로 가장 적절한 것은?

New parents like to stand around the cot and make silly faces at their baby because they think the baby will be amused. In fact, newborns have a rather ____㉠____ range of vision. Their visual acuity, the level of finest visual detail that can be perceived, would qualify them as being legally blind. What they can see at a distance of 6m is roughly ____㉡____ to the level of detail that an adult can see at 180m (not that they would look that far anyway). Young infants have poor accommodation, the ability to focus over a range of distances, and tend to remain focused on objects within about a 90cm radius. They also have reduced visual scanning, the ability to selectively move their eyes around the environment, which suggests that they cannot selectively attend to multiple visual targets at an early age. This is why infants below the age of two months often display a "sticky fixation" behavior, where they appear to ____㉢____ their gaze on highly visible objects from which they cannot easily disengage.

*accommodation 낮은 수정체 조절 능력

	㉠	㉡	㉢
①	limited	subject	lock
②	limited	equivalent	lock
③	extended	equivalent	shift
④	extended	subject	shift

- around the cot 아기 침대 주변에서
- make silly faces 우스꽝스러운 표정을 짓다
- range of vision 시야
- visual acuity 시력
- qualify them as being legally blind 법적으로 시각 장애인 판정을 받기에 충분하다
- at a distance of 6m 6미터의 거리에서
- not that they would look… = they would not look… 그들은 보지 않을 것이다
- focus over a range of distances 넓은 반경에 걸쳐 초점을 맞추다
- within about a 90cm radius 대략 반경 90센티미터 이내
- attend to multiple visual targets 여러 시각적 타깃을 다루다 (attend to = deal with)
- at an early age 어린 나이에는
- infants below the age of two months 두 달 미만의 유아들
- disengage 떼어 놓다, 분리하다

진가영 영어독해
이론적용 200제

합격
기준 **박문각 공무원**

03

빈칸 채우기
(접속사 및 연결어)

03 · 빈칸 채우기(접속사 및 연결어)

▷ 대비 전략

01 글을 구성하는 **여러 요소 사이의 표면적인 연결 관계를 응집성**이라고 하고 응집성을 나타내는 명시적 표현이 바로 연결어에서 나타난다. 예를 들어, '어제 비가 왔다. 그래서 우산을 들고 외출했다.'라는 문장에서 '그래서'라는 **응집을 가능하게 하는 장치를 통해 두 문장은 원인과 결과라는 관계를** 갖게 되고, 이러한 문장과 문장 사이의 연결 관계를 제대로 파악하기 위해서는 **각각의 연결어의 기능에 대해서 학습이 필요하다.**

02 빈칸 추론 유형 중 연결사 유형은 특히 글의 자연스러운 흐름을 파악하는 능력을 측정하는 유형이고 글의 내용을 논리적으로 연결해서 글의 응집성을 높이는 글의 논리적 구성 능력과 관련된다. 따라서, **두 개의 연결사를 중심으로 한 앞뒤 문장의 관계 파악과 함께 글의 전체적인 내용 전개를 제대로 살필 수 있는 능력을 위한 학습도 필요하다.**

03 실제 공무원 시험에서는 **독해 유형 중 어려운 유형에 속하지 않으므로** 시험 전에 충분히 연결어 기능에 대해서 제대로 배우고 앞뒤 문장에 나오는 단서를 잡는 법 등을 배워 **출제 패턴을 학습하면 시험장에서 충분히 맞출 수 있다.**

▷ 학습 안내

01 적절하게 사용된 연결어는 글의 응집성을 높여 글의 구조를 더욱 견고하게 만들어 주고 **필자의 생각을 더욱 분명하게 전달해** 준다. 연결어는 문법적인 연결뿐만 아니라 **의미적인 연결**을 만드는 표현이다.

02 빈칸 추론 유형 중 연결어 넣기를 학습하기 위해서는 먼저 다양한 연결어들을 구분해서 학습해 두는 것이 중요하다. 영어에서 연결어 기능을 하는 것에는 **명사를 연결하는 전치사**(despite, because of 등), **주어와 동사를 연결하는 접속사**(but, because 등), 마지막으로 **문장과 문장을 연결하는 접속부사**(however, besides 등)가 있다. **시험에서는 주로 접속부사를 연결어 문제로 물어 보고 있으니** 다양한 접속부사와 그 기능에 대해서 학습할 필요가 있다.

03 본 유형의 정답을 찾기 위해서는 **글의 주제와 중심 내용을 먼저 파악한 후 빈칸의 앞뒤 내용을 보고 역접·대조·인과·첨가·요약·재진술 등 가장 적절한 연결사**를 찾아야 한다. 정답으로 선택한 말을 빈칸에 넣어 빈칸의 앞뒤 내용이 매끄럽게 연결되는지 재차 확인한다.

▶ 풀이 순서

01 **연결어를 반드시 먼저 확인(좁혀서 생각하는 데 도움됨)**하고 해당 연결어의 특징 및 **기능을 상기**시킨다.

02 글의 첫 문장을 읽고 **주제문을 확인**해 준다.

03 **연결어가 들어 있는 문장**과 **그 앞 문장의 내용 관계**를 분석해 준다. 이때, 긍정(+)과 부정(−)으로 나누어 생각하면 도움이 될 수 있다.

04 두 문장으로 관계가 나타나지 않는 경우 **반드시 한 문장 더 앞으로 가서 내용 관계**를 확인한다. 조금이라도 모호하고 내용 파악이 안 되면 반드시 **더 앞쪽 문장들**에서 무슨 말인지 확인한다.

05 앞뒤 내용 관계는 반드시 해석으로만 체크해서는 안 되고 **해석할 때 단어에 초점을** 맞춰서 보아야 한다. 의미 관계는 단어가 가지고 있으므로 **단어에 집중**한다.

06 비교할 때는 **구분 기준이 같으면** 판단하는 데 도움이 되므로 앞뒤에 **겹치는 단어를 중심**으로 잡고 그에 대한 **설명이 그대로 비슷한 의미**로 이어지는지 아니면 **다른 의미**로 이어지는지 확인해 준다.

07 A가 결정되면 B의 연결사를 확인하고 **B도 A와 같은 방식으로 진행**한다.

▶ 필수 연결어 정리

반박 논리	(1) 대조	① 두 대상의 차이점을 제시하며 서로 대비되는 말 사용 ② 대표 연결어 : On the other hand, In contrast, By contrast
	(2) 역접	① 앞의 글에서 서술한 사실과 서로 반대되는 사태이거나 그와 일치하지 아니하는 사태가 뒤의 글에서 성립함을 나타내는 일 ② 대표 연결어 : However, But, Yet, Still
	(3) 기타	① 양보 연결어(~에도 불구하고) : Nevertheless, Nonetheless ② 부정어와 호응하는 연결어 : Instead(대신에), Rather(오히려) ③ 가정의 의미가 있는 연결어 : Otherwise(그렇지 않으면)
동일 논리	(1) 예시	① 앞 내용(포괄적)에 대한 구체적 예시가 제시됨. ② 고유명사, 수치 등 구체적 진술 확인 및 뒷 내용이 앞 내용에 포함되는지 확인 ③ 대표 연결어 : For example, For instance, as an illustration
	(2) 첨가	① 앞 내용과 연결이 되는 또 다른 내용이 추가됨.(새로운 정보가 있음.) ② 대표 연결어 : in addition, besides, furthermore, moreover
	(3) 유추	① 앞 내용과 비교하여 유사한 내용이 덧붙여짐.(서로 다른 대상의 공통점) ② 대표 연결어 : similarly, likewise, in the same way
	(4) 결과	① 원인에 관한 결과 ② 대표 연결어 : therefore, as a result, consequently, thus, accordingly
	(5) 환언	① 앞의 내용이 다른 말로 재차 표현됨. ② that is (to say), in other words, namely, to put in another way
	(6) 요약	① 앞 내용에 대한 결론, 요약이 제시됨. ② 대표 연결어 : in conclusion, in short, in brief, to sum up

CHAPTER 03

▶ 필수 연결어 예문

01 반박논리

(1) 대조

Those who **support(지지하다)** the use of surveillance cameras argue that they can **serve as a deterrent(억제 역할을 한다)** to crime. **On the other hand(반면에)**, those who have **doubts(의심하다)** about their uses are worried that surveillance cameras are **not as effective(효과적이지 않다)** in preventing crime as have been believed.

해석 감시 카메라 사용을 지지하는 사람들은 그것들이 범죄를 억제하는 역할을 한다고 주장한다. 반면에, 그것들의(감시 카메라의) 사용에 의심이 있는 사람들은 감시 카메라가 범죄를 예방하는 데 있어 사람들이 믿는 만큼 효과적이지는 않다는 점을 우려했다.

(2) 역접

My research and that of many others has **strongly supported(강하게 지지해 왔다)** people's reliance on observations of others' nonverbal behaviors when assessing honesty. **However(그러나)**, social scientific research on the link between various nonverbal behaviors and the act of lying suggests that the link is typically **not very strong or consistent(강하지 않고 일관적이지 않다)**.

해석 나의 연구와 다른 사람들의 많은 연구는 정직성을 평가할 때 다른 사람들의 비언어적 행동에 대한 사람들의 의존성을 강하게 지지해 왔다. 그러나 다양한 비언어적 행동과 거짓말을 하는 행위 사이의 관련성에 관한 사회과학 연구는 그 관련성이 일반적으로 강하지 않고 일관성이 없다는 것을 시사한다.

(3) 기타

Eventually, the standard goods became money — **one common unit of trade (하나의 공통된 거래 단위)** most people accepted and used in business and for their daily lives. **Nevertheless(그럼에도 불구하고)**, some people still **use the barter system(물물교환 시스템을 사용한다)** today, especially in developing countries, where people exchange different kinds of food in order to survive.

해석 결국, 그 표준이 되는 물건들은 사람들이 일상을 위해 그리고 업무에서 인정하고 사용하는 하나의 공통된 거래 단위인 돈이 되었다. 그럼에도 불구하고, 오늘날에도 여전히 특히 개발 도상국에서 사람들은 생존하기 위해 다양한 종류의 음식을 교환하는 물물교환 제도를 사용한다.

02 동일논리

(1) 예시

As the discussion develops, the chairperson should be searching **to find the direction(방향을 찾다)** in which the weight of **members' views(구성원의 견해)** is pointing. If, **for example (예를 들어)**, there are **five members(다섯 명의 구성원들)** and the chair senses that **two(두 명은)** want to follow **course A(과정 A)** and **a third(세 번째 구성원)** follow **course B(과정 B)**, the focus should quickly be turned towards the remaining two members.

해석 논의가 진행됨에 따라 의장은 구성원들의 견해의 무게가 향하는 방향을 찾아야 한다. 예를 들어, 만일 다섯 명의 구성원들이 있고, 두 명의 구성원들은 과정 A를 따르기를 원하며, 세 번째 구성원은 과정 B를 따르기를 원한다는 것을 의장이 감지한다면, 나머지 두 명의 구성원들에게 신속히 집중해야 한다.

(2) 추가

Flowers can be contaminated(꽃이 오염될 수 있다) with insecticides that can **kill bees(벌을 죽일 수 있다)** directly or lead to chronic, debilitating effects on their health. **In addition(게다가)**, with the increase in global trade and transportation, blood-sucking parasites, **viruses and other bee pathogens(바이러스와 다른 벌의 병원균)** have been inadvertently **transmitted to bees(벌들에게 전달되었다)** throughout the world.

해석 꽃은 벌을 직접 죽이거나 그들의 건강에 만성적인, 쇠약하게 하는 영향으로 이어지는 살충제로 인해 오염될 수 있다. 게다가, 세계적인 교역과 운송의 증가와 함께, 흡혈 기생충들, 바이러스 그리고 다른 벌의 병원균이 의도치 않게 전세계 곳곳에 있는 벌들에게 전달되었다.

(3) 유추

Pearl Harbor(진주만 공격은) was **a great tactical success(엄청난 전술적인 대성공)** for Imperial Japan, but it led to **a great strategic failure(엄청난 전략적인 실패)** : Within four years of Pearl Harbor the Japanese empire lay in ruins, utterly defeated. **Similary(마찬가지로)**, **9/11 was a great tactical success(엄청난 전술적인 대성공)** for al Qaeda, but it also turned out to be **a great strategic failure (엄청난 전략적인 실패)** for Osama bin Laden.

해석 진주만 공격은 제국주의 일본의 전술적인 대성공이었다. 그러나 이 공격은 전략적인 실패로 이어졌다: 진주만 공격 이후 4년 만에 일본 제국은 폐허가 되었으며, 완전히 패배했다. 마찬가지로, 911공격은 알카에다의 전술적인 대성공이었다. 그러나 이 역시 오사마 빈 라덴에게는 엄청난 전략적인 실패로 판명났다.

(4) 결과

For this reason, rather than relying heavily on spoken dialogue, **designers of online materials(온라인 자료의 디자이너들은)** often **rely much more heavily on written text(쓰여진 글에 더 많이 의존하게 된다)** to deliver instructions and information. **Thus(따라서), the ability to read(읽는 능력)** can be a stronger prerequisite for the use of online materials(온라인 자료의 사용) than for a CD-ROM.

해석 이런 이유로 언어로 된 대화에 많이 의존하기보다는 온라인 자료의 디자이너들은 지시사항과 정보를 전달하기 위해 종종 쓰여진 글에 더 많이 의존하게 된다. 따라서 CD-ROM보다 온라인 자료의 사용을 위해 읽기 능력은 더 강한 선행조건이 될 수 있다.

(5) 환언

Consider office workers who happen to use wheelchairs. **Provided that there is only one level or there are ramps or elevators between levels(만일 단지 한 층만 있거나 그 층들 사이에 경사로나 엘리베이터가 있다면)**, they may **need no assistance(도움이 필요 없다)** whatsoever **in the workplace(직장에서)**. **In other words(다시 말해서)**, in **an adapted work environment(개조된 근무 환경)**, they **do not have a disability(장애를 가지지 않는다)**.

해석 어쩌다가 휠체어를 사용하게 된 직장인들을 생각해 보자. 만일 단지 한 층만 있거나 그 층들 사이에 경사로나 엘리베이터가 있다면 그들은 직장에서 어떤 도움도 필요하지 않을 것이다. 다시 말해서, 개조된 근로 환경에서 그들은 장애를 가지지 않을 것이다.

필수 문제

01 글의 흐름상 빈칸에 들어갈 표현으로 가장 옳은 것은?

Contemporary art has in fact become an integral part of today's middle class society. Even works of art which are fresh from the studio are met with enthusiasm. They receive recognition rather quickly — too quickly for the taste of the surlier culture critics. _____(A)_____, not all works of them are bought immediately, but there is undoubtedly an increasing number of people who enjoy buying brand new works of art. Instead of fast and expensive cars, they buy the paintings, sculptures and photographic works of young artists. They know that contemporary art also adds to their social prestige. _____(B)_____, since art is not exposed to the same wear and tear as automobiles, it is a far better investment.

	(A)	(B)
①	Of course	Furthermore
②	Therefore	On the other hand
③	Therefore	For instance
④	Of course	For example

어휘

- contemporary art 현대 예술
- an integral part 필수적인 부분, 전체를 구성하는 데 빠뜨릴 수 없는 부분
- are fresh from the studio 스튜디오에서 갓 만들어져 나온
- are met with enthusiasm 열정(열정적인 반응)과 만나게 된다
- for the taste of the surlier culture critics 까다로운 문화 비평가의 입맛에는
- surly = often in a bad mood, unfriendly, and not polite 성질 못된, 무례한
  - 예 We were served by a very surly waiter. 우리는 매우 무례한 웨이터에 의해 서빙을 받았다.
    He gave me a surly look. 그는 나를 기분 나쁘게 쳐다봤다.
- not all 모든 ~이 다 ~하는 것은 아니다(부분 부정)
- buy bran-new works of art 새로 나온 예술 작품을 구매하다
- photographic works of young artists 젊은 예술가의 사진 작품
- their social prestige 그들의 사회적 위신(prestige 위신, 명성, 세력)
- wear and tear (어떤 것을 이용한 결과인) 손상, 손모, 소모, 질(가치)의 저하
- it is a far better investment 그것은 훨씬 나은 투자이다

02 글의 흐름상 빈칸에 들어갈 표현으로 가장 옳은 것은?

In the 1950s a bilingual educational system was introduced in Singapore, ____㉠____ English used as a unifying and utilitarian medium alongside Chinese, Malay, or Tamil. However, English remained the language of government and the legal system, and retained its importance in education and the media. Its use has also been steadily increasing among the general population. In a 1975 survey, only 27 percent of people over age 40 claimed to understand English, ____㉡____ among 15-to-20-year-olds, the proportion was over 87 percent. There is also evidence of quite widespread use in family settings.

	㉠	㉡
①	and	but
②	so	while
③	then	and
④	with	whereas

어휘

- a bilingual educational system 이중 언어 교육 시스템
- was introduced in Singapore 싱가포르에서 도입이 되었다
- with English used as 영어가 ~로 사용된 상황에서("with+목적어+분사"는 부대상황 표현이다)
- remained the language of government and the legal system 정부와 법률 시스템의 언어로 남았다
- retained its importance in education and the media 교육과 언론에서 자신의 중요성을 유지했다
- has been steadily increasing among the general population 일반 대중 사이에서 꾸준히 증가해왔다
- only 27 percent of people over age 40 40세 이상의 인구 중 27퍼센트만이
- claimed to understand English 영어를 이해한다고 주장했다
- evidence of quite widespread use in family settings 가정에서 영어가 꽤 널리 사용되었다는 증거

03 글의 흐름상 빈칸에 들어갈 표현으로 가장 옳은 것은?

The motivating concepts that guide disaster management — the reduction of harm to life, property, and the environment — are largely the same throughout the world. _____(A)_____ the capacity to carry out this mission is by no means uniform. Whether due to political, cultural, economic, or other reasons, the unfortunate reality is that some countries and some regions are more capable than others at addressing the problem. But no nation, regardless of its wealth or influence, is advanced enough to be fully immune from disasters' negative effects. _____(B)_____, the emergence of a global economy makes it more and more difficult to contain the consequences of any disaster within one country's borders.

	(A)	(B)
①	However	Furthermore
②	Otherwise	Furthermore
③	However	In contrast
④	Otherwise	In contrast

어휘

- [ ] the motivating concepts that guide disaster management 재난 관리를 유도하는 동기부여 개념
- [ ] harm to life, property, and the environment 생명과 재산, 그리고 환경에 대한 피해
- [ ] are largely the same throughout the world 전세계적으로 대개 동일하다
- [ ] the capacity to carry out this mission 이 미션을 수행하기 위한 역량
- [ ] is by no means uniform 결코 똑같지 않다
- [ ] whether due to A, B, or C A, B 혹은 C 때문이든 간에
- [ ] the unfortunate reality is that ~ 불행한 현실은 ~이다
- [ ] are more capable than others 다른 이들보다 좀 더 낫다
- [ ] at addressing the problem 문제를 해결하는 데 있어
- [ ] regardless of its wealth or influence 자신의 부와 영향력과는 상관없이
- [ ] fully immune from disasters' negative effects 재난의 부정적인 영향으로부터 완전히 면역된
- [ ] the emergence of a global economy 세계 경제의 출현
- [ ] makes it more and more difficult to contain 억제하는 것이 점점 더 힘들게 되다
- [ ] within one country's borders 한 나라의 국경 내에서

04 다음 글의 빈칸 (A), (B)에 들어갈 말로 가장 적절한 것은?

Generally, during a complex negotiation, Westerners divide the large tasks up into smaller ones. One can move through the smaller tasks, finishing one and moving on to the next, sensing accomplishment along the way. Issues are resolved at each step in the process, and the final agreement is the sum of the sequence. ___(A)___, in Eastern thinking, all issues are discussed, often with no apparent order, and compromises, when made, occur at the conclusion of negotiations. The Western approach is sequential and the Eastern is holistic — these two ways of thinking are worlds apart. ___(B)___, American negotiators have difficulty measuring progress during negotiations with the Japanese, and the differences in the thinking and decision-making processes can result in misunderstandings.

	(A)	(B)
①	In other words	Nevertheless
②	However	Instead
③	However	Therefore
④	In other words	As a result

어휘

- ☐ during a complex negotiation 복잡한 협상을 하는 동안
- ☐ divide something up into something ~을 ~으로 나누다
- ☐ finish one and move on to the next 하나를 끝내고 다음 것으로 넘어가다
- ☐ sense accomplishment along the way 일이 진행됨에 따라 성취감을 느끼다(sense 감지하다, 느끼다)
- ☐ along the way (어떤 일이) 진행됨에 따라
- ☐ at each step in the process 그 과정의 매 단계에
- ☐ the sum of the sequence 그 연속적 결과들의 총합 (sequence (일련의) 연속적인 행위, 결과)
- ☐ with no apparent order 분명한 순서 없이
- ☐ compromise 타협
- ☐ sequential 순차적인
- ☐ holistic 전체론의
- ☐ worlds apart=very different 완전히 다른

05 다음 글의 (A), (B)에 들어갈 말로 가장 적절한 것은?

In international markets, the benefits consumers seek by buying goods and services differ from country to country. A consumer in one country may desire a particular brand of product for its quality, whereas a consumer in another country may be interested in its convenience factor. ___(A)___, bicycles in China are used as a major mode of transportation and are used by people who are mostly in the lower socioeconomic segment of the population. For buyers in China, bicycles should be simple in design and relatively inexpensive (under $25). ___(B)___, in the United States, bicycles are used mostly as recreational vehicles, and buyers are willing to spend hundreds of dollars (if not thousands) on each. Hence, these bicycles are equipped with all available gadgetry and are technological marvels. For American bicycle manufacturers to be successful in the Chinese market, they have to totally redesign their machines to suit the benefits sought by the Chinese bicycle buyers.

	(A)	(B)
①	However	Likewise
②	For example	Notwithstanding
③	In contrast	In other words
④	For instance	In contrast

어휘

- ☐ the benefits consumers seek 소비자가 얻고자 하는 혜택
- ☐ differ from country to country 나라마다 다르다
- ☐ a particular brand of product 특정 브랜드의 상품
- ☐ a major mode of transportation 주요 교통수단
- ☐ the lower socioeconomic segment of the population 인구 중 사회 경제적으로 낮은 계층
- ☐ should be simple in design 디자인이 단순해야 한다
- ☐ relatively inexpensive 비교적 저렴한
- ☐ are equipped with all available gadgetry 모든 가용한 전자 기기를 갖추고 있다
- ☐ gadgetry (특히 독창적이고 참신한) 전자 기기
- ☐ technological marvels 기술적으로 경이로운 것
- ☐ For … to … ~가(for someone) ~하기 위해서(to do)
- ☐ suit the benefits sought by… …에 의해 추구되는 혜택에 맞추다

CHAPTER 03

06 다음 글의 (A), (B)에 들어갈 가장 적절한 것은?

It is often believed that an extrovert can make friends more easily than an introvert, whereas a conscientious person may meet more deadlines than a person who is not conscientious. A researcher found,   (A)   , that the typical correlation between personality traits and behavior was quite modest. This news shook up the field, because it essentially said that the traits personality psychologists were measuring were just slightly better than astrological signs at predicting behavior. The researcher did not simply point out the problem; he diagnosed the reasons for it. He argued that personality psychologists had underestimated the extent to which the social situation shapes people's behavior, independently of their personality. To predict whether a person will meet a deadline,   (B)   , knowing something about the situation may be more useful than knowing the person's score on a measure of conscientiousness. Situational influences can be very powerful, sometimes overwhelming individual difference in personality.

	(A)	(B)
①	however	therefore
②	In fact	on the other hand
③	similarly	consequently
④	accordingly	however

어휘

- [ ] extrovert 외향적인 사람(introvert 내성적인 사람)
- [ ] meet a deadline 마감일을 맞추다/지키다
- [ ] conscientious 신중한, 성실한
- [ ] the typical correlation between personality and behavior 성격과 행동 간의 전형적 상관관계
- [ ] modest=not very big/great 그다지 크지 않은, 겸손한, 삼가는, 얌전한, 점잖은
    예 a modest increase in costs 약간의 비용 증가
- [ ] shake up the field 그 분야에 충격을 주다(shake sb/sth up ~에게 안 좋은 충격을 주다, ~을 개혁하다)
- [ ] did not simply point out the problem 단순히 그 문제를 지적만 한 것이 아니다
- [ ] underestimate the extent to which… ~의 정도를 과소평가하다
- [ ] shape people's behavior 사람의 태도에 영향을 주다/결정하다
- [ ] independently of their personality 그들의 성격과는 별개로
- [ ] individual differences in personality 성격상의 개인적 차이

07 다음 글의 (A), (B)에 들어갈 가장 적절한 것은?

In basic economic terms, shopping is a complex system for integrating people into the world of goods. Trading in a simple village marketplace gets goods to circulate from one group of people to another, and not only satisfies, but also stimulates desires that can't be satisfied at home.   (A)   , shopping in the supermarket or shopping mall distributes the bread, frozen orange juice, jeans, and smartphones that are produced by some of us, to others who use them. These days, most consumers are located far from where their products are made. We shop in corporate-owned chain stores where we don't know the salespeople, cashiers, security guards, or owners. Just as in a simple marketplace,   (B)   , the very activity of coming into immediate contact with goods — smelling the strong aroma of coffee or fresh bread, squeezing the tomatoes, or even, with less sensual gratification, reading the labels on the frozen food — excites us.

	(A)	(B)
①	Likewise	however
②	Furthermore	as a result
③	In short	in other words
④	In contrast	for example

어휘

- [ ] integrate someone into something ~을 ~에 통합시키다
- [ ] the world of goods 상품의 세계
- [ ] a simple village marketplace 단순한 마을의 시장
- [ ] get something to do something ~이 ~하도록 만들다
- [ ] circulate 유통되다, 순환하다
- [ ] stimulate desires that can't be satisfied 충족될 수 없는 욕망을 자극하다
- [ ] distribute 유통시키다, 공급하다
- [ ] far from where their products are made 그들의 상품이 만들어지는 곳에서 멀리 떨어진
- [ ] corporate-owned chain store 기업 소유의 체인점
- [ ] just as in a simple marketplace 평범한 시장 안에서처럼
- [ ] the very activity of 바로 그 ~하는 행동
- [ ] come into contact with something/someone ~와 접촉하다
- [ ] gratification 만족
- [ ] excite us 우리를 흥분하게 한다

08 다음 글의 빈칸 (A), (B)에 들어갈 말로 가장 적절한 것은?

Standing firm in what you believe helps you achieve great things. One of my favorite examples of this is the life of Florence Nightingale. Nightingale was born into a wealthy family and could have had a carefree existence. ___(A)___ , as she grew into a young woman, she devoted her time to visiting the sick in the local villages and became an advocate for better medical care in London. In 1845, she announced her decision to be a nurse despite the protests of her family. Nursing had a bad reputation in the mid-nineteenth century and was not a desirable profession for young ladies in the upper classes. ___(B)___ , Nightingale believed nursing was her calling and dutifully pursued nursing studies.

	(A)	(B)
①	Instead	However
②	Therefore	In other words
③	Instead	For example
④	Therefore	However

어휘

- □ stand firm in what you believe 당신이 믿는 것을 소신껏 밀고 나가다(stand firm (옳다고 생각하는 것을) 소신대로 밀고 나가다)
- □ was born into a wealthy family 유복한 가정에서 태어났다
- □ could have had a carefree existence 근심 걱정 없는 삶을 살 수도 있었다(a carefree existence 근심 걱정 없는 인생)
- □ devote her time to visiting the sick 아픈 이들을 방문하는 데 시간을 바치다
- □ an advocate for better medical care 더 나은 의료 서비스 구현을 옹호하는 자
- □ announced her decision to be a nurse 간호사가 되겠다는 결심을 공표했다
- □ despite the protests of her family 가족의 반대를 무릅쓰고
- □ have a bad reputation 평판이 좋지 않다
- □ a desirable profession 선망받는 직업
- □ young ladies in the upper classes 상위 계층의 숙녀
- □ nursing was her calling 간호사는 그녀의 천직이었다
- □ dutifully pursued nursing studies 충실하게 간호사 공부를 계속했다

09 다음 글의 빈칸 (A), (B)에 들어갈 말로 가장 적절한 것은?

The United States has a unique background in that it became a home for people from all over the world. Most countries have had immigrants come at one time or another. ___(A)___, no country has experienced mass immigration from the wide variety of countries that the United Sates has. The early settlers had a dream. They wanted to make America a place where different cultures could blend together to make one truly "American" culture. Things, however, have changed. Today, the trend is toward multiculturalism. The old "melting pot" metaphor is giving way to new metaphors such as "salad bowl" and "mosaic," mixtures of various ingredients that keep their individual characteristics. ___(B)___, immigrant populations within the United States are not being blended together in one "pot," but rather they are changing American society into a truly multicultural mosaic.

	(A)	(B)
①	However	In fact
②	However	Nevertheless
③	As a result	Additionally
④	As a result	Nevertheless

어휘

- ☐ have a unique background 독특한 배경을 지니고 있다
- ☐ in that 절 ~라는 점에서
- ☐ a home for people from all over the world 전세계에서 온 사람들을 위한 집
- ☐ immigrant 이민자
- ☐ at one time or another 때때로, 가끔
- ☐ mass immigration from the wide variety of countries 다양한 국가들로부터의 대량 이민
- ☐ the early settlers 초기 정착민들
- ☐ have a dream 꿈을 지니고 있다
- ☐ blend together 한데 섞(이)다
- ☐ multiculturalism 다문화주의
- ☐ give way to something ~에게 길[자리]을 양보하다
- ☐ mosaic 모자이크
- ☐ individual characteristic 개성

10 다음 글의 빈칸 (A), (B)에 들어갈 말로 가장 적절한 것은?

어휘

☐ convenient sources of information 편리한 정보 자료
☐ because of the significant time lapse 상당한 시간의 경과 때문에
☐ publication 출간
☐ certain types of information found in books 책에서 발견되는 특정 유형의 정보
☐ is likely to be outdated quickly 빠르게 구식이 되기 쉽다 (outdated 구식의, 시대에 뒤떨어진)
☐ the rapidly changing technical world 빠르게 변화하는 기술의 세계
☐ documentation 문헌, 기록
☐ anatomy 해부학
☐ will be valid for years to come 다가오는 수년 동안 유효할 것이다(for years to come 다가올 수년 동안)
☐ reference 참고 문헌

Books are common and convenient sources of information. Because of the significant time lapse between the time a book is written and its publication, certain types of information found in books may be outdated.   (A)   , a book about computer software is likely to be outdated quickly because of the nature of the information and the rapidly changing technical world. If you write a report on computer software, a better and more current choice would be the technical documentation from the most recent version of the software you are researching.   (B)   , information from a book on human anatomy will be valid for years to come, as anatomy does not change quickly. When you select a book as a reference, you will have to consider carefully about the kind of information you are seeking.

	(A)	(B)
①	For example	Conversely
②	In contrast	Therefore
③	For example	Similarly
④	In fact	Above all

11 다음 글의 ㉠, ㉡에 들어갈 가장 적절한 것은?

Today, with many airlines, a newly hired pilot has already learned to fly, has accumulated the appropriate number of flight hours, and is certified prior to being hired. ___㉠___, air traffic control trainees, or "developmentals," enter training at air traffic control facilities with only basic knowledge. Much of the training at operational facilities is accomplished as developmentals handle live traffic, closely supervised by certified professional controllers. On average, between 1,000 to 2,000 hours of combined on-the-job training and work experience is needed at an en route air traffic control facility or a busy terminal radar facility before a new controller has enough skill and knowledge to attain full certification. ___㉡___, reducing the amount of time to train a controller without jeopardizing safety is paramount.

	㉠	㉡
①	Conversely	Therefore
②	Additionally	Similarly
③	Nevertheless	In contrast
④	As a result	In short

어휘

- [ ] with many airlines 많은 항공사에 있어서
- [ ] a newly hired pilot 새롭게 채용된 조종사
- [ ] accumulate the appropriate number of flight hours 적정량의 비행 시간을 축적하다
- [ ] is certified prior to being hired 채용되기 전 이미 인증이[검증이] 되다
- [ ] enter training 교육에 들어가다
- [ ] air traffic control facilities 항공 교통 관제 시설들
- [ ] with basic knowledge 기초지식을 가지고
- [ ] Much of the training is closely supervised by… 훈련의 대부분은 철저한 감독을 받는다
- [ ] on average 평균적으로
- [ ] on-the-job training 실습, 현장 교육
- [ ] the amount of time to train a controller 컨트롤러를 훈련시키기 위한 시간
- [ ] without jeopardizing safety 안전을 위협하지 않고 (jeopardize 위태롭게 하다)

12 다음 글의 ㉠, ㉡에 들어갈 가장 적절한 것은?

Popular songs have a stronger relationship with sport than any other musical genre. From the early 18th century to the present, sport has registered itself in popular music, celebrating personal and team achievements, constructing sporting heroism at local, national, and international levels, recalling great moments and matches, and reinforcing the already dominant status of sport in the popular consciousness. The advent of so-called pop music in the 1960s further reinforced this relationship. In Britain, _____㉠_____, there is an extensive, if musically undistinguished, back catalog of pop songs related to soccer, some of which involve footballers themselves taking part in the recording, whether or not their vocal skills merit such attention. _____㉡_____, more able musicians have produced sports songs, often released to coincide with major world or European tournaments. The success of "World in Motion" by New Order, for instance, a song released during the 1990 soccer World Cup, was seen in some quarters as symptomatic of a significant convergence of sport and pop that occurred in the early 1990s.

	㉠	㉡
①	that is to say	Accordingly
②	for example	In addition
③	however	As a result
④	therefore	By contrast

어휘

- [ ] a strong relationship with sport 스포츠와의 긴밀한 관계
- [ ] has registered itself in popular music 인기곡들에 모습을 보였다(register = show up/pop up 드러내다)
- [ ] the already dominant status of sport 이미 지배적인 스포츠의 지위
- [ ] the advent of so-called pop music in the 1960s 1960년대 이른바 팝 음악의 출현
- [ ] reinforce this relationship 이 관계를 강화하다
- [ ] (even) if (they were) musically undistinguished 음악적으로는 성공하지 못했을지라도
- [ ] back catalog of pop songs related to soccer 축구와 관련된 팝 음악들의 모음집
- [ ] involve footballers 축구선수들을 포함하다 (involve = include/affect)
- [ ] footballers themselves taking part in the recording 스스로 녹음에 참여하는 축구선수들
- [ ] coincide with major world tournaments 세계 토너먼트 대회와 (시기를) 맞추다
- [ ] in some quarters = in some areas 몇 지역에서

13 다음 글의 빈칸 ㉠, ㉡에 들어갈 말로 가장 적절한 것은?

Humans are innately curious. This is exemplified by the fact that young children are often a veritable fountain of questions. ___㉠___, this native tendency is typically discouraged in present-day societies and schooling. People do not learn well and do not gain knowledge unless they are motivated to do so. Schooling at all levels should encourage intellectual curiosity and should encourage students to question and think for themselves, and to figure things out using their thinking. ___㉡___, the intellect becomes deadened, innate curiosity is diminished, and students lose the motivation to learn.

	㉠	㉡
①	Instead	For instance
②	However	Otherwise
③	Therefore	Similarly
④	Nevertheless	That is

어휘

☐ innately curious 선천적으로 호기심이 많은
☐ This is exemplified by the fact that… 이것의 전형적인 예가 …라는 사실이다
☐ a veritable fountain of questions 진정한 질문의 분수
☐ in present-day societies and schooling 오늘날의 사회와 학교 교육에서
☐ schooling at all levels 모든 수준의 학교 교육
☐ encourage students to question 학생들이 질문하도록 장려하다/북돋다
☐ encourage students to think for themselves 학생들이 스스로 생각하도록 장려하다
☐ encourage students to figure things out 학생들이 문제를 해결하도록 장려하다
☐ figure things out using their thinking 자신의 생각을 이용하여 문제를 해결하다
☐ becomes deadened 약하게 되다, 무뎌지다
☐ innate curiosity is diminished 타고난 호기심이 줄어들다 (diminish 줄이다, 감소시키다)

14 다음 글의 ㉠, ㉡에 들어갈 가장 적절한 것은?

Members of different cultures possess various ideas of reality since their assumptions about both the world and experience differ. Most Americans, _____㉠_____, implicitly assume an objective reality in which the world external to themselves is physical and material and does not have a soul or spirit. The truth of these assumptions may appear to be self-evident, but, as we have seen, they are not shared by people in many parts of the non-Western world. Large groups of people throughout South- and Southeast Asia endow nature with an essence similar to the one reserved by Westerners for humans alone. Westerners, and Americans in particular, are predisposed by their assumptions to exploit the physical environment for their own purposes. _____㉡_____, Indians or Southeast Asians find themselves attempting to synthesize or integrate with nature because they assume that this is the natural relationship. In this animistic view, human beings are just another form of life and do not possess unique attributes which set them apart from other forms of life or from topographical features of the environment such as mountains or valleys.

	㉠	㉡
①	For instance	Conversely
②	For example	Similarly
③	on the other hand	However
④	Nevertheless	On the other hand

어휘

☐ various ideas of reality 실재에 대한 다양한 생각들
☐ implicitly assume 암암리에/절대적으로 ~라고 추정하다
☐ the truth of these assumptions 이러한 추정의 사실
☐ appear to be self-evident 그 자체로 명백한 것으로 드러나다
☐ endow nature with an essence similar to… 자연에게 ~과 유사한 본질을 부여하다
☐ the one(= essence) reserved for humans alone 오직 인간에게만 보유된 것
☐ in particular 특히
☐ are predisposed by their assumption 그들의 추정에 빠져 있다
☐ attempt to synthesize 통합하기 위해 노력하다
☐ integrate with nature 자연과 하나가 되다
☐ animistic 애니미즘의(모든 대상에 영적인 능력이 있다고 믿는 세계관)
☐ unique attribute 독특한 특성, 속성
☐ set them apart from other 그들을 다른 존재들과 다르게[돋보이게] 만들다

15 다음 글의 ⊙, ⓒ에 들어갈 가장 적절한 것은?

Because rational beings recognize their own inner worth, they would never wish to be used as entities possessing worth only as a means to an end. ____⊙____, when brokers at the Dallas office of Prudential Securities encouraged unnecessary buying and selling of stocks in order to reap a commission (a practice called "churning"), they were treating their clients simply as a means and not respecting them as persons, as ends in themselves. ____ⓒ____, Kant would object to using patients as subjects in a medical experiment without their consent. Even though great social benefit might result, the researchers would intentionally be using the patients solely as a means to the researchers' own goals and thus would be failing to respect the patients' basic humanity.

*churning 과당매매(증권사가 회사의 수수료 수익을 올리기 위해 과도하게 증권 거래를 하는 것)

어휘

□ rational being 이성적인 존재
□ entities possessing worth only as a means 오직 수단으로서의 가치만을 지닌 존재
□ a means to an end 목적을 위한 수단
□ reap a commission 수수료를 챙기다, 얻다
□ respect them as ends in themselves 그들(고객들)을 목적 그 자체로서 존중하다
□ object to using patients as subjects 환자를 실험 대상으로 삼는 것에 반대하다
□ without their consent 그들의 동의 없이
□ intentionally 의도적으로, 고의로, 일부러
□ use the patients solely as a means 환자를 오직 수단으로만 이용하다
□ a means to the researchers' own goals 연구자들 자신의 목적을 위한 도구
□ fail to respect the patients' basic humanity 환자들의 기본적 인권을 존경하지 않다

	⊙	ⓒ
①	Otherwise	That is
②	However	In short
③	By contrast	As a result
④	Thus	Likewise

CHAPTER 03

16 다음 글의 빈칸 ㉠, ㉡에 들어갈 말로 가장 적절한 것은?

Assessing whether a child has friends is most often accomplished by reciprocal nominations. This strategy captures the mutuality in the relationship — the sine qua non of friendship. Overall, it is a reliable and valid measure. Concerns may arise, _____㉠_____, for some children for whom limiting their nominations to other children in their school class may miss the friendships that are most important to them, or may result in them being classified as friendless when they have a close, mutual friend outside of school. This concern is especially problematic if certain children, say aggressive or rejected children, are affected more than others. It is important, _____㉡_____, to test empirically the degree to which this is a problem and continue to examine the validity of other methods for identifying friendships.

*sine qua non 필수 조건

	㉠	㉡
①	for instance	after all
②	however	therefore
③	nevertheless	similarly
④	in addition	hence

어휘

- [ ] assess whether a child has friends 아이에게 친구가 있는 지를 판단하다
- [ ] is accomplished by reciprocal nomination 상호간의 지명에 의해 수행되다
- [ ] reciprocal nomination 상호 지명(reciprocal＝mutual)
- [ ] nominate 지명하다, 지명 추천하다, …의 이름을 들다
- [ ] capture 붙잡다, 생포하다; 점령[공략]하다; 획득하다, 손에 넣다; 보여주다
- [ ] capture the mutuality in the relationship 관계상의 상호성을 보여준다/이용한다
- [ ] overall 전반적으로
- [ ] reliable and valid measure 신뢰도 있고 타당한 측정법
- [ ] result in them being classified as friendless 친구 없는 아이들로 분류되는 결과를 낳다
- [ ] aggressive or rejected children 공격적이고 또래에게 배척당하는 아이
- [ ] test empirically 실증적으로 조사하다
- [ ] identify friendships 친구 관계를 확인하다

17 다음 글의 빈칸 ㉠, ㉡에 들어갈 말로 가장 적절한 것은?

Road improvements were certainly not the only causes of increased vehicle ownership and use. Massive advertising by auto manufacturers, the federal provision of mortgage insurance for single-family homes, federal tax benefits for homeownership, and rising real incomes also played roles. _____㉠_____, it would be inaccurate to attribute all the population and job growth along new highways to their construction. Growth within any metropolitan area is mainly the result of whatever forces are expanding employment there over the long run, not of specific new highways. _____㉡_____, a metropolitan area well supplied with road capacity is a more attractive location for added jobs than one without such capacity. But that is only one factor governing the area's total growth.

㉠	㉡
① As a result	Similarly
② However	Additionally
③ For instance	Otherwise
④ Moreover	Of course

어휘

- ☐ the only causes of increased vehicle ownership 증가한 차량 소유의 유일한 원인들
- ☐ massive advertising by auto manufacturers 자동차 제조업체들의 대량 광고
- ☐ federal provision 연방 조항
- ☐ mortgage insurance 모기지 보험
- ☐ single-family home 단독주택
- ☐ play roles 역할을/기여를 하다
- ☐ attribute A to B A를 B 때문이라고 여기다
- ☐ over the long run 장기적으로
- ☐ be well supplied with something ~을 많이 가지고 있다
- ☐ plague ~에 문제를 일으키다, ~에 고통을 주다

CHAPTER 03

진가영 영어독해
이론적용 200제

박문각 공무원

04

글의 순서

04 · 글의 순서

▶ 대비 전략

01 주어진 문장의 알맞은 위치 찾기, 주어진 글 다음에 이어질 글의 순서 고르기, 글의 흐름과 무관한 문장 고르기, 주어진 글의 요약문 완성하기 등의 유형은 쓰기 능력을 간접적으로 평가하기 위한 유형으로, 좋은 글쓰기를 위해 필요한 **통일성**(하나의 단락에 하나의 주제), **일관성**(문장이나 내용이 서로 긴밀하게 구성되어야 한다는 원리, 이를 위해서 문장과 문장의 사이는 접속어와 지시어를 적절히 사용하여 일관성을 이루고, 문단과 문단 사이에서는 시간적 흐름, 공간적 흐름에 따른 논리적 배열 방법으로 일관성을 달성), **응집성**(문장과 문장 사이를 구성하는 여러 요소들 사이의 표면적인 연결 관계)에 대한 이해도를 평가한다.

02 본 유형으로 출제되는 문항의 정답을 찾기 위해서는 주어진 글을 신속히 읽고 글의 소재 및 중심 내용을 파악한 후, **문장 간의 논리적 관계와 단서들(세부 정보, 연결사, 지시사 등)을 활용**하여 전체 흐름을 종합적으로 파악하는 능력이 무엇보다 중요하다. 특히, **예시, 나열, 비교와 대조, 원인과 결과** 등 글쓰기에서 사용되는 **보편적 글의 구조를 이해하는 능력**이 필요하다.

03 공무원 시험에서 글의 순서 파악 유형은 2016년 이후로 꾸준히 한 문제씩 출제되는 유형이다. 시간 이내에 정확하게 풀기 위해서는 순서가 연결되기 위한 연결고리가 되는 문장 간의 논리적 관계와 단서들(세부정보, 연결사, 지시사, 대명사)를 반드시 출제 알고리즘을 통해 숙지하고 연습을 통해 내 것으로 만든다면 분명 시험장에서도 충분히 맞출 수 있는 유형이다.

▶ 학습 안내

01 이를 위해서는 우선 비교, 예시, 대조, 열거, 인과 등의 전개 구조로 이루어진 **다양한 학술적 내용의 글을 평소 자주 접하고 이해하는 학습**이 필요하다. 이와 같은 구조로 이루어진 좋은 글을 읽으면서 하나의 중심 내용에 대해 글의 통일성과 일관성이 어떻게 전개되어 가는지에 대해 확인하는 습관을 길러야 한다.

02 더불어 글의 논리적 구성을 위해 사용되는 **대명사, 지시사, 연결사 등의 언어 장치들의 쓰임**에 대해 학습을 꾸준히 하는 것이 간접 쓰기 유형을 준비하는 데 효과적이다.

03 마지막으로 독해의 기본은 어휘력에서 시작된다는 점을 잊지 말고 **평상시 기초 학술문에서 자주 쓰이는 어휘의 다양한 쓰임**을 깊이 있게 학습해 두는 것도 중요하다.

▶ 풀이 순서

01 보기를 먼저 확인해서 (A) (B) (C) 중 어느 것으로 먼저 시작할 수 있는지 가능성을 좁혀서 생각한다.

02 주어진 보기 문장을 먼저 읽고 **무엇에 관한 내용인지 체크(동그라미)**한다. [주제 확인]
→ 주어진 **명사에 특히 강조점**을 두고 뒤에 이어질 내용을 예측해 본다.

03 (A), (B), (C) **첫 문장**을 각각 읽으면서 ① **비슷한 단어/내용 확인 (긍정/부정)** ② **지시어 확인** ③ **대명사** ④ **연결어 확인**하고 각 첫 문장의 내용과 이 각각의 언어적 단서들이 논리적 관계가 맞는지 확인하고 이어질 수 없는 것을 소거하는 방식으로 풀어준다.

04 한 단락 내에서 **각 문장은 같은 화제끼리 묶이며** 특별한 표시가 없으면 **반드시 일반적 진술이 먼저고 구체적 진술이 그 이후에 오기 때문에 첫 문장을 읽으면서 반드시 주어진 문장을 다시 보고 비슷한 내용(단어 + 긍정/부정)을 확인**하면서 이어질 수 있는지 없는지를 판단하고 또한 **지시어나 대명사, 연결어의 사용이 주어진 문장과 맞지 않는 것은 먼저 소거**한다.

05 주어진 글과 이어질 하나를 결정한 후 **결정된 하나의 가장 끝부분의 내용과 나머지 이어질 수 있는 부분을 똑같은 방식**으로 찾아준다.

06 순서가 모두 결정될 때까지 **끝까지 모두 다 연결**되는지 단서에 체크한다.

07 주어진 글 다음에 이어질 부분을 찾기 어려운 경우에는 **결정적인 단서들(지시사, 대명사, 연결어)을 포함하고 있는 문장을 기준으로 두고 그 앞 내용을 찾는 방식**으로 풀어도 된다.

▶ 대명사, 지시사, 연결사 등의 언어 장치(글의 논리적 구성을 위해 사용)

01 **대명사, 지시사** - he, she, they(사람, 사물 모두 가능), it, this / these(두 개 이상)
→ 성과 수가 일치하는 명사가 있는 문장 뒤에 위치

02 **지시 형용사 + 명사** - this N, these N, that N, such N
→ 앞에 언급하는 명사 확인

03 **연결어** - 문장과 문장의 관계의 흐름이 자연스럽게 전환될 수 있도록 문장을 이어주는 역할을 하는 연결어에 유의하여 전후 관계를 찾을 수 있다.

---
① **역접** : but, however, still, yet, nevertheless, even so, rather, instead
　　✿앞의 내용은 같지 않은 내용

---
② **대조** : on the other hand, in contrast, by contrast
　　✿앞의 내용은 상반된 내용(특히 앞의 대상과 다른 대상)

---
③ **예시** : for example, for instance
　　✿앞의 내용은 이를 포괄하는 내용

---
④ **추가** : also, moreover, in addtion, furthermore
　　✿앞의 내용은 같은 대상

CHAPTER 04

⑤ **공통 사례 추가** : likewise, similarly, in the same way
　　　　　　　☆앞의 내용은 유사한 내용, 공통 사례 추가

⑥ **인과** : so, therefore, thus, as a result, consequently, hence
　　　　☆앞의 내용은 이에 대한 원인

⑦ **기타** : 일반적인 진술이 먼저→구체적인 진술이 나중
　　　　성 + 이름이 먼저→이름이 나중
　　　　some – others
　　　　before, after, then, finally, last – 순서를 나타냄.

▶ 대명사, 지시사, 연결사 등의 언어 장치 예문

주어진 문장 Darwin was the first to propose that long necks evolved in giraffes because they enabled the animals to eat the treetop leaves.

해석 다윈은 기린이 긴 목으로 나무의 윗부분에 있는 잎들을 먹을 수 있게 되었기 때문에 긴 목이 기린들에서 진화했다고 제안한 최초의 사람이었다.

이어진 문장 **This seemingly reasonable explanation(연결 고리인 this를 통해서 앞내용과 연결)** has held up for over a century, but it is probably wrong, says **Robert Simmons**, a behavioral ecologist.

해석 겉보기에 합리적으로 보이는 이 설명은 1세기 이상이나 지지되어 왔지만, 아마 이것이 틀린 것일지도 모른다고 행동생태학자인 Robert Simmons는 말한다.

주어진 문장 **Simmons** was studying eagles in Africa when he came across a pair of male giraffes locked **in combat**.

해석 Simmons는 우연히 싸움에 몰두하고 있는 한 쌍의 수컷 기린을 보게 되었을 때 아프리카에서 독수리를 연구하는 중이었다.

이어진 문장 **So(연결 고리인 so를 통해 앞 문장이 원인을 나타내고 뒷문장이 결과를 제시하고 있음)** Simmons became convinced that **this competition(연결고리인 this를 통해서 앞의 경쟁에 대해서 다시 언급하며 문장과의 연결관계를 보여줌)** for mates, not stretching for treetop food, was what drove the evolution of the neck.

해석 그래서 Simmons는 나무 꼭대기의 먹이를 위해 내뻗는 것이 아니라, 짝을 얻기 위한 이러한 경쟁이 목의 진화를 촉진한 것이라는 확신을 하게 되었다.

필수 문제

01 주어진 글 다음에 이어질 글의 순서로 가장 적절한 것은?

> The metaphors or analogies that we chose to think about ourselves can have different effects on our understandings and our actions.

(A) For example, Michael White and David Epston explain that if we think that people and relationships are like complex machines, we will probably see their problems as malfunctions in the machinery and the solution would be to repair them, as a mechanic would.

(B) Someone who is guided by this metaphor would probably encourage the person to "vent" and express that anger to release the growing pressure.

(C) An example of this is when we say that anger was building up inside us like steam in a pressure cooker and that the steam has to be let out or the cooker will explode.

① (A)−(C)−(B)
② (B)−(A)−(C)
③ (B)−(C)−(A)
④ (C)−(A)−(B)

[어휘]

☐ the metaphors or analogies that we chose 우리가 선택한 은유나 비유
☐ think about ourselves 우리 자신에 대해 생각하다
☐ have different effects on something ~에 다른 영향을 미치다
☐ our understandings and our actions 우리의 이해와 행동
☐ are like complex machines 복잡한 기계와 같다
☐ malfunctions in the machinery 기계의 오작동
☐ someone who is guided by this metaphor 이 은유에 이끌리는 누군가
☐ anger was building up inside us 화가 우리 마음속에 쌓여가고 있었다
☐ vent and express that anger 그 화를 표출하고 표현하다
☐ the growing pressure 커져가는 압력
☐ like steam in a pressure cooker 압력솥의 증기처럼
☐ let out something (공기, 액체 등이) 빠져나오게 하다

02 주어진 글 다음에 이어질 글의 순서로 가장 적절한 것은?

Two major techniques for dealing with environmental problems are conservation and restoration. Conservation involves protecting existing natural habitats. Restoration involves cleaning up and restoring damaged habitats. One of those two, the best way to deal with environmental problems is to prevent them from happening. Conserving habitats prevents environmental issues that arise from ecosystem disruption.

(A) To solve the problem, the city built a sewage-treatment complex. Since then, the harbor waters have cleared up. Plants and fish have returned, and beaches have been reopened.

(B) For example, parks and reserves protect large areas in which many species live. On the other hand, restoration reverses damage to ecosystems. Boston Harbor is one such restoration success story.

(C) Since the colonial period, the city dumped sewage directly into the harbor. The buildup of waste caused outbreaks of disease. Beaches were closed. Most of the marine life disappeared and as a result, the shellfish industry shut down.

① (A)−(B)−(C) ② (B)−(C)−(A)
③ (C)−(A)−(B) ④ (C)−(B)−(A)

어휘

- [ ] deal with environmental problems 환경적 문제들을 다루다
- [ ] protect existing natural habitats 이미 존재하는 자연 서식지를 보호하다
- [ ] clean up damaged habitats 파손된 서식지를 깨끗이 치우다
- [ ] restore damaged habitats 파손된 서식지를 복원하다
- [ ] prevent them from happening 그것들이 발생하는 것을 막다
- [ ] environmental issues that arise from ecosystem disruption 생태계 파괴로 일어나는 환경 문제들
- [ ] a sewage-treatment complex 폐수처리장
- [ ] large areas in which many species live 많은 종들이 사는 큰 지역들
- [ ] reverse damage to ecosystems 생태계 파괴를 원상태로 되돌리다
- [ ] dump sewage directly in the harbor 오수를 항구로 직접 버리다
- [ ] the buildup of waste 쓰레기의 축적
- [ ] cause outbreaks of disease 질병의 발생을 초래하다

03 주어진 글 다음에 이어질 글의 순서로 가장 적절한 것은?

Prior to the 1950s, dining outside of the home in America required a special occasion. By the mid-1950s, many commoners in America were able and willing to dine out more as a part of their daily activities than to celebrate a special occasion.

(A) The dual income families had less time for food preparation and had more disposable income resulting in more eating out. To meet the increasing demand for convenience by the American consumers, hospitality firms introduced drive-thru restaurants.

(B) By the late 1980s, dining out had become a part of normal daily activities and was almost a requirement. This was primarily due to the increasing number of families becoming dual income families.

(C) Food purchased at these restaurants was often wrapped with wax paper without requiring any knives or forks to consume the food. Consumption of food purchased at drive-thru restaurants required adaptation in food habits.

① (A)−(C)−(B)   ② (B)−(A)−(C)
③ (C)−(A)−(B)   ④ (C)−(B)−(A)

어휘

- [ ] prior to the 1950s 1950년대 이전에
- [ ] dine outside of the home 외식하다
- [ ] require a special occasion 특별한 행사일 경우이어야 한다
- [ ] by the mid-1950s 1950년대 중반 무렵
- [ ] commoner 서민
- [ ] dine out 외식하다(= eat out)
- [ ] as a part of their daily activities 그들의 일상 활동의 일부로서
- [ ] dual income families 맞벌이 가족들
- [ ] have less time for food preparation 음식 준비할 시간이 적다
- [ ] disposable income 가처분 소득(마음대로 처분할 수 있는 소득)
- [ ] result in more eating out 더 많은 외식을 초래하다
- [ ] due to the increasing number of families 증가하는 가족의 수 때문에
- [ ] food purchased at these restaurants 이 식당들에서 구매된 음식들
- [ ] adaptation 적응, 순응

CHAPTER **04**

04 주어진 글 다음에 이어질 글의 순서로 가장 적절한 것은?

> Soil erosion is not new. What is new is the rate of erosion.

(A) The vegetation in turn reduced erosion and facilitated the accumulation of topsoil. At some recent point in history, probably within the last century or two, this relationship was reversed — with soil losses from wind and water erosion exceeding new soil formation.

(B) New soil forms when the weathering of rock exceeds losses from erosion. Throughout most of the earth's geological history, the result was a gradual, long-term buildup of soil that could support vegetation.

(C) The world now is running a soil deficit, one that is measured in billions of tons per year and that is reducing the earth's productivity. In scores of other countries, the loss of soil is draining the land of its productivity.

① (A)−(C)−(B) ② (B)−(A)−(C)
③ (B)−(C)−(A) ④ (C)−(A)−(B)

어휘

☐ what is new 새로운 것
☐ the rate of erosion 침식률(erosion 침식)
☐ vegetation 식물의 생장
☐ in turn reduce erosion 결과적으로 침식을 줄이다(in turn 결과적으로)
☐ facilitate 용이하게 하다, 촉진하다
☐ the accumulation of topsoil 표토의 축적
☐ at some recent point in history 역사상 근래의 시점
☐ this relationship was reversed 이 관계가 역전되어 버렸다
☐ the weathering of rock 바위의 풍화 (작용)
☐ losses from erosion 침식에 의한 감소, 손실
☐ buildup 형성
☐ run a deficit 필요한 양보다 적게 갖다(⇔ run a surplus)
☐ in scores of something 많은 ~에서

05 주어진 글 다음에 이어질 글의 순서로 가장 적절한 것은?

Group work discourages us from making mistakes. While this might sound like an overall good thing, consider that failure is an important part of learning. Acknowledging failure is the hard part of the learning process.

(A) Imagine a nurse who discovers that a patient has been on an IV drip containing the wrong medicine for hours after their surgery. The team of experts caring for this patient is vast. It's difficult to pinpoint where the process went wrong, and how it could be remedied.

(B) Plus, when mistakes are made in a team, it's more difficult to identify the origin of failure as members become complacent in their belief that their teammates have made the right decisions.

(C) But in a group, admitting failure can be a hit to your ego and reputation — an obvious disincentive to owning and learning from your mistakes. In teamwork, we can fall prey to our basest of human desires — wanting to be loved, respected, and seen as competent — and avoid owning up to our mistakes.

① (A)-(C)-(B) ② (B)-(A)-(C)
③ (B)-(C)-(A) ④ (C)-(B)-(A)

어휘

- ☐ discourage us from making mistakes 실수하는 걸 억제하다 (discourage 저지하다, 낙담시키다 = deject)
- ☐ sound like an overall good thing 대체로 좋은 것으로 들리다
- ☐ acknowledge failure 실패를 깨닫다
- ☐ IV drip 정맥내점적주입
- ☐ for hours after their surgery 수술 후 몇 시간 동안
- ☐ vast 거대한
- ☐ pinpoint where the process went wrong 그 과정이 어디에서 잘못되었는지 정확히 꼬집다
- ☐ remedy 상황을 개선하다
- ☐ identify the origin of failure 실패의 근원을 찾다
- ☐ become complacent 무사안일하게 되다
- ☐ fall prey to something ~에 사로잡히다, ~의 먹이가 되다, (함정 등에) 빠지다
- ☐ own up to our mistakes 우리의 실수를 인정하다

CHAPTER 04

06 주어진 글 다음에 이어질 글의 순서로 가장 적절한 것은?

① (A)-(B)-(C) ② (B)-(A)-(C)
③ (C)-(A)-(B) ④ (C)-(B)-(A)

We can probably all recognize those attention-seeking people in our lives — and increasingly it seems in politics and pop culture — who have a hugely inflated sense of their own importance and abilities, combined with a relative disregard for other people's.

(A) You've probably come to find the narcissist in your office or family (or on your TV screen) arrogant and annoying. If so, that's understandable, but actually some of the latest research findings in this area suggest that the most appropriate response to narcissists is probably pity, and maybe even kindness.

(B) Psychologists call them narcissists, after the character Narcissus from Greek mythology, who fell in love with his own reflection. When you meet someone like this, their bravado can be alluring at first, but soon the sheen wears off as their look-at-me antics and disdain for others becomes increasingly apparent.

(C) Many narcissists actually suffer from chronic low self-esteem. One telling study found that highly narcissistic people said they had high self-esteem, yet when tested in the lab, they were very quick to associate self-related words like "me," "mine" or "myself" with unpleasant words like "pain," "agony" and "death."

어휘
☐ a hugely inflated sense of their own importance 자기 자신의 중요성에 대해 엄청나게 부풀려진 인식
☐ a relative disregard for other people's 상대방의 중요성에 대한 상대적 무시
☐ after the character Narcissus 나르시스라는 캐릭터의 이름을 따서(after ~의 이름을 본따)
☐ bravado 허세
☐ allure 유혹하다
☐ sheen 광택, 윤기
☐ antics 익살스러운 행동, 터무니없는 행동
☐ disdain 업신여기다, 무시하다
☐ telling 사실[진실]을 말해주는

07 주어진 글 다음에 이어질 글의 순서로 가장 적절한 것은?

A friend of mine was once the volunteer librarian of a very small community library in Wisconsin. One day, she could stand the cold, unpleasant library no longer.

(A) True, it was sometimes a bit overwhelming, but the librarian noticed that customers came more often and stayed longer. Eventually, board members ceased to demand that the library be repainted, and there came to be a tacit understanding that having an orange library was not entirely a bad thing.

(B) Overwhelmed by a sudden inspiration, she went to the hardware store, purchased a few gallons of red-orange paint, and stayed up much of the night painting the library. When the library board discovered what she had done, they were horrified.

(C) Had she not been donating her professional services free of charge, she would probably have been fired on the spot. Then, week by week, the board became accustomed to the new environment. The expenditure of about twenty-five dollars totally transformed the library.

① (A)−(C)−(B) ② (B)−(A)−(C)
③ (B)−(C)−(A) ④ (C)−(A)−(B)

어휘

- a friend of mine 내 친구 중의 한 명
- a volunteer librarian 자원봉사 사서
- could stand the cold library no longer 그 추운 도서관을 더 이상 참을 수 없었다
- a bit overwhelming 살짝 압도적인
- cease to demand that… ~을 요구하는 것을 멈추다
- demand that the library be repainted 도서관을 다시 페인트칠 할 것을 요구하다
  ↳ demand that 주어 + 원형 동사 (be)
- there came to be a tacit understanding that… ~을 암묵적으로 인정하다(tacit 암묵적인, 무언의)
- was not entirely a bad thing 완전히 나쁜 것만은 아니었다
- hardware store 철물점
- became accustomed to the new environment 새로운 환경에 익숙해졌다

CHAPTER 04

08 주어진 글 다음에 이어질 글의 순서로 가장 적절한 것은?

Before you take action in a situation in which someone has done something wrong, consider how you would like someone to respond if you were the one in the wrong.

(A) Years later, the student confided to Rabbi Pam that many of the things he learned from the rabbi "I have long forgotten, but what happened that day I will never forget."

(B) Instead of tearing up the student's test, failing him for the course, or arranging for him to be suspended or expelled, Rabbi Pam went over to the young man and whispered: "If you don't understand the question, please come up to my desk and I'll explain it to you."

(C) Unless what has happened poses an immediate threat, try to act in a way that will lead the other person back to good behavior. Thus, the late rabbi Avrohom Pam was once proctoring a test when he noticed a student copying from another.

① (A)-(C)-(B)
② (B)-(A)-(C)
③ (C)-(A)-(B)
④ (C)-(B)-(A)

어휘

☐ take action 조치를 취하다
☐ a situation in which someone has done something wrong 누군가 잘못을 한 상황
☐ would like someone to do ~가 ~하기를 원하다
☐ the one in the wrong 잘못한 그 사람
☐ if you were the one in the wrong 네가 잘못을 한 그 사람이라면
☐ be in the wrong 잘못을 하다
  예 The driver was unquestionably in the wrong. 그 운전사가 명백히 잘못했다.
☐ years later 수년이 흐른 후
☐ confide to someone ~에게 (비밀을) 털어놓다
☐ tear up the student's test 그 학생의 시험지를 찢어버리다
☐ fail him for the course 그 과정에서 그 학생을 낙제시키다
☐ arrange for him to be suspended/expelled 그가 정학/퇴학 처분을 받도록 조치하다
☐ come up to my desk 내 책상으로 오다
☐ explain it to you 그것을 너에게 설명하다
☐ proctor (시험을) 감독하다

09 주어진 글 다음에 이어질 글의 순서로 가장 적절한 것은?

Pluralistic societies are not without their difficulties. When different subcultural groups operate with different sets of values and behaviors, misunderstandings are always possible.

(A) What the teacher did not understand was that in many Asian countries, and in Vietnam in particular, rubbing a coin vigorously on the back, neck, and fore-head is a common folk remedy for headaches, colds, and respiratory problems. Unfortunately, the resulting red marks from this remedy were misinterpreted by school officials as signs of child abuse.

(B) The teacher noticed that one of his students, a Vietnamese girl, had strange red marks on her neck and forehead. Without giving the girl a chance to explain, the teacher notified local authorities, who accused the girl's parents of child abuse.

(C) To illustrate the type of culture clash that can occur, Norine Dresser, an educator and an expert on world customs, recounts an incident that took place in a sixth-grade classroom in the United States.

① (A)−(C)−(B)   ② (B)−(A)−(C)
③ (C)−(A)−(B)   ④ (C)−(B)−(A)

어휘

☐ pluralistic society 다원주의 사회(plural 두 개 이상의, 복수의)
☐ misunderstanding are always possible 오해는 언제든 일어날 수 있다
☐ in Vietnam in particular 특히 베트남에서
☐ rub a coin on the back 동전을 등에 대고 문지르다
☐ a common folk remedy for headaches 두통을 치료하는 민간요법
☐ respiratory problems 호흡기 질환
☐ misinterpret 잘못 이해하다
☐ signs of child abuse 아동 학대의 징후/표시
☐ without giving the girl a chance to explain 그 소녀에게 설명할 기회를 주지 않고
☐ notify local authorities 그 지역의 관계 당국에 신고하다
☐ accuse the girl's parents of child abuse 그 소녀의 부모를 아동 학대로 신고하다
☐ recount (특히 자기가 경험한 것을) 이야기하다

CHAPTER 04

10 주어진 글 다음에 이어질 글의 순서로 가장 적절한 것은?

Every day many of us buy a takeaway coffee – then drop our empty cups in a recycling bin, thinking we're doing our bit to help the environment.

(A) Despite appearances (many takeaway cups have a recycling symbol printed on them), they're almost impossible to recycle. To ensure they're waterproof, cups are often fused with plastic, but many recycling sites are unable to separate the materials.

(B) In fact, we're doing the opposite. More than 7 million disposable coffee cups are used every day in the UK alone, and the vast majority are not recycled.

(C) Scientists are already looking at possible alternatives. Engineer Martin Myerscough has created the Frugalpac cup, which is made from paper, with a thin layer of film to replace the plastic. The materials can be separated from each other easily so the paper cup can be recycled.

① (A)−(C)−(B) ② (B)−(A)−(C)
③ (C)−(A)−(B) ④ (C)−(B)−(A)

어휘

☐ buy a takeaway coffee 테이크아웃 커피를 사다(미국은 takeout, 영국에서는 takeaway)

☐ drop our empty cups in a recycling bin 재활용 쓰레기통에 빈 컵을 떨어뜨리다(버리다)

☐ do our bit to help the environment 환경을 돕기 위해 우리의 역할을 하다(do our bit 우리의 본분을 다하다)

☐ despite appearances 겉모습/외모에도 불구하고

☐ have a recycling symbol printed on them 그 컵들의 표면에 재활용 표시가 인쇄되어 있다

☐ To ensure they're waterproof 확실히 방수가 되게 하기 위해

☐ are fused with plastic 플라스틱과 함께 융합되다

☐ recycling sites 재활용 단지/부지, 재활용을 처리하는 곳

☐ do the opposite 반대로 하다

☐ disposable coffee cups 일회용 커피 컵들

☐ the vast majority 대부분

☐ look at possible alternatives 가능한 대안을 목전에 두고 있다/을 찾고 있다

11 글의 문맥에 가장 어울리는 순서대로 배열한 것은?

(A) Findings are also mixed for how digital reading affects children. Illustrated children's e-books often include movement, music and sound. But the effect these additions have on reading varies depending on how they are executed. If done well, "they can be a kind of guide for children," says Adriana Bus, a professor at Leiden University in the Netherlands who conducts research into reading.

(B) In light of this, she hopes that we continue to maintain a "bi-literate" society — one that values both the digital and printed word.

(C) However, findings about the negative impacts of e-reading are far from chiseled in stone. Indeed, some studies have produced opposite results, including that e-reading does not impact comprehension or that it can even enhance it, especially for readers with dyslexia.

(D) According to Wolf and others' research findings, electronic reading can negatively impact the way the brain responds to text, including reading comprehension, focus and the ability to maintain attention to details like plot and sequence of events. Research roughly indicates that print falls on one end of the reading spectrum (the most immersive) and that online text occurs at the other end (the most distracting).

① (A)−(D)−(C)−(B)
② (B)−(A)−(C)−(D)
③ (D)−(C)−(A)−(B)
④ (D)−(A)−(B)−(C)

CHAPTER 04

어휘

☐ negatively impact 부정적으로 영향을 미치다
☐ the way the brain responds to text 뇌가 텍스트에 반응하는 방식
☐ maintain attention to details 세부적인 것들에 대한 주의를 유지하다
☐ fall on one end of the reading spectrum 독서 스펙트럼의 한 쪽 끝에 해당하다
☐ the effect these additions have on reading 이 추가물들이 독서에 미치는 영향
☐ vary depending on something ~에 따라 다양하다
☐ In light of this 이것을 고려했을 때
☐ are far from chiseled in stone 결코 돌에 새겨질 리 없다 (chisel 끌로 파다)

12 주어진 글 다음에 이어질 글의 순서로 가장 적절한 것을 고르시오.

> Adventure travelers often return from their trip feeling that they have undergone a life-changing experience. Many claim that the fact that they have successfully coped with such a challenging situation makes them more confident in their own ability to deal with any difficulty they may encounter in everyday life.

> (A) They suggest that carbon emissions resulting from a human presence in isolated areas like Antarctica may cause severe damage to the natural surroundings.
>
> (B) However, despite these objections, humans continue to desire adventures. As more and more countries decide to welcome in travelers, adventure travel will become more popular.
>
> (C) Yet not everyone agrees that adventure travel is a good thing. Environmental activists are increasingly concerned that the human desire to explore unfamiliar territory may in fact be very harmful to the environment.

① (A)－(B)－(C) ② (B)－(C)－(A)
③ (C)－(A)－(B) ④ (C)－(B)－(A)

어휘

☐ undergo a life-changing experience 삶을 송두리째 바꿀 만한 경험을 하다
☐ cope with such a challenging situation 그런 역경을 잘 극복하다
☐ confident in their own ability 자신의 능력에 자신감을 갖다
☐ any difficulty they may encounter in everyday life 일상에서 부딪치는 역경
☐ carbon emission 탄소 배출[방출]
☐ resulting from a human presence 인간의 존재에서 생기는[기인하는]
☐ are increasingly concerned that… ~에 대해 점점 더 우려하다, ~것이라는 우려가 커지다
☐ the human desire to explore unfamiliar territory 낯선 지역을 여행하려는 인간의 욕망

13 주어진 글 다음에 이어질 글의 순서로 가장 적절한 것을 고르시오.

> All of this is not to say that surgery or prescription drugs or medical treatment doesn't work.

(A) For many illnesses, research has already shown that behavior change leads to equivalent or better outcomes than medication. Imagine the long-term impact it could have both by lowering costs and improving patient outcomes if doctors spent time educating patients on how to create a healthier environment and stick to behavior changes.

(B) Not to mention that behavior change is less expensive and more empowering over the long term. And this is why I'm calling for more integrative medicine — a combination of the best of scientifically-backed ideas from all fields.

(C) Not only do those methods work, they save many lives. But it's also true that in many cases, these treatments don't work any better than behavior change.

① (A)−(C)−(B)   ② (B)−(A)−(C)
③ (C)−(A)−(B)   ④ (C)−(B)−(A)

어휘
- [ ] Not only do those methods work,… 그런 방법들이 효과가 있을 뿐만 아니라,…
- [ ] save many lives 많은 생명을 살리다
- [ ] don't work any better than behavior change 행동 변화보다 결코 더 잘 듣는 것은 아니다
- [ ] Not to mention that… …라는 것은 말할 것도 없다
- [ ] this is why I'm calling for 이것이 내가 …요청하는 이유이다
- [ ] call for more integrative medicine 더욱 통합적인 의료를 요청하다
- [ ] lead to equivalent outcomes 동일한 결과에 이르다
- [ ] have the long-term impact 장기적인 영향을 미치다
- [ ] spend time educating patients 환자들을 교육하는 데 시간을 보내다

CHAPTER 04

14 주어진 글 다음에 이어질 글의 순서로 가장 적절한 것은?

어휘

> When teachers and students arrived at Tucker County High School, they found hundreds of dead birds scattered along the parking lot and school property.

(A) After inspection, they said that the birds, which were mostly yellow warblers, were migrating from North America to South America for the winter. They theorized that the birds became disoriented from the fog and lighting around the school and proceeded to fly into structures.

(B) He thought the birds were attracted to the lights inside the school as it was dark outside. West Virginia Division of Natural Resources spokesman Hoy Murphy said wildlife officials at the scene found the birds piled up against one wall under a window, on the roof, and scattered throughout the school grounds.

(C) The Assistant Principal Mickel Bonnett encountered birds swarming around the school and flying into the windows when he came to work around 6:30 a.m. Monday. "They were swarming around the lighted entry trying to get into the school," Bonnett recalled.

① (A)-(C)-(B)   ② (B)-(A)-(C)
③ (B)-(C)-(A)   ④ (C)-(B)-(A)

□ they found hundreds of dead birds scattered 새 수백 마리가 흩어져 있는 것을 발견했다(scatter 흩뿌리다)
□ property 재산, 부동산
□ from North America to South America 북미에서 남미로
□ theorize 이론을 제시하다, 세우다
□ became disoriented from the fog and lighting 안개와 불빛 때문에 길을 잃었다
□ proceed 계속해서 ~을 하다
□ were attracted to the lights inside the school ~이 학교 안의 불빛에 이끌렸다
□ spokesman 대변인
□ wildlife officials found the birds piled up 보호국 직원들은 새들이 쌓여 있는 것을 발견했다
□ birds swarming around the school 학교 주변으로 무리지어 날아다니는 새들

15 주어진 글 다음에 이어질 글의 순서로 가장 적절한 것은?

A schoolboy in Australia has been praised for learning sign language in order to help his friend fit in at school.

(A) Ross Kelly, a year six student from Canberra, learned the language from scratch to communicate with his friend Isam Gurung, who had just transferred from a specialist school for the hearing impaired.

(B) Sarah Middleton, Ross's teacher, then nominated him for a special humanity award from the Fred Hollows Foundation, which he duly won. "It is amazing that he has learned a whole new language and to see a student take on something so big and be able to follow that passion," she said.

(C) Ross and Isam initially started passing notes to each other before Ross went on to learn Auslan (Australian Sign Language) so that he could translate lessons and assemblies for his friend. "We started out writing notes to each other and I decided this wasn't very efficient because there was always a delay," said Ross.

① (A)－(B)－(C)
② (A)－(C)－(B)
③ (B)－(C)－(A)
④ (C)－(B)－(A)

어휘

☐ sign language 수화
☐ help his friend fit in at school 친구가 학교에서 어울리는/적응하는 것을 돕다
☐ learned the language from scratch 아무것도 모르는 상태에서 그 언어를 배웠다
☐ a specialist school for the hearing-impaired 청각 장애인을 위한 특수학교
☐ the hearing-impaired (집합적) 청각 장애인
☐ nominated him for a special humanity award 그(= Ross Kelly)를 특별인류상 후보로 추천했다
☐ duly 예상대로, 때맞춰, 당연히
☐ take something/somebody on (일 등을) 맡다, (책임을) 지다
☐ see a student take on something so big 학생이 아주 큰 일을 맡아 하는 것을 보다
☐ go on to learn (그 뒤에 이어) ~을 배우다
☐ before Ross went on to learn Auslan 로스가 이어서 오슬란을 배우기 전에

16 주어진 글 다음에 이어질 글의 순서로 가장 적절한 것은?

During the first half of the twentieth century, scholars taught that every culture was complete and harmonious, possessing an unchanging essence that defined it for all time.

(A) However, most contemporary scholars of culture have concluded that the opposite is true. Every culture has its typical beliefs, norms, and values, but these are in constant flux.

(B) The culture may transform itself in response to changes in its environment or through interaction with neighboring cultures. Even a completely isolated culture existing in an ecologically stable environment cannot avoid change.

(C) In this view, cultures did not change. Anthropologists, historians, and politicians thus referred to "Samoan Culture" or "Tasmanian Culture" as if the same beliefs, norms, and values had characterized Samoans and Tasmanians from time immemorial.

① (B)−(A)−(C) ② (B)−(C)−(A)
③ (C)−(A)−(B) ④ (C)−(B)−(A)

어휘
- [ ] every culture possessed an unchanging essence 모든 문화는 불변의 본질을 지녔다
- [ ] define it for all time 그것(문화)을 영원히 규정짓다(for all time 영원히)
- [ ] the opposite is true 그 반대가 진실이다
- [ ] are in constant flux ~이 계속 변화하는 상태에 있다, 늘 유동적이다
- [ ] in response to changes in its environment 문화가 놓인 환경의 변화에 대한 응답으로
- [ ] neighboring culture 이웃의, 인접한, 근처의
- [ ] a completely isolated culture 완전히 고립된 문화
- [ ] ecological 생태계의(→ ecologically 생태학적으로)
- [ ] characterize ~을 특징짓다(= describe)
- [ ] in this view 이런 관점에서
- [ ] from time immemorial 태곳적부터, 아주 오래전부터

17 주어진 글 다음에 이어질 글의 순서로 가장 적절한 것을 고르시오.

Earl Warren was the United States' Chief Justice for 16 years, and in that time he handled a number of politically delicate issues. As a successful chief executive, Warren developed leadership abilities that enabled him to guide his Court effectively.

(A) When the justices first discussed the case under Warren's predecessor, they were sharply divided. But under Warren, they ruled unanimously that school segregation was unconstitutional. The unanimous decision was a direct result of Warren's efforts.

(B) His fellow justices all stressed his forceful leadership, particularly at the conferences where cases were discussed and decided. Warren's leadership can best be seen in the 1954 Brown v. Board of Education of Topeka decision.

(C) This and other Warren Court decisions furthering racial equality were the catalyst for the civil rights protests of the 1950s and 1960s and the civil rights laws passed by Congress, themselves upheld by the Warren Court.

① (B)－(A)－(C) ② (B)－(C)－(A)
③ (C)－(A)－(B) ④ (C)－(B)－(A)

어휘

- [ ] in that time 그 기간에, 그 시절에, 그 당시에
- [ ] handle politically delicate issues 정치적으로 민감한 사안들을 처리하다
- [ ] a number of issues 여러 가지 사안들
- [ ] enable him to guide his Court effectively 그의 법정을 효과적으로 이끌게 해 주다
- [ ] can best be seen in the 1954 decision 1954년에 있었던 재판결정에서 가장 잘 드러날 수 있다
- [ ] under Warren 워렌의 밑에서, 워렌의 휘하에서, 워렌의 통솔 하에
- [ ] rule unanimously that⋯ ⋯라고 만장일치로 결정(판결)을 내리다
- [ ] a direct result of Warren's efforts 워렌의 노력이 이뤄낸 직접적 결과물
- [ ] other decisions furthering racial equality 인종평등을 앞당기는/촉진하는 다른 결정들
- [ ] the catalyst for the civil rights protests 민권운동에의 기폭제/촉매제
- [ ] themselves ＝ the civil rights laws(the Warren Court에 의해 확정되었음을 거듭 강조)

18 주어진 글 다음에 이어질 글의 순서로 가장 적절한 것을 고르시오.

> Long-term care insurance benefits provide cash to help cover either home care or the costs of a long-term care facility. Rather than insuring against this health risk, some feel they have enough savings to pay for these costs should they arise.

(A) Some people believe that they can sell the family home to pay for the care, but this isn't always a practical solution when only one person in the couple needs the care.

(B) However, costs for long-term care range from several thousands of dollars per month to tens of thousands, and in-home nursing care can be double those costs.

(C) This is especially a concern if one member of a couple requires long-term care for even a few years. Based on the average costs for care, even three years of care can wipe out the family's entire savings, leaving the survivor with nothing.

① (B)−(A)−(C) ② (B)−(C)−(A)
③ (C)−(A)−(B) ⑤ (C)−(B)−(A)

어휘

- [ ] long-term care insurance benefits 장기요양보험 혜택
- [ ] help (to) cover either home care or the costs of a long-term care facility 재택 요양이나 장기 요양 시설 비용을 대도록 돕다
- [ ] should they arise = if they(these costs) should arise 혹시라도 일어나게 되면
- [ ] costs for long-term care 장기요양에 들어가는 비용
- [ ] several thousands of dollars to tens of thousands 수천 달러에서 수만 달러까지
- [ ] in-home nursing care 재택 간호
- [ ] the average costs for care 요양에 드는 평균적 비용
- [ ] three years of care 3년간 요양
- [ ] wipe out the family's entire savings 가족의 전 재산을 탕진하다
- [ ] leave the survivor with nothing 남은 사람들에게 아무것도 남기지 않다

MEMO

진가영 영어독해
이론적용 200제

합격
기준 박문각 공무원

05

문장 삽입

◎5 · 문장 삽입

▷ 대비 전략

01 이 유형은 빈칸 추론 유형과 더불어 수험생들 입장에서 고난도로 여겨지는 문제 유형으로 단순한 해석실력을 넘어 글의 논리적인 구성원리와 언어적 단서에 대한 이해가 필요한 유형이므로 반드시 미리 연습을 해야 한다.

02 문장 삽입 유형은 **주어진 글을 신속히 읽고 글의 소재 및 중심 내용을 파악한 후, 문장 간의 논리적 관계와 단서들(세부 정보, 연결사, 지시사 등)을 활용하여 전체 흐름을 종합적으로 파악하는 능력이 무엇보다 중요하다.** 특히, 예시, 나열, 비교와 대조, 원인과 결과 등 글쓰기에서 사용되는 보편적 글의 구조를 이해하는 능력이 필요하다.

03 이를 위한 몇 가지 학습 방법으로는 우선 비교, 예시, 대조, 열거, 인과 등의 전개 구조로 이루어진 다양한 **학술적 내용의 글을 평소 자주 접하고 이해하는 학습이** 필요하다. 이와 같은 구조로 이루어진 좋은 글을 읽으면서 하나의 중심 내용에 대해 글의 통일성과 일관성이 **어떻게 전개되어 가는지에 관해 확인하는 습관을** 길러야 한다. **더불어 글의 논리적 구성을 위해 사용되는 대명사, 지시사, 연결사 등의 언어 장치들의 쓰임에** 대해 학습한다.

▷ 평가 요소

본 유형은 쓰기 능력을 간접적으로 평가하기 위한 유형으로, 좋은 글쓰기를 위해 필요한 통일성(unity), 일관성(coherence), 응집성(cohesion)에 대한 이해도를 평가한다. **단락이나 문장 간의 관계를 정확히 파악하여 글의 논리적 흐름을 완성하는 능력을 요구하고** 있으며, **주어진 문장의 알맞은 위치 찾기, 주어진 글 다음에 이어질 글의 순서 고르기, 글의 흐름과 무관한 문장 고르기, 주어진 글의 요약문 완성하기** 등의 형태로 출제된다.

▷ 주요 개념 · 원리

01 본 유형으로 출제되는 문항의 정답을 찾기 위해서는 **주어진 글을 신속히 읽고 글의 소재 및 중심 내용을 파악한 후, 문장 간의 논리적 관계와 단서들(세부 정보, 연결사, 지시사 등)을 활용하여 전체 흐름을 종합적으로 파악하는 능력**이 무엇보다 중요하다. **특히, 예시, 나열, 비교와 대조, 원인과 결과 등 글쓰기에서 사용되는 보편적 글의 구조를 이해하는 능력**이 필요하다.

02 교육과정의 쓰기 성취기준 달성 여부를 평가하기 위한 간접 쓰기 유형은 글의 **종합적 이해 능력을 요구하는 비교적 어려운 유형**이다. 이 유형에 대비하기 위해서는 글의 **중심 내용 파악뿐만 아니라 문장 간의 논리적 관계, 글의 통일성과 일관성, 그리고 응집성을 이해하는 학습**과 더불어 이를 바탕으로 평상시 한 단락 이상의 영어 글쓰기 연습을 충실히 하는 것이 중요하다.

03 이를 위한 몇 가지 학습 방법을 소개하면 다음과 같다. 우선 **비교, 예시, 대조, 열거, 인과** 등의 전개 구조로 이루어진 다양한 학술적 내용의 글을 평소 자주 접하고 이해하는 학습 이 필요하다. 이와 같은 구조로 이루어진 좋은 글을 읽으면서 **하나의 중심 내용에 대해 글의 통일성과 일관성이 어떻게 전개되어 가는지에 대해 확인하는 습관**을 길러야 한다.

04 ✗ 더불어 글의 논리적 구성을 위해 사용되는 **대명사, 지시사, 연결사 등의 언어 장치들 의 쓰임에 대해 학습**한 후, 이를 활용한 '한 단락 수준 혹은 그 이상의 글쓰기', '이어지는 단락 작성해 보기', '한 단락의 글을 읽고 요약문 작성해 보기' 등의 학습을 꾸준히 실시 하는 것이 간접 쓰기 유형을 준비하는 데 효과적이다.

05 간접 쓰기 유형에서 사용되는 지문은 실용적 지문보다는 **다양한 소재의 기초 학술문**이 사용되는 경우가 많다. 이를 위해 **평소 다양한 소재와 주제의 기초 학술문**을 읽고 이해하 는 학습이 필요하다.

06 **마지막으로 독해의 기본은 어휘력에서 시작된다는 점을 잊지 말고 평상시 기초 학술문에** 서 자주 쓰이는 어휘의 다양한 쓰임을 깊이 있게 학습해 두는 것도 중요하다.

▶ 문제 풀이 순서

01 **보기 문장을 읽으며 단서를 체크해 준다.**
   ① 반드시 이 글이 **무슨 내용**인지 예측하려고 노력하며 읽는다.
   ② 보기 문장을 해석할 때 반드시 **연결어**(접속부사 : 대조나 역접을 나타내는 연결어 등 과 인과관계를 나타내는 연결어, 예시, 나열할 때 쓰는 연결어들이 주로 등장) 있으면 **이 연결어들의 기능을 상기시켜 주며 논리적 관계를 생각하며 앞뒤에 올 내용을 예측** 한다.
   ③ **지시어 (this/ these/ that/ those + 명사)나 대명사가 있는 경우 반드시 체크**해 주 고 지문 속에 지시사와 대명사가 받는 표현을 찾으면서 읽는다.

02 보기 문장에 **단서가 없는 경우**에는 지문에 **지시사나 대명사의 흐름에 논리적인 단절**이 있는 때도 있으므로 단서가 없는 경우에는 최대한 무엇에 관한 내용인지만 파악하고 지 문을 읽으면서 보기 내용과 비슷한 어휘가 나오는 부분에 주의하면서 읽는다.

03 지문을 처음부터 빠르게 읽어가면서 직독직해로 꼼꼼하게 해석하기보다는 주어진 글과 비슷한 내용끼리 (단어의 흐름 잘 보기) 문장과 문장끼리 앞뒤의 흐름이 자연스럽게 연결 되어있는지 확인한다. (긍정 긍정 / 부정 부정)

04 주어진 문장과 비슷한 어휘가 나온다면 그때부터는 보기와 비교해 가며 주의해서 읽 는다.

05 주어진 문장을 기준 삼아서 문장과 문장 사이를 읽어 주며 해당 문장이 들어가도 되는지 를 확인한다.

필수 문제

---

01 글의 흐름으로 보아 주어진 문장이 들어가기에 가장 적절한 곳은?

> Vaccines have also significantly reduced the occurrence of a number of other diseases.

> The positive effects of vaccinations are simply undeniable. Immunizations have eliminated altogether diseases that killed or severely disabled thousands every year. (①) For example, vaccines have completely eliminated polio. (②) They also wiped out smallpox, which 10 million people used to contract every year as late as the 1960s. (③) Measles used to infect about 4 million children per year, but in 1997, there were only 138 cases of measles in the United States. (④) Consequently, the vast majority of healthcare professionals believe that the benefits of immunization far outweigh their few risks.

어휘

- □ have significantly reduced 상당히 줄여왔다
- □ the occurrence of a number of other diseases 다른 여러 질병의 발생(a number of = several)
- □ the positive effects of vaccinations 백신(예방 접종)의 긍정적 효과들
- □ simply = without any questions/just/only/merely 단지, 말할 것도 없이, 당연히
- □ undeniable 부인[부정]할 수 없는, 명백한; 흠잡을 데 없는, 더할 나위 없는
- □ have eliminated diseases 질병들을 제거해 왔다(eliminate 제거하다, 몰아내다, 없애다)
- □ have completely eliminated polio 소아마비를 완전히 없앴다/몰아냈다
- □ wipe out smallpox 천연두를 몰아내다/없애다(wipe something out ~을 파괴하다, ~을 죽이다)
- □ contract smallpox 천연두에 걸리다(contract 병에 걸리다)
- □ as late as the 1960s 1960년대 후반까지
- □ the vast majority of healthcare professional 대다수의 전문 의료진
- □ far outweigh their few risks 드문 위험을 훨씬 상회하다

02 글의 흐름으로 보아 주어진 문장이 들어가기에 가장 적절한 곳은?

> Both explanations have been used for evidence of conformity in psychological experiments.

The bandwagon effect is a phenomenon whereby the rate of uptake of beliefs, ideas, fads and trends increases the more that they have already been adopted by others. (①) In other words, the bandwagon effect is characterized by the probability of individual adoption increasing with respect to the proportion who have already done so. (②) As more people come to believe in something, others also "hop on the bandwagon" regardless of the underlying evidence. (③) The tendency to follow the actions or beliefs of others can occur because individuals directly prefer to conform, or because individuals derive information from others. (④) For example, social pressure has been used to explain Asch's conformity experiments, and information has been used to explain Sherif's autokinetic experiment.

어휘

- [ ] evidence of conformity 순응성의 증거
- [ ] the bandwagon effect 편승 효과
- [ ] whereby ~에 의해(여기에서는 by the phenomenon)
- [ ] the rate of uptake of beliefs, ideas, fads and trends increases the more that they have already been adopted by others. = The more that beliefs, ideas, fads, and trends have already been adopted by others, the more the rate of the uptake of them increases.(The more⋯, the more⋯ ~하면 할수록 더 ~하다)
- [ ] the probability of individual adoption increasing 개인적 채택이 증가할 가능성
- [ ] with respect to something ~에 대하여/관하여(= concerning or in relation to something)
- [ ] the proportion who have already done so 이미 그렇게 행한 사람들의 비율
- [ ] hop on the bandwagon 시류에 편승하다
- [ ] the underlying evidence 근본적인 증거
- [ ] derive information from others 다른 사람들로부터 정보를 얻다
- [ ] social pressure 사회적 압박
- [ ] autokinetic experiment 자동적 실험

03 글의 흐름으로 보아 주어진 문장이 들어가기에 가장 적절한 곳은?

That possibility was suggested in 1997 after British scientist Jonathan Slack created a headless frog.

It would be hard to find any subject more controversial than human cloning. (①) People find it either totally fantastic or totally repugnant. (②) Human cloning holds the promise of cures for what are now incurable diseases, sight for the blind, hearing for the deaf, new organs to replace damaged or worn-out ones. (③) The word cloning also brings to mind the possibility of headless human bodies grown only to be picked apart for their parts. (④) He was criticized by scientists all around the world who were afraid that it would lead to the creation of headless humans.

어휘

- [ ] That possibility was suggested in 1997 그 가능성은 1997년에 제시되었다
- [ ] created a headless frog 머리가 없는 개구리를 만들어냈다
- [ ] more controversial than human cloning 인간복제보다 더 논란이 되는
- [ ] totally fantastic or totally repugnant 완전히 환상적이거나 완전히 혐오스럽다
- [ ] what are now incurable diseases 현재는 치료가 불가능한 질병
- [ ] sight for the blind 시각장애인을 위한 시력
- [ ] hearing for the deaf 청각장애인을 위한 청력
- [ ] replace damaged or worn-out ones 손상되거나 기능을 다한 장기를 대체하다
- [ ] bring to mind the possibility 가능성을 상기시키다
- [ ] headless human bodies 머리가 없는 인체
- [ ] be picked apart for their parts 그들의 신체 부위를 위해 분리되다
- [ ] was criticized by scientists 과학자들로부터 비판을 받다
- [ ] lead to the creation of headless humans 머리 없는 인간을 탄생시키다

04 글의 흐름으로 보아 주어진 문장이 들어가기에 가장 적절한 곳은?

> To be sure, of course, there was also a great deal of stress involved in constantly remaining a sought-after designer, and many labored in circumstances that brought little contact with the rich and famous.

Few professions in the twentieth century seemed as glamorous or rewarding as that of the fashion designer. (①) Working with a team of assistants and seamstresses, designers prepared a number of stunning new dresses to be displayed on stage at openings attended by the most wealthy and sophisticated members of society. (②) Celebrities paid huge sums of money to have distinctive new gowns to wear at important events. (③) When not working on new items of clothing, designers hobnobbed with celebrities, attended lavish parties, and granted interviews to admiring journalists. (④) Yet young men and women with a flair for designing clothes still dreamed that they, too, could reach the pinnacle of their profession.

*seamstress 여성 재봉사

어휘

- ☐ to be sure 틀림없이, 확실히
- ☐ a great deal of stress 상당한 양의 스트레스
- ☐ stress involved in remaining a sought-after designer 잘나가는 디자이너로 남는 데 드는 스트레스
- ☐ a sought-after designer 잘 나가는 디자이너(sought-after 인기 있는)
- ☐ labor 부지런히 일하다, 노동하다, 애쓰다
- ☐ circumstances that brought little contact with the rich 부유한 사람들과 거의 만나지 못하는 환경
- ☐ the famous 유명한 사람들(the + 형용사 = ~한 사람들)
- ☐ in the twentieth century 20세기에
- ☐ few professions seemed as glamorous as that of… ~ 만큼이나 화려해 보이는 직업은 거의 없었다
- ☐ that(= profession) of the fashion designer 디자이너라는 직업
- ☐ a number of stunning new dresses 여러 가지 근사한 새로운 옷들
- ☐ sophisticated 세련된
- ☐ hobnob (부유한 이들과) 어울리다
- ☐ young men with a flair for designing clothes 옷을 디자인하는 재능을 갖춘 젊은이
- ☐ reach the pinnacle of their profession 그들 직업의 정점에 오르다

CHAPTER 05

05 주어진 문장이 들어갈 위치로 가장 적절한 곳은?

> However, as more and more musicians and singer-songwriters began to appear, instrument makers began developing recording equipment.

Traditionally, musical instruments and recording equipment — although both are deeply related to music — were made by completely different industries. (①) Musicians performed music on the instruments, and the recording process was completely separate from this. (②) Therefore, instrument makers made only instruments and most of the companies that made recorders and mixers tended to be audio equipment companies. (③) By the 1960s, microphones, which had been an exclusive product of the electrical equipment industry, were now being manufactured by musical instrument companies. (④) By the mid-1990s, digital became the norm in recording and digital recording equipment made by instrument manufacturers became the standard. In recent years, many types of software-based recording systems using computers have been released by companies formerly thought of as being limited to the production of musical instruments.

어휘

- ☐ instrument makers 악기 제작사들
- ☐ develop recording equipment 녹음 장비를 개발하다
- ☐ musical instrument 악기(instrument 기계(器械), 기구(器具), 도구, 비행기나 배 등의 계기)
- ☐ are deeply related to music 음악과 깊은 관련이 있다
- ☐ was completely separate from this 이것과는 완전히 별개였다/분리되어 있었다
- ☐ audio equipment companies 음향 장비 회사들
- ☐ by the 1960s 1960년대쯤
- ☐ microphone 마이크
- ☐ an exclusive product of the electrical equipment companies 전자장비 회사들의 배타적 상품
- ☐ manufacture ~을 만들다, 생산하다
- ☐ by the mid-1990s 1990년대 중반쯤/중반에 이르러
- ☐ became the norm in recording 레코딩에 있어서 표준이 되었다/일반화되었다
- ☐ formerly 원래는, 이전에는

06 주어진 문장이 들어갈 위치로 가장 적절한 곳은?

> However, our Western notion of equating slimness with physical beauty is hardly universally accepted.

Even our concept of body shape is related to a large extent to our cultural ideas. In the Western world, people go to considerable lengths to become as slender as possible. They spend millions of dollars each year on running shoes, diet plans, appetite suppressants, and health spa memberships to help them lose weight. (①) In large parts of Africa, for example, Western women are perceived as emaciated and considered to be singularly unattractive. (②) This point was made painfully obvious to me when I was conducting fieldwork in Kenya. (③) After months of living in Kenya, I learned that many of my male Kikuyu friends pitied me for having such an unattractive wife. (④) Kikuyu friends often came by my house with a bowl of food or a chicken and discreetly whispered, "This is for your wife." Even though I considered my wife to be beautifully proportioned, my African friends thought she needed to be fattened up to be beautiful.

어휘

- [ ] our Western notion of··· ···하는 우리의 서구적 사고
- [ ] equate slimness with physical beauty 가녀림을 육체적 아름다움과 동일시하다
- [ ] is related to our cultural ideas 문화적인 사고와 관련되어 있다
- [ ] to a large extent 상당히
- [ ] go to great lengths (to do something) 갖은 노력을 다하다
- [ ] to become as slender as possible 가능한 한 날씬해지기 위해
- [ ] spend millions of dollars on running shoes 조깅화에 수백만 달러를 쓰다
- [ ] appetite suppressant 식욕억제제
- [ ] to help them lose weight 그들이 살 빼는 것을 돕기 위해
- [ ] in large parts of Africa 아프리카의 많은 지역에서
- [ ] emaciated 여윈, 쇠약해진(emaciate 여위게/쇠약하게 하다; 땅을 메마르게 하다)
- [ ] singularly unattractive 무척 매력 없는(singular 단독의, 각자의, 비범한, 야릇한, 이상한)
- [ ] this point was made painfully obvious 이 점은 뼈저릴 만큼 명백했다
- [ ] after months of living in Kenya 케냐에서 몇 달을 살고 난 후
- [ ] discreetly 조심스럽게
- [ ] fatten up 살찌우다

07 주어진 문장이 들어갈 위치로 가장 적절한 것은?

> The oak's life span may account for this; more even than most trees, oaks transcend men.

It is well known that the American Indians considered trees holy, but they were not the first or the only people ever to consider trees divine; many, if not most, pre-Christian peoples practiced some form of tree worship. (①) Frazer's Golden Bough catalogs dozens of instances, from every corner of Northern Europe as well as from ancient Greece, Rome, and the East. (②) For most of history, in fact, the woods have been thickly populated by spirits, demons, elves and fairies, and the trees themselves have been regarded as the habitations of gods. (③) Interestingly, one kind of tree has been revered more widely than any other: the oak, Zeus's tree. (④) Frazer suggests another possible reason for the oak's special status: it is the tree most often struck by lightning, and so may be thought to enjoy a special relationship with the heavens.

어휘

- [ ] the oak's life span 참나무의 수명(oak 참나무)
- [ ] account for something 설명하다
- [ ] more even than most trees 대부분의 나무들보다 더
- [ ] transcend 능가하다
- [ ] it is well known that… ~라고 잘 알려져 있다
- [ ] consider trees holy 나무를 신성하게 여기다
- [ ] the first people to consider trees divine 나무를 신성하게 여긴 최초의 사람들
- [ ] many, if not most, pre-Christian people 기독교 이전의 많은, 어쩌면 대부분의 사람들
- [ ] worship 숭배
- [ ] practice some form of tree worship 일종의 나무 숭배를 실천하다/신봉하다
- [ ] catalog dozens of instances 많은 예들을 분류하여 목록을 만들다(dozens of 수십의, 많은)
- [ ] from every corner of Northen Europe 북유럽의 구석구석에서
- [ ] revere 존경하다

08 주어진 문장이 들어갈 위치로 가장 적절한 곳은?

> Moreover, good teams provide resilience.

There is a simple reason why making a success of teams is so important; teams do not magically materialize overnight even in a work environment where people can be given instructions. In a political campaign, with its heavy reliance on volunteers, building successful teams requires all the more work. (①) However efficient you are and however hardworking you are, you still only have twenty-four hours in a day and seven days in a week. (②) Teams mean more people getting more work done. It is not just about the work that more people can do; more people bring more knowledge, more experience and more perspectives. (③) Whether it is someone not up to the job or an event such as a family bereavement quite rightly taking someone away from the campaign, there will be circumstances where another person needs to fill the gap. (④) Bigger and better teams are more resilient in such circumstances.

어휘

- [ ] resilience 복원력, 회복력
- [ ] There is a simple reason why… …하는 간단한 이유가 있다
- [ ] make a success of doing = be successful in doing ~을 성공시키다, ~에서 성공하다
  - 예 He's determined to make a success of his career. 그는 자신의 경력을 성공시키기로 결심했다.
  - cf) have success in doing = make success in doing ~하는 데 성공하다
- [ ] materialize 실현되다, 구체화되다
- [ ] overnight 하룻밤 사이에
- [ ] with its heavy reliance on volunteers 자원봉사자들에게의 의존도가 높은 상황에서/높기 때문에
- [ ] build successful teams 성공적인 팀을 만들다
- [ ] however hardworking you are 당신이 아무리 열심히 일해도
- [ ] get more work done 더 많이 일을 해내다
- [ ] bring more perspectives 더 많은 다른 시각들을 가져오다
- [ ] be up to the job 일을 감당하다
- [ ] bereavement 사별
- [ ] quite rightly 부득이

09 다음 문장이 들어갈 위치로 가장 적절한 것은?

However, in analyzing work attitudes and social behaviors, researchers have mixed opinions about the effect of mood on creative outcomes.

A psychological climate that research group members perceive as favorable stimulates creativity in research. (①) Such a climate is characterized by openness, respect, and harmony among the group members and by personal work autonomy. (②) Isen concludes from a number of studies that a positive mood promotes creativity, whereas George and Zhou in one study found that a negative mood may promote creativity. (③) Moreover, it is suggested that a research group may be more creative when there is some intellectual tension and competition among its members. (④) Nevertheless, excessive tension and competition in a research group are clearly injurious to creativity; therefore, an important leadership task is to create a work climate where there is the right balance between harmony and disharmony.

어휘

- [ ] work attitudes 업무 태도
- [ ] have mixed opinions about the effect 효과에 대해 상반된 의견을 가져왔다
- [ ] the effect of mood on creative outcomes 분위기가 창조적 결과에 미치는 효과
- [ ] perceive something as favorable ~을 좋게 여기다, ~을 호의적으로 보다
- [ ] stimulate creativity 창의성을 자극하다/촉진하다
- [ ] Such a climate is characterized by… 그러한 분위기는 ~한 특징들을 지니고 있다(characterize 특징을 나타내다)
- [ ] personal work autonomy 개인적인 업무의 자율성
- [ ] conclude from a number of studies 여러 연구 결과를 바탕으로 결론내리다
- [ ] a negative mood 부정적인 분위기
- [ ] promote creativity 창조성을 증진하다
- [ ] competition among its members 구성원들 사이의 경쟁
- [ ] excessive tension and competition 과도한 긴장과 경쟁
- [ ] are cleary injurious to creativity 창의성에 명백히 해가 된다
- [ ] the right balance between harmony and disharmony 조화와 부조화 사이의 적절한 균형

10 다음 문장이 들어갈 위치로 가장 적절한 것은?

For example, the Green Revolution had an enormous impact on agricultural productivity, particularly that of rice and wheat.

In 1798, Malthus predicted that human population growth would be checked by food supply. Although Malthus' prediction concerned specifically food, there are even broader worries that all of the planet's resources could be depleted by overpopulation. (①) In 1968 Ehrlich argued that population growth rates at that time would exceed the world's resources. (②) Furthermore, as most population growth and declining food production were found to occur in developing countries, he advocated for population control. (③) However, these arguments assumed a limited "carrying capacity" of the earth, whereas in reality, technological developments alter the ability of land to produce food, and rising standards of living alter the demands for food. (④) In 1981 Simon also argued that more people bring positive change, as this results in more ideas, more experimentation, and more technological innovation which can help resolve the problems of resource limitations.

어휘

- [ ] carrying capacity 적재량, 수용 능력
- [ ] the ability of land to produce food 음식을 생산할 수 있는 대지의 능력
- [ ] rising standards of living 상승하는 생활수준
- [ ] the demands for food 음식에 대한 수요
- [ ] human population growth 인류의 인구 증가
- [ ] be checked by food supply 식량 공급(의 제한)에 의해 저지되다(check 악화나 지속을 막다 = stop)
- [ ] concern specifically food 특히 음식과 관계되다
- [ ] all of the planet's resources 지구의 모든 자원들
- [ ] exceed (특정 양이나 수를) 넘다, 초과하다
- [ ] be depleted by overpopulation 인구 포화에 의해 고갈되다(deplete 고갈시키다, 소모시키다)
- [ ] advocate (for) population control 인구 제한을 주장하다 (for는 미국식 표현)
- [ ] the driving force for agricultural intensification 농업 진흥의 견인차/원동력
- [ ] have an enormous impact on agricultural productivity 농업 생산성에 엄청난 영향을 끼치다

11 주어진 문장이 들어갈 위치로 가장 적절한 곳은?

> Statements that include these words often make sweeping claims that require a lot of evidence.

Consider these statements: Doctors are greedy. You can't trust politicians. Students these days are in school just to get high-paying jobs; they lack idealism. Homeless people don't want to work. These opinions imply the word all. They overlook individual differences, claiming that all members of a group are exactly alike. (①) They also ignore key facts — for instance, that some doctors volunteer their time at free medical clinics and that many homeless people are children who are too young to work. (②) All-or-nothing thinking is one of the most common errors in logic. (③) To avoid this fallacy, watch out for words such as all, everyone, no one, none, always, and never. (④) See whether words such as usually, some, many, few, and sometimes lead to more accurate statements.

어휘

- ☐ make sweeping claims 광범위한 주장을 하다(sweeping 너무 광범위한, 너무 포괄적인)
- ☐ require a lot of evidence 많은 증거를 필요로 하다
- ☐ greedy 탐욕스러운
- ☐ get high-paying jobs 높은 연봉의 직장을 구하다
- ☐ lack idealism 이상이 부족하다/결핍되어 있다
- ☐ imply the word all '모두(all)'라는 단어를 내포하고 있다(지나친 일반화라는 의미)
- ☐ overlook individual differences 개인적인 차이를 간과하다
- ☐ all members of a group 어떤 그룹의 모든 구성원들
- ☐ are exactly alike 모두 똑같다
- ☐ all-or-nothing 양자택일의/지나친 일반화, 모 아니면 도
- ☐ one of the most common errors in logic 논리상 가장 흔한 오류들 중 하나
- ☐ avoid this fallacy 이러한 오류를 피하다
- ☐ watch out for words such as all, everyone,,… ~과 같은 단어들을 조심해라
- ☐ lead to more accurate statements 더 정확한 진술에 이르다

12 주어진 문장이 들어갈 위치로 가장 적절한 곳은?

> Yet, a number of recent studies have proposed various ways that text messaging could in fact be used to fight child obesity.

Cell phones and text messaging are frequently held responsible for the fact that children lead inactive lives. (①) This inactivity in turn has been linked to the rising levels of child obesity all over the world. (②) Recently, researchers conducted a study on how effective text messaging can be to monitor children's eating habits. (③) They found that teen participants in the study who reported their eating and physical activity using text messages were more likely to continue monitoring their eating and exercise behavior than those using a traditional diary. (④) This may be because when participants in the study sent a text message, they immediately received an automated feedback message based on what they had reported.

어휘

- [ ] a number of recent studies 최근의 여러 연구들
- [ ] propose various ways 다양한 방법을 제시하다
- [ ] fight child obesity 소아 비만과 싸우다, 소아 비만을 퇴치하다
- [ ] are held responsible for the fact ~라는 사실에 대해 책임이 있다고 이야기를 듣다
- [ ] lead inactive lives 활동적이지 않은 삶을 살다
- [ ] all over the world 전세계에 걸쳐
- [ ] in turn 결과적으로
- [ ] be linked to the rising levels of child obesity 아동 비만 증가와 관련돼 있다
- [ ] conduct a study on something ~에 관한 연구를 진행하다
- [ ] monitor children's eating habits 아이들의 식습관을 관찰하다
- [ ] teen participants in the study 연구에 참여한 십대 참가자들
- [ ] receive an automated feedback message 자동 피드백을 받다

CHAPTER 05

13 주어진 문장이 들어갈 위치로 가장 적절한 곳은?

> Yet how they dress is wholly unrepresentative of British society in general.

The majority of British people dress conservatively rather than fashionably. (①) Only a small number of the upper and professional upper middle class, for example, barristers, diplomats, army officers, and Conservative MPs, dress in the well-tried styles of the past 50 years or so. (②) Many of the men still have their suits specially tailored and are thus instantly recognizable as belonging to the upper echelons of society. (③) The vast majority of British people buy their clothes at the high-street stores, of which Marks and Spencer, a major British multinational retailer, must be the most famous. (④) They wear the clothes of the British middle classes, perfectly passable but hardly stylish like the dress standards in much of Europe. Indeed, the British still have a reputation of being the worst dressed people in Europe, and they do not really care.

*barrister (영국의 상위 법원에서 변론할 수 있는) 법정 변호사
*Conservative MP (Member of Parliament) 보수당 하원 의원

어휘

- ☐ the majority of British people 대다수의 영국인
- ☐ a small number of = a few/some 소수의
- ☐ echelon [주로 복수로] 계급, 계층, 지위
- ☐ the upper/highest/lower echelons of society 상층/최상층/하층 계급
- ☐ well-tried 충분한 시험을 거쳐 효력이 입증된
- ☐ representative = typical 전형이 되는, 전체를 대표하는/대변하는
- ☐ is wholly unrepresentative of British society in general ~을 완전히 대변하지는 못한다(wholly = completely 완전히)
- ☐ the vast majority of people 대다수의 사람들
- ☐ the high street 번화가
- ☐ passable (도로나 강 등이) 지나다닐 수 있는, 썩 괜찮지만 훌륭하지는 않은
- ☐ in much of Europe = in most of Europe 유럽의 대부분에서
- ☐ have a reputation of being the worst dressed people ~이라는 평판을 갖고 있다

14 주어진 문장이 들어갈 위치로 가장 적절한 곳은?

Therefore, children of this age may use a transitional object to help them explore or take comfort in a strange place.

As toddlers get better at crawling and then walking they display a new kind of attachment behavior, using a familiar person as a secure base. (①) In secure base behavior, the toddler explores a new environment or person by briefly leaving the familiar person, then checking back by returning, getting in the adult's lap, talking, or perhaps just making eye contact across a distance. (②) In the absence of a familiar person who can serve as a secure base, exploration does not occur so easily. (③) This may be a familiar "blankie," a pacifier, or a stuffed toy; and, just as only a familiar person brings comfort, only the right object serves the purpose. (④) The transitional object is not a substitute for the familiar person, and by this age, the child probably will want both for maximum comfort.

어휘
- ☐ transitional 과도기의
- ☐ toddler (걸음마 단계의) 유아
- ☐ get better at crawling 기어 다니는 것에 익숙해지다
- ☐ checking back(a familiar person = secure base) by returning 돌아옴으로써 재확인(여기에서는 안전기반이 그대로 있는지를 재확인)
- ☐ making eye contact across a distance 건너편의 사람과 눈을 마주치는 것
- ☐ in the absence of a familiar person 친숙한 사람이 부재할 경우에
- ☐ a familiar person who can serve as a secure base 안전 기반이 되어주는 친숙한 사람
- ☐ blankie 애착 담요
- ☐ a substitute for the familiar person 친숙한 사람의 대체재
- ☐ by this age 이 나이 때에는

15 주어진 문장이 들어갈 위치로 가장 적절한 곳은?

> She was Ms. Cuevas' own child, who must have been kidnapped as a tiny baby by the woman claiming to be her mother, the fire having been set deliberately to cover the kidnapping.

A startling news story in early 2004 revealed a strange family history and raised questions about the effects of experiences on children's emotional lives. At a children's birthday party, a young mother named Luz Cuevas encountered a former friend with a six-year-old girl who was identified as the friend's daughter. (①) This was not particularly unusual, but Ms. Cuevas immediately wondered whether this child might possibly be her own daughter, Delimar, who had disappeared as a week-old infant, apparently having been consumed in a blazing house fire. (②) Unnoticed, Ms. Cuevas obtained a clipping of the child's hair and managed to get a DNA analysis. (③) The result? (④) When these facts were discovered, Delimar was taken by the state child protective service agency and eventually returned to Ms. Cuevas.

어휘

- [ ] the woman claiming to be her mother 그녀의 엄마라고 주장하는 여자
- [ ] the fire had been set deliberately 방화가 의도적으로 저질러졌었다
- [ ] the fire having been set = when the fire had been set 방화가 저질러졌을 때
- [ ] cover the kidnapping 납치를 은폐하다
- [ ] a startling news story 깜짝 놀랄만한 뉴스
- [ ] raised questions about the effect 효과에 대해 화두를 던졌다, 의문을 제기했다
- [ ] had disappeared as a week-old infant 생후 1주일 때 사라졌다
- [ ] in a blazing house fire 화재에서
- [ ] a clipping of the child's hair 아동의 머리카락 자른 것
- [ ] managed to get a DNA analysis 간신히 유전자 검사를 받았다
- [ ] was taken by the state child protective service agency 주 정부의 아동보호기관에 의해 데려가졌다(인도되었다)

16 주어진 문장이 들어갈 위치로 가장 적절한 곳은?

> It cost him £245,000, but its worth was only £100.

On 11 July 1997, there was a national "football" match between Brazil and England. But this story didn't have anything to do with the ball any more than it did with the real scores — the two countries fought for the cup, not the ball. (①) At Sotheby's, an England man outbid a Brazilian insurance company to get his hands on the original World Cup. (②) That's because it was not the real solid gold original but a replica, made to put on public exhibition in England to make sure the real thing didn't get stolen. (③) The bidders knew this, (the real original cup was stolen and melted down) but that didn't put them off. (④) Since this was the only replica in the world, the winning bidder wanted it that badly. Not all replicas are considered to be worthless, after all.

어휘

- ☐ didn't have anything to do with the ball 공과는 관련이 없었다(didn't have anything to do with… = had nothing to do with… …과는 관련이 없다)
- ☐ fought for the cup 그 컵을 얻기 위해 싸웠다
- ☐ a Brazilian insurance company 브라질의 보험 회사
- ☐ get his hands on the original World Cup 진짜 월드컵 트로피를 손에 넣다
- ☐ (which was) made to put on public exhibition 전시장에 전시해 놓으려고 만들어진
- ☐ put them off 그의 열의를 잃게 했다(망설이게 했다)
- ☐ the only replica in the world 세상에 남은 유일한 가품
- ☐ the winning bidder 입찰을 따낸 사람
- ☐ wanted it that badly 그것을 그토록 간절히 원했다
- ☐ after all 결국

17 주어진 문장이 들어갈 위치로 가장 적절한 곳은?

Compromising a single password can thus cause a break in security in many applications.

In 2001, a survey of 1,200 British office workers conducted by CentralNic found that almost half chose their own name, a pet's name, or a family member's name as a password. (①) Such passwords are easy to crack by guessing or by simple brute-force dictionary attacks. (②) Although it is possible, and even advisable, to keep different passwords for different applications and to change them frequently, most people use the same password across different applications and never change it. (③) For example, a hacker might create a bogus website enticing users with freebies if they register with a login name and password. (④) The hacker could then have a good chance of success in using the same login name and password to attack the users' corporate accounts.

어휘

☐ compromise a single password 하나의 패스워드를 넘겨주다(compromise 타협하다, 위태롭게 하다)
☐ a break in security 보안 침해
☐ easy to crack 깨기 쉬운
☐ by simple brute-force dictionary attacks 단순한 무차별적 사전 공격으로(수백 개가 되었든 수백만 개가 되었든, 사전에서 아무 단어나 찾아 패스워드로 입력해 보는 단순 무식한 방법)
☐ a bogus website 가짜 웹 사이트
☐ enticing users with freebies 무료 경품으로 사람들을 유혹하는 것
☐ a good chance of success 성공 확률이 높은 것

18 주어진 문장이 들어갈 위치로 가장 적절한 곳은?

How did this colorful ornament made in the Mediterranean region end up so far north?

Archaeologists were startled to uncover a 1.5-inch-tall, owl-shaped cloak fastener on the Danish island of Bornholm. (①) "The colors were so vivid that the eyes seemed to be glaring at us," says Christina Seehusen, who discovered it. (②) Likely created in a Roman provincial workshop between A.D. 150 and 250, the bronze brooch retains most of its enamel and glass design. (③) Perhaps it was a gift from a visiting Roman official, or a local man brought it home after serving as a mercenary in the Roman army. (④) Whatever route it took, the artifact is so valuable that the National Museum in Copenhagen has now laid claim to it.

어휘

☐ this colorful ornament made in the Mediterranean 지중해에서 만들어진 이 화려한 장식구
☐ end up so far north 먼 북쪽까지 가다
☐ were startled to uncover 발견하고 깜짝 놀랐다
☐ were so vivid that the eyes seemed to be glaring at us 너무 생생해서 그 눈들이 우리를 응시하고 있는 것처럼 보였다
☐ likely created in a Roman provincial workshop 로마 지방의 작업장에서 만들어진 듯한
☐ serving as a mercenary in the Roman army 로마군대에서 용병으로 복무한
☐ has now laid claim to it 이제 그것의 소유권을 주장하고 나서다

19 주어진 문장이 들어갈 위치로 가장 적절한 곳은?

> Yet the lives of creative individuals often seem to run counter to these assumptions.

"Conversation enriches the understanding, but solitude is the school of genius." said Edward Gibbon. He is surely right. The majority of poets, novelists, composers, and, to a lesser extent, of painters and sculptors, are bound to spend a great deal of their time alone, as Gibbon himself did. Current wisdom, especially that propagated by the various schools of psychoanalysis, assumes that man is a social being who needs the companionship and affection of other human beings from cradle to grave. (①) It is widely believed that interpersonal relationships of an intimate kind are the chief, if not the only, source of human happiness. (②) For example, many of the world's greatest thinkers have not reared families or formed close personal ties. (③) This is true of Descartes, Newton, Locke, Pascal, Spinoza, Kant, Leibniz, Schopenhauer, Nietzsche, Kierkegaard, and Wittgenstein. (④) None of them married, and most lived alone for the greater part of their lives.

어휘

- [ ] run counter to this assumption 이러한 가정과는 상반되다
- [ ] enriches the understanding 이해를 향상시키다
- [ ] solitude 고독의
- [ ] to a lesser extent 보다 적게는(적은 범위로 보면)
- [ ] are bound to spend 보내기(쓰기) 마련이다
- [ ] from cradle to grave 요람에서 요람까지
- [ ] it is widely believed that ~라고 널리 알려져 있다
- [ ] interpersonal relationships of an intimate kind 친밀한 종류의 대인 관계
- [ ] if not the only 혹은 유일한
  = if interpersonal relationships of an intimate kind are not the chief source of human happiness, they are the only source of human happiness.
- [ ] have not reared families 가정을 부양하지 않다

20 주어진 문장이 들어갈 위치로 가장 적절한 곳은?

> For example, those who get fired finally have the guts and opportunity to chase their own dreams.

In traditional societies, people tend to think that if they pay attention to the rules and dogmas, all things are good. But it is not so. Drawing outside the lines permits us to better understand the nature of life within the lines. Most of mankind is lost in their programmed life in the safe lane where problems are threats, not opportunities. (①) The truth is that problems are the opportunities. (②) This was the case of Walt Disney, Bucky Fuller, and a myriad of others who would never have made their mark in the world had they not been terminated from their jobs. (③) Had Soichiro Honda's parts factory not been bombed and destroyed, he would never have considered entering the motorcycle business. (④) Had Oprah not been fired as a news anchor for incompetence, she would never have become a talk show host.

어휘

- [ ] those who get fired 해고를 당하는 사람들
- [ ] guts and opportunity to chase their own dreams 그들의 꿈을 쫓기 위한 용기와 기회
- [ ] pay attention to the rules and dogmas 규칙과 교리에 유의하다
- [ ] all things are good 만사형통이다
- [ ] is lost in their programmed life 그들의 프로그램화된 삶 속에서 길을 잃다
- [ ] a myriad of others 무수히 많은 다른 이들
- [ ] terminated from their jobs 그들의 직장에서 해고된
- [ ] … would never have made their mark in the world had they not been terminated from their jobs.
  = … would never have made their mark in the world if they had not been terminated from their jobs. 직장에서 해고되지 않았다면 세계적인 성과를 내지 못했을 것이다
- [ ] entering the motorcycle business 오토바이 업계에 뛰어드는 것

21 주어진 문장이 들어갈 위치로 가장 적절한 곳은?

However, who you ask to complete a survey is a critical element in distinguishing good survey research from biased research.

Survey data are used to make predictions and test predictive hypotheses. (①) For example, knowing which people are more likely to buy a product enables a company to market its products more effectively and perhaps devise new strategies to target individuals who are not buying them. (②) Similarly, knowing which behaviors are related to a higher frequency of illness enables a psychologist to predict who is more at risk for physical or mental illness. (③) Recall that a random sampling of participants minimizes sampling bias. (④) The more representative the sample is, the more the results will generalize to the population of interest.

어휘

- [ ] who you ask to complete a survey 누구에게 설문조사를 완성해 달라고 요청할지
- [ ] a critical element in distinguishing ~을 구별하는 데 있어서의 중요한 요소
- [ ] distinguish good survey research from biased research 편향된 연구로부터 좋은 설문 연구를 구별해내다
- [ ] make predictions 예측하다
- [ ] enable a company to market its products 기업으로 하여금 그들의 물건을 홍보하게 하다
- [ ] devise new strategies 새 전략을 수립하다
- [ ] a higher frequency of illness 높은 빈도의 질병
- [ ] at risk for physical or mental illness 신체적 혹은 정신적인 병에 걸릴 위험이 있는
- [ ] a random sampling of participants 참여자들의 무작위 추출
- [ ] population of interest 관심 집단

CHAPTER **05**

22 주어진 문장이 들어갈 위치로 가장 적절한 곳은?

Rather, they are interacting and interdependent, and it is the complex interrelationships between them which determine the conditions that promote health.

"The fundamental conditions and resources for health are peace, shelter, education, food, a viable income, a stable eco-system, sustainable resources, social justice and equity. Improvement in health requires a secure foundation in these basic requirements." (WHO, 1986). (①) It is clear from this statement that the creation of health is about much more than encouraging healthy individual behaviors and lifestyles and providing appropriate medical care. (②) Therefore, the creation of health must include addressing issues such as poverty, pollution, urbanization, natural resource depletion, social alienation and poor working conditions. (③) The social, economic and environmental contexts which contribute to the creation of health do not operate separately or independently of each other. (④) A broad socio-ecological view of health suggests that the promotion of health must include a strong social, economic and environmental focus.

어휘

- the fundamental conditions for health 건강상의/건강을 위한 근본 조건
- a viable income 쓸모 있는 수입, 즉 실제로 인간다운 삶을 영위하는 데 있어서 필요한 최소한의 수입
- improvement in health 건강상의 증진, 건강 향상
- It is clear ⋯ that⋯ ⋯라는 것이 분명하다 (it 가주어 구문)
- addressing issues such as poverty,⋯ 가난과 같은 문제들을 처리/해결하는 것
- contribute to the creation of ⋯ ⋯을 창조하는 데 기여하다
- operate independently of each other 서로 독립적으로 움직이다
- **it is** the complex interrelationships ⋯ **that** promote health
- determine the conditions 조건들을 결정짓는다
- a broad view of health 건강에 대한 폭넓은 견해
- the promotion of health 건강 증진

MEMO

진가영 영어독해
이론적용 200제

06

내용 일치 및 불일치

06 · 내용 일치 및 불일치

▷ 대비 전략

01 세부 내용 파악은 일상생활과 관련된 소재를 비롯하여 인문, 사회, 예술, 과학과 같은 다양한 분야의 대화·담화나 글의 내용을 구체적인 사항에 초점을 맞추어 이해하고, 직접적으로 제시된 정보를 정확하게 파악하는 연습을 필요로 한다. 즉, 추론에 의해 내용을 유추하는 것이 아니라, 글에 명시적으로 제시된 정보에 대한 사실적 이해에 근거하여 답지와의 일치 여부를 판단해야 한다는 점에 유의한다.

02 공무원 시험에서 세부 정보 파악 유형은 매년 꾸준히 대략 평균 2문제씩 출제되는 유형이다. 세부 정보 파악 유형을 시간 이내에 정확하게 풀기 위해서는 미리 어떻게 시험에서 내용 일치 또는 불일치 선지를 만드는지 함정 포인트를 잘 알고 주의해야 한다. 세부 정보 파악 유형은 다른 유형과 달리 특히 부사표현, 형용사, 특정 명사, 수치와 부정어 등 말 그대로 세부 정보를 표시하기 위해서 사용되는 표현들에 대해서 배우고 정리하는 것이 중요하다. 반드시 이런 출제 알고리즘을 체화시킨다면 분명 시험장에서도 충분히 맞출 수 있는 유형이다.

▷ 평가 요소

세부 정보 파악 능력이란 담화나 글에 제시된 특정 정보를 사실적이고 정확하게 이해하는 능력으로서, 담화나 글의 내용 일치/불일치 등 숫자 정보나 기타 세부 내용을 파악할 수 있는 능력을 의미한다.

▷ 문항 풀이를 위한 주요 개념·원리

본 유형의 문항을 풀기 위해서는 지문의 전반적인 내용과 흐름을 이해함과 동시에 문항에서 요구하는 특정 세부 정보를 정확하게 파악해 낼 수 있는 능력이 요구된다.

▷ 학습 안내

01 세부 정보 파악 유형에 대비하기 위해서는 '다양한 일반적 주제'에 대해 오랜 시간 꾸준히 읽고 학습하는 과정을 거쳐야 한다.

02 세부 정보 파악은 일상생활과 관련된 소재를 비롯하여 인문, 사회, 예술, 과학과 같은 다양한 분야의 내용을 구체적인 사항에 초점을 맞추어 이해하고 직접적으로 제시된 정보를 정확하게 파악하는 연습을 필요로 한다. 여기서 유의할 점은 추론에 의해 내용을 유추하는 것이 아니라 글에 명시적으로 제시된 정보에 대한 사실적 이해에 근거하여 선지와의 일치 여부를 판단해야 한다는 것이다.

03 내용 일치/불일치 유형으로 제시되는 글의 소재로는 어떤 사물이나 동·식물 등에 대한 설명문, 개인의 전기나 일화가 많이 제시된다. 이와 같은 소재의 글에 주목할 필요가 있다. 이런 글이 아니더라도 동·식물, 인물과 같은 다양한 소재에 관하여 인터넷상의 영문 백과사전을 찾아 읽어보거나 영문으로 된 관련 사이트를 찾아 읽어보는 것도 도움이 되겠다.

04 마지막으로, 일상 실용문에서 많이 사용되는 표현에 익숙하지 않으면 내용 파악을 하지 못하는 경우가 종종 있다. 실용문에 제시된 어휘와 표현을 정리해서 세부 사항을 정확하게 파악하고 표현을 익혀두는 연습이 필요하다.

▶ 내용 일치 불일치 풀이 순서

01 ④번 선지부터 다른 선지에 없는 특이한 단어를 확인하고 후반부에 그 해당 단어와 비슷한 표현이 있는지 확인한 후 지문과 진위 여부를 확인한다.

02 선택지 ④번 확인 이후에는 ①번 ②번 ③번도 각각 같은 방식으로 진위 여부를 제대로 확인한다. 이때, 특히 단어가 비슷하게만 보인다고 해서 맞는 문장이라고 하고 넘어가면 세부 정보에서 오답이 되는 경우가 많으므로 주의한다.

03 세부 정보 파악 유형의 출제 패턴을 분석해서 정리해서 알아두고 문제 풀 때 적용할 수 있도록 한다.

▶ 주의 사항

01 이 유형은 연습하지 않으면 시간의 압박 때문에 틀리는 유형이 되므로 반드시 연습을 통해 시간 이내에 푸는 연습이 필요하다.

02 이 유형에서는 보통 지문 후반부에 답의 단서가 있으므로 선지 ④번부터 확인하면 시간을 줄이는 데 도움이 된다.

03 이 유형은 문제를 푸는 스킬 난이도는 낮지만 지문의 난이도가 높은 경우도 있으므로 생소한 지문이나 표현에 익숙해지도록 연습이 필요하다.

▶ 출제 패턴

01 지문이나 선지에 부정어가 들어있으면 반드시 확인해야 한다.

02 지문이나 선지에 시간 부사나 단정적인 의미의 부사가 있으면 지문에 가서 반드시 확인해야 한다.

03 지문이나 선지에 비교급이나 최상급 표현이 있으면 지문에 가서 반드시 확인해야 한다.

04 지문이나 선지에 대상이 2개 이상이 나온다면 정보를 섞어서 오답을 만드는 경우가 있으므로 반드시 제대로 확인해야 한다.

05 지문이나 선지에 대조의 의미를 가질 수 있는 개념의 단어가 나온다면 반드시 확인해야 한다.

필수 문제

01 글의 내용과 일치하는 것은?

A road safety organization in Australia has created a mock-up of the perfect body needed to survive a car crash. Australia's Transport Accident Commission (TAC) has called its human-looking creation "Graham." TAC commissioned a sculpture of Graham and released a video to educate road users about road safety. Although Graham is humanesque, he is somewhat grotesque in parts and resembles a character from a horror movie. A spokesperson from TAC said Graham was designed to highlight how comparatively frail and vulnerable the human body is when involved in a vehicle collision on the roads. TAC commissioned celebrated artist Patricia Piccinini to create the artwork for Graham. She collaborated with a leading trauma surgeon and a road crash investigation expert to get the right look and build for Graham. She gave Graham a thick skull, a wider neck, an inflatable chest that acts like airbags, and hoof-like legs that allow Graham to jump out of dangerous situations.

*humanesque 인간을 닮은

① Graham's body resembles a human body perfectly.
② Graham cannot withstand a crash as well as a normal human body.
③ Graham's body was designed to show how weak human bodies are in comparison.
④ Patricia Piccinini single-handedly created Graham.

어휘

☐ a road safety organization 도로 안전 공사
☐ a mock-up of the perfect body 완벽한 몸의 실물 모형
☐ survive a car crash 자동차 충돌 사고에서 살아남다
☐ commission 위원회, (공식 보고서 또는 예술 작품 창작)을 의뢰하다
☐ call its human-looking ceation "Graham" 인간의 모양을 한 그 창조물을 "그레이엄"이라 부르다
☐ humanesque 인간의 형상을 한
☐ somewhat grotesque in parts 부분적으로 살짝 괴기스러운
☐ a character from a horror movie 공포영화에 나오는 등장인물을 닮다
☐ vulnerable 취약한, 연약한
☐ inflatable 공기 주입식의
☐ single-handedly 혼자 힘으로(= alone)
　　예 She brought up three children single-handedly. 그녀는 혼자 힘으로 세 아이를 키웠다.

02 글의 내용과 일치하는 것은?

It's no surprise that popcorn is one of America's favorite foods. It was first domesticated in the Americas thousands of years ago. Archaeologists discovered popcorn ears in New Mexico that date to more than 5,600 years ago. Today the crunchy snack is a mainstay at movie theaters, carnivals, and in many American kitchens. Popcorn is often lumped in with junk food, but it's the only 100 percent unprocessed, whole-grain food we eat, and it boasts some notable nutritional benefits. It even contains more polyphenols per serving than most fruits and vegetables. (Polyphenols are antioxidants that protect cells from damage.) Of course, don't ditch fruits and veggies; they contain lots of other nutrients popcorn doesn't provide. But when you're in the mood to nosh on something crunchy, popcorn is a great choice.

① Getting our nutrition from popcorn replaces the need for vegetables and fruits in our diet.

② Popcorn is generally considered a healthy food by most people.

③ There are many kinds of 100 percent unprocessed, whole-grain foods that Americans eat.

④ Popcorn is a common snack at carnivals and in American homes.

어휘

- [ ] It's no surprise that… ~하다는 것은 전혀 놀랄 일이 아니다
- [ ] it was first domesticated thousands of years ago 그것은 수천 년 전에 처음 경작되었다
- [ ] domesticate 경작하다, 재배하다
- [ ] popcorn ears that date to… …로 추정되는 팝콘 이삭들 (ear 이삭)
- [ ] date to more than 5,600 years ago 5,600년 전으로 거슬러 올라가다
- [ ] mainstay 대들보, 주요 산업
- [ ] is lumped in with junk food 정크 푸드로 취급되다(lump (실제로는 같이 취급할 수 없는 것들을) 함께 묶다)
- [ ] is the only 100 percent unprocessed food 전혀 가공되지 않은 식품이다
- [ ] boast some notable nutritional benefits 현저한 영양적 이점을 자랑하다
- [ ] antioxidants that protect cells from damage 세포의 파괴를 막는 항산화제들
- [ ] ditch fruits and veggies 과일과 야채를 버리다(veggie = vegetable 야채, 식물)
- [ ] in the mood to nosh on something crunch 바삭한 게 먹고 싶을 때(nosh 가볍게 먹다)

03 글의 내용과 일치하는 것은?

Omega-3 fatty acids are extremely important for proper functioning of the human body. For example, DHA, an Omega-3 fatty acid derived from animals, makes up about 40% of the polyunsaturated fats in the brain. There are three main sources of Omega-3 fats — ALA (from plants mostly), DHA, and EPA (from animals). The plant form, ALA, needs to get transformed into DHA or EPA in order to function correctly in the human body. There is some evidence that this conversion process is ineffective in humans. Therefore, it is best to get Omega-3 fats from animal sources, including fish, grass-fed meat, Omega-3 enriched or pastured eggs, or fish oil. A large part of the population is Omega-3 deficient. Avoiding a deficiency in these essential fatty acids can help prevent many diseases.

① 40% of the polyunsaturated fats in the brain come directly from vegetable fats.

② Omega-3 fatty acids derived from plants are said not to be effectively converted into DHA and EPA in humans.

③ A lack of Omega-3 can help prevent some diseases.

④ Omega-3 fatty acids have been proven to prevent most types of cancers.

어휘

- fatty acid 지방산
- proper functioning of the human body 인간 신체의 적절한 기능
- a fatty acid derived from animals 동물로부터 얻은 지방산 (derive 끌어내다, 획득하다)
- make something up ~을 이루다, ~을 형성하다
- polyunsaturated fat 다가 불포화 지방(씨앗, 식물성 유지 등에 많이 들어 있는 지방)
- three main sources of Omega-3 fats 오메가3 지방의 세 가지 원천
- get transformed into DHA DHA로 변환되다
- in order to function correctly 제대로 작동하기 위해서
- conversion 전환, 개조
- pasture 풀밭에 내놓다
- deficient 부족한, 결핍된

04 글의 내용과 일치하는 것은?

Georgia Aquarium recently celebrated a special birthday of resident African penguin, Charlie, who turned 30 years old in June. In addition to being the oldest penguin in the Aquarium's colony, Charlie is also one of the largest penguins. He has a calm manner about him and can often be seen swimming in the African penguin habitat in the mornings. Charlie came to Georgia Aquarium in 2009 with his mate, Lizzy. Charlie and Lizzy have shown outstanding chick raising skills and they are the go-to pair for fostering a chick in the event that a pair is unable to raise their own chick. Charlie and Lizzy have successfully fostered three chicks together: Hidaya; 2013, Freya; 2014, and Akila; 2015. Fostering occurs in the event that another pair is unable to raise their chick, due to inexperience or challenges raising multiple chicks.

① Charlie is the oldest and the fastest penguin in Georgia Aquarium.

② Charlie met his mate Lizzy at Georgia Aquarium in 2009.

③ Fostering chicks was a strain for Charlie and Lizzy.

④ Charlie and Lizzy have raised three chicks since 2013.

어휘

☐ celebrate a special birthday 특별한 생일을 축하하다
☐ resident African penguin 그 아쿠아리움에 거주하는 아프리카 펭귄(resident 거주하는, 전속의, 이주하지 않는)
  예 a resident bird 텃새
☐ turn 30 years old in June 6월에 30세가 되다
☐ in addition to (doing) something ~와 더불어
☐ He have a calm manner about him. 그는 태도가 차분한 편이다.
☐ colony 군집
☐ show outstanding chick raising skills 탁월한 육아 실력을 보여주다(outstanding 뛰어난, 두드러진)
☐ go-to (필요한 일이 있을 때 찾거나 이용할 정도로) 믿음직한, 든든한
☐ foster 기르다, 양육하다
☐ in the event that… ~할 경우에는
☐ raise their own chick 새끼들을 끼우다(chick 새의 새끼)
☐ due to inexperience 경험 부족 때문에
☐ raise multiple chicks 여러 새끼들을 키우다

05 다음 글의 내용과 일치하는 것은?

A desalination project built around a unique area of undersea topography could produce potable water for drought-ravaged California. The public-private partnership, called the Monterey Bay Regional Water Project, would take seawater that originates in a two-mile-deep submarine trench off Monterey Bay and pipe it to a computer data center. There the water would be used to cool the center before undergoing desalination. The plant would produce enough water daily for 55,000 homes and save enough energy to power almost 65,000 homes annually. Calcium from the plant's waste stream would be recycled to make limestone building materials. And project leaders expect that pumping water from colder depths will reduce the impact on aquatic life. Construction permits could be granted by the state after an environmental review. Developers hope the project will begin pumping water in 2018.

*limestone 석회암, 석회석

① The water pumped from the sea will be used to power the computer data center.

② Pumping water from colder depths is thought to negatively affect marine animals.

③ The desalination plant would produce enough energy to power more than 60,000 homes.

④ Calcium from the desalination plant's waste stream would be recycled to make fertilizers.

어휘

- ☐ desalination 담수화, 염분 제거
- ☐ topography 지형(학)
- ☐ produce potable water 마시기에 알맞은 물을 생산하다 (potable 마시기에 알맞은)
- ☐ drought-ravaged California 가뭄으로 황폐해진(ravage 황폐하게 만들다) 캘리포니아
- ☐ originate 비롯되다, 유래하다
- ☐ trench 해구
- ☐ pipe it to a computer data center 파이프를 통해 그것을 컴퓨터 데이터 센터로 실어 보내다
- ☐ undergo desalination 담수화를 거치다
- ☐ power almost 65,000 homes annually 해마다 65,000 가구에 전력을 공급하다
- ☐ reduce the impact on aquatic life 수중 생물들에게 미치는 영향을 줄이다
- ☐ construction permits could be granted by the state 그 주에 의해 공사 허가가 날 수 있을 것이다

06 다음 글의 내용과 일치하는 것은?

In this world of linen, wool, ramie, and silk, cotton's importance gradually grew. About five thousand years ago, on the Indian subcontinent, people, as far as we know, first discovered the possibility of making thread out of cotton fibers. Almost simultaneously, people living on the coast of what today is Peru, ignorant of developments in South Asia, followed suit. A few thousand years later, societies in eastern Africa developed techniques for the spinning and weaving of cotton as well. In each of these regions cotton quickly became the dominant fiber for the spinning of thread, its properties for most uses clearly superior to those of flax and ramie and other fibers. For these first millennia of the plant's cultivation, the production of cotton goods rarely expanded beyond cotton's natural growing zone, but all who encountered it saw it as a remarkable material for the production of clothing: soft, durable, and light, easy to dye, and easy to clean.

*flax 아마 (섬유)

*ramie 모시

① Cotton became the dominant fiber in the world except for in India, Peru and eastern Africa.

② People living in the Peru region had known of Indian cotton before they learned how to make thread from cotton.

③ For the first few millennia, the production of cotton goods spread fast beyond cotton's natural growing zone.

④ It is believed that people who lived in India first discovered how to make thread from cotton about 5,000 years ago.

어휘

☐ subcontinent 남아시아, 인도아(亞)대륙
☐ as far as we know 우리가 아는 한
☐ thread 실
☐ first discovered the possibility of making thread 실을 만들 수 있는 가능성을 처음 발견했다
☐ the possibility of making thread out of cotton fibers 목화섬유로 실을 만들 수 있는 가능성
☐ simultaneously 동시에
☐ what today is Peru 오늘날의 페루인 곳
☐ are ignorant of developments in South Asia 남아시아의 개발을 알지 못하다
☐ superior to something/someone ~보다 더 우수한
☐ easy to dye 염색하기 쉬운
☐ easy to clean 세탁하기 쉬운

07 다음 글의 내용과 일치하는 것은?

The arid coasts of Namibia are home to one of the world's truly bizarre life forms. This is the welwitschia, named after its discoverer, German botanist Dr. Friedrich Welwitsch, in 1860. It has a large stem mostly below ground, with a huge taproot that penetrates deeper still. The top of the stem usually projects only 10 to 15 centimeters above the surface, yet it may be more than 1 meter in diameter, and it bears just two leaves. These grow from their bases to a length of several meters, and in the desert sand their tips become divided, threadbare, and shredded. The two leaves persist for the plant's entire life which averages some 500 years and which in certain specimens exceeds 2,000 years. The welwitschia draws up water from deep underground and also soaks in the sea mists and heavy dews common along Namibia's shores.

*taproot 원뿌리, 곧은 뿌리

① The welwitschia is a typical-looking plant.
② The diameter of the welwitschia's stem is only 10 to 15 centimeters.
③ The welwitschia has only two leaves and they disappear as they grow older.
④ The welwitschia absorbs mists and dews as well as underground water.

어휘

☐ the arid coasts of Namibia 나미비아의 그 건조한 연안들 (arid 매우 건조한)
☐ are home to something ~에의 본거지이다
☐ one of the world's truly bizarre life forms 세계에서 정말로 신기한 생명체들 중 하나
☐ bizarre 기이한, 특이한, 좀 별난, 별스러운
　　예 a bizarre coincidence 기이한 우연의 일치
☐ penetrate 뚫고 들어가다, 관통하다
☐ be 1 meter in diameter 지름이 1미터이다
☐ it bears just two leaves 잎이 두 개밖에 안 달려 있다
☐ grow to a length of several meters 길이가 몇 미터까지 자란다
☐ threadbare 닳아서 올이 드러난
☐ shred (갈가리) 찢다
☐ draw up water from deep underground 땅속 깊은 곳에서 물을 끌어올린다
☐ soak in the sea mists 바다의 안개를 빨아들인다

08 United London F.C.에 관한 글의 내용과 일치하는 것은?

At United London F.C., the position of a traditional coach is unnecessary. Instead, the lineup is selected by the team's fans each week. Formed recently and currently playing in the Essex Alliance Premier League — the 12th tier of England's competitive soccer pyramid — United London F.C. claims to be the world's only managerless club. It employs a fantasy football-style system that awards points to or deducts points from the team's fans based on whether their selections make the starting 11, score or record an assist, or play a role in preventing the opposing team from scoring. To date, more than 2,000 people have signed up with the club, which played its first competitive match in early September. Each week, those fans vote on United London's starting lineup by reviewing player statistics, scouting reports and watching videos of previous weeks' matches posted online by the club. After voting closes each Friday, the squad for Saturday's match is announced.

① Its fans lose points if the players they choose post a shutout.

② Each week, registered fans vote on the starting lineup based on the information posted online by the club.

③ Fans raise money to pay for the players if the selected players score a goal.

④ The coach of United London F.C. manages the team in a nonconventional way.

어휘

☐ the position of a traditional coach 전통적인 코치의 자리
☐ formed recently 최근에 결성된
☐ the world's only managerless club 세계에서 유일하게 매니저가 없는 구단
☐ employs a fantasy football-style system 공상 축구 스타일 시스템을 사용하다
☐ award points to the team's fans 팀의 팬들에게 포인트를 주다
☐ deduct points from the team's fans 팀의 팬들에게서 포인트를 감하다
☐ prevent the opposing team from scoring 상대편이 득점하는 것을 막다(= post a shutout)
☐ sign up 등록하다
☐ scout 발굴하다
☐ squad 선수단

09 글의 내용과 일치하는 것은?

Madagascar was a haven for pirates over the centuries. This was because of its many secluded coves and also due to the fact that prior to French colonial rule, no single European power had ever had control over the country. The most well-known place for pirates to congregate in the 18th century was a mysterious venue called Libertalia, and the most famous pirate was allegedly called Mission. Libertalia's fleet of pirate ships was headed by a man called Thomas Tew. He and Mission were killed while trying to protect the men, women, and children of Libertalia from being attacked by an incursion from natives. Some of Libertalia's people escaped with plundered money and jewels, but their ship sank and they were lost to the sea.

① Thomas Tew and Mission left Libertalia with money and jewels.
② The natives of Madagascar were allies of Libertalia but not of France.
③ France was the first European country to govern Madagascar.
④ Thomas Tew and Mission were killed because of their colleagues' betrayal.

어휘

☐ a haven for pirates 해적들의 천국
☐ over the centuries 수세기 동안
☐ secluded coves 외딴/한적한 만(cove 작은 만)
☐ had ever had control over the country 일찍이 그 나라를 정복해 본 적 없다
☐ the most well-known place for pirates 해적들에게 가장 잘 알려진 곳
☐ colonial rule 식민지 지배, 식민 통치
☐ congregate 모이다
☐ allegedly 이른바, 전해진 바에 의하면
☐ Libertalia's fleet of pirate ships 리버탤리아의 해적선 함대 (fleet 함대)
☐ was headed by a man called Thomas Tew 토마스 튜라는 사람에 의해 이끌어졌다
☐ protect the children from being attacked by an incursion 급습으로부터 아이들을 보호하다
☐ escape with plundered money and jewels 약탈한 돈과 보석을 가지고 달아나다(plunder 약탈/강탈하다)
☐ ally 동맹국, (정치적) 협력자

10 Coho salmon에 관한 다음 글의 내용과 일치하는 것은?

The Coho salmon is a medium-sized, silvery colored fish belonging to the salmon family that is found mainly in the northern Pacific Ocean and in coastal streams and rivers. The scientific name for this fish is Oncorhynchus kisutch, and it is also known as the silver salmon. The Coho salmon spends part of its life span in freshwater, and part in saltwater, migrating back to the place of birth to reproduce or spawn. The fish is a common target of both commercial and sport fishermen. The adult Coho salmon usually grows to a length of 24 to 30 inches (about 61 to 76 cm) and a weight of about 8 to 12 pounds (about 3.6 to 5.4 kg). They have silvery colored sides with greenish or blue backs. Many also have black spots on their backs while they are in salt water, and young fish often have an orange tint on their fins. As they mature and become ready to spawn they develop hooked snouts, especially the males.

① Silver-colored salmon are normally found in the South Pacific.
② Coho salmon are a bigger target for sport fishermen than for commercial fishermen.
③ The patterns on their backs can be different depending on whether you see them in salt water or fresh water.
④ After a female spawns, her hooked snout becomes pronounced.

어휘

☐ a silvery colored fish 은빛 색깔을 지닌 물고기
☐ a fish belonging to the salmon family 연어과에 속하는 물고기
☐ is found mainly in the northen Pacific Ocean 주로 북태평양에서 발견되다
☐ the scientific name for this fish 이 물고기의 학명
☐ is also known as the silver salmon 은색 연어로도 알려져 있다
☐ part of its life span 그것의 수명의 일부
☐ freshwater 민물, 담수
☐ migrate back to the place of birth 태어난 곳으로 다시 이주하다/이동하다
☐ spawn 알을 낳다, 산란하다
☐ greenish 녹색을 띤
☐ fin 지느러미
☐ snout 주둥이

11 글의 내용과 일치하는 것은?

China is a stunning country from many perspectives, but it is also one of the most polluted countries in the world. Strict legislation has been put in place to prevent further pollution; unfortunately, the 1979 Environmental Protection Law is poorly enforced. The regulations are often disregarded to make more room for rapid economic development, which is one of the reasons behind the severe pollution in China. The number of birth defects in the country continues to rise, and while there isn't any conclusive evidence to support this, many environmental scientists blame the extreme pollution. In 2013, the World Bank estimated that 16 of the 20 most polluted cities in the world lie in China; the country is also considered the world's largest carbon dioxide emitter. While pollution of the air is often the most talked about, as it can be easily seen by the naked eye, pollution of the water in China gives just as much cause for concern. Around 298 million Chinese people do not have access to safe drinking water and the fact that around 40% of all of China's rivers are polluted is already leading to increasingly severe water shortages.

① There is clear evidence that the increasing number of birth defects in China is attributable to its extreme pollution.
② Probably less than three-quarters of the 20 most polluted cities in the world lie in China.
③ In China, water pollution as well as air pollution is a serious concern.
④ Since the 1979 Environmental Protection Law was enacted, it has been strictly enforced.

어휘

☐ a stunning country from many perspectives 여러모로 놀라운 나라
☐ one of the most polluted countries in the world 세계에서 가장 오염된 나라들 중의 하나
☐ strict legislation has been put in place 강력한 법이 시행되었다(legislation 제정법)
☐ prevent further pollution 더 이상의 공해를 막다
☐ is poorly enforced 강제력이 거의 없다, 잘 시행되지 않는다 (enforce 시행하다, 집행하다, (지불·복종 등을) 강요[강제]하다, 억지로 시키다; 강행하다)
☐ make room for something ~을 위해 자리를 양보하다
☐ one of the reasons behind the severe pollution 심각한 공해를 일으키는 이유들 중 하나
☐ a birth defect 기형아
☐ there isn't any conclusive evidence to support this 이것을 지지할 결정적 증거가 전혀 없다
☐ blame the extreme pollution 극도의 공해를 탓하다
☐ can be easily seen by the naked eye 맨눈으로 쉽게 볼 수 있다
☐ give just as much cause for concern 똑같이 근심스럽다

12 다음 글의 내용과 일치하지 않는 것은?

Transportation improvements, which enhance an area's economy, can increase the value of land that is adjacent to or served by the transport improvements because the land becomes more accessible and potentially more useful. Today, the suburban centers provide excellent examples of land areas that have increased in value due to the accessibility that results from efficient transportation systems or infrastructure. Suburbanites can take advantage of nearby city life for work and pleasure and then retire to rural areas via public transportation networks or high-ways to avoid crowded living conditions. Commuters from Greenwich, Connecticut, to New York City and from Cherry Hill, New Jersey, to Philadelphia all reap both city and suburban benefits as the result of reliable public transportation systems. Consequently, the value of the land in these areas has increased to reflect the advantageous lifestyles that the new or improved transportation systems have made possible. The land values within the city are also obviously enhanced by the improved infrastructure.

① Improved transportation systems enhances the value of land.

② Transportation improvements increase the accessibility of suburban areas.

③ Suburbanites enjoy both city and suburban benefits thanks to enhanced transportation infrastructure.

④ The land values within the city are not affected by transportation improvements.

어휘

☐ enhance an area's economy 어떤 지역의 경제를 향상시키다

☐ increase the value of land 땅의 가치를 증대시키다

☐ is adjacent to something ~에 인접하다

☐ be served by something ~의 혜택을 받다

☐ provide excellent examples of something ~의 훌륭한 예를 제공하다/예가 되다

☐ land areas that have increased in value 가치가 증가한 지역

☐ suburbanite 교외 거주자(suburban 교외의)

☐ take advantage of nearby city life 근교 도시 생활의 혜택을 누리다

☐ retire to rural areas 시골 지역으로 빠져 나간다

☐ retire = go away to a quiet place 이 글에서는 조용한 곳으로 가 버린다는 뜻으로 쓰였다.

예 I retired to my room to think. 나는 조용히 생각 좀 하려고 내 방으로 들어갔다.

13 글의 내용과 일치하지 않는 것은?

At least 200 people have died after a powerful earthquake struck a string of towns and villages across a mountainous swath of central Italy, razing homes, buckling roads and burying residents under mounds of rubble. The 6.2-magnitude quake struck at 3:36am August 24 when most people in the hardest-hit towns of Amatrice, Accumoli and Arquata del Tronto were asleep, and was felt as far away as Rome - more than 150km away - authorities and witnesses said. Residents and emergency services struggled to free people from dozens of buildings that collapsed into piles of masonry in the communities closest to the epicenter of the quake. The Mayor of Amatrice says "half of the town isn't here any more" after the severe earthquake hit central Italy. It was Italy's most powerful earthquake since 2009, when more than 300 people died in and around the city of Aquila, just to the south of Wednesday's quake.

① Many of the people in the towns that were hit by the earthquake were asleep when the earthquake occurred.

② People outside the epicenter of the quake were also able to feel its vibrations according to reports.

③ The Mayor of Amatrice said 50% of the town was completely destroyed because of the earthquake.

④ Many of the people in the towns that were hit by the earthquake were asleep when the earthquake occurred.

어휘

☐ a powerful earthquake struck 강력한 지진이 덮쳤다
☐ a string of towns and villages 일렬로 늘어선 시내과 마을들
☐ a mountainous swath 산악 마을(swath 베어낸 한 구획)
☐ raze homes 집을 완전히 파괴하다/무너뜨리다
☐ buckle roads 길을 뒤엎다(buckle 휘어지다, 찌그리다)
☐ bury residents under mounds of rubble 언덕처럼 쌓인 돌무더기에 주민을 묻어버리다
☐ mound 둑, 제방, 흙무덤, 작은 언덕, 산처럼 쌓아올린 것
☐ rubble (허물어진 건물의) 잔해, 돌무더기
☐ struggle to free people from dozens of buildings 수십 채의 건물에서 사람들을 꺼내려고 안간힘을 쓰다
☐ dozens of buildings that collapsed into piles of masonry 무너져 돌무더기가 수십 채의 건물들(masonry (건물 등의) 석조 부분)
☐ epicenter 진원지
☐ straddle (땅, 도로, 강을) 양쪽에 걸치다

14 글의 내용과 일치하지 않는 것은?

Fibers that are suitable for use in textile materials can be obtained from some types of plants and from the fleece of certain animals. The domestication of both plants and animals did not occur until well after dates around 25,000 years ago. The conclusion, then, is that the textile fibers used for early garments must have come from wild plants. Most probably these would have been bast fibers, the name given to fibers obtained from the stems of plants. Most of the earliest fiber remains are bast fibers and they most likely came from wild flax or a type of nettle, both of which are native to Eurasia. Archaeologists continually move the fiber record further into the past. In 2009, archaeologists working in the country of Georgia found flax fibers that they dated to 30,000 years ago. The fibers show evidence of having been twisted, indicating to the archaeologists that the fibers had been spun.

*bast (참피나무 등의) 인피부, 인피 섬유
*flax 아마, 아마 섬유
*nettle 쐐기풀

① Most of the early garments were made from fibers obtained from the stems of plants.

② Bast fibers were largely obtained from two wild plants which were introduced to Eurasia.

③ Garment from domesticated animals probably came some time after 25,000 years ago.

④ There is strong evidence that people spun flax themselves 30,000 years ago.

어휘

- [ ] are suitable for use in textile materials 방직 원료로 사용하는 데 적합하다
- [ ] textile materials 방직 원료, 섬유 원료, 섬유 소재, 직물 원료
- [ ] the fleece of certain animals 특정 동물들의 털
- [ ] domestication 길들이는 것, 사육, 재배
- [ ] well after 훨씬 이후
- [ ] the textile fibers used for early garments 초창기 의복에 사용된 방직 섬유
- [ ] most likely came from wild flax 아마도 야생의 아마에서 왔을 것이다
- [ ] most likely = more likely than not = probably 아마도
  예 It will most likely rain tomorrow. 아마도 내일 비가 올 거야.
- [ ] be native to Eurasia 유라시아가 원산이다

15 다음 글의 내용과 일치하지 않는 것은?

Flat head syndrome is the name given to the condition when part of a baby's head becomes flattened due to continued pressure on one area before a child's skull is completely firm. According to the National Childbirth Trust, it affects 16 percent of babies at six weeks old and 20 percent at four months, but this number more than halves by the time the child reaches 12 months. If affected, this patch normally disappears with age, but online retailers have been selling specialty cushions — with a hollow in the middle for the child's head — which are supposed to stop the problem. Scientists have now suggested these products could put babies' lives at risk, and warn that there is no evidence that these pillows work or are necessary. The National Health Service advises that, to reduce the sudden infant death syndrome (cot death), infants should sleep flat on their back in a clean cot with no blankets, pillows or toys, as clutter increases the possibility of a baby suffocating or overheating.

*cot 아기 침대

① Scientists are warning about the danger of sudden death in babies the pillow with a hollow in the middle can cause.

② Flat head syndrome is related to a flat part of a baby's head resulting from continued pressure on the area.

③ Pillows with holes in the middle show evidence of reducing the severity of flat head syndrome in babies.

④ Flat head syndrome is said to affect more than 15 percent of babies at six weeks old.

어휘
☐ due to continued pressure 계속되는 압력 때문에
☐ skull 두개골
☐ babies at six weeks old 태어난 지 6주 된 아기들
☐ babies at four months 태어난 지 4개월 된 아기들
☐ number more than halves 절반 이상에 달하다(number 세다, 열거하다, (총계) …이 되다, …의 수에 달하다)
☐ are supposed to stop the problem 그 문제를 막을 것으로 여겨지다
☐ disappear with age 나이가 들면서 사라지다
☐ put babies' lives at risk 아기들의 생명을 위험에 빠뜨리다
☐ sleep flat on their back 등을 바닥에 대고 평평하게 자다
☐ the possibility of a baby suffocating 아기가 질식사할 가능성
☐ overheat 과열되다, 과열하다

16 글의 내용과 일치하지 않는 것은?

For the first time in its 36-year history, a Hemingway has won a competition seeking the man who most looks like literary giant Ernest Hemingway. Dave Hemingway was named the winner of the "Papa" Hemingway Look-Alike Contest on Saturday in Key West, Florida. The winner said he is not related to the late author. The contest, which attracted 140 entrants, is the highlight event of the annual Hemingway Days festival that celebrates the author's legacy. It was held at Sloppy Joe's Bar, which was a frequent hangout of Hemingway's during his Key West residency in the 1930s. Like the author, Dave Hemingway said he likes to fish, to drink a little "and I like women. I like having a good time. I do feel like Ernest because I'm in the town he lived in so many years." The husband of celebrity cook Paula Deen — Michael Groover of Savannah, Georgia — finished in the top five for the second straight year. This is the sixth time he has participated in the contest.

① The winner of the Hemingway Look-Alike Contest said he is not related to the writer Hemingway.

② The husband of Paula Deen has finished in the top five for the sixth straight year.

③ 140 men participated in the Hemingway Look-Alike Contest which was held in a bar Ernest Hemingway frequented.

④ A man whose last name is Hemingway, won a competition for looking the most like the literary giant.

어휘

□ for the first time in its 36-year history 그것의 36년 역사상 처음으로
□ has won a competition 대회에서 우승했다
□ the man who most looks like Ernest Hemingway 헤밍웨이와 가장 닮은 사람
□ literary giant 문학의 거장(literary 문학의, 문학을 공부하는)
□ was named the winner of the contest 그 대회의 우승자로 선정되었다(name A (as) B A를 B라고 공식 선정[발표]하다)
□ is not related to the late author 고인이 된 작가와는 관련이 없다
□ entrant 이제 막 들어온 사람
□ a frequent hangout of Hemingway's 헤밍웨이가 자주 드나들던 곳(hangout 집합소, 소굴)
□ during his Key West residency in the 1930s 1930년대에 키 웨스트에 거주하는 동안(residency 거주)
□ have a good time 즐거운 시간을 보내다
□ the town he lived in so many years 여러 해 동안 그가 살았던 마을

17 글의 내용과 일치하지 않는 것은?

English Romantic poet John Keats was born on October 31, 1795, in London. The oldest of four children, he lost both his parents at a young age. His father, a livery-stable keeper, died when Keats was eight; his mother died of tuberculosis six years later. After his mother's death, Keats's maternal grandmother appointed two London merchants, Richard Abbey and John Rowland Sandell, as guardians. Abbey, a prosperous tea broker, assumed the bulk of this responsibility, while Sandell played only a minor role. When Keats was fifteen, Abbey withdrew him from the Clarke School, Enfield, to apprentice with an apothecary-surgeon and study medicine in a London hospital. In 1816 Keats became a licensed apothecary, but he never practiced his profession, deciding instead to write poetry. John Keats devoted his short life to the perfection of poetry marked by vivid imagery, great sensuous appeal, and an attempt to express a philosophy through classical legend. In 1818 he went on a walking tour in the Lake District. His exposure and overexertion on that trip brought on the first symptoms of the tuberculosis, which would end his life.

*livery-stable 말을 맡기는 곳
*apothecary 약제사

① John Keats lost both his parents while he was young.
② One of Keats's guardians was a successful tea broker.
③ After he became a licensed apothecary, Keats practiced his profession as an apothecary.
④ His poems showed vivid imagery and expressed a philosophy through classical legend.

어휘

□ was born on October 31 10월 31일에 태어났다
□ the oldest of four children 네 아이들 중 맏이
□ at a young age 어린 나이에
□ die of tuberculosis 결핵으로 죽다(tuberculosis 결핵)
□ Keats's maternal grandmother 키츠의 외할머니
□ appoint two London merchants as guardians 두 런던 상인을 후견인으로 지명하다
□ a prosperous tea broker 잘 나가는 차 판매상
□ assume the bulk of this responsibility 이 대부분의 책임을 맡다
□ apprentice ~을 견습생으로 보내다[만들다]
□ a licensed apothecary 면허를 받은 약제사
□ sensuous 감각적인
□ His exposure and overexertion on that trip 여행 중 밖에 너무 나가고 과로한 것
□ bring on the first symptoms of the tuberculosis 결핵의 첫 번째 증상을 야기하다

18 글의 내용과 일치하지 않는 것은?

Bali is one island in a large series of islands that makes up the country of Indonesia. The cultural level of this island of less than three million people, who live in an area about the size of Delaware, has rightfully earned it a special place in the world of music and dance. Each village on Bali — and there are about fifteen hundred of them — has at least one instrumental group called a gamelan. Its music is strictly ensemble music, with little attention to individual parts or players. Traditionally, gamelan was played in courts, but more recently many are heard in concerts and in conjunction with shadow plays, in which shadows of puppets are projected on a screen. These performances present musical dramas on life and death, good and evil, justice and injustice, and other philosophical topics.

① Bali is an island roughly the size of Delaware.

② There is an instrumental group called a gamelan in each Balinese village.

③ Gamelan is the traditional ensemble music of Bali, which focuses on individual parts or players.

④ The performances of shadow puppet plays are accompanied by gamelan in Bali.

어휘

☐ a large series of islands that makes up the country 그 나라를 이루는 일련의 섬들(제도諸島)

☐ make something up ~을 이루다, 형성하다

☐ the country of Indonesia 인도네시아라는 섬

☐ this island of less than three million people 인구가 3백 만이 안 되는 이 섬

☐ an area about the size of Delaware 델라웨어 크기 정도 의 지역

☐ rightfully 자연스럽게, 마땅히, 당연히

☐ earn = if your actions or qualities earn you something, they make you deserve to have it
　예 He hopes to earn a place in the team. 그는 그 팀의 일원이 되고 싶어 한다.

☐ earn somebody something ~에게 ~할 만한 자격을 얻게 해 주다

☐ has earned it(= the island) a special place 그 섬에 특별 한 위상을 부여해 줬다
　예 That performance earned her an Oscar as Best Actress. 그 연기로 오스카 여우주연상을 탔다.

☐ is strictly ensemble music 철저히 앙상블 음악이다

☐ with little attention to individual parts 각 부분에는 거의 주의를 기울이지 않은 채

☐ in conjunction with shadow plays 꼭두각시 인형극과 함께 /어우러져

☐ shadows of puppet are projected on a screen 꼭두각시 의 그림자가 스크린에 투영된다

CHAPTER 06

19 글의 내용과 일치하지 않는 것은?

Allergies are common and can cause symptoms such as a runny nose or itchy eyes. Fortunately, some evidence suggests that certain probiotics can reduce the symptoms of some allergies. One study showed that consuming a fermented milk drink containing L. acidophilus improved symptoms of Japanese cedar pollen allergy. Lactobacillus acidophilus is one of the most common types of probiotics and can be found in fermented foods, yogurt and supplements. Similarly, taking L. acidophilus for four months reduced nasal swelling and other symptoms in children with perennial allergic rhinitis, a disorder that causes hay fever-like symptoms throughout the year. A larger study in 47 children found similar results. It showed that taking a combination of L. acidophilus and another probiotic reduced runny nose, nasal blocking and other symptoms of pollen allergy. L. acidophilus has been extensively studied, and evidence has shown that it may provide a number of health benefits. However, there are many different strains of L. acidophilus, and they can each have different effects on your body.

① Some kinds of probiotics can relieve the symptoms of rhinitis.

② Some probiotics can be found in fermented milk or foods.

③ Taking L. acidophilus can relieve symptoms of rhinitis that continue for a long time.

④ Consuming different types of probiotics at the same time can cause side effects.

어휘

□ a runny nose 콧물
□ itchy eyes 가려운 눈
□ the symptoms of some allergies 어떤 알레르기들의 증상들
□ consume a fermented milk drink 발효된 우유 음료를 마시다(consume 마시다, 먹다)
□ the most common types of probiotics 가장 흔한 종류의 생균제
□ fermented foods 발효된 음식
□ nasal swelling 코가 붓는 것
□ perennial 여러 해 계속해서 재발되는
□ allergic rhinitis 알레르기성 비염
□ many different strains of L. acidophilus 많은 다른 변종의 L. acidophilus(strain 종족, 계통)

20 글의 내용과 일치하지 않는 것은?

You've most likely taken an antibiotic at least once in your lifetime. From treatments for painful strep throat or ear infections as a child, to burning urinary tract infections or itchy skin infections as an adult, antibiotics are one of the most highly utilized and important medication classes we have in medicine. Antibiotics are prescription drugs that help treat infections caused by bacteria. Antibiotics work by killing the bacteria causing the infection or by stopping the bacteria from growing and multiplying. Antibiotics only work to treat bacterial infections. They don't work for infections caused by viruses, which can include the common cold, runny nose, most coughs and bronchitis, most sore throats, and the flu. So if your doctor doesn't prescribe an antibiotic for your cold, there's a good reason for it — it won't work! There are many different groups, or classes, of antibiotics. As with most drugs, all of theses classes can lead to side effects that may range from being a nuisance to serious or life-threatening. Certain side effects are more common in some antibiotics than in others.

*strep throat: an illness in which your throat is very painful

① Antibiotics are only effective in infections caused by bacteria.
② Antibiotics kill the bacteria or keep it from reproducing and growing.
③ Antibiotics do not work against any viral infection.
④ All antibiotics have the same side effects, which are typically mild.

어휘
☐ most likely = more likely than not = probably 아마도
☐ have most likely taken an antibiotic 아마도 항생제를 복용했을 것이다
☐ take an antibiotic 항생제를 복용하다
☐ at least once in your lifetime 적어도 일생에 한 번
☐ burning urinary tract infections 타는 듯한 요도 감염 (burning 격심한, 지독한)
☐ itchy skin infections 가려운 피부 감염
☐ prescription drugs 처방약
☐ treat infections caused by bacteria 박테리아에 의한 감염을 치료하다
☐ stop the bacteria from growing 박테리아가 자라는 것을 막다

21 글의 내용과 일치하는 것은?

Born in France in 1623, Blaise Pascal was the third child and only son of Étienne Pascal. His father did not believe in the French school system so he opted to homeschool his son. Ironically, the one subject that Pascal did not learn was mathematics. His father did not want his son to learn the subject until he was 15. Starting late did not have much of a negative effect on Pascal's skills as a mathematician since he would go on to great fame as a legendary math trailblazer. Pascal followed his father to Paris when the elder Pascal was offered a job as a tax collector. In February of 1640, in Paris, Pascal published one of his most important works — Essay on Conic Sections. To help his father out with the collection of taxes, Pascal also designed and invented a primitive calculator. Attempts at marketing the calculator were made, but it did not sell. Pascal also invested a tremendous amount of effort studying about atmospheric pressure. He undertook a series of unique experiments which revealed a great deal of information that had not been previously known.

*conic section (기하) 원뿔 곡선

① Pascal's father wanted his son to study in the French school system.

② Learning mathematics late had an adverse effect on Pascal's skills as a mathematician.

③ In an effort to ease his father's work, Pascal constructed a crude calculator.

④ Pascal was unable to uncover information about atmospheric pressure that had never been known.

어휘

- [ ] only son of Étienne Pascal 에티엔 파스칼의 하나뿐인 아들(외아들)
- [ ] didn't have much of a negative effect 그다지 부정적인 영향을 미치진 않았다
- [ ] have a negative effect on Pascal's skills 파스칼의 실력에 부정적인 영향을 미치다
- [ ] great fame as a legendary math trailblazer 전설적인 수학의 선구자라는 명성
- [ ] followed his father to Paris 아버지를 따라 파리로 갔다
- [ ] help his father out with the collection of taxes 그의 아버지가 세금 계산하는 것을 돕다
- [ ] atmospheric pressure 기압
- [ ] attempts at marketing 알리려는 노력
- [ ] undertook a series of unique experiments 일련의 특별한 실험을 했다

22 글의 내용과 일치하는 것은?

Around 10,000 years ago, modern humans found out how to make knives out of copper, and c.5,000 years ago, craftsmen in the Near East began to make them from bronze. These knives consisted of a piece of metal that was sharp at one end (the blade), and dull at the other (the tang). Usually a wooden or bone handle would be crafted around the tang to make it easier to hold. Later, knives were made out of harder iron and steel, and more recently titanium and ceramics have been used. Knives were principally used for eating, as forks are a fairly recent invention. In 1669, in a bid to cut down violence, King Louis XIV of France decreed that all pointed knives on the street or the dinner table were illegal, and ordered all knife points ground down. This is why dinner knives are even now blunt-tipped.

*tang 날의 끝부분(손잡이 부분에 해당되는 날의 끝부분)

① About 10,000 years ago, copper and bronze knives were made.

② Knives that were made in the Near East 5,000 years ago did not have handles.

③ In human history, knives were not usually used for eating.

④ Due to the influence of King Louis XIV, blunt-tipped dinner knives became the norm.

어휘

☐ found out how to make knives out of copper 구리로 칼을 만드는 법을 알게 됐다(out of 재료)
☐ c. 약 …, …경(circa, 라틴어, 연도와 함께 쓰임)
☐ craftsman 공예가
☐ the Near East 중동(= the Middle East)
☐ consisted of a piece of metal 쇳조각으로 되어 있었다
☐ in a bid to cut down violence 폭력적인 용도로 쓰이는 것을 막기 위해
☐ decree 명하다
☐ pointed 뾰족한, 날카로운
☐ blunt-tipped 끝이 무딘, 뭉툭한(blunt 무딘, 뭉툭한)

CHAPTER 06

23 barrage balloon에 관한 다음 글의 내용과 일치하는 것은?

A barrage balloon is a large balloon filled with a gas that is lighter than air and then anchored in a strategic location to deter low-flying enemy aircraft. The barrage balloon was developed in the years leading up to the Second World War, and rarely used after the war, since the design had a number of major flaws and drawbacks. However, there were some instances in the war in which barrage balloons proved to be very helpful, and the balloons became a common sight in the air over potential military targets, especially in Britain. Barrage balloons were made from sturdy materials and anchored to the ground with the use of long cables. The cables could be winched to vary the height of the balloon, and in some cases, barrage balloons were mobile, designed to be moved around as needed. Some included attached netting, while others were sent aloft with cables alone, and a few were mounted with explosives so that approaching aircraft would be destroyed if they blundered into a field of barrage balloons.

① Barrage balloons were used frequently even after the Second World War was stopped.
② During the war, barrage balloons were very useful because they made it so scouts couldn't be seen.
③ Barrage balloons were anchored to the ground, and some were made to be able to move around.
④ To destroy approaching aircrafts, most barrage balloons were loaded with explosives.

어휘
☐ a large balloon filled with a gas 기체로 채워진 대형 풍선
☐ low-flying enemy aircraft 낮게 비행하는 적기들
☐ a number of major flaws and drawbacks 몇 가지 큰 결함과 단점들
☐ a common sight in the air 공중에서 심심찮게 찾아볼 수 있는
☐ over potential military targets 잠재적 군사 목표물 위
☐ were made from sturdy materials ~이 단단한 재질로 만들어졌다
☐ vary the height of the balloon 기구의 높낮이를 조정하다
☐ in some cases 경우에 따라서는
☐ as needed 필요에 따라
☐ blundered into a field of barrage balloons 방공 기구 영역에 얼쩡거렸다

24 글의 내용과 일치하는 것은?

Virtual reality (VR) training is so new that there has been limited ability to measure its effectiveness as a business tool, and it has shortcomings. Some people feel awkward putting on the headsets, and some experience motion sickness. VR doesn't lend itself to training for jobs that require manual dexterity, for example — in the virtual world, you're rarely able to see your hands. Still, United Rentals Inc. is a believer. The company, which rents generators, backhoes, and thousands of other types of equipment, has been testing VR training since December for new sales staff. Instead of giving lectures and showing pictures of construction sites, "we bring the job site into the classroom," says Patrick Barrett, director of training and development. In its VR training, employees stand on the edge of a virtual construction site, with two minutes to observe and determine what equipment is missing before an avatar of a construction boss approaches and they have to begin their pitch. "Do they see that excavation — a hole in the ground, filled with water; do they see that opportunity to rent that customer a pump?" asks Mr. Barrett. He predicts it will shorten his weeklong training program by half, and he is planning to expand the VR training beyond the new hires.

*backhoe 굴착기

① United Rentals still doesn't think VR works for its employees

② Mr. Barrett believes VR training will cut his training down to a week.

③ VR training hasn't completely proven itself as an effective business tool yet.

④ People who have used VR have not reported any problems with it.

어휘

- ☐ limited ability to measure its effectiveness 그 효과를 평가하는 것에 한계가 있는 능력
- ☐ has shortcomings 여러 단점이 있다
- ☐ lend itself to training for jobs 그 자체가 직무 훈련에 적합하다
- ☐ require manual dexterity 손재주를 요하다
- ☐ generator 발전기
- ☐ we bring the job site into the classroom 우리는 업무 현장을 강의실로 가져온다
- ☐ a virtual construction site 가상의 건설 현장
- ☐ excavation 발굴지
- ☐ filled with water 물로 채워진
- ☐ weeklong 일주일간의

25 글의 내용과 일치하는 것은?

For more than a decade before the outbreak of the American Revolution in 1775, tensions had been building between colonists and the British authorities. Attempts by the British government to raise revenue by taxing the colonies (notably the Stamp Act of 1765, the Townshend Tariffs of 1767, and the Tea Act of 1773) met with heated protest among many colonists who resented their lack of representation in Parliament and demanded the same rights as other British subjects. Colonial resistance led to violence in 1770, when British soldiers opened fire on a mob of colonists, killing five men in what was known as the Boston Massacre. After December 1773, when a band of Bostonians dressed as Mohawk Indians boarded British ships and dumped 342 chests of tea into Boston Harbor, an outraged Parliament passed a series of measures (known as the Intolerable, or Coercive Acts) designed to reassert imperial authority in Massachusetts.

① British subjects demanded greater representation in Parliament but Parliament refused.

② Parliament tried to exercise greater authority over Massachusetts after colonists threw tea away into the ocean.

③ Colonial resistance led to the burning of five men in the Boston Massacre.

④ The Stamp Act of 1765 was created so that the British government could more heavily tax British subjects and colonists.

어휘

- Attempts to raise revenue 세입을 올리려는 시도들
- met with heated protest 열띤 저항운동에 부닥쳤다
- heated protest among many colonists 많은 식민지 주민들 사이의 열띤 저항
- resent 분개하다
- Parliament 의회
- other British subjects 다른 영국민들
- open fire 발포하다
- a mob of colonists 식민지 주민들로 이뤄진 무리
- reassert 다시 주장하다, 다시 영향을 미치다
- a band of Bostonians 한 무리의 보스턴 사람들

26 글의 내용과 일치하는 것은?

The biggest source of environmental damage where coffee is concerned comes during the production of the beans themselves. The global surge in demand has had a profound effect on the growing methods used, with massive implications on sustainability. Coffee grown by traditional means has been cultivated under a shaded canopy of trees, which provide a valuable habitat for indigenous animals and insects as well as preventing topsoil erosion and removing the need for chemical fertilizers. But thanks to market demands, this innocuous form of agriculture has been superseded by "sun cultivation." Originating in the 1970s, sun-grown coffee is produced in plantations, with no forested canopy, which has resulted in fertilizers becoming a necessity and has had a seriously detrimental effect on biodiversity. Farmers have been positively encouraged to replace their old, and supposedly inefficient, farming methods with sun cultivation and as a consequence, 2.5 million acres of forest in Central America alone have been cleared to make way for coffee farming.

① Coffee beans cultivated under trees is still the norm for coffee bean cultivation.
② Many forests were protected due to the advent of "sun cultivation".
③ The popularity of "sun cultivation" resulted from the increasing demand for coffee.
④ Fertilizers allow for greater biodiversity by providing sustenance to wildlife.

어휘

☐ the biggest source of environmental damage 환경 파괴에 있어서 가장 큰 문제
☐ environmental damage where coffee is concerned 커피가 개입되어 있는 환경 파괴
☐ the global surge in demand 전 세계적으로 급증하는 수요
☐ have a profound effect on the growing methods 재배 방식에 심각한 영향을 미쳐왔다
☐ topsoil erosion 표층 침식
☐ this innocuous form of agriculture 이 무해한 농업 형태
☐ supersede …에 대신하다, …의 지위를 빼앗다, 경질하다, 폐지시키다
☐ make way for coffee farming 커피 농원에 자리를 내주다
☐ the advent of "sun cultivation" 양지재배법의 도래, 출현

CHAPTER 06

27 글의 내용과 일치하는 것은?

If it's true wine gets better with age, the wine discovered by a team of researchers from the Shaanxi Provincial Institute of Archeology must be the absolute best. Discovered while excavating 56 ancient tombs in China's Shaanxi province, the 2,200 year-old wine was found in a bronze kettle that dates back to the Qin Dynasty (221-207 BC). Because the kettle was sealed shut with plants and natural fibers, the liquor was able to be preserved. "The liquor was milky white when we found it, and was a little muddy," said archaeologist Dr. Zhang Yanglizheng, one of the researchers involved in the excavation project. As it turns out, this type of wine wasn't confined to antiquity. "Later tests showed that it was composed of a high concentration of amino acid substances and also small amounts of protein and fatty acids," Yanglizheng said, explaining that this "made it similar to yellow rice wine we drink nowadays."

① The 2,200 year-old wine is reputed to be the most delicious of all kinds of wine.

② The 2,200 year-old kettle was filled with plants and fibers which ruined the remaining alcohol.

③ The 2,200 year-old wine contained amino acids and protein which indicated it was made from rice.

④ It turned out that the 2,200 year-old wine discovered in ancient Chinese tombs was made recently.

어휘

☐ with age 시간이 흐를수록, 묵을수록
☐ date back to the Qin Dynasty (221-207 BC) 진나라 때로 거슬러 올라가다
☐ was sealed shut with plants and natural fibers 식물들과 천연섬유로 밀봉이 잘 되어 있었다
☐ muddy 탁한
☐ as it turns out 후에 알고 보니
☐ this type of wine 이런 종류의 와인
☐ wasn't confined to antiquity ~은 고대에 국한되지 않았다 (confine 국한시키다)
☐ antiquity 고대
☐ a high concentration of amino acid substances 고농축 아미노산 물질

28 다음 글의 내용과 일치하는 것은?

During the mid-17th century, Kangxi ruled the Middle Kingdom for 61 years. In Chinese civilization's 5,000 years, not only did he serve as the emperor the longest, but he's also memorialized as one of the wisest, most magnanimous, and accomplished of all emperors. Kangxi was the fourth emperor of the Qing Dynasty (1644-1911). Qing rulers were not ethnically Han Chinese. They were Manchurian tribal peoples from north of the Great Wall. They had united, advanced south, and replaced China's previous dynasty, the Ming, during its disintegration. Kangxi's brilliant legacy lies in reunifying this vast empire both politically and socially, consolidating Qing Dynastic rule, and contributing a plethora of cultural and economic developments.

① Kangxi is recognized for being the longest serving emperor in China and one of the most successful.

② Kangxi was one of the first Han Chinese tribal peoples to take over the south and remove the Ming dynasty from power.

③ Kangxi was the first emperor to prove that an emperor need not be ethnically Manchurian.

④ Kangxi attempted to reunite northern China and southern China under a Qing Dynasty but ultimately failed.

어휘

☐ rule the Middle Kingdom (옛) 중국을 통치하다
☐ serve as the emperor 황제로서 재위하다
☐ the most magnanimous 가장 자비로운
☐ the most accomplished 가장 재능이 있는(= skillful)
☐ the fourth emperor of the Qing Dynasty 청 왕조의 4대 황제
☐ Manchurian 만주족
☐ the Great Wall 만리장성
☐ during its disintegration (명나라가) 와해되는 동안
☐ reunify this vast empire 광대한 제국을 재통합하다
☐ consolidate Qing Dynastic rule 청나라의 통치권을 강화하다
☐ a plethora of cultural and economic developments 문화 및 경제 발전의 과잉
☐ take over the south 남쪽을 점령하다

CHAPTER 06

29 글의 내용과 일치하지 않는 것은?

Sound effects can be used to add mood or atmosphere to a film by creating a soundscape that accents or adds another layer of meaning to the images on the screen. Pitch, tempo, and volume may be altered to indicate how the filmmaker expects the audience to respond to a given noise. For instance, high-pitched sounds, including screams or squealing tires, help to create a sense of anxiety, while low-pitched sounds, including the sounds of waves or the swinging of a door, can be used to create a sense of calm or mystery. Perhaps the most interesting use of sound in a movie is the very absence of it: silence. At key points in a film, directors may use silence in much the same way that they would use a freeze frame. Both tend to arrest the audience's attention to highlight some action or change in story direction. Silence can be used to build up a scene's intensity or to foreshadow impending doom.

① A freeze frame has a similar effect on the audience as silence.

② Sound effects can alter the mood or atmosphere of a particular scene.

③ Low-pitched sounds help to convey a feeling of urgency or danger.

④ The sound effects can be used in parts where the story's unfolding suddenly changes.

어휘

- [ ] sound effects 음향 효과
- [ ] add mood or atmosphere to a film 영화에 느낌이나 분위기를 더하다
- [ ] soundscape 소리풍경(소리 환경, 즉 자연·환경의 소리를 말함)
- [ ] filmmaker 영화 제작자, 영화사
- [ ] respond to a given noise 주어진 소음에 반응을 보이다
- [ ] squealing tires 끼익하는 소리를 내는 타이어들
- [ ] a sense of anxiety 불안감
- [ ] a sense of calm or mystery 고요하거나 미스테리한 분위기
- [ ] in much the same way 거의 유사한 방식으로
- [ ] a freeze frame 정지 화면
- [ ] build up a scene's intensity 장면의 강렬함을 강화하다
- [ ] foreshadow impending doom 파멸이 다가오고 있음을 보여주다(foreshadow 조짐을 보여주다)

30 글의 내용과 일치하지 않는 것은?

Acqhire, or acquhire, or acqui-hire (however you choose to spell it) is a portmanteau of "acquire" and "hire" most frequently used in the techie-blogosphere. In short, an acqhire is a talent acquisition. It is the action or process of one company acquiring another smaller company with no intention of using their product, services, or technology. Instead, they absorb them for the value of their human capital. Giants like Facebook, Google, and Twitter are famous for this recruiting strategy. In a competitive market with a colossal talent gap, these superpowers are willing to drop bank (for them, a relatively minor investment) to lure the best the innovation economy has to offer. They buy startups to get their founders and software engineers, typically paying a price per head and deep-sixing the product at the same time. In some cases, acquiring is used as a defense strategy to squash and absorb potential rising competitors. For the founders whose companies get absorbed, the acqhire might not represent an entrepreneur's dream, but they've hardly drawn the short straw. The numbers show that most startups are destined to fail, but it's a much sexier exit for your startup to be "sold."

① Acqhire is a combination of the words acquire and hire.
② Acqhire refers to one company's acquisition of another in order to gain talented employees.
③ Giant companies usually have a great interest in startups' current products when they absorb them.
④ Acqhire is also used to prevent potential rivals' growth in advance.

어휘

- [ ] a portmanteau of "acquire" and "hire" acquire와 hire의 합성어/조합어
- [ ] most frequently used in the techie-blogosphere 첨단기술 블로그 세계에 가장 자주 사용되는
- [ ] In short 간단히 말해
- [ ] the action of one company acquiring another company 한 회사가 다른 회사를 흡수하는 행위
- [ ] with no intention of using their product 그들의 제품을 사용할 아무런 의도 없이
- [ ] absorb them for the value of their human capital 인적자본 가치 때문에 그들을 흡수하다
- [ ] are famous for this recruiting strategy 이 채용 전략으로 유명하다
- [ ] a competitive market with a colossal talent gap 거대한 인재 결핍을 지닌 경쟁 시장
- [ ] deep-six the product 그 제품을 사용하지 않다
- [ ] squash potential rising competitors 잠재적인 경쟁자를 짓누르다
- [ ] represent an entrepreneur's dream 사업가의 꿈을 대표하다

CHAPTER 06

31 다음 글의 내용과 일치하지 않는 것은?

Puberty brings about a big change in sleep patterns. The timing of the sleep/wake cycle shifts, so adolescents get sleepy and feel fully alert at different times than their younger brothers and sisters. What's happening is that the pineal gland, which is located within the brain and very sensitive to light, begins to secrete a hormone called melatonin when it's dark out. Melatonin makes us tired and as its levels increase, we get even more tired and eventually fall asleep. After we've had enough sleep, the brain tells the pineal gland to stop producing so much melatonin, the level of the hormone drops, and we wake up. For reasons we don't yet understand, the timing changes at puberty. Both the melatonin surges and drops occur later and later in the day, so teens are Energizer bunnies at eleven at night when their parents are dragging. On the other hand, they're still groggy the next morning when it's time to concentrate in math or Spanish class.

*the pineal gland 송과샘(뇌 속에 있는 것으로 밝음과 어둠을 감지함)

① A big change in sleep patterns occurs at puberty for reasons that are still unclear.
② The pineal gland, which is a part of the brain, is extremely responsive to light.
③ Melatonin levels drop after we're fully rested.
④ The melatonin surges and drops occur earlier in the day for teens than for prepubescent kids.

어휘

☐ puberty 사춘기
☐ bring about a big change in sleep patterns 수면 패턴에 큰 변화를 일으키다
☐ sleep/wake cycle 수면-각성 주기
☐ adolescent 청소년
☐ at different times 전혀 다른 시간대에
☐ very sensitive to light 빛에 아주 민감한
☐ secrete a hormone 호르몬을 분비하다
☐ a hormone called melatonin 멜라토닌이라는 호르몬
☐ For reasons we don't yet understand 우리가 아직 알지 못하는 여러 이유들 때문에
☐ Energizer bunny 브랜드 에너자이저의 홍보 캐릭터 토끼
☐ groggy 정신이 혼미한
☐ prepubescent 사춘기 전 시기의

32 다음 글의 내용과 일치하지 않는 것은?

Pobiti Kamani, also known as The Stone Desert, is considered the only desert in Bulgaria and one of few found in Europe. The desert consists of sand dunes and several groups of natural rock formations on a total area of 13km². The formations are mainly stone columns between 5 and 7 meters high and from 0.3 to 3 meters thick. The columns do not have solid foundations, but are instead hollow and filled with sand, and look as if they were stuck into the surrounding sand, which gives the phenomenon its name. Sandstorms and sand twisters have also been known to commonly occur in this desert region of Bulgaria. The Stone Desert is not only a well-known European tourist attraction due to its desert-like habitat, but it is one of the few places where desert type vegetation such as cactuses are known to grow.

① There is only one desert in Bulgaria, whose name is Pobiti Kamani or The Stone Desert.

② The hollow stone columns in The Stone Desert contain sand inside them.

③ Sandstorms and sand twisters are common occurrences in Pobiti Kamani.

④ The typical desert plants are not to be found in European deserts, including The Stone Desert.

어휘

- ☐ also known as The Stone Desert The Stone Desert라고도 알려진
- ☐ one of few found in Europe 유럽에서 발견된 몇 안 되는 것 중 하나
- ☐ consist of sand dunes and… 사구와 …으로 구성되다
- ☐ sand dune 사구
- ☐ natural rock formations 자연적으로 형성된 암석들
- ☐ on a total area of 13km² 총 면적의 13km²로
- ☐ stone columns 7 meters high 7미터 높이의 돌기둥들
- ☐ stone columns from 0.3 to 3 meters thick 0.3~7미터 두께의 돌기둥들
- ☐ hollow 속이 빈, 움푹 꺼진
- ☐ look as if they were stuck into… …에 갇혀 있는 것처럼 보이다
- ☐ vegetation (특정 지역의) 식물

33 글의 내용과 일치하지 않는 것은?

Playing a monster is different from playing a regular role. You still have to study a script, memorize lines, and create your character's voice and movement. But you also have to deal with additional challenges. For example, you may have to wear costumes that restrict your movement and heavy makeup that can take hours to put on. The actor Boris Karloff was famous for playing Frankenstein's monster in 1930s movies. He often spent five hours a day in the makeup chair. He reported for makeup as early as 4:00 a.m. to be ready for filming at nine. Then he worked up to 11 hours on the set while wearing boots weighing 13 pounds each. Karloff scheduled an hour at the end of each day just for removing his makeup! In addition to ordinary makeup, monster actors are frequently fitted with prosthetic, or artificial, body parts and masks to give them unusual features, such as scaly, reptilian skin or a werewolf's snout. Prosthetics help transform an ordinary human into a mythical creature, but they can also create problems for the actor, making it hard for them to see and move around.

*scaly 비늘로 덮인

① Karloff had to spend multiple hours a day to have his makeup applied.
② Wearing costumes and prosthetics can prohibit the actor's movement.
③ Monster actors often do not consider the script when playing their role.
④ Karloff spent more than 10 hours a day on the set of Frankenstein.

어휘
□ study a script 대본을 연구하다
□ memorize lines 대사를 외우다
□ wear heavy makeup 두꺼운 화장을 하다
□ spent five hours a day in the makeup chair 하루 중 5시간을 메이크업 의자에 앉아 보냈다
□ as early as 4:00 a.m. 적어도 새벽 4시
□ worked up to 11 hours on the set 촬영 현장에서 많게는 11시간을 있었다(일했다는 뜻)
□ boots weighing 13 pounds each 한 쪽당 13파운드의 무게가 나가는 부츠
□ prosthetic 보철의, 인공 기관의
□ unusual features 특이점들
□ reptilian skin 파충류의 피부
□ werewolf's snout 늑대인간의 코

34 다음 글의 내용과 일치하지 않는 것은?

Aptis is a modern and flexible English assessment system designed to meet the diverse needs of organizations and individuals around the world. It is a test for adults (16 +), which can be used to assess ability in all four English skills — speaking, listening, reading, and writing. Aptis is made up of a number of components which are taken in packages rather than individually. You select the core language knowledge component (grammar and vocabulary) and combine it with one or more of the skills components for accurate and relevant testing. The reading and listening components are marked automatically by the online platform, while the speaking and writing components are marked by a live examiner. With computer, pen and paper, or telephone-based delivery options, you choose when, how, and in what way to test, to ensure you get the results you need.

① As Aptis is an English ability assessment test for adults, students under 16 are not allowed to take it.

② Candidates cannot select the components of Aptis and the test is taken in individual components.

③ The reading and listening components are not marked by a live examiner.

④ The test is convenient because it can be taken when and how the student prefers.

어휘

☐ a modern and flexible English assessment system 최근의 유연한 영어평가시스템

☐ a system designed to meet the diverse needs 다양한 요구를 충족하기 위해 설계된 시스템

☐ meet the needs of organizations and individuals 조직과 개인의 요구를 충족하다

☐ the diverse needs of organizations and individuals 기업들과 개인의 다양한 요구

☐ assess ability in all four English skills 영어의 4가지 영역을 모두 평가하다

☐ is made up of a number of components 여러 가지 요소들로 이루어져 있다

☐ are taken in packages rather than individually 따로따로 보다는 묶음으로 치러지다

☐ the core language knowledge component 언어의 핵심 요소

☐ for accurate and relevant testing 정확하면서 적합한 테스트를 위해

☐ are marked automatically 자동적으로 채점되다

☐ are marked by a live examiner 실제 채점자에 의해 측정되다

CHAPTER 06

35 글의 내용과 일치하지 않는 것은?

어휘

□ division 분할, 분배, 나누기
□ the Cretaceous 백악기
□ go extinct 멸종되다
□ many species all went extinct 많은 종들이 모두 멸종했다
□ examine the fossil record 화석 기록을 검사하다
□ asteroid 소행성
□ cause many of the plants and animals to perish 많은 동식물이 소멸되도록 만들다
□ perish in a blaze of fire 화염 속으로 사라지다
□ radioactive substance 방사능 물질
□ voracious predators 게걸스러운 포식자들
□ die out 멸종되다
□ the collision of an asteroid with the Earth 소행성과 지구의 충돌

About 65 million years ago, at the division between the Cretaceous and the Tertiary periods (the K-T boundary), many species all went extinct at the same time, which we know by examining the fossil record. The most widely accepted explanation is that an asteroid hit the earth, causing many of the plants and animals that lived then to perish in a blaze of fire. The boundary can be seen with the human eye in the rock strata as a layer of iridium: this is a radioactive substance that is not found on earth but is found in asteroids. Immediately after the K-T boundary event, we begin to see more and more fossils of mammals. It is thought that the rise of mammals wouldn't have happened if the dinosaurs, who were voracious predators, hadn't died out.

*the tertiary 제3기
*strata (암석 등의) 지층, 단층(단수형은 stratum)
*iridium 이리듐

① The fossil record indicates that there were mass extinctions at the K-T boundary.
② The presence of iridium is strong evidence for the collision of an asteroid with the Earth.
③ Following the K-T boundary event, fossil evidence shows, mammals began to thrive.
④ The extinction of the dinosaurs by the collision of an asteroid with the Earth has nothing to do with the rise of mammals.

36 글의 내용과 일치하지 않는 것은?

The government of New Zealand has declared war on countryside pests. It wants to make the country predator-free by 2050. It has set an ambitious target to eradicate all non-native species from the country over the next three decades. New Zealand's Prime Minister John Key says he intends to introduce strategies to cull introduced species, especially predators that threaten New Zealand's native birds. His government has awarded $28 million to a company that will help implement his plans. It will take the combined efforts of the private and public sectors as well as community groups. Few people in New Zealand want more of the country's native birds to become extinct. Since European settlers arrived in the mid-nineteenth century and brought with them rats and other predators, New Zealand has lost a huge variety of birds. These include the bush wren, the laughing owl, and the mysterious starling. The country's national bird, the kiwi, is currently under threat. Only five per cent of kiwi chicks survive to adulthood.

*bush wren 덤불굴뚝새(뉴질랜드산)
*laughing owl 웃는올빼미(뉴질랜드산)
*mysterious starling 수수께끼찌르레기

① Few people in New Zealand are interested in the country's native birds.
② New Zealand's government has given $28 million to a company to eradicate non-native species.
③ Not only community groups but the private and public sectors will also be needed to complete the project.
④ Due to non-native species, only a few percent of kiwi chicks survive to become adults.

어휘

☐ has declared war on countryside pests 전원지역의 해충 및 유해 동물과의 전쟁을 선포했다
☐ eradicate 근절하다
☐ over the next three decades 앞으로 30년간
☐ intend to introduce 도입하려고 하다
☐ cull introduced species 도입된 종들을 도태시키다
☐ help implement his plans 계획을 구현하는 것을 돕다
☐ the combined efforts of the private and public sectors 사기업과 공공 부문의 협력
☐ more of the country's native birds 수많은 고유종 조류들
☐ a huge variety of birds 다양한 종의 조류
☐ under threat 위협받는
☐ only a few percent of kiwi chicks 겨우 몇 퍼센트의 새끼 키위들만

37 글의 내용과 일치하지 않는 것은?

Critics of a universal basic income say that it creates a disincentive for people to work and it rewards non-productive activities. States the Mises Institution, named for the Austrian economist Ludwig von Mises: "The struggling entrepreneurs and artists··· are struggling for a reason." For whatever reason, the market has deemed the goods they are providing insufficiently valuable. Their work simply isn't productive according to those who would potentially consume the goods or services in question. In a functioning marketplace, producers of goods the consumers don't want would quickly have to abandon such endeavors and focus their efforts into productive areas of the economy. The universal basic income, however, allows them to continue their less-valued endeavors with the money of those who have actually produced value, which gets to the ultimate problem of all government welfare programs." Critics also describe the universal basic income as a wealth-distribution scheme that punishes those who work harder and earn more by directing more of their earnings to the program.

① Critics of a universal basic income believe it discourages people to work hard.

② A universal basic income allows non-productive activities to persist.

③ Mises believes the work of struggling artists deserves to be more highly valued.

④ Critics of a universal basic income believe hard workers contribute too much of their income.

어휘

□ universal basic income 기본소득
□ disincentive 사기를 꺾는 것
□ non-productive activities 비생산적인 일
□ named for the Austrian economist 오스트리아의 경제학자의 이름을 딴
□ for whatever reason 무슨 이유든 간에
□ has deemed the goods they are providing insufficiently valuable 그들이 제공하는 상품들을 가치가 충분치 못하다고 여겨왔다
□ in question 논의 중인, 의심을 받고 있는
□ producers of goods the consumers don't want 소비자가 원하지 않는 상품들의 생산자
□ a wealth-distribution scheme 복지 분배제

38 글의 내용과 일치하지 않는 것은?

Symbolic interaction theory analyzes society by addressing the subjective meanings that people impose on objects, events, and behaviors. Subjective meanings are given primacy because it is believed that people usually behave based on what they believe and not just on what is objectively true. Thus, society is thought to be socially constructed through human interpretation. People interpret one another's behavior and it is these interpretations that form the social bond. These interpretations are called the "definition of the situation." For example, why would young people smoke cigarettes even when all objective medical evidence points to the dangers of doing so? The answer is in the definition of the situation that people create. Studies find that teenagers are well-informed about the risks of tobacco, but they also think that smoking is cool, that they themselves will be safe from harm, and that smoking projects a positive image to their peers.

① Society is created by each individual's subjective interpretation.

② Subjective meanings are fabricated by an individual's erroneous set of beliefs.

③ The social bond is formed by the definition of the situation.

④ Teenagers are well aware of the dangers of smoking.

어휘

☐ symbolic interaction theory 상징적 상호작용론
☐ by addressing the subjective meanings 주관적 해석을 다뤄
☐ impose the subjective meanings on objects 개인적 의미들을 사물에 부여하다
☐ Subjective meanings are given primacy 주관적 해석이 가장 중시된다
☐ based on what they believe 그들이 믿는 것에 기초해[근거해]
☐ based on what is objectively true 객관적으로 사실인 것에 근거해
☐ form the social bond 사회적 유대를 형성하다
☐ are well-informed about the risks of tobacco 흡연의 위험을 잘 알고 있다
☐ project a positive image to their peers 동료들에게 당당한 이미지를 보여주다
☐ it is these interpretations that ⋯ ⋯하는 것은 이러한 해석이다
☐ fabricate 제조하다, 조립하다, 날조하다
☐ erroneous 잘못된

CHAPTER 06

39 글의 내용과 일치하지 않는 것은?

Polythene's innovation — in the form that we now know it — in fact occurred in 1933. It was the work of Imperial Chemical Industries' Eric Fawcett and Reginald Gibson, who, after waking up one morning and deciding to experiment with gases under high pressure, spotted that part of their apparatus looked like it had been dipped in paraffin wax. Gibson's simple notes, made at the time at the company's base in Northwich, Cheshire, belied their importance: "Waxy solid found in reaction tube." Two years later ICI developed the means for making polythene on an industrial scale, and shortly afterwards it was used for the first round-the-world telephone cable. During the Second World War, it won near-heroic-status as a vital radar component. But it was not until the rise of the British supermarket in the 1950s that it really came into mass use.

① Polythene did not become a mass produced product until it was used in British supermarkets.

② Gibson's notes at Northwich indicated that he knew he had made a profound discovery.

③ Thanks to the efforts of ICI, Polythene could be used as a material for telephone cable.

④ Fawcett and Gibson had unintentionally created the polythene in their experiment.

어휘

☐ high pressure 고압, 높은 압력
☐ apparatus 장치, 기기(器機), 기구; 몸의 기관
　　예 a heating apparatus 난방 장치
　　예 an experimental apparatus 실험 기구
　　예 a respiratory apparatus 호흡 기관
　　예 an espionage apparatus 스파이 조직
☐ Gibson's notes made at the time 그 당시에 쓰인 깁슨의 노트
☐ belie their importance 그것들의 중요성을 잘못/거짓 전하다
☐ the first round-the-world telephone cable 처음으로 전 세계에 걸쳐 사용되는 전화선
☐ a vital radar component 아주 중요한 레이더의 요소
☐ near-heroic-status 영웅적인 상태에 가까운(거의 영웅과 같은 역할을 한 것'으로 해석됨)
☐ it was not until… that it really came into mass use. ~것은 ~이후였다
☐ came into mass use 대중화되었다
☐ unintentionally 무심코
☐ warfare 전투, 전쟁

40 글의 내용과 일치하지 않는 것은?

Giant pandas are masters of adaptation. Time and necessity have fine-tuned pandas to thrive in a very specific habitat. Still built like their carnivorous kin, these bears — and they are true bears, according to their DNA — have the canine teeth to tear flesh and the enzymes to digest meat. Because of gaps in the fossil record, exactly when they diverged from other bears isn't clear. A jaw from Spain puts an early panda relative at 11.6 million years old, while DNA evidence suggests 18 million. And bones from a cave in China indicate giant pandas as we know them are at least two million years old. The exact timing and reason for pandas going vegetarian is debated, but those eons of adaptations leave modern pandas with some unique tools, including flat molars for crushing and a thumblike appendage, an extension of the wrist bone, helpful for handling bamboo.

*eon 이온(지질학에서 100억년을 말함)
*molar 어금니
*carnivorous 육식성의

① Giant pandas have the enzymes to digest meat like bears.

② Giant pandas didn't evolve from other bears.

③ It isn't clear when giant pandas went vegetarian.

④ According to DNA evidence, the origins of giant pandas date back to over 10 million years.

41 글의 내용과 일치하지 않는 것은?

Some people think of softball as women's baseball, but the sport has differentiated itself from baseball and has both male and female players. Initially, softball was thought of as a good way for baseball players to hone their skills indoors during the winter months. The softball diamond is smaller than a baseball diamond. A baseball diamond has 90 feet between each base, whereas a fastpitch softball diamond has bases 60 feet apart. In 1888, the sport moved outside, and rules were finally published in the following year. The first softball had a 16-inch circumference. That is 7 inches larger than the circumference of a baseball. Later, a 12-inch ball was adopted for fastpitch and an 11-inch ball for slowpitch softball. Both baseball and fastpitch softball have 9 fielders. Slowpitch softball requires 10 fielders. There are other small rule differences between the two games, but someone watching would find them very similar.

① Softball was first an indoor sport, but later turned into an outdoor sport.

② Baseball has fewer fielders than slowpitch softball.

③ Both fastpitch and slowpitch softball use the same size ball.

④ People first thought of softball as a practice sport for baseball players.

어휘

☐ think of softball as women's baseball 소프트볼을 여성들이 하는 야구라 생각하다

☐ differentiate itself from baseball 스스로를 야구와 구분짓다

☐ was thought of as a good way 좋은 방법으로서 여겨졌다

☐ a good way for ~ to … ~가 …하기 좋은 방법

☐ hone their skills indoors 실내에서 자신들의 기술을 연마하다

☐ diamond (야구) 내야, 야구장

☐ whereas 반면에

☐ in the following year 그 다음해에

☐ circumference 원주, (구의) 둘레

☐ fielder 수비측(the defensive team) 선수

☐ find them very similar 그것들을 매우 유사하다고 여기다

MEMO

진가영 영어독해
이론적용 200제

07

문장 소거

07 · 문장 소거

▶ 대비 전략

01 주어진 문장의 알맞은 위치 찾기, 주어진 글 다음에 이어질 글의 순서 고르기, **글의 흐름과 무관한 문장 고르기**, 주어진 글의 요약문 완성하기 등의 유형은 쓰기 능력을 간접적으로 평가하기 위한 유형으로, 좋은 글쓰기를 위해 필요한 **통일성**(하나의 단락에 하나의 주제), **일관성**(문장이나 내용이 서로 긴밀하게 구성되어야 한다는 원리, 이를 위해서 문장과 문장의 사이는 접속어와 지시어를 적절히 사용하여 일관성을 이루고, 문단과 문단 사이에서는 시간적 흐름, 공간적 흐름에 따른 논리적 배열 방법으로 일관성을 달성), **응집성**(문장과 문장 사이를 구성하는 여러 요소들 사이의 표면적인 연결 관계)에 대한 이해도를 평가한다.

02 본 유형으로 출제되는 문항의 정답을 찾기 위해서는 주어진 글을 신속히 읽고 글의 소재 및 중심 내용을 파악한 후, 문장 간의 논리적 관계와 단서를 활용하여 전체 흐름을 종합적으로 파악하는 능력이 무엇보다 중요하다. 특히, 예시, 나열, 비교와 대조, 원인과 결과 등 글쓰기에서 사용되는 보편적 글의 구조를 이해하는 능력이 필요하다.

03 공무원 시험에서 문장 제거 유형은 매년 꾸준히 한 문제씩 출제되는 유형이다. 문장 제거 유형을 시간 이내에 정확하게 풀기 위해서는 글 초반에 나오는 주제를 빠르고 정확하게 파악하고 문장과 문장의 내용이 연결되는지 확인하는 습관을 키우고 연습을 통해 내 것으로 만든다면 분명 시험장에서도 충분히 맞출 수 있는 유형이다.

필수 문제

01 글의 흐름상 가장 적절하지 못한 문장은?

The green revolution was the result of a sequence of scientific breakthroughs and development activities that successfully fought hunger by increasing food production. Basic ingredients of the green revolution were new seeds, use of chemicals, and proper irrigation systems. ① The green revolution resulted in an increase in production and changed the thinking of farmers. ② It improved resistance of crops to diseases and created massive job opportunities within the industrial and agricultural sectors. ③ Therefore, the environmental cost of chemical fertilizers and heavy irrigation has caused considerable controversy. ④ Self-sufficiency in food grains also affected the planning processes and gave a boost to the national self-confidence of then emerging democracies.

어휘

- a sequence of scientific breakthroughs 일련의 과학적 돌파구(혁신)의 결과
- fight hunger 기아와 싸우다
- increase food production 음식 생산을 늘리다
- irrigation 관개
- result in an increase in production 생산량의 증가를 가져오다
- change the thinking of farmers 농부들의 사고를 바꾸다
- improve resistance of crops to diseases 곡물의 병에 대한 저항력을 향상시키다
- create massive job opportunities 대량의 구직 기회를 창조하다(massive 대량의)
- self-sufficiency in food grains 식용 곡물에 있어서의 자급자족
- give a boost to the national self-confidence 국가적 자신감을 증진시키다
- emerging democracies 신흥 민주주의 국가들

진가영 단기합격 영어

02 글의 흐름상 가장 적절하지 못한 문장은?

Tighter regulations on cigarette products have spilled over to alcohol, soda and other consumer products, which has restricted consumer choices and made goods more expensive. ① Countries have taken more restrictive measures, including taxation, pictorial health warnings and prohibitions on advertising and promotion, against cigarette products over the past four decades. ② Regulatory measures have failed to improve public health, growing cigarette smuggling. ③ Applying restrictions first to tobacco and then to other consumer products have created a domino effect, or what is called a slippery slope, for other industries. ④ At the extreme end of the slippery slope is plain packaging, where all trademarks, logos and brand-specific colors are removed, resulting in unintended consequences and a severe infringement of intellectual property rights.

어휘

- [ ] tighter regulations on cigarette products 담배 제품에 대한 더 강한 규정
- [ ] spill over to something ~으로 번지다
- [ ] have taken more restrictive measures 더 많은 규제 방법을 취했다
- [ ] pictorial health warning 그림을 이용한 건강 경고
- [ ] prohibitions on advertising and promotion 광고 및 홍보 금지
- [ ] growing cigarette smuggling 담배 밀수를 키우며
- [ ] at the extreme end of the slippery slope 미끄러운 비탈길의 최극단에서
- [ ] unintended consequences 의도하지 않은 결과
- [ ] a severe infringement of intellectual property rights 지적 재산권의 심각한 침해

03 내용의 흐름상 적절하지 못한 문장은?

Children do not have the advantages adults have when it comes to learning. Their behavior and the choices they make are often based on immediate needs. ① The future for children is five minutes from now, not five days or five weeks from now. Because of their learning history, development, and need for immediate gratification, children need to get the message (the consequence) over and over and over. ② Parents should always take an enthusiastic and positive interest in their children's schoolwork and learning. This is not what most parents want to hear. ③ Every parent would like to have that one magical consequence that instantly and indefinitely changes a behavior. I hate to tell you this, but that consequence doesn't exist. ④ Rather, it's repetition, and lots of it, that will help create lasting behavioral changes. Consistently and repeatedly providing meaningful consequences to your child is time consuming and somewhat exhausting, but necessary.

어휘

- [ ] the advantages adults have 어른들이 가지고 있는 이점들
- [ ] when it comes to learning 학습에 관해서
- [ ] the choices they make 그들이 내리는 선택들(결정들)
- [ ] are based on immediate needs 즉각적인 필요에 기반하다
- [ ] five minutes from now 지금으로부터 5분 후
- [ ] gratification 만족
- [ ] schoolwork 학업
- [ ] indefinitely 영구히, 계속해서
- [ ] time consuming 시간이 걸리는, 낭비되는
- [ ] provide meaningful consequences to your child 당신의 자녀에게 의미 있는 결과를 제공하다

04 글의 흐름상 가장 적절하지 못한 문장은?

Biologists have identified a gene that will allow rice plants to survive being submerged in water for up to two weeks — over a week longer than at present. Plants under water for longer than a week are deprived of oxygen and wither and perish. ① The scientists hope their discovery will prolong the harvests of crops in regions that are susceptible to flooding. ② Rice growers in these flood-prone areas of Asia lose an estimated one billion dollars annually to excessively waterlogged rice paddies. ③ They hope the new gene will lead to a hardier rice strain that will reduce the financial damage incurred in typhoon and monsoon seasons and lead to bumper harvests. ④ This is dreadful news for people in these vulnerable regions, who are victims of urbanization and have a shortage of crops. Rice yields must increase by 30 percent over the next 20 years to ensure a billion people can receive their staple diet.

어휘

- [ ] have identified a gene 유전자를 발견했다
- [ ] allow rice plants to survive 벼가 생존할 수 있게 하다
- [ ] being submerged in water 물에 잠긴 채로
- [ ] are deprived of oxygen 산소를 박탈당하다(deprive A of B A에게서 B를 빼앗다/박탈하다)
- [ ] wither and perish 시들고 죽다
- [ ] prolong the harvests of crops 작물의 수확을 연장시키다
- [ ] in regions that are susceptible to flooding 홍수에 취약한 지역에서
- [ ] in these flood-prone areas of Asia 아시아의 이러한 침수 지역에서
- [ ] excessively waterlogged rice paddies 심하게 물이 넘치는 논
- [ ] a hardier rice strain 더 강한 벼 품종
- [ ] bumper harvest 풍작
- [ ] in these vulnerable regions 이 취약한 지역에서
- [ ] staple diet 주식

05 글의 흐름상 가장 적절하지 못한 문장은?

Children's book awards have proliferated in recent years; today, there are well over 100 different awards and prizes by a variety of organizations. ① The awards may be given for books of a specific genre or simply for the best of all children's books published within a given time period. An award may honor a particular book or an author for a lifetime contribution to the world of children's literature. ② Most children's book awards are chosen by adults, but now a growing number of children's choice book awards exist. The larger national awards given in most countries are the most influential and have helped considerably to raise public awareness about the fine books being published for young readers. ③ An award ceremony for outstanding services to the publishing industry is put on hold. ④ Of course, readers are wise not to put too much faith in award-winning books. An award doesn't necessarily mean a good reading experience, but it does provide a starting place when choosing books.

어휘

☐ have proliferated in recent years 최근에 급증했다
☐ within a given time period 일정 기간 내에
☐ for a lifetime contribution 일생 동안의 기여 때문에/~라는 이유로
☐ a growing number of children's choice book awards 아이들이 선정한 더 많아지는 도서 시상식
☐ raise public awareness 대중의 인식을 높이다
☐ the fine books being published for young readers 어린 독자들을 위해 출간되고 있는 좋은 책들
☐ outstanding services 뛰어난 서비스들
☐ is put on hold ~이 보류되다/연기되다(put something on hold = postpone ~을 연기하다)
☐ starting place 출발점

06 글의 흐름상 가장 적절하지 못한 문장은?

Whether you've been traveling, focusing on your family, or going through a busy season at work, 14 days out of the gym takes its toll — not just on your muscles, but your performance, brain, and sleep, too. ① Most experts agree that after two weeks, you're in trouble if you don't get back in the gym. "At the two week point without exercising, there are a multitude of physiological markers that naturally reveal a reduction of fitness level," says Scott Weiss, a New York-based exercise physiologist and trainer who works with elite athletes. ② After all, despite all of its abilities, the human body (even the fit human body) is a very sensitive system and physiological changes (muscle strength or a greater aerobic base) that come about through training will simply disappear if your training load dwindles, he notes. Since the demand of training isn't present, your body simply slinks back toward baseline. ③ More protein is required to build more muscles at a rapid pace in your body. ④ Of course, how much and how quickly you'll decondition depends on a slew of factors like how fit you are, your age, and how long sweating has been a habit. "Two to eight months of not exercising at all will reduce your fitness level to as if you never exercised before," Weiss notes.

어휘

☐ go through a busy season 바쁜 시기를 보내다
☐ take its toll on something ~에 해를 끼치다
☐ a multitude of physiological markers 많은 생리학적 표식들
☐ if your training load dwindles 당신의 운동량이 줄어든다면
☐ slinks back toward baseline 기초 상태로 슬그머니 돌아오다
☐ a slew of factors 많은 요소들
☐ how long sweating has been a habit 땀 흘리는 것이 얼마나 오랫동안 습관이었는지
☐ as if you never exercised before 마치 당신이 이전에 한 번도 운동한 적이 없던 것처럼

CHAPTER 07

07 내용의 흐름상 적절하지 못한 문장은?

The aurora borealis occurs because of an interaction between solar wind and the Earth's magnetic field. When the sun's gases explode, some of the particles are blown away in a phenomenon known as solar wind. ① The particles in the solar wind travel at speeds of over 600,000 miles per hour and take two to three days to reach the Earth. ② When these particles reach the Earth, some of the electrons and protons get caught in the Earth's magnetic field. This happens most frequently in the polar regions of the Earth where the magnetic field is stronger. ③ Due to the long distance between each of the poles, it takes a long time for someone to travel from one pole to the other. ④ The electrons and protons get trapped in the atmosphere, and move in a giant oval shaped motion. When they interact with the gases in the Earth's atmosphere, they emit fantastic "light shows".

어휘

- [ ] aurora borealis 오로라, 북극광, 극광
- [ ] the Earth's magnetic field 지구의 자기장
- [ ] some of the particles are blown away 입자의 일부가 날아가 버리다
- [ ] a phenomenon known as solar wind 태양풍이라고 알려진 현상
- [ ] at speeds of over 600,000 miles per hour 시속 600,000 마일 이상의 속도로
- [ ] electron 전자
- [ ] proton 양자, 양성자
- [ ] get caught in the Earth's magnetic field 지구의 자기장에 잡히다
- [ ] the polar regions of the Earth 지구의 극지방
- [ ] get trapped in the atmosphere 대기중에 붙잡히다
- [ ] move in a giant oval shaped motion 거대한 타원형 모양으로 움직이다
- [ ] emit fantastic light shows 환상적인 불빛 쇼를 내보내다 (emit (빛·열·냄새·소리 따위를) 내다, 발하다, 방출하다, 방사하다; (신호를) 보내다, 분출하다)

08 내용의 흐름상 적절하지 못한 문장은?

Children begin to learn values when they are very young, before they can reason effectively. Young children behave in ways that we would never accept in adults: they scream, throw food, take off their clothes in public, hit, scratch, bite, and generally make a ruckus. ① Moral education begins from the start, as parents correct these antisocial behaviors, and they usually do so by conditioning children's emotions. ② Parents threaten physical punishment ("Do you want a spanking?"), they withdraw love ("I'm not going to play with you anymore!"), ostracize ("Go to your room!"), deprive ("No dessert for you!"), and induce vicarious distress ("Look at the pain you've caused!"). ③ It's important to understand that overly harsh punishments do not create regret for the parents; they only serve to create resentment in your child. ④ Each of these methods causes the misbehaving child to experience a negative emotion and associate it with the punished behavior.

어휘

- [ ] begin to learn values 가치를 배우기 시작하다
- [ ] reason effectively 효과적으로 추론하다/논하다
- [ ] take off their clothes in public 공공장소에서 옷을 벗다
- [ ] make a ruckus 소란[소동]을 피우다
- [ ] correct these antisocial behaviors 이러한 반사회적 행동들을 고쳐주다
- [ ] condition children's emotions 아이들의 감정을 조정하다
- [ ] condition 특정 방식으로 사고하거나 행동하게 만들다(조건 짓다), 조정하다, 결정하다
    - 예 People are conditioned by society. 사람은 사회에 의해 조건화된다.
- [ ] threaten physical punishment 육체적인 벌을 주겠다고 위협하다
    - 예 threaten a strike 파업을 하겠다고 위협하다
    - 예 Dark clouds threatened rain. 먹구름은 금방 비라도 뿌릴 것 같았다.
- [ ] ostracize 외면하다
- [ ] vicarious 대리의
- [ ] distress 고통
- [ ] associate A with B A를 B와 연결 짓다

09 내용의 흐름상 적절하지 못한 문장은?

What do advertising and cartography have in common? Without doubt the best answer is their shared need to communicate a limited version of the truth. ① An advertisement must create an image that's appealing and a map must present an image that's clear, but neither can meet its goal by telling or showing everything. ② In promoting a favorable comparison with similar products, differentiating a product from its competitors, or flattering a corporate image, an ad must suppress or play down the presence of salt and saturated fat, a poor frequency-of-repair record, or convictions for violating anti-trust, fair-employment, and environmental regulations. ③ Creative advertising is more memorable, longer-lasting, works with less media spending, and builds a fan community faster. ④ Likewise, the map must omit details that would confuse or distract.

어휘

- [ ] cartography 지도 제작
- [ ] have something in common ~을 공통점으로 가지고 있다
- [ ] without doubt 의심할 바 없이
- [ ] an image that's appealing 호소력 있는 이미지
- [ ] present an image that's clear 분명한 이미지를 제시하다
- [ ] meet its goal 그것의 목표를 이루다
- [ ] a favorable comparison 원 대상이 비교 대상보다 더 낫다는 것을 보여주는 비교 방법
- [ ] a comparison with similar products 유사 상품과의 비교
- [ ] differentiate a product from its competitors 제품을 경쟁자들로부터 차별화하다
- [ ] flatter a corporate image 좋은 기업 이미지를 보여주다 (flatter 좋은 점을 보여 주다)
- [ ] play something down ~을 작게 다루다
- [ ] saturated fat 포화 지방
- [ ] conviction 유죄
- [ ] anti-trust 공정 거래, 독점 금지
- [ ] fair-employment 공정 고용, 근로 기준
- [ ] omit details that would confuse or distract 헷갈리게 하거나 산만하게 할 수 있는 세부적인 것들을 생략하다

10 내용의 흐름상 적절하지 못한 문장은?

When you choose to adopt a puppy and you have a toddler, a pet several months old is the best choice. Newborn puppies are incredibly fragile and can be injured unintentionally by your youngster simply by being dropped or held incorrectly. ① An older puppy is better able to stay out of the child's way and avoid being "loved" too hard ― and that also protects your child from an inadvertent nip when the puppy tries to defend itself. ② Newborn puppies are easier to train than older ones ― that applies to potty training, as well as basic training (e.g., sit, stay, down) and tricks. ③ Young children beyond the toddler stage will also need supervision, but can help with some care responsibilities. ④ Having a pet can, indeed, be a great way to teach a child responsibility ― but just be sure it's not at the expense of the puppy.

어휘

- choose to adopt a puppy 강아지를 입양하기로 결정하다 (choose = decide)
  - 예 I chose to learn German rather than French. 난 프랑스어보다는 독일어를 배우기로 했다.
- a pet several months old 태어난 지 몇 개월이 지난 강아지
- newborn puppies 새로 태어난 강아지들
- incredibly fragile 무척이나 다치기 쉬운
  - 예 Be careful with that vase ― it's very fragile. 그 화분 조심해. 그거 깨지기 쉬워.
- can be injured unintentionally 의도치 않게 다칠 수 있다
- youngster 어린이, 젊은이
- stay out of the child's way 아이가 지나가는 것을 피하다
- inadvertent 예기치 못한, 우연한, 무방비의
- nip 무는 것
- potty training (애완동물의) 배변훈련
- trick (애완동물이 부리는 잔재주로) 구르기, 발 주기, 넘기
- a great way to teach a child responsibility 아이에게 책임감을 가르칠 수 있는 좋은 방법
- at the expense of the puppy 그 강아지의 희생으로

11 내용의 흐름상 적절하지 못한 문장은?

When we go to the doctor, we bring not only our symptoms but also our personalities and our unique reactions to the way the doctor conducts the medical evaluation. ① Many people have styles of communicating their feelings that lend themselves to healthy communication with the doctor. ② Good doctors typically employ a calm and sober yet kind manner to effectively communicate with patients. However, other feelings may be experienced that produce obstacles in the doctor-patient relationship. ③ Furthermore, when we are the family member accompanying our parent or spouse to the doctor, we may observe our loved ones displaying these personality styles and be concerned and troubled by them. ④ Common problem areas are anxiety, denial, and anger, and we should be prepared for those potential reactions before we go to a clinic with our loved ones.

어휘

☐ go to the doctor 병원에 가다
☐ the way the doctor conducts the medical evaluation 의사가 진료하는 방식(conduct 실시하다, 수행하다)
☐ styles of communicating their feelings 그들의 감정을 전달하는 스타일들
☐ lend oneself to something ~에 도움이 되다, ~에 힘을 실어 주다
☐ healthy communication with the doctor 의사와의 건강한 의사소통
☐ sober 냉정한, 차분한
☐ employ a calm manner 침착한 매너를 취하다
☐ effectively communicate with patients 환자들과 효과적으로 의사소통하다
☐ obstacle 문제, 장애물
☐ accompany 동행하다
☐ should be prepared for those potential reactions 그런 가능한 반응들에 대비해야 한다

12 글의 흐름상 가장 어색한 문장은?

Your attention determines the experiences you have, and the experiences you have determine the life you live. Or said another way: you must control your attention to control your life. Attention management is the practice of controlling distractions, being present in the moment, finding flow, and maximizing focus, so that you can unleash your genius. ① It's about being intentional instead of reactive. It is the ability to recognize when your attention is being stolen (or has the potential to be stolen) and to instead keep it focused on the activities you choose. ② Don't forget that you are so absorbed in something that you can damage your health. Rather than allowing distractions to derail you, you choose where you direct your attention at any given moment, based on an understanding of your priorities and goals. ③ Better attention management leads to improved productivity, but it's about much more than checking things off a to-do list. The ultimate result is the ability to create a life of choice, around things that are important to you. It's more than just exercising focus. ④ It's about taking back control over your time and your priorities.

어휘

- [ ] unleash your genius (내재된) 특별한 재능을 이끌어내다
- [ ] instead of (being) reactive 반응하는 것 대신
- [ ] are so … that … 너무 ~해서 ~할 수 있다
- [ ] derail you 당신을(당신의 집중력을) 흐트러뜨리다
- [ ] checking things off a to-do list 해야 할 일 목록을 체크하는 것
- [ ] the ultimate result 궁극적인 결과
- [ ] the ability to create a life of choice 선택하는 삶을 창조하는 능력

13 글의 흐름상 가장 어색한 문장은?

Our personality type plays an important role in helping us to choose a well-suited career. A personality is a relatively stable set of characteristics formed early in life. ① These characteristics, which are influenced by hereditary and social, cultural, and environmental factors, usually remain consistent throughout various circumstances. The way a person behaves in any given situation will generally be the same in a similar situation. ② Personality traits are generally regarded as fixed but there is evidence that behavior can be changed. Therefore, we are generally able to predict our future behaviors based on past experiences. ③ For the most part, a person's personality remains unchanged; therefore, it is a strong indicator of the job for which he or she may be best suited. ④ Knowing and understanding your personality type will be very beneficial in the selection of your career, because some personality traits can predict job satisfaction.

어휘

☐ our personality type 우리의 성격유형
☐ plays an important role in helping… …을 돕는 중요한 역할을 하다
☐ choose a well-suited career (우리에게) 잘 어울리는 직업을 선택하다
☐ a well-suited career 잘 어울리는 직업(well-suited 적절한, 잘 맞는)
☐ a relatively stable set of characteristics 비교적 굳어진 특징의 집합
☐ hereditary 유전적인
☐ remain consistent throughout various circumstances 다양한 상황 내내 일관성을 유지하다
☐ the way a person behaves 인간이 행동하는 방식
☐ in any given situation 어떤 상황에서든지
☐ personality traits 성격의 특성들
☐ for the most part 대부분은
☐ a strong indicator of the job 그 일이 적합한지를 나타내는 가장 강력한 지표
☐ job satisfaction 직업만족도

14 내용의 흐름상 적절하지 못한 문장은?

Everyone needs interpersonal contact, social recognition, and a sense of belonging. ① You instinctively want to go to a place where everyone knows your name because one's sense of self rests on affirmation from others. Because cyberspace offers all sorts of social environments, it satisfies almost any person's need to belong to whatever kind of group he or she desires. ② People can easily compartmentalize their group attachments, joining different groups with each one addressing a particular interest. Simply being a user of a particular program creates an instantaneous camaraderie with other people who also use it. ③ A hobby-related temporary camaraderie never lasts long because of the interests of each member. You can talk about that program, share tips, and perhaps communicate with each other using it. ④ That sense of brotherhood is especially strong when people join forces in a brand-new environment. They feel like pioneers building a new world; it is a very addictive feeling of belonging to a creative process.

어휘

- interpersonal contact 대인 관계 접촉
- social recognition 사회적 인정
- a sense of belonging 소속감
- one's sense of self 사람의 자의식
- rests on affirmation from others 다른 사람들이 그 존재를 인정해주는 것에 기초한다
- all sorts of social environments 온갖 종류의 사회적 환경
- compartmentalize 구분하다
- with each one addressing a particular interest 특정 관심사를 다루는 각기 다른 집단
- an instantaneous camaraderie 즉시적인 동지애
- devote themselves to environmental causes 자신들의 삶을 주위 환경 조직에 쏟다
- that sense of brotherhood 그러한 형제애와 같은 느낌
- pioneers building a new world 새로운 세상을 만드는 개척자
- a very addictive feeling of belonging 무척 중독적인 귀속 감정

15 글의 흐름상 가장 어색한 문장은?

The pressure to recruit, hire, and promote members of minority groups has sometimes resulted in discrimination against members of the majority group. An organization may be so intent, for example, on increasing the number of women in its ranks to meet federal guidelines that it denies equal opportunities to men. ① This phenomenon, called reverse discrimination, has also occurred in graduate and professional schools, where some White applicants have been denied admission in favor of minority applicants whose grades and test scores were not as high as those of the White applicants. ② Reverse discrimination may also operate in promotion decisions on the job when women and ethnic minorities are offered greater opportunities for advancement than similarly qualified White men. ③ It is a widely known fact that White men are less likely to be in a position where they experience unfavorable treatment. ④ Employees who are members of the majority group may come to believe that preferential hiring practices for women and minorities led to the hiring of unqualified people.

어휘

- [ ] promote members of minority groups 소수 집단의 사람들을 승진시키다
- [ ] result in discrimination 역차별을 낳다
- [ ] discrimination against members of the majority group 다수 그룹 구성원들에 대한 차별
- [ ] so intent… that it denies… 매우 ~해서 ~하다
- [ ] meet federal guidelines 연방 기준에 부합하다
- [ ] deny equal opportunities to men 남자들에게 동등한 기회를 주지 않다
- [ ] reverse discrimination 역차별
- [ ] graduate and professional schools 일반대학원과 전문대학원
- [ ] in favor of minority applicants 소수 인종 지원자들을 위해
- [ ] operate in promotion decisions on the job 승진 결정에 적용되다
- [ ] employees who are members of the majority group 다수 집단에 속하는 직원들
- [ ] come to believe 믿게 되다
- [ ] preferential hiring practices 특혜를 주는 고용 관행
- [ ] unqualified people 무자격자

16 글의 흐름상 가장 어색한 문장은?

Carbohydrates, which are sugars, are an essential part of a healthy diet. ① They provide the main source of energy for the body, and they also function to flavor and sweeten foods. Carbohydrates range from simple sugars like glucose to complex sugars such as amylose and amylopectin. ② Nutritionists estimate that carbohydrates should make up about one-fourth to one-fifth of a person's diet. This translates to about 75-100 grams of carbohydrates per day. ③ A diet that is deficient in carbohydrates can have an adverse effect on a person's health. When the body lacks a sufficient amount of carbohydrates it must then use its protein supplies for energy, a process called gluconeogenesis. This however, results in a lack of necessary protein, and further health difficulties may occur. ④ Therefore it's important to eat an adequate amount and the right kind of protein to get its health benefits. A lack of carbohydrates can also lead to ketosis, a buildup of ketones in the body that causes fatigue, lethargy, and bad breath.

어휘

- □ function to flavor and sweeten foods 음식에 맛을 내고 달콤하게 하는 역할을 하다
- □ range from simple sugars to complex sugars 단순 당부터 복잡한 당까지 종류가 다양하다
- □ make up about one-fourth of a person's diet 음식의 약 1/4을 차지하다
- □ a diet that is deficient in carbohydrates 탄수화물이 부족한 식단
- □ have an adverse effect on… …에 부정적 영향을 끼치다
- □ a sufficient amount of carbohydrates 충분한 양의 탄수화물
- □ a buildup of ketones in the body 체내에 케톤이 쌓인 것
- □ fatigue 피로
- □ lethargy 무기력

17 글의 흐름상 가장 어색한 문장은?

Jonas Braasch, a musicologist at the Rensselaer Polytechnic Institute, found that office workers listening to the burble of a flowing mountain stream while taking tests not only performed better, but also reported feeling more positive about their surroundings, compared with those who listened to normal office noise or a background recording of white noise. "They were more patient and avoided more errors," he said. ① "Nature sounds can have a restorative effect on our cognitive abilities." ② Listening to nature also may help people recover more quickly from stress or trauma, according to a 2015 study by Pennsylvania State University psychologists. They showed two groups of people the same disturbing video of a surgery and tested how sounds can affect their mood. ③ Those who listened to a recording of natural sounds after watching the video recovered their good mood more quickly than those who listened to a tape of noises with human-made sounds, such as voices and cars, added to it. ④ It is concluded that music therapy may be a useful therapeutic tool to reduce symptoms among individuals with Posttraumatic Stress Disorder (PTSD).

어휘

- the burble of a flowing mountain stream 계곡물이 졸졸 흐르는 소리
- feel more positive about their surroundings 그들의 주변에 대해 더 긍정적으로 느끼다
- compared with those who listened to… …을 들은 사람들에 비해
- a restorative effect on our cognitive abilities 인지 능력에 대한 회복 효과
- recover more quickly from stress or trauma 스트레스나 트라우마에서 좀 더 빨리 회복되다
- listen to soothing sounds 마음을 진정시켜 주는 음악을 듣다
- human-made sounds 인간이 만든 소리들

18 글의 흐름상 가장 어색한 문장은?

The problem of understanding the clothing of early humans is made even more difficult by the fragile nature of fur. ① While bones and stones may survive for thousands of years, fur decomposes and disappears. The same is true with human hair and skin. ② But these difficulties do not mean we know nothing of early clothing and decoration. In some cases, human remains have been embedded in ice or discovered in extremely dry caves, and clothing has been preserved. ③ Another form of evidence comes from early rock paintings and etchings that have depicted human clothes, hair, and body decoration. ④ Tattoos as a typical example of body decoration are thought to provide magical protection against misfortune, and they serve to identify the wearer's rank or status in a group. Though our knowledge of early clothing is minimal, we can get some picture of how our earliest ancestors protected themselves from the cold and, perhaps, made themselves beautiful or scary to their peers.

어휘

- ☐ the clothing of early humans 초기 인류의 의복
- ☐ is even more difficult by… ~에 의해 더욱 어려워져 버리다
- ☐ the fragile nature of fur 털이 지닌 부서지기 쉬운 속성
- ☐ decompose 부패하다, 부패시키다, 분해하다
- ☐ The same is true with human hair 인간의 머리카락도 마찬가지이다
- ☐ etchings that have depicted human clothes 인간의 의복을 묘사했던 에칭
- ☐ minimal 아주 미미한, 아주 적은
- ☐ get some picture of ~ ~을 약간 이해하다
- ☐ protect themselves from the cold 추위로부터 그들 자신을 지키다

진가영 영어독해
이론적용 200제

정답
및
해설

01 · 글의 주제 및 요지

01

정답 ②

정답의 단서 이 글의 제일 첫 문장에서 글쓴이는 독자에게 질문을 던지고, 이를 통해 독자의 주의를 집중시킨다. **How do you describe the times we live in, so connected and yet fractured?** 위의 질문에 이어 바로 다음 문장에서 Linda Stone의 말을 빌려, 그 질문에 대한 답을 내린다. Linda Stone characterizes ours as an era of continuous partial attention. 린다 스톤은 이 시대를 "**부분적 집중의 시대(partial attention＝lack of full attention)**"라고 정의하며, 이 문장이 주제문이 된다. 뒤에 나오는 십대나 성인들의 예는 모두 이 주장을 뒷받침하는 근거들이다. 마지막 문장에서 **Instead,**⋯ she adds⋯로 다시 한 번 주장을 드러내는데, "unfulfilled"는 결국 partial attention의 의미와 상통한다.

해석 당신은 잘 연결되어 있지만 서로 분열되어 있는, 우리가 사는 이 시대를 어떻게 묘사하겠는가? 전 마이크로소프트 기술자인 Linda Stone은 우리 시대를 지속적인 부분적 집중의 시대라고 묘사한다. 핸드폰으로 통화하면서 음악을 다운로드 하고 숙제를 하는 와중에도 메시지를 보내는 십대들이 그 극단에 있다. 그렇지만 성인들도 역시 모든 시스템이 준비된 상태에서, 방해받고, 주의가 흐려지고, 여기저기 훑어보고, 여기저기 여러 가지 일들을 처리하면서 살고 있다. Stone은 우리가 더 많이 연결되어 있어야 개인적 역량을 확대할 수 있다는 환상에 시달리고 있다고 말한다. 그녀는 대신에 우리가 지나치게 자극받고 압도되어, 아무것도 만족스럽게 하지 못하게 된다고 덧붙이고 있다.
① 현대 기술은 우리의 삶을 윤택하게 하는 것에 도움을 준다.
② 우리는 주의력 결핍이라고 간주되는 시대에 살고 있다.
③ 가족의 유대는 스마트폰의 발전의 결과에 따라 약화되기 시작한다.
④ 기성세대는 젊은 세대만큼 기술적으로 똑똑할 수 있다.

02

정답 ②

정답의 단서 제일 첫 줄에서부터 drama가 세 문장에 걸쳐 강조되고 있다. 따라서 drama가 글의 중심 화제가 된다. 세 번째 문장을 보면 "such a 형용사＋명사" 구조를 이용하여 드라마가 지극히 일상적인 것임을 강조한다. Drama is **such a normal** thing. 이 문장만으로도 드라마의 일상성을 강조함을 눈치챌 수 있으며, **our daily lives**라는 표현이 들어있는 ②번이 정답임을 알 수 있다. 하지만 더 확실한 판단을 위해 두 번째 줄을 마저 읽어보자. **It(＝drama) is something that** we all engage in every

day when faced with difficult situations. 여기에서는 It is something that⋯이라는 표현을 사용하여 우리가 매일같이 드라마 같은 삶을 살고 있고, 삶이 곧 드라마임을 강조한다. 굳이 뒤에 나오는 예시들을 다 읽지 않아도 이 두 줄만으로 주제가 분명해진다.

해석 드라마는 행위이다. 드라마는 존재이다. 드라마는 그토록 일상적인 것이다. 드라마는 우리가 어려운 상황에 직면했을 때 매일 항상 겪게 되는 것이다. 당신은 심한 두통이나 우울감과 함께 아침에 일어나지만, 아무런 문제가 없는 것처럼 행동하면서 그날을 맞이하고 다른 사람들을 대한다. 당신은 중요한 회의나 인터뷰를 앞두고 스스로 이슈들을 꼼꼼히 논의해 보고, 어떻게 자신감 있고 활기찬 얼굴을 보여줄지, 무엇을 입을지, 손동작은 어떻게 할지 등을 결정한다. 당신은 동료의 보고서 위에 커피를 쏟아놓고, 즉시 치밀하게 계획된 변명거리를 준비한다. 당신의 애인은 당신의 가장 친한 친구와 눈이 맞아 달아났지만, 그럼에도 불구하고 당신은 학구열에 불타는 학생들을 가르치기 위해 수업에 들어가지 않을 수 없다. 우리가 우리의 존엄을 유지하고 다른 사람과 조화를 이루며 살 것이라면, 우리의 매일 벌어지는 일들을 잘 대처해 나가는 데 있어 일련의 고상한 가면이 필요하다.
① 드라마의 역기능
② 우리 일상 속의 드라마
③ 무대예술로서의 드라마
④ 감정의 극적인 변화들

03

정답 ③

정답의 단서 → 오래가는 인상을 위해서는 말을 정확히 하고 목소리의 톤에 주의할 것
Experts tell us that.. 라는 표현을 통해 전문가가 충고하는 말을 전달하고 있음을 알 수 있다. 또한 **we should avoid**⋯에서 **should**를 사용함으로써 그 충고를 더욱 강조하고 있다. 따라서 이 문장이 주제문이 된다.
→ 내성적인 사람들에게 무서운 일이지만 그런 능력은 굉장히 중요함.
→ 타인에게 우리의 이야기를 전달하는 데 그런 능력은 필수적
→ 두려워하지 말고, 말할 수 있는 기회를 찾아 나서라.(**Try to view**⋯라는 **명령문** 형태로 주제를 강조하고 있다. 앞의 첫 문장에 쓰인 should와 마찬가지로 강한 충고를 드러낸다.)

해석
과학자들은 오래가는 인상을 만들기 위해서는, 빨리 말하는 것을 피하고, 말을 정확하고 분명하게 하고, 목소리의 톤에 특별한 주의를 기울여야 한다고 말한다. 대부분의 내성적인 사람들에게 있어,

대중 앞에서 말을 하고 관심의 중심이 되는 것은 영락없이 잘 알려진 무서운 상황들이다. 그렇지만 부정할 수 없이, 우리 스스로를 표현하는 것의 기술은 가치를 따질 수 없이 귀중한 기술이다. 단어들은 세상과 우리 사이의 의사소통에 있어 작지만 매우 중요한 부분을 구성하고 있다. 알맞은 표현을 선택하는 능력은, 그런 능력이 결여된 경우도 마찬가지이겠지만, 타인에게 우리 자신의 이야기, 우리 브랜드의 이야기, 그리고 우리가 얼마만큼 성공하고자 하고 얼마만큼 의욕에 차 있는지를 전달해 준다. 내성적인 사람들은 토스트마스터와 같은 전문적인 협회에 가입함으로써 뛰어난 대화의 스킬을 익힐 수 있다. 대중 앞에서 말할 수 있는 기회를 두려움보다는 하나의 도전으로서 바라보고, 언젠가 정말로 빛을 발하기 위해 발표의 기술을 필요로 할 때, 바로 그때를 준비한다는 생각으로 발표의 기회를 찾아 나서라.

① 어떻게 성격이 말하기에 영향을 미치는가
② 내성적인 사람들은 세상과 소통하기 위한 사회적 기술이 부족하다
③ 성공하고자 하는 내성적인 사람들을 위한 조언 : 발표에 주저하지 마라
④ 대중 앞에서 말하기의 어려움

04

정답 ④

정답의 단서 → 도심 내의 텃밭은 사회적, 생태계적 지속성에 좋음 (researchers **suggest**라는 표현만으로도 이 문장이 전체 문장을 포괄하는 주제를 제시하고 있음을 알 수 있다. 첫 번째 문장의 community gardens는 선택지 ④번의 shared urban green spaces에 해당하며, boost social and ecological sustainability 라는 이점은 선택지에서 good for communities and biodiversity 라는 표현으로 대체되었다.)
→ 주민에 의한 이러한 텃밭은 보존 가능성 높음. → 식량을 위한 경작에 노력을 기울일수록 이점이 많아짐.
→ 도심 텃밭은 오랫동안 도심에 존재했음. → 최근 더욱 증가하고 있음.

해석 도심 내에 지역 공동체 텃밭을 만드는 것은 사회적, 환경적인 지속 가능성을 높일 수가 있다고 많은 전문가들은 말한다. 한 연구에서는 식량을 생산해내는 그러한 도심 공동 텃밭들이 원윈 시나리오를 전달하기에 안성맞춤일 것 같다고 밝혔다. 지역주민에 의한 도심의 녹지공간들은 미래 세대들을 위해서 보존될 가능성이 상당히 높았다고, 그들은 덧붙여 말했다. 과학자들은 맨체스터 과학 도시 축제의 일환으로서 "미래의 시민농장"을 만들어 왔다. 살포드 대학의 생태계 환경 조사 센터의 매튜 드니스는 "식량의 생산과 식량을 경작하는 지역의 경작률이 생태계가 주는 전반적인 혜택에 촉매작용을 했다"라고 설명했다. "참신한 발상이었어요. 식량을 위한 농지 경작에 더 많은 노력을 기울일수록, 농작지에서 얻는 전반적인 이점이 많아진다는 것 말이죠."라고 말했다. 시민농장은 전시의 "승리를 위한 경작" 캠페인에서부터 전후 긴축정책과 배급시절에 이르기까지 오랫동안 도심 풍경의 일부분이었다. 이

운동은 시민들이 그들의 음식물과 다시 한번 연결되기를 바라면서 시작하면서 최근 몇 년간 급증했다.

① 도심 농장 : 장점과 단점
② 식량을 위해 토지를 경작할 때 무엇을 고려해야 하는가?
③ 도심의 지역공동체 텃밭은 도심 환경을 향상시켜 왔다
④ 식량을 위해 공유된 도심녹지공간은 공동체와 생물의 다양성에 좋다

05

정답 ①

정답의 단서 → 중세 때에는 길이 여행객들에게 항상 안전하지는 않았음.
→ 그래서 길에서 사람을 마주치면 방어 태세를 취함.
→ 좌측통행의 규칙 도입
Historians then believe the keep-left rule was adopted because…에서 **believe**라는 단어를 통해 글의 주제를 드러낸다. 즉, 좌측통행의 규칙이 어떻게 탄생하게 되었는가를 설명하기 위하여 "중세의 길"을 끌어들였다는 것을 알 수 있다.
→ 길에서는 말을 탄 사람들이 우선이었고 이것이 일반적인 관행을 만듦.(마지막 문장에서 **ruled the road**와 **followed suit**라는 표현에서 길에서의 통행 규칙이 어떻게 만들어지게 되었나를 알 수 있다.)

해석 중세 시대에는, 여행객들에게 있어 길이 언제나 안전했던 것은 아니었다. 길의 다른 쪽에서 오는 사람들을 만나면 우선 방어 태세를 취하는 게 상책이었다. 역사가들은 그래서 좌측통행의 규칙이 도입되어 되었다고 믿는데, 왜냐하면, 말을 탄 오른손잡이가 길에서 누군가 불미스러운 이를 만난다면 보통은 왼쪽 편에 두고 있는 무기를 오른손으로 뽑은 다음 오른쪽 반대편에서 다가오고 있는 사람을 향해 재빨리 겨눌 수 있기 때문이다. 그동안, 왼손으로는 말고삐를 잡고 있으면 된다. 그 다음엔 물론, 길에서 친구를 만나게 되는 경우라면, 말 위에서 몸 앞쪽으로 손을 가로질러 뻗을 필요 없이 좀 더 쉽게 오른손을 내밀어 인사를 나눌 수도 있을 것이다. 말을 탄 사람들은 당시 일반적으로 길을 지배하는 편이었고, 다른 이들 역시 그것을 그대로 따라했다.
① 도로에서의 좌측통행의 기원
② 말 : 운송수단이자 동반자
③ 중세 도로 체계의 발전
④ 무기 : 중세 여행객들의 필수품

06

정답 ④

정답의 단서 → 컴퓨터는 개인정보가 새는 지뢰밭(a standard home accessory, **but** it can be a minefield for leakage of personal information)
첫 문장에서 이미 **but**을 통해 주제를 밝히고 있다. 문장의 앞부분에서는 컴퓨터를 일반적인 가정용품이라고 말하고, **but** 뒤에서는

그 유용한 컴퓨터가 사실은 개인정보가 새는 지뢰밭이 될 수 있음을 경고하고 있다. **또한 뒷부분의 구체적인 방침에서 계속해서 should, Don't, Remember 등의 명령조를 사용하여 컴퓨터를 지키기 위한 조치를 취할 것을 당부하고 있다.)**
→ 해커들이 침입하는 것을 다양한 방어 프로그램을 이용해라. → 프로그램에만 의존하지 말고 상식을 이용해라.(common sense should…) → 의심스러운 이메일은 열어보지 말아라.(Don't reply…) → 사용하지 않을 땐 인터넷과 분리해 놓아라.(remember to disconnect…)

해석 개인용 컴퓨터는 요즘 일반적인 가전제품이지만 개인정보가 새는 지뢰밭이 될 수도 있다. 당신의 정보를 해커들로부터 보호하기 위해 구매할 수 있는 많은 소프트웨어 프로그램들이 있는데 예를 들어 잠재적으로 위험을 주는 바이러스들로부터 당신을 지켜줄 수 있는 안티바이러스 소프트웨어나, 원하지 않는 소프트웨어나 팝업 광고들로부터 당신의 컴퓨터를 보호하는 데 도움을 주는 안티 스파이웨어 프로그램, 그리고 원하지 않는 전자 우편들을 방지할 수 있는 안티 스팸 프로그램들이 그것이다. 또한 당신의 컴퓨터로의 침입을 막아주는 장벽으로서 작동하는 개인 방화벽도 있다. 단순히 소프트웨어들만 너무 의지하기보다는 상식적인 것을 또한 실행에 옮겨야 한다. 의심스러운 전자 우편이나 팝업창을 열어보거나 거기에 답장하지 말 것, 특히 당신의 컴퓨터가 위험에 처했다거나 당신의 정보를 보호하기 위해 소프트웨어를 구매하라고 말하는 것들이 그런데, 이것은 스캠웨어나 악성코드라고 불리는, 사람들이 쉽게 희생물이 되는 또 다른 신종 사기 수법 중 하나이다. 마지막으로, 만약 당신이 컴퓨터를 사용하지 않을 때 컴퓨터가 자동으로 인터넷 연결을 끊어 준다면 모르겠지만, 그렇지 않다면 당신이 인터넷 연결을 끊어 놓아야 한다는 것을 기억해라.
① 아이들이 컴퓨터를 사용할 때 시간제한을 두어라.
② 당신의 컴퓨터를 정기적으로 업데이트 하는 것이 중요하다.
③ 개인정보는 개인용 컴퓨터 안에서 가장 안전하다.
④ 위해한 공격으로부터 당신의 컴퓨터를 지키기 위한 조치를 취해라.

07

정답 ③

정답의 단서 → 장 속의 박테리아가 스트레스를 가져올 수 있다 (might be contributing to stress)
→ 생균제가 든 요거트를 먹는 것이 그러한 스트레스를 줄여줄 수 있다.(A 2013 UCLA study revealed that…에서 reveal이라는 단어를 통해 연구 결과, 즉 주제가 제시됨을 알 수 있다.)
→ 그 주장을 확증하려면 더 많은 연구가 필요하다.(more research is needed to confirm the results)
→ 하지만 (But), 유산균 요거트가 영양분도 풍부하므로 먹어서 손해 볼 일은 절대 없다.(you really can't go wrong… 절대 잘못될 리 없다며 can't really를 써서 주제를 재차 강조하고 있다.)

해석 이상하게 들릴 수도 있겠지만 당신의 장 속 박테리아가 스트레스에 도움을 줄 수도 있다. 한 연구에서 밝힌 바로는, 뇌가 장으로 신호를 보내는데, 이것이 왜 스트레스가 위장의 증상들을 자극하는지의 이유이다. 신호의 전달은 정반대 방향으로, 즉 장에서 뇌로 이루어질 수도 있다. 2013년, 36명의 건강한 여성을 대상으로 한 UCLA의 연구결과에서는 전혀 요거트를 섭취하지 않았거나 생균제가 들어있지 않은 요거트를 먹은 사람들과 비교했을 때, 요거트 속의 생균제의 섭취가 스트레스를 포함하여 감정을 조절하는 부분들에서 뇌의 활동을 감소시킨다고 밝혔다. 연구자들은, 장 내의 미생물이 뇌가 차분해지고 만족감을 느끼도록 만들면서 스트레스를 완화시키는 호르몬을 생산해 낸다고 믿는다. 이 연구는 작은 규모였기 때문에 결과를 확인하려면 더 많은 연구가 필요하다 — 하지만 프로바이오틱 요거트가, 생균제뿐만 아니라 단백질과 칼슘이 풍부한 것임을 고려해 볼 때, 당신의 식단에 요거트를 추가한다고 해서 당신의 정신 건강뿐만 아니라 신체 건강을 개선하는 데 있어서 해가 될 일은 없다.
① 뇌가 장의 건강을 위해서 만들어내는 호르몬
② 우유의 단백질 때문에 생기는 유제품의 긴장 완화 효과
③ 프로바이오틱 요거트가 장과 뇌에 좋은 이유
④ 장과 뇌 사이의 공통점과 차이점

08

정답 ②

정답의 단서 → 시각장애가 사회와의 단절을 의미하지 않는다 (being visually impaired doesn't mean being cut off from society)
→ 시각장애인들이 독립적인 삶을 살아갈 수 있게 도와주는 제품들(products that help the visually impaired)
→ 스마트폰의 예(The smartphone is **a good example**.) : **스마트폰이 하나의 좋은 예시라고 했으므로, 결국은 그 예시의 바로 앞에 나온 문장이 예시의 명분을 설명해 주는 주장이 된다.**
→ 음성 피드백 기술의 예 → 체스와 보드 게임들의 예
→ 이런 아이템들이 시각장애인들로 하여금 더욱 자신감 있게 삶을 개척해 나갈 수 있게 해 준다.(help the visually impaired feel more confident) : **글의 마지막에서 다시 한 번 주장을 강조하며 마무리한다.**

해석 점점 더 많은 사람들이 시각적으로 장애가 있는 것이 사회로부터의 단절을 의미하지는 않는다는 것을 확신하고 있다. 시각적으로 장애가 있는 사람들이 좀 더 독립적인 생활을 즐길 수 있게 도와주는 뛰어난 새로운 제품들이 있다. 스마트폰이 좋은 예이다. 시각장애인들은 스마트폰의 자판과 음성 피드백 기능을 이용할 수 있다. 그리고 심지어 시각장애인들을 대상으로 하는 어플리케이션들도 있다. 새로운 기술들 중에서, 음성 피드백 기능은 정말 경이롭다. 음성기능이 있는 시계, 냉장고, 컴퓨터, 그리고 오븐은 시각장애인들과 일반인들 모두의 삶을 더 편하게 만들어 준다. 또한, 손가락으로 읽을 수 있는 체스나 다른 보드게임들도 널리 사랑받고 있다. 이러한 물품들은 시각장애인들이 그들 스스로에 대해

좀 더 자신감을 지니게 만들어 주고 삶의 도전을 즐길 수 있게 해 준다.

① 시각장애인들이 맞닥트리는 어려움들
② 시각장애인들을 도와주는 새로운 물건들
③ 장애인들의 놀라운 의지력
④ 시각장애인들이 고립감을 느끼는 이유

09

정답 ①

정답의 단서 → 경기 불황이 사람들을 실직자로 만든다는 매우 우울한 결과(There is a **really** depressing **finding** that a recession can…) : 첫 번째 문장에 이미 **finding**이라는 단어를 통해 연구의 결과를 제시함으로써 주제를 밝히고 있다. 특히 **really**라는 부사를 통해 주제를 더욱 강하게 강조한다. **drag people away from the job market**은 사람들의 일자리를 빼앗는다는 뜻으로, 결국 경기불황(**recession**)이 실직(**loose their jobs**)을 가져온다는 내용이 주제가 된다.
→ 어려운 구직 시장에서 직장을 찾는 사람들의 어려움(people trying to find jobs in tough labor markets)
→ for instance, 불경기에 취업한 사람들은 지속적인 손해를 겪음.

해석 경기 불황이 정말로 빠르게 완벽하게 실력 있는 사람들을 구직 시장에서 떨어뜨려 놓는다는 우울한 결과가 있다. 불경기는 그 자체만으로도 큰 피해를 끼치지만 또한 장기적인 상처를 남기기도 한다. LA의 캘리포니아 대학의 경제학자 Till Marcovon Wachter가 하나의 증거를 제시한다. Von Wachter는 경기가 좋지 않은 구직 시장에서 일을 구하려고 하는 특정 그룹의 사람들, 예를 들어서 대량 해고 때 직장을 잃었거나 졸업 후 일을 이제 막 찾아보려는 사람들에게 어떤 일이 있는지를 연구했다. 그는 만약 그런 사람들이 경기가 좋은 때가 아니라 경기 불황 때 직장을 구해야 한다면, 그 사람들은 수입에 있어서 지속적인 손해를 겪게 되는 경향이 있다고 말했다. 당연하게도, 문제의 일정 부분은, 사람들이 자신이 정말로 들어가기를 원했던 분야가 아닌 쪽의 직장을 선택하는 것이었다. 그들은 엉뚱한 분야에서 기술과 경험, 그리고 연줄을 쌓아나갔다. 그가 연구했던 경제 불황이 끝나고 10년 후, von Watchter는 여전히 경기가 잘 될 때 직장을 구하려고 했던 이와 불황일 때 직장을 구해야 했던 사람 사이의 차이점에 대해 알 수 있었다.

① 경기 불황이 구직자들에게 미치는 영향
② 미래 일자리를 위해 필요한 핵심 능력들
③ 호황일 때와 불황일 때를 예측하는 것
④ 당신의 이력서를 제출하기 전 직무 해설을 분석하는 것의 필요성

10

정답 ①

정답의 단서 → 순응이 그룹사고로 이어질 수도 있음.(**Almost all** groups…, **but** the demand for conformity can lead to groupthink) : **Almost all**~, **but**~은 일반적인 통념이나 사실들을 보여준 다음, 그에 반하는 글쓴이의 주장을 드러내는 패턴이다. 이런 문장에서는 어김없이 but 뒤에 이어지는 문장이 주제를 담고 있다. 순응에 대한 요구가 groupthink를 가져올 수 있고, 이 groupthink는 뒤에 나온 설명으로 미루어 보았을 때 선택지 ①번의 irrational decisions 와 같은 결과를 일으킬 수 있음을 알 수 있다.
→ 그룹 사고의 구체적인 증상들 → **For example,**… 그룹 사고의 예시

해석 거의 모든 그룹에서는 그들의 구성원들에게 일정 정도의 의견을 일치를 요구하지만, 극단적인 경우들에서는, 일치에 대한 요구가 사회 심리학자들이 "집단 사고"라고 부르는 것으로 이끌 수도 있다. 집단 사고는 굉장히 응집력이 있는 단체 내에서 만장일치에 대한 압박이 구성원 스스로 상황을 현실적으로 평가하고 대안들을 찾아내 보려는 열망과 능력을 압도할 때 발생한다. 단체의 구성원은 부정적인 정보에 대해서는 눈을 감아 버리고, 그룹이 틀렸을 수도 있다는 경고를 묵살하고, 그룹의 결정이나 생각을 반박할지도 모르는 외부의 생각을 무시한다. 예를 들어서, 상원정보위원회가 미국 정보기관의, 사담 후세인이 미국의 안보이익에 심각한 위협이 되는 대량살상 무기를 소유하고 있다는 잘못된 추정을 수사했을 때, 위원회의 2004년 7월 보고서는 특히 집단 사고가 문제였다고 밝혀냈다.

① 그룹 내의 만장일치에 대한 욕망이 잘못된 결정이라는 결과를 낳는다.
② 큰 그룹에게는 공통된 목표와 활동에 합의하는 데 시간이 더 오래 걸린다.
③ 국가 안보에 대한 정보의 중요성은 아무리 강조해도 지나침이 없다.
④ 그룹은 그룹 내 토론의 결과로서 개인에 비해서 더 나은 결정을 한다.

11

정답 ①

정답의 단서 → 기업들은 유명인을 내세워 물건을 팔려고 함. → 고객인 대기업을 내세워 제품에 대한 신뢰를 얻으려 함.
→ 권위에의 호소는 진정한 증거의 대체물일 뿐이다.(**Appealing to authority** is usually a substitute for producing real evidence.) : **appealing to authority**에서 **authority**는 유명인과 대기업 고객을 가리킨다. 즉, 유명인과 고객인 대기업을 내세워 제품을 홍보하는 관행에 대해 부정적인 견해를 밝히고 있으며 이 부분이 주제를 드러낸다.
→ 그러한 권위에의 호소 방법은 허술하기 짝이 없다.(It invites sloppy thinking.) : 앞에 언급한 현상에 대한 부정적인 의견을 **sloppy**라는 단어를 통해 단적으로 드러내고 있다.

해석 전문 운동선수가 아침식사 대용 시리얼 브랜드를 광고한다. 유명한 음악가가 록 비디오에서 음료수 회사의 상품을 들고 나온

다. 광고 회사의 홍보 책자에서는 서비스를 이용했던 모든 대기업들이 나열되어 있다. 각각의 경우, 광고주들은 유명 인사를 언급해, 당신의 신뢰를, 그리고 당신의 돈을 얻으려 한다. 기저에 깔려 있는 가정은 보통 이렇다. 유명인들과 기업들은 우리의 물건을 산다. 그러므로 당신도 역시 우리의 제품을 사야 한다. 즉, 누군가 잘 알려진 사람들이 그것이 진짜라고 말했으니 두말 할 것 없이 이 생각을 받아들여야 한다는 거다. 권위에 호소하는 것은 보통 진정한 증거를 만들어내는 것의 대용물이다. 그것은 엉성하기 짝이 없는 생각이다. 관점에 대한 우리의 유일한 증거가 권위에 호소하는 것이라면 좀 더 철저하게 생각해 볼 때이다.
① 권위에 호소하는 것은 그 주장이 사실이라는 것을 의미하지 않는다.
② 물건을 정확히 평가할 때는 자신감이 필요하다.
③ 사람들은 그들이 그러한 호소에 마음을 빼앗겼을 때 스스로를 속이게 된다.
④ 고객에게 정직하면 더 나은 반응을 얻을 것이다.

12
정답 ②

정답의 단서 첫 문장에 쓰인 overshadow(그늘지게 하다, 가리다, 짓누르다)라는 단어만으로도 그 뒤에 나오는 내용(the opportunities for growth and change in the brain during and after adolescence)을 강조하고자 하는 글쓴이의 의도를 읽을 수 있다. 두 번째 문장 This is known as plasticity.에서 this는 앞의 문장에 나온 the opportunities for growth and change in the brain during and after adolescence를 가리킨다. 또한 refers to… / In essence, it means… 라는 표현들을 사용하여 글의 앞부분에서 brain plasticity의 의미를 정확히 밝히고 있다. 그 다음 문장에서는 Amazingly라는 문두 부사를 사용하여 brain plasticity의 중요성을 더욱 부각시킨다. **Amazingly, due to plasticity, changes occur… it functions throughout our lifespan(=at any age)** 이어서, This allows… / It also gives…로 시작하는 문장을 통해 brain plasticity가 어떤 기능을 하는지를 구체적으로 뒷받침하고 있다.

해석 미취학 아동의 뇌에 대한 그러한 강조는 10대 및 그 이후에도 뇌가 성장하고 변화할 수 있는 기회가 있다는 점을 가려 왔다. 이것은 뇌의 가소성(可塑性)이라고 알려져 있다. 뇌의 가소성은, 뇌가 새로운 현상을 경험하고 정보를 학습해 가면서 변화하는 능력을 말한다. 본질적으로, 이것은 뇌가 환경을 이해하기 위해서 끊임없이 뇌의 회로를 다시 깐다는 것을 의미한다. **놀랍게도, 뇌의 가소성 때문에, 일생에 걸쳐 우리 뇌의 물리적 구조뿐만 아니라 뇌의 작동 방식에서도(=뇌의 기능면에서도 모두)** 변화가 일어난다. 이를 통해 60세의 남성은 그의 골프 타격 자세를 바꾸거나 40세의 여성은 석사학위를 받기 위해서 학교에 복귀할 수 있다. 또한 뇌의 가소성은 뇌 손상을 입은 이들에게도 특별한 도움을 주게 되는데, 그들이 자신들에게 남은 뇌 기능에 더 의존할 수 있게 돕는다.

13
정답 ①

정답의 단서 Subjects' heart rate variability returned to normal **more** quickly **when**… than when…
첫 문장에서 more ~ than 이라는 표현으로 두 가지 상황을 비교하고 있으므로, 이 비교를 통해 무엇을 강조하고자 하는 것인지를 파악하면 쉽게 제목을 유추해낼 수 있다. 평범한 방에 있을 때보다 자연 경관을 흉내낸 가상현실 공간에 있을 때 심박수 변동성이 더 빨리 원상회복되었다고 했으므로, 내용상의 핵심 키워드는 nature가 되어야 한다. 두 번째 실험에서도 두 가지 환경을 비교하고 있으며, 변수는 nature video가 설치되어 있느냐 없느냐이다. 따라서 선택지를 비교할 때의 첫 번째 기준은 nature를 포함하고 있어야 한다는 것이며, nature를 포함하고 있는 선택지는 ①번과 ④번이다. ④는 명상을 강조하고 있는데, 글 속에 제시된 실험의 예에 명상에 대한 언급은 없다.

해석 스웨덴에서 물리학자 Matilda van den Bosch가, 스트레스 받는 수학 과제를 마친 후, **대상자의 심박 수 변동성이** ― 스트레스와 함께 떨어지는 ―, 일반적인 방에 앉아있을 때보다, 3D 가상현실 방에서 15분 동안 새 소리를 듣고 **자연풍경을 보며 앉아 있은 후에 좀 더 재빨리 정상으로 되돌아온다는 것을 발견했다.** 실제 생활 속 실험이 오리건 동부의 Snake River의 교정시설에서 진행 중이다. 그곳의 교도관들은, 독방 수감자의 경우, 일주일에 몇 차례 매 40분씩 자연 비디오가 상영되는 "푸른 방"에서 운동을 한 수감자가 그 비디오가 설치되지 않은 체육관에서 운동을 한 수감자들보다 더 침착한 태도를 보여줬다고 보고한다. "처음엔 말도 안 된다고 생각했어요."라고 교정직 공무원 Michael Lea는 말한다. 하지만 그는 그 차이점을 경험했다. 그는 일반적인 체육관에서는 "고성이 정말 크게 오가고 그 소리들은 끔찍하게 울려대죠."라고 말했다. "'blue room'에서는, 죄수들이 고함을 지르지 않는 경향이 있었어요. 그들은 '잠깐만요, 비디오 좀 보고요'라고 했어요."
① 가상 자연의 진정 효과
② 범죄율을 낮추기 위한 가상현실의 사용
③ 새소리가 심장에 끼치는 심장박동 진정 효과
④ 자연 속에서 명상하는 것의 이로움

14
정답 ③

정답의 단서 To understand…(~하기 위하여), we must…(~해야 한다)의 구조만으로도 이 글의 주제를 알 수 있다. 즉, 과학이 어떻게 작용하는지를 이해하기 위해서는 과학이 발전해 온 역사를 돌아봐야 한다는 주장이다. 첫 번째 문장뿐만 아니라 두 번째 문장에도 must라는 단어가 쓰이고 있다. must는 "반드시 ~해야 한다"는 뜻이므로 아주 강력한 주장을 드러낸다. 따라서 이 두 문장만 정확히 해석해도 주제 파악은 끝난 셈이다. 첫 번째 문장의 look at은 두 번째 문장의 see와 같은 의미이다. 글의 중간쯤 가면 Looking back and understanding how a certain idea evolved allows us to better… 라는 문장이 나오는데, 여기에서도 다시 looking back, 즉 과학의 역사를 돌아봐야 할 필요성을 역설하고 있다.

해석 **어떻게 과학이 작용하는지를 이해하기 위해서는, 우리는 과학이 시간과 함께 어떻게 진행되는지를 봐야 한다.** 우리는 반드시, 무엇이 오늘날의 아이디어에 이르렀는지를 이해하여야 한다. 과학은 역동적인 사업이며 끊임없는 이론의 정제가 과학이 가진 힘 중의 하나이다. 과학의 모든 진보는 필연적으로 불완전하며 부분적으로 부정확한 게 당연하다 — 이것은 과학이 인간의 활동이며 그래서 인간의 편견을 포함한다는 사실의 자연스러운 결과이다. 어떻게 특정한 아이디어가 진화했는지를 돌아보고 이해함으로써 우리는 서로 다른 시대와 국가 출신의 인물들이 그 아이디어에 미친 특정한 영향들을 더 잘 이해할 수 있다. 우리는 또한 최소한 이상적으로는, 그 아이디어의 여러 진화 과정 동안 작용된 개인적인 편견들과 같은 약점들을 인지하고 제거함으로써 아이디어의 기본 토대를 더 잘 이해하고 과학적인 "지식 필터"가 어떻게 작용하는지를 이해할 수 있다.
① 사회로부터의 과학의 독립
② 과학 : 지적으로 우월한 사람들의 역사
③ 과학의 역사를 되돌아볼 필요성
④ 인간의 편견 : 과학 진보의 적

15

정답 ①

정답의 단서 첫 문장에서 Wilson's involvement… began이라고 하였으므로, 글의 초점이 윌슨이라는 사람에게 놓여 있음을 짐작할 수 있다. 따라서 정답은 Wilson의 이름을 포함하고 있는 선택지 ①번과 ②번 중에 하나가 된다. prevent future **international conflict**와 arbitrate peaceful solutions to **conflicts between nations**에서 알 수 있듯 그가 국가 간의 갈등 완화에 쏟은 노력을 강조하고 있으며, 마지막 문장에서 그 결실이 the blueprint for the United Nations로 실현되었음을 알 수 있다.

[글의 흐름]
→ 미래 국제 분쟁을 막기 위한 윌슨의 계획(a plan to prevent future international conflict)
→ 주요 목표는 국가 간 갈등에 대한 평화적 해결책을 중재할 국제적 기구 창설(the primary thrust of his policy…)
→ 이것은 평화 협정의 기초 제공(the foundation for the peace agreement)
→ 국제 연합(UN)의 청사진 형성(it formed the blueprint for the United Nations)

해석 미래의 국제 분쟁을 막기 위한 계획을 만드는 데 윌슨이 참여한 것은 **1918년 1월, 그가 "14개조"를 발표하면서 시작되었다.** 이 원칙은 유럽의 특정한 영토 문제들이나, 동등한 무역 조건들, 군비 축소 및 유럽의 약해지고 있던 제국의 이전 식민지들의 자주권에 대해 다루었는데, 원칙의 주요 목표는 국가 간의 갈등에 대한

평화적인 해결책을 중재할 수 있는 국제적인 기구를 창설하는 것이었다. 윌슨의 14개소는 제1차 세계 대전이 종식되었을 때 프랑스와 영국, 그리고 독일 간의 평화 협정의 기초를 제공하였을 뿐만 아니라, 20세기와 21세기 초 미국의 외교정책의 근거가 되었다. 비록 미국 의회에서 비준되지 못했기 때문에 국제연맹은 결코 구체화되지 못했지만, 이것은 **제2차 세계 대전이 끝난 후 창설된 국제연합(UN)의 청사진을 형성했다.**
① 국제 연합 창설에 이바지한 윌슨의 헌신
② 국제 연맹을 창설하기 위한 윌슨의 마지막 시도
③ 제2차 세계 대전 이전의 국제적 갈등 상황
④ 국가 간의 갈등을 종식시키는 데에 있어 UN의 역할

16

정답 ③

정답의 단서 첫 문장에서 Every child believes…라고 함으로써 believe 뒤에 나오는 것이 절대적인 사실임을 강조하고 있다.
Every child at one time or another believes the world revolves around him.(＝a natural step)
→ 모든 아이들이 믿는다는 것은 그런 믿음을 갖는 행위 자체가 매우 당연하고 자연스러운 과정임을 의미한다.
the energy to focus on others **just isn't** there. → just는 '단지'라는 의미로 쓰이기도 하지만 강조의 의미로도 자주 쓰인다. 여기에서는 is not을 강조하고 있다.
All parents can expect their toddlers and teens to act selfishly at times. → 첫 번째 문장과 상응하는 또 다른 주제문이다(**All**＝**every**). 즉, 아이들의 이기적 행동이 자연스러운 과정임을 다시 한 번 강조해 주고 있다.

해석 **모든 아이들은 한 번쯤은 세상이 자기를 중심으로 돌아간다고 믿는다.** "이기적인 것은 스스로를 다른 사람들과는 완전히 다른 존재로서 생각하고 있다는 것을 의미합니다."고 뉴브런즈윅에 있는 로버트 우드 존슨 의과대학의 소아학과 정신학 교수 Michael Lewis는 설명한다. "다른 사람의 관점에서 생각할 수 없는 아이들은 이기적으로 보일 수 있습니다. 사람들의 인생에 있어 그 에너지(남을 고려할 수 있는 에너지)가 고갈되는 어떤 시점들이 있는데, 그 시점 중 하나는 10대 시절입니다. 이 시기의 호르몬의 변화와 신체적 성장은 특히 가혹할 수 있으며 다른 사람들에게 집중할 수 있는 에너지는 없습니다." **모든 부모들은 그들의 유아와 10대 자녀들이 때때로 이기적으로 행동하리라는 것을 예상해야 한다.**
① 부모가 이기적인 아이들을 만든다
② 이기적임 : 사회적인 결함의 상징
③ 어린 시절의 이기적임 : 성장의 자연스러운 부분
④ 왜 더 똑똑한 어린이는 더 이기적일까

17

정답 ④

정답의 단서 글의 전반부에서 산호가 무엇이고, 산호초가 어떻게 생성되는지 그 배경지식을 이야기해 준 다음, 중반부에서부터 The Great Barrier Reef에 소개해 주고 있다. → The Great Barrier Reef is one of the largest and most beautiful coral reefs in the world.

전반부의 산호 및 산호초에 대한 설명은 The Great Barrier Reef를 소개하기 위한 도입에 해당할 뿐, 글의 대부분은 The Great Barrier Reef를 설명하는 데 초점을 맞추고 있다.

① 산호 서식지(산호초)를 보호해야 하는 이유에 대한 언급은 없다.

② 산호의 외형에 대한 묘사는 전체 내용의 일부에 지나지 않는다.

③ 산호초의 생성에 대해서는 알 수 있지만, 산호초의 소멸에 대한 언급은 없다.

해석 산호초는 바위 모양의 형태인데 산호라고 불리는 작은 바다 생물의 군집에 의해 만들어진 것이다. 산호들은 암초에 붙어사는 데, 연약한 몸체를 방어하기 위해서 딱딱한 바깥 골격을 만든다. 산호가 죽으면, 그들의 뼈는 암초의 일부분이 된다. 암초는, 산호가 뼈를 축적하고 죽으면서 점점 자라게 된다. **"그레이트 배리어 리프"는 전 세계에서 가장 크고, 가장 아름다운 산호초 중 하나이다.** 이곳은 수천 년 동안 자라 왔으며, 그 길이는 1,250마일에 달한다. "그레이트 배리어 리프"는 호주 최대 규모의 관광명소이다. 사람들은 그레이트 배리어 리프의 얕은 물가에서 환상적인 다양한 바다생물을 보기 위해 스노클링을 한다. **이 산호초에 사는 수백 종의 생물에는 조개, 불가사리, 해삼 그리고 약 1,500종의 서로 다른 물고기들이 있다.** 많은 물고기들은 색색의 산호들과 섞이기 위해서 화려한 색감을 띄고 있다.

① 산호의 서식지를 보호해야 하는 이유

② 산호 : 돌처럼 보이는 아름다운 연체동물

③ 산호초의 생성과 소멸

④ 그레이트 배리어 리프 : 생명이 넘치는 아름다운 묘지

18

정답 ②

정답의 단서 첫 번째 문장에서 barely(=almost not)라는 단어가 쓰였음에 주목하자. "일 년도 거의 되지 않았다"는 것은 어떤 변화가 최근에 일어났다는 이야기이며, 결국은 그 변화 자체를 강조하고자 하는 표현이다. For most of human history,… 부분에서는 대부분의 인간 역사에서 시간 측정은 단지 자연 현상에만 의존했음을 보여준다. 바로 뒤이어 But이 나오며, 여기에서부터 시간 측정 기술이 얼마나 바뀌었는지를 대조적으로 보여준다. 즉, But with the rise of the clock… 이후부터는 시간에 대한 인식이 급격히 바뀌었음을 뒷받침해 준다. 특히 Time became money.라는 문장에서는 시간에 대한 현대인들의 인식 변화를 단적으로 제시해 준다.

해석 **어떻게 사람들이 시간을 사용하는지를 측정하는 과학**은 기

껏해야 100년도 채 되지 않았다. 대부분의 인류 역사에서, 사람들은 시간의 흐름을 태양의 이동이나, 일몰쯤에나 끝나는 잡일이나, 조수(潮水)나 계절의 변화로 기록했다. **그러나 시계가 생기고, 산업화의 시대가 오면서, "둔한" 육체 노동자의 생산성을 증대시킬 목적으로 한 공장의 작업현장에 대한 시간-동작 연구는 대유행이 되었다.** 시간은 돈이 되었다. 그것은 벌거나, 소비되거나, 낭비될 수도 있었다. 1920년대, 미국의 농업부에서는 농가의 아낙네들이 그들의 시간에 무슨 일을 하는지를 연구하고 어떻게 더 시간을 효과적으로 사용할지에 대해 조언을 해 주었다. 구소련은 그들의 중앙정책 노력의 일환으로, 집단농장의 성과물과 노동자의 생산성을 측정하기 위해서 시간 일지를 광범위하게 사용한 최초의 국가였다.

① 사람들은 어떻게 그들의 시간을 소비하는가

② 시간에 대한 관점의 변화

③ 산업화 시대가 가져온 것은 변화

④ 시간을 효율적으로 사용하는 방법

19

정답 ①

정답의 단서 학술적인 글들의 대부분은 글의 앞부분에 글을 쓰는 목적을 밝힌다. 첫 번째 문장의 the reasons for…는 결국 글을 쓰는 목적에 해당한다.

＊the reasons for doing something ~을 하는 이유

＊the reasons to do something ~을 해야 하는 이유

The reasons(＝the purposes of) for constructing reservoirs … focused on the need of humans…

→ 인간의 필요로 만들어지는 저수지 건설의 목적

이 글의 중후반부에서 Small reservoirs 와 Larger reservoirs 를 언급하고 있으므로 ②번 역시 매력적인 선택지가 될 수 있다. 하지만 Small reservoirs were first constructed some 4,000 years ago..와 같이 이 글은 저수지의 종류보다는 저수지의 역사에 초점이 맞춰져 있다. 맨 끝 문장에서도 Later reservoirs also …라고 되어 있으며, later라는 단어 역시 이 글의 전개가 저수지의 역사에 근거하고 있음을 알 수 있다.

해석 **인공 저수지를 건설하는 이유**는 그 기원이 아주 오래되었으며, 초기에는 가뭄이나 홍수 기간에, 스스로를 보호하기 위한 인간의 필요성에 초점이 맞춰져 있다. 그래서 저수지는 일반적으로 물 부족 지역, 즉 통제된 물 시설이 필요한 곳에서 발견된다. 작은 규모의 저수지는 대략 4,000년 전 중국, 이집트 그리고 메소포타미아 지역에서 처음 건설되었으며, 주로 식수를 공급하고 관개 목적으로 쓰였다. 단순한 형태의 작은 댐은 비버가 냇가에 댐을 만드는 것과 거의 흡사한 방식으로, 흙과 나무로 시냇가를 막아서 만들어졌다. 규모가 더 큰 저수지는 자연적인 요처(凹處)에 댐을 만들거나 강을 따라 오목하게 땅을 파고 강에서 저수지로 물을 우회하는 통로를 만들어서 건설되었다. 나중에 저수지는 물레방아를 움직여서 수력을 만들어내는 에너지원으로 사용되기도 했다.

① 인류 역사에 있어 저수지의 목적

② 저수지의 종류와 댐의 다양한 용도

③ 다른 문화들이 저수지 건설에 사용했던 방법들
④ 고대에 저수지가 거의 사용되지 않았던 다양한 이유

20

정답 ②

정답의 단서 첫 번째 문장과 마지막 문장에서 주제가 강조되고 있다.
→ The aristocracy of Carthage was **not** based on land ownership **but** wealth

not A but B의 패턴에서 중요한 것은 당연히 B(wealth)이다. 그러므로 선택지 중 wealth를 포함하고 있는 것이 정답일 확률이 높다. 선택지 ②번만이 wealth를 포함하고 있다.

Undoubtedly, there were…에서 land ownership(=property)이 전부는 아니었다고 강조한다. 즉, A를 부정함으로써 B를 다시한 번 강조하는 역할을 한다.

This meant that enterprising individuals,… or those who …, could rise to the very top of society and politics. → 사회 정치적으로 최고의 지위에 오를 수 있었던 두 가지 부류의 사람들을 통해 wealth를 중시한 결과를 보여준다.

Indeed, this was… that **such a preoccupation with wealth** would lead… → Indeed는 필자가 강조할 때 쓰는 표현이므로 놓쳐서는 안 되는 부분이다. 아리스토텔레스의 비판을 빌려 다시 한 번 wealth가 카르타고에서 얼마나 중시되고 있었는지를 보여준다.

해석 **카르타고의 귀족사회는,** 다른 많은 고대 사회들과 마찬가지로, **토지 소유권이 아니라 오로지 부(富)를 기반으로 했다.** 의심할 여지없이 도시 본토를 넘어서 카르타고 지역에는 대규모의 부동산 소유주들이 있었지만, 부동산이 다른 고대 문화에서처럼 권력으로 가는 전용 티켓은 아니었다. 이것은 물건들이 수입, 수출, 그리고 제조되거나 혹은 현지에서 생산, 재배되는 도시의 시장 조건들을 착취할 수 있는 진취적인 개인이나, 혹은 시칠리아나 스페인과 같은 부유한 기회의 땅으로의 자신들의 개인적인 무역 탐사에 자금을 댈 수 있는 사람들이 사회나 정치계의 높은 지위로 신분 상승을 할 수 있음을 의미했다. 정말이지, 이것은 아리스토텔레스가 카르타고에 대해 논평을 할 때 했던 비평, 즉 **그러한 부에 대한 집착이 필연적으로 사회를 지배하는 이기적인 소수 독재정치로 이어질 것이라는 말** 그대로였다.
① 카르타고와 다른 고대 문화들의 비교
② 카르타고 귀족사회에서의 부(富)의 중요성
③ 카르타고 귀족사회에서의 무역과 산업의 성장
④ 부동산에 집착하는 카르타고에 대한 통렬한 비판

21

정답 ①

정답의 단서 The endless amount of work-related commitments **make it difficult**… → 서두에 문제 상황을 제기한다.

But these workaholics also **need to** understand that travelling comfortably while they work **is very important** and can help them to perform better.
→ need to라는 표현을 통해 주장을 드러낸다. very important 라는 표현에서 글쓴이가 중요하게 여기는 것이 travelling comfortably while they work임을 알 수 있다.

So is there actually a possibility where you can **work conveniently while you travel**…?
→ 질문을 통해 주제를 이끌어내고 있다.

Booking the best is **very important** for you if you wish to get your work done **on the go**.
→ booking the best는 travel comfortably의 구체적인 방법이 된다.

해석 휴가 중이든 출장 중이든 간에, 기업인들은 언제나 자신의 일에 대해 생각하기 바쁘다. 끊임없는 양의 업무 관련 일들로 인해 집중력을 놓을 겨를이 없다. 그러나 일 중독자들은 일을 하면서도 편안하게 여행을 하는 것이 굉장히 중요하며 그것이 그들의 업무를 더 향상시켜 줄 수도 있다는 것을 이해해야 한다. 그렇다면 그러한 일 중독자들이 세계를 여행하면서도 편리하게 일을 할 수 있는 가능성이 있을까? **만약 당신이 돌아다니는 와중에도 일을 다 끝내고 싶다면, 최고의 것을 예약하는 것은 굉장히 중요하다.** 이것이 당신이 언제나 최고의 항공기를 선택하고 항공운임 이외의 다른 요소들에 초점을 맞추는 데 시간을 들여야 하는 이유이다. 당신이 만약 장거리 비행을 하게 된다면, 무선 인터넷 시설을 갖춘 비행기를 택하라. 조금 더 비쌀지도 모르겠지만, 그 (인터넷을 사용하는 것) 외에는 딱히 할 수 있는 일이 없을 때, 인터넷으로 얼마나 많은 일을 할 수 있는지 상상해봐라. 심지어는 기차 여행에서도, 당신은 정차역이 적은 경로를 선택해서, 딱히 방해 받을 걱정 없이 여행 내내 온전히 당신의 일에 집중할 수도 있다.
① 여행을 하는 동안 일을 한다고? 그렇다면 편안하게 여행하라!
② 세계를 여행 다닐 때는 일을 두고 떠나라.
③ 직장에서 휴식을 취하지 않고 누가 성공적으로 일을 할 수 있겠는가?
④ 출장을 위해서는 항상 Wi-Fi 시설을 갖춘 비행기를 예약하라.

22

정답 ②

정답의 단서 글 속에 질문이 들어 있다면 십중팔구 그 질문 자체가 주제를 드러내거나 그 질문에 대한 대답이 주제문이 된다. 이 글에서는 Why? 라는 질문을 던지고 있는데, 그에 대한 답변이 결국 주제문이 된다.

Why? "I think frugality drives innovation, just like other constraints do," he said.

검소함(frugality)이 창조를 견인한다고 했으므로, 적어도 frugality라는 단어, 또는 의미상 그에 준하는 표현이 선택지에 포함되어야 한다. ①번의 being thrifty와 ②번의 living frugally가 frugality와 같은 의미를 가지고 있다. 하지만 글의 마지막 줄 The more things we desire and the more we have to do…, the less free we are.에서 주제를 다시 한 번 명확하게 전달하고 있으며, free라는 내용이 주제를 이루는 중요한 키워드임을 찾을 수 있다.

해석 분수에 맞게 사는 것은 많은 비즈니스 리더들이 공감하는 전략이다. 제프 베조스는 애초부터 검소의 미덕을 가지고 아마존을 설립했다. 왜일까? "나는 다른 제약 조건들이 그런 것처럼, 검소함이 혁신을 주도한다고 생각합니다."라고 그는 말했다. 억만장자 투자자인 마크 쿠반은 또한 경솔한 지출은 가차 없이 하지 말 것을 주장했다. "청구서 때문에 걱정하면 할수록 목표에 집중하는 것이 더 어려워집니다. 검소하게 살면 살수록 선택의 폭이 커집니다." 마르쿠스 아우렐리우스는 알다시피 그의 제국의 빚을 갚기 위해 궁전의 많은 가구들을 팔았다. 그에겐 사치품이 필요하지 않았고, 그 사치들은 그와 그의 사람들에게 부담을 주고 있었다. 우리가 더 많은 것을 원하고 그러한 성취물을 얻거나 유지해야 할수록, 우리는 실제로 삶을 덜 즐기고 있고 덜 자유롭다.
① 검소하게 사는 것은 이미 부자일 때만 가능하다.
② 검소한 삶은 우리를 더 자유롭게 살 수 있게 한다.
③ 많은 성공한 사람들이 분수에 넘치는 생활을 한다.
④ 돈을 더 많이 모을수록, 원하는 것을 더 많이 살 수 있다.

23

정답 ②

정답의 단서 이 글은 앞부분에서 모더니즘으로 화제를 시작해서 글 전체에 걸쳐 포스트모더니즘과 모더니즘을 비교해 가며 내용을 전개해 나가고 있다.

Postmodernism pulls away from **modernism's** focus on originality, and the work is deliberately impersonal. (포스트모더니즘은 독창성에 초점을 맞추는 모더니즘에서 벗어나 있으며, 작품은 의도적으로 개인의 감정을 드러내지 않는다.)
While **modern artists** such as Mark Rothko and Barnett Newman made color choices that were meant to connect with the viewer emotionally, **postmodern artists** like Robert Rauschenberg introduce chance to the process. (Mark Rothko와 Barnett Newman와 같은 모더니즘 예술가들이 관람객들과 감정적으로 통할 수 있는 색상을 선택한 반면, Robert Rauschenberg와 같은 포스트모던 예술가들은 이 과정에 우연을 도입한다.)

해석 Hirshhorn 박물관의 보조 큐레이터인 Melissa Ho에 따르면, 모더니즘이 제2차 세계 대전 동안 미국에서 추상 표현주의로 정점에 달했다고 말한다. 그러나 제2차 세계 대전 직후, 예술을 주도하는 아이디어가 또 다시 변화하기 시작했다. 포스트모더니즘은 독창성에 초점을 맞추는 모더니즘에서 벗어나 있으며, 작품은 의도적으로 개인의 감정을 드러내지 않는다. "당신은 기계적 또는 준기계적 수단 혹은 단순화된 수단을 사용하는 많은 작품을 볼 수 있다"고 Ho는 말한다. 예를 들어, Andy Warhol은, 실크 스크린을 사용하여, 본질적으로 직접 손을 대지 않고, 대량 생산에 대한

아이디어를 활용할 수 있는 대상을 선택한다. Mark Rothko와 Barnett Newman과 같은 모더니즘 예술가들이 관람객들과 감정적으로 통할 수 있는 색상을 선택한 반면, Robert Rauschenberg와 같은 포스트모던 화가는 이 과정에 우연을 도입한다. Ho는 Rauschenberg가 철물점에서 상표도 없는 통들에 담긴 페인트를 구입하는 것으로 알려졌다고 말한다.
① 포스트모더니즘이 출현하게 된 이유
② 포스트모더니즘과 모더니즘의 차이점
③ 포스트모던 시대의 가장 유명한 예술가들
④ 사회와 경제에 미치는 포스트모더니즘의 영향

24

정답 ③

정답의 단서 creators remodel **what they inherit**.(창조자들은 그들이 물려받은 것을 개조한다.) → 창조하는 데 있어서는 물려받은 것이 필수적인 요소가 된다.
The basin of her memories was largely emptied, and the ecosystem of **her creativity** dried up.(기억의 그릇이 비어 버리자, 창조의 생태계가 말라 버렸다.) → 기억은 창조의 토양이 된다. 즉, 기억은 앞에서 말한 what they inherit에 해당하게 된다.
She needed **the past** to be able to **create** the future.(미래를 창조하기 위해 과거를 필요로 했다.)
→ 과거, 즉 기억은 창조를 하는 데 있어 필수 요소가 된다.
이 세 가지 문장을 조합해 보았을 때, 인간의 창조는 기억에 의존한다는 결론을 얻을 수 있다.

해석 자동차를 제조하는 것이든, 현대 미술 작품을 발표하든, 크리에이터들은 그들이 물려받은 것을 개조한다. 그들은 세상을 그들의 신경에 흡수하고 그것을 조작하여 가능한 미래를 만든다. 잡지 "New Yorker"의 표지들을 만들었던 다작의 일러스트레이터이자 그래픽 아티스트 Lonni Sue Johnson을 생각해 보라. 2007년, 그녀는 거의 치명적인 감염으로 인해 그녀의 기억에 손상을 입었다. 그녀는 살아남긴 했지만 결혼과 이혼, 심지어는 그날 일찍 만났던 사람들까지도 기억하지 못하는, 15분짜리 시간 속에서만 살게 되었다. 그녀의 기억의 그릇은 거의 비어 버렸고, 그녀의 창의력의 생태계는 말라 버렸다. 그녀는 그릴 것이 아무것도 생각나지 않아서 그림 그리는 것을 멈추었다. 머릿속에는 어떤 내부 모델도 소용돌이치지 않았고, 그녀가 그 전에 본 것들과 결합할 새로운 아이디어도 없었다. 그녀가 화지 앞에 앉았을 때, 텅 빈 종이뿐이었다. 그녀에게는 미래를 창조할 수 있는 과거가 필요했다. 그녀에게는 (기억에서) 활용할 만한 것이 없었고, 그래서 회상할 수 있는 것도 없었다.
① 창조는 과거의 위대한 발명품에 달려 있다.
② 기억이 없는 마음은 좀 더 창의적이고 자유로운 상태가 될 수 있다.
③ 인간의 창조물은 기억의 도움에 의존한다.
④ 각각의 인간 창조물은 독특하고 독창적이며 과거에 영향을 받지 않는다.

25

정답 ③

정답의 단서 어떤 문장에 강조의 역할을 하는 부사가 들어 있다면 그 문장이 글의 주제를 담고 있을 가능성이 높다. 예를 들어, just (정말, 단지, 그저), really(정말로), Obviously(확실히, 명백히), Clearly(분명), Apparently(분명히), certainly(분명, 틀림없이), definitely(확실히), remarkably(현저히, 몹시, 매우), undoubtedly (의심할 여지없이), inextricably(불가분하게), permanently(영원히), severely(심각하게), the most＋형용사(가장 ~한), 동사 (count, matter etc.)＋most(가장 ~하다) 등의 부사를 놓쳐서는 안 된다. 이 글에서는 첫 문장에 definitely가 들어 있으며, definitely not secure(절대 안전하지 않다)라는 내용이 핵심이 된다. 절대 안전하지 않다는 내용은 결국 선택지 ③번의 risk라는 단어와 연결된다.

해석 인터넷은 확실히 안전하지 않은데, 대도시에서 한낮에 거리를 걸어 다니는 것만큼이나 안전하지 않다. 그런 상황에서, 당신은 의식하지 못한 채, CCTV, 휴대 전화 카메라, 보통의 평범한 디지털카메라, 심지어는 때때로 TV 카메라를 통해 일상적으로 촬영되고 있다. 인터넷은 비디오로 찍히는 게 아닐 뿐 당신의 일거수일투족이 기록된다는 점에선 똑같다. 당신이 치는 모든 자판의 입력이 기록되고, 업로드된 모든 사진이 보관된다. 당신은 많은 소셜 미디어 사이트에서 사진을 "삭제"할 수 없다는 것을 알고 있나? 오, 물론, 프로필에서는 제거할 수 있고 "삭제"라는 버튼이 있지만 많은 소셜 미디어 사이트에서는 사본을 보관한다. 그 사이트들은 항상 사본을 가지고 있으며 그에 관한 내용은 소셜 미디어 사이트의 사용자 약관에 나와 있다. 그 약관을 읽어본 적이 있나? 이러한 소셜 미디어 웹사이트에서 사용자 약관을 읽어본 적이 있는가? 당신은 꼭 읽어봐야 한다. 당신은 당신이 소셜 미디어 계정을 삭제할 수 없다는 걸 알고 있었나? 당신은 계정을 비활성화할 수는 있지만 그 계정은 인터넷에서 항상 남아 있을 것이며 해커들은 이러한 비활성 계정을 좋아한다.
① 온라인과 오프라인 보안의 차이
② 소셜 미디어 사이트들의 함정 및 결함
③ 인터넷 사용과 관련된 보안상의 위험
④ 온라인 공개 게시판에서 사용자 보안의 부재

26

정답 ③

정답의 단서 The conviction that sport can foster positive social change in developing countries has become a **major** influence within **the international politics** of sport. (스포츠가 개발도상국의 긍정적 사회 변화를 촉진할 수 있다는 확신은 스포츠의 국제 정치에 있어서 커다란 영향을 끼쳐 왔다.) → a **major** influence에서 major(중요한, 중대한)라는 단어만으로도 국제 정치(international politics)에서 sport가 지닌 중요성을 단적으로 드러내 준다.

Some have **posited** that an enduring "sport for development and peace" movement has been **consolidated** as **an influence on political and sporting power**.
→ posit는 '주장하다'는 뜻이므로 이 문장 역시 주제를 담고 있다. 앞의 문장에서와 마찬가지로 political power에 대한 영향력을 강조하고 있다. 따라서 이 두 문장만으로도 이 글이 국제 정치에 끼치는 스포츠의 영향력 및 그것이 지닌 역할을 강조하고 있음을 알 수 있다.

해석 스포츠가 개발도상국의 긍정적 사회 변화를 촉진할 수 있다는 확신은 스포츠의 국제 정치에 있어서 커다란 영향을 끼쳐 왔다. 어떤 이들은 항구적 "발전과 평화를 위한 스포츠" 운동이 정치적인 스포츠 권력에 대한 영향으로서 강화되어 왔다고 주장한다. IOC와 다른 스포츠 기구들은 적어도 1960년대 초 이래로 상당한 양의 자금을 개발도상국에 기부했지만, 새로운 밀레니엄 시대에 신속하고 눈에 띄게 저개발과 평화 증진 문제에 대한 개입을 늘려 왔다. UN은 평화와 발전을 위한 스포츠에 관한 사무총장의 특별 고문으로서의 위치를 확보했다. 이 고문(UN)은 스포츠 기반 접근 방법을 UN의 업무에 통합하고 이러한 접근 방식의 실적을 올리는 업무를 하고 있다.
① 경쟁에서 스포츠맨십의 진정한 의미
② 스포츠가 유도하는 감정이 후원에 미치는 영향
③ 국제 정치 문제에 있어서 스포츠의 역할
④ 개발도상국의 예산이 부족한 스포츠 프로그램들

27

정답 ①

정답의 단서 Indiana Jones faces intrigue and international spies, **but** you **never** see him excavating slowly and carefully.(그가 천천히 신중하게 유물을 발굴하는 모습은 결코 볼 수가 없다.)
→ but 뒤에 글쓴이의 주장이 실려 있다. never이라는 단어에서 그 영화상의 주인공이 하는 행위가 실제 고고학자들의 현실과는 전혀 다르다는 것을 단적으로 보여 준다.
The activities of tomb raiding and treasure hunting **are not** what modern archaeologists do.
→ 앞의 never와 마찬가지로 are not 역시 영화상의 모습은 현대 고고학자들의 실제 모습과는 전혀 다르다는 것을 재차 강조한다.
The notion that all archaeology is adventurous is a little **off-base**.
→ off-base 즉, 현실에서 벗어났다는 말이 앞의 never – are not에서 강조했던 내용을 한 마디로 요약해 준다.

해석 인디아나 존스는 음모나 국제 스파이들과 마주치지만, 그가 천천히 신중하게 유물을 발굴하는 모습은 결코 볼 수가 없다. 라라 크로프트는 짧은 반바지에 총을 착용하고 있는데, 둘 다 실제 현장에서는 매우 비현실적인 것이다. (왜 그녀는 맨다리에도 거미나 모기에 절대 물리지 않는 걸까?) 그리고 발굴이 끝난 후, 이 멋진 등장인물들 중 그 누구도 몇 달씩 실험실에 앉아 애써 유물 조각들을 분류하거나 또 과거 사람들의 (그들의 흔적이 방금 발굴되었음에도 불구하고) 모습을 재구성할 수 있도록 유적지 지도에 주석을 달지도 않는다. 무덤을 도굴하고 보물들을 사냥하는 것 – 누군가의 신성한 조상일 수 있는 무덤을 훼손하거나 부자가 되기 위해, 땅속이나 수중에서부터 금을 채굴하는 것 – 은 근대의 고고학자들이 하는 일은 아니다. **고고학이 얼마나 많은 서류 작업과 지루한 실험실 작업을 필요로 하는지를 고려한다면, 모든 고고학이 모험으로 가득하다는 생각은 살짝 현실을 벗어났다.**

① 진짜 고고학자는 엔터테인먼트 산업이 보여주는 것과는 다르다.
② 고고학은 인간 경험의 폭과 다양성에 관한 것이다.
③ 고고학자들은 자주 자료와 아이디어를 분석하라는 요구를 받는다.
④ 진정한 고고학은 모험 반, 시간 소모적인 정신적 노동 반이다.

28

정답 ②

정답의 단서 My stepfather once told me that you will **never** be alone if you learn to make friends with yourself.
→ will never… if… (~한다면 결코 ~하지 않을 것이다) 패턴을 사용하여 강력하게 주장을 드러내고 있다. "make friends with yourself(스스로와 친구가 되라)"가 글쓴이가 강조하고자 하는 메시지가 된다.
If we can't become…, we will be **incapable** of being friends with anyone else.
It is **impossible** for us to give something that we do not possess.
→ incapable과 impossible 등 계속적으로 부정어를 사용하여 주장을 재차 강조하고 있다.
We **have to** make friends with ourselves… → have to를 사용하여 직접적으로 주장을 밝히고 있으며, 첫 번째 문장에 나왔던 make friends with ourselves라는 표현을 재차 사용함으로써 그 중요성을 강조하고 있다.

해석 내 양아버지께서는 언젠가 나에게 스스로와 친구가 되는 법을 배운다면 결코 외롭지 않으리라고 말씀하셨다. 우리가 우리의 인생에서 가장 많은 시간을 함께 보내는 사람은 우리 자신이다. 이것이 바로 우리가 스스로와 강한, 사랑의 관계를 맺어야 하는 이유이다. 우리가 스스로에게 줄 수 있는 가장 큰 선물은 자부심이라는 선물이다. 만약 우리가 거울 속에 비치는 그 인물과 친구가 될 수 없다면, 누구와도 친구가 될 수 없을 것이다. 우리가 소유하지 못한 것을 주는 것은 불가능한 일이다. 그래서 우정은 내면에서 시작해야 한다. **우리가 강한 자아 이미지를 만들고 자존감의 수준을 향상시키고자 한다면, 우리는 스스로와 친구가 되어야 하고 자신을 인정하는 법을 배워야 하며, 우리 자신을 받아들여야 한다.** 당신의 가장 최악의 적과 최고의 친구는 매일 매일 거울속의 당신을 보고 있다. 당신의 선택이다. 이곳에서 올바른 선택을 하는 법을 배워야 한다. 당신의 자아상과 자부심은 거기에 달려있다.

① 우리는 누구를 친구로 삼을지에 대해 반드시 주의를 기울여야 한다.
② 친구로 삼기에 가장 중요한 사람은 우리 자신이다.
③ 높은 자존감과 자아상은 다른 이들과 우정을 쌓는 데에서 나온다.
④ 우리 스스로를 해야 하는 것만큼 사랑하기란 쉽지 않다.

02 · 빈칸 채우기

01

정답 ③

정답의 단서 첫 문장에서 사람들이 광대에 대해 점점 더 위협적 이미지(the idea of clowns frightening people)를 갖게 되었다고 하고, 계속해서 여러 예를 들어 그 이미지가 어떻게 커져 갔는지를 보여준다.

하지만 빈칸이 들어 있는 문장에 이르러서는 광대들이 폭력을 행사한 그 어떠한 보고도 없었으며(no reports of violence), 많은 사람들이 광대를 목격했다는 진술도 거짓으로 드러났다고 하였다. **Although** there were usually no reports of violence, and many of the reported sightings were later found to be false, this _____.

빈칸의 문장이 "**although**"로 시작하고 있으므로, "**비록 …하였으나, 결국 …하였다**"의 맥락이 되어야 한다. 비록 광대가 위협적(frightening)이라고 할 만한 충분한 근거는 없어도, 이미 광대에 대한 소문들이 그렇게 퍼졌기 때문에, 이러한 일련의 사태들이 결국은 "national panic"을 낳았을 것이라고 짐작할 수 있다.

해석 광대가 사람들을 위협한다는 생각은 미국에서 힘을 얻기 시작했다. 예를 들어, South Carolina에서는, 사람들이 광대 의상을 입은 사람들이 종종 밤에 숲이나 도시에 숨어 있는 것을 목격했다고 보고했다. 어떤 이들은 광대들이 어린아이들을 빈집이나 숲으로 유인하려고 한다고 말했다. 곧, 아이와 어른 모두를 놀라게 하는 위협적인 외모의 광대에 대한 보도들이 있었다. 비록 보통은 폭력이 있었다는 보고는 없었을지라도, 그리고 보고된 목격사례들의 상당수가 나중에는 거짓으로 밝혀졌을지라도, 이 보도는 **전국적인 공황사태를 야기했다.**

① 서커스 산업에 도움이 되었다.
② 광고에서 광대의 사용을 촉진했다.
③ 전국적인 공황 사태를 야기했다.
④ 행복한 광대의 완벽한 이미지를 만들었다.

02

정답 ①

정답의 단서 → 일하는 사람과 득을 보는 사람이 따로 있음 (**people who do the work** & **people who benefit from it**)
→ 조직에 있어서의 그런 불공평의 예(In organizations, you may see…)
→ 대인 관계에 있어서의 그런 불공평의 예(In personal relationships, you may see…)
→ 불공평한 현재 어느 곳에서나 여전하다(Unfairness is still rampant everywhere) : 앞의 불공평한 현상들을 **unfairness** 라는 단어로 명시함. 즉, 불공평의 만연이 주제가 됨.

→ "_____"은 불공평을 여실히 보여 주는 속담이다 : 이 현상 (**this phenomenon**), 즉 불공평을 반영해 주는 속담이 답이 됨.

해석 당신이 관찰력 있는 사람이라면, 당신은 예전에 이러한 상황들과 마주쳤을지도 모른다. 어떤 관계에서는−그 관계가 사적이든 공적이든−일하는 사람이 있고 일에서 득을 보는 사람이 있다. 그리고 불행히도, 이 두 그룹은 항상 똑같진 않다. 아마도 당신은 조직에서 모든 업무 수행을 직원들에게 맡기되 그러한 모험으로 이익의 대부분을 얻는 리더들이 있다는 것을 알게 될 것이다. 더욱이 이런 리더들은 직원들이 한 일에 대한 모든 공을 다 차지하고 어떠한 영광도 나누지 않는다. 대인 관계에서도 이런 현상을 볼 수 있다. 돈을 모으려고 열심히 일하는 사람이 있는 반면, 그 누군가는 그 이득을 거두어 가면서 자기 몫(역할)을 다하지 않는다. 불공평은 우리 주변의 모든 곳에 여전히 만연해 있으며, 옛말 중에 '**어지르는 사람 따로 있고 치우는 사람 따로 있다.**'는 말은 우리가 이 현상을 돌이켜 생각해 보게 한다. 이 말은 이런 현상에 대한 적절한 표현이며, 또 그런 현상이 인간 관계에 존재하고 있음을 늘 잊지 않게 해 주는 데 있어 무척 유용한 방법이다.

① 어지르는 사람 따로 있고 치우는 사람 따로 있다.
② 자신이 쓸 땔감은 직접 패라. 두 배 더 따뜻할 것이다.
③ 근면은 행운의 어머니이다.
④ 부자는 내년을 생각하고 가난한 자는 현재를 생각한다.

03

정답 ③

정답의 단서 → 엄격한 차별은 강한 팀을 만든다(Rigorous differentiation delivers real stars) : 주장을 제시
→ 어떤 이들은 차별이 사기를 꺾는다고 말한다.(Some contend that differentiation is bad for morale.)
→ 그 말에 동의할 수 없다.(**Not in my world.**) : 다른 사람들의 의견에 강하게 반박함으로써 자신의 주장을 분명하게 드러낸다. **They say**… 다음에 나오는 말은 앞에서 언급한 다른 사람들의 주장, 즉 **differentiation is bad for morale**을 가리킨다.
→ 야구선수 팀의 예시 (Just look at the way baseball teams …)

해석 엄격한 형태의 차별은 진정한 스타를 낳고 스타는 사업을 크게 성공시킨다. 누군가는 차별이 사기를 꺾는다고 주장한다. 그들은 **차별 대우가 팀워크 정신을 약화시킨다**고 말한다. 내게는 가당치도 않은 얘기다. 팀원을 다르게 대우해야만 강한 팀을 만든다. 야구 팀이 20승 투수와 홈런을 40개 이상 날린 타자에게 지불하는 액수만 봐도 알 수 있다. 그 선수들의 상대적 기여도는 수치만 봐도 알 수 있을 정도이지만, 그들은 여전히 팀의 일부이다. 모든 선수가 그 게임에 지분이 있다고 느껴야 한다. 그렇다고 해서 그

팀의 모든 선수가 똑같은 대접을 받아야 한다는 뜻은 아니다. 나는 최고의 선수를 출전시키는 것이 야구에서 가장 중요하다는 것을 배웠다. 어떤 팀이든 최고의 선수로 구성된 팀이 이겼으니 말이다.
① 팀 구성은 능력을 근간으로 해야 한다
② 관리자는 각 개인의 개별적인 노력을 인지해야만 한다
③ 차별 대우는 팀워크를 좀먹는다
④ 책임은 공정한 업무 평가의 합당한 결과이다

04

정답 ④

정답의 단서 글쓴이의 개인적 경험을 바탕으로, 효과적으로 의사를 전달하고자 하는 사람들이 명심해야 할 교훈을 전달하는 글이다. 첫 번째 문장에서 remember that _____ 이라고 하였으므로 빈칸 부분에는 교훈에 해당하는 말이 들어가야 한다. 글쓴이는 어릴 적 겪은 flea marke에 대한 경험과 비즈니스 워크샵에서의 "storage facilities"와 관련하여 겪은 경험을 토대로 개인적 경험에 따라 특정 용어에 대한 해석과 이해가 달라질 수 있다는 점을 보여주고 있다. 따라서 빈칸에 해당하는 교훈은 "개인적인 경험이 해석에 영향을 미친다(personal experience affects interpretation)"는 내용이 되어야 한다.

해석 능숙한 커뮤니케이터가 되기 위해서는 **개인적인 경험이 해석에 영향을 미친다**는 점을 기억하자. 나는 남부의 목화 농장에서 자랐는데, 거기에서 우리는 목화바구미와 다른 해충들을 위해 정기적으로 고사(나무의 잎을 모두 따 버리는 것)를 시켰고, 이웃들은 양봉을 얻기 위해 벌을 샀으며, 부화장을 위해 갓난 병아리들을 샀다. 내가 10살쯤 되었을 때 가족과 자동차를 타고 휴가차 전국을 여행다니는 길이었는데, 누군가가 창밖을 가리키며 "벼룩시장"이라고 소리쳤다. 나는 벼룩 번식지를 상상하며 창고처럼 보이는 구조물에 눈을 돌렸다. (난 벼룩시장을 본 적은 없지만 벼룩은 숱하게 봐 왔다.) 마찬가지로, 내가 휴스턴 고객을 위한 비즈니스 글쓰기 워크숍에서 "저장 시설"이라는 표현을 쓸 때, 사람들은 "오일 탱크"를 떠올린다. 실리콘 밸리에서는, "저장 창고"라는 말은 그들의 회사에 있는 서버의 저장 창고 또는 클라우드에 있는 웹사이트를 떠올리게 한다.
① 기후가 범위의 경제를 결정한다
② 지식은 공교육에 의해 한정된다
③ 언어는 사람에 의해 객관적으로 사용된다
④ 개인적인 경험이 해석에 영향을 미친다

05

정답 ①

정답의 단서 → 서양인들의 인식 : 예술은 지적으로 시시한 직업이다(the arts are intellectually undemanding occupations)
→ 예술은 지적으로 열등하다는 생각은 플라톤으로 거슬러 올라간다(The assumption that the arts are intellectually inferior reaches back to Plato.)
→ 플라톤은 "_____"라고 주장한다.(Plato argued for _____.)
바로 앞에서 예술이 지적으로 열등하다는 생각이 플라톤으로 거슬러 올라간다고 했으므로 플라톤 역시 예술을 열등하다고 믿었다는 말이 된다. 따라서 빈칸에는 "예술의 열등한 지위"에 대한 내용이 알맞다. 또한 바로 뒷문장에서 **be superior to**라는 표현을 통해 빈칸의 내용을 유추해 볼 수 있다. he(=Plato) presumed [The archetypes that the rational mind can grasp in their cold purity] to **be superior to** the knowledge given in perception.

해석 예술이 지적인 능력을 덜 요구하는 직업으로서 향락이나 기분 전환용 소일거리에나 적합하다는 믿음은 서양인의 심리에 깊이 새겨져 있다. 서구의 문화 역사상 지적 거장을 열거해 보라고 하면 사람들 대부분은 렘브란트나 피카소 이전에 아인슈타인이나 뉴턴을 언급할 것이다. 알고 이해하는 면에 있어서 예술이 지적으로 열등하다는 생각은 적어도 심리학이 태동하기 2,000년 전부터 있었으며, 플라톤까지 거슬러 올라간다. 진정한 지식을 얻을 수 있는 궁극의 원천으로서 '이상형'에 애착을 보였던 플라톤은 **예술이 낮은 지위에 있다**고 주장했다. 플라톤은 이성이 그 차가운 순수함으로 파악할 수 있는 원형은 감각의 왜곡에서 벗어나며, 그럼으로써 (이성은) (감각적) 인지를 통해 얻어진 지식보다 우위에 설 수 있다고 생각했다. 자연 현실에 기반을 둔 감각적 지식은 이러한 이상형들의 불완전한 복사와 모방으로 이루어졌다. 더욱이 예술 작품 속의 대상들은 모방된 것을 모방한 것이니 두 배로 열등할 수밖에.
① 예술의 더 낮은 지위
② 예술과 과학 사이의 균형
③ 자연에 대한 지식의 열등
④ 감각적 인지를 위한 예술의 중요성

06

정답 ①

정답의 단서 → 대화(인터뷰)를 이끌어가는 것은 면접관에게 달려 있다(It is up to the interviewer to guide or facilitate the conversation.)
→ 인터뷰에는 두 가지 방법이 있다(two ways; **a structured approach** and **a semi-structured approach**.)
→ 반(半)구조적 접근법은 느슨하고 융통성 있다(This is very much a **looser** and **more open** technique.)
→ 따라서 이 방법은 _____ 하다(This can mean _____.)

앞에 나온 semi-structured approach에 대한 설명에서 looser와 more open이라는 단서가 나와 있다. 이는 "이미 정해진 순서에 덜 구속된다"는 의미가 되므로 ① not rigidly adhering to a preset order가 답이 된다.

[해석] 여러 면에서, 인터뷰란, 수집되는 실제적인 데이터가 누군가가 내뱉는 말의 형태로 되어 있는, 목적을 지닌 대화라고 볼 수도 있다. 그 대화를 이끌어 가거나 더욱 활기차게 조성하는 것은 면접관에게 달려 있다. 이것은 두 가지 방법으로 이루어질 수 있다. 설문 조사와 같은 구조적 접근도 있지만, 면접에서 보통은 좀 더 반(半)구조적 접근을 따른다. 이것은 훨씬 더 느슨하고 더 열린 방식의 기법이다. 면접관은 면접자들이 질문받는 부분에 대해 경험한 것이나 느꼈던 것에 대해 이야기하고 표현할 수 있게끔 하는 데에 역점을 두면서, 면접관 자신들이 알고 싶어 하는 특정 주제들에 대해서 질문할 것이다. 그래서 정해진 질문지를 갖기보다는, 면접관이 특정 분야나 사안에 관한 큰 틀을 가지고서 면접이 진행되는 동안 적합한 타이밍이라고 생각될 때 그 분야나 사안들을 다루게 될 것이다. 이것은 **미리 정해진 순서에 지나치게 매달리지 않는다는 것**을 의미한다.
① 미리 정해진 순서에 지나치게 매달리지 않는다는 것
② 어떠한 개요 없이 대화하는 것
③ 면접자는 면접관의 질문에 집중한다는 것
④ 정해진 안건에서 벗어날 수 없다는 것

07

[정답] ①

[정답의 단서] 빈칸 부분은 거의 대부분 글의 핵심 내용과 결부되어 있다. 이 글의 핵심은 **It is … that …** 강조 용법(cleft sentence)에 잘 드러나 있다. → It is **the attempt to meet specially constricted challenges** that **explains a great deal of what makes sports so special to spectators and participants alike**. 강조하고자 하는 부분을 It is ~ that 사이에 놓으므로 the attempt to meet specially constricted challenges가 핵심이다. 관객이든 선수든 모두 다에게 스포츠가 특별한 이유는 인간은 공통적으로 난관을 극복하려 한다는 점이다. 그리고 이것이 하나의 human drama가 되고, 세계의 많은 사람들이 스포츠를 즐기는(share a love of sports) 이유가 된다.

[해석] 스포츠는 일반적으로 규칙으로 만들어진 특별한 시련을 이겨내려 노력하는 사람들이 한 부분을 차지한다. 예를 들어, 축구공은 반드시 손을 쓰지 않고 몰고 가야 한다. 시련을 이겨내는 과정에서, 선수들은 엄청난 압박 속에서 성공하기도 하고 실패하기도 하며, 놀라운 기술을 보여 주기도 하고, 때로는 압박을 받는 상황 속에서 차분함과 같은 장점을 발휘하거나 누가 봐도 알 수 있을 정도로 이기심 같은 단점을 보여 주기도 한다. 특별히 힘든 도전을 이겨내기 위한 시도는 관중과 선수들 모두에게 스포츠가 왜 특별한지를 잘 설명한다. 스포츠를 하거나 다른 이들이 경기하는 것을 보는 것은, 좁고 구체적인 범위로 보면, 시련을 이겨내려 애쓰기도 하고 어떤 이의 능력을 시험하는 인간 드라마—온갖 상황에서 우

리가 매일 직면하고 실제로 인류 문명을 견인하는 것—의 한 장면을 보는 것과 같다. 우리가 스포츠를 이런 방식으로 볼 때, 전 세계 사람들이 거의 공통점이 없어도 **스포츠에 대한 사랑을 공유할 수 있다**는 건 놀라운 일이 아니다.
① 스포츠에 대한 사랑을 공유하다
② 서로의 문화를 이해하다
③ 다른 스포츠 팀과 협력하다
④ 스포츠 규칙을 이해하다

08

[정답] ①

[정답의 단서] 글의 주제는 이미 첫 문장에 제시되어 있다. Humans have long associated food with community,… 즉, 음식과 지역사회와의 강력한 연관성을 강조한다. 음식을 구하고 보전하려면 협동이 필요하기 때문이다. 그리고 계속해서 나오는 키워드들은 음식의 공유를 강조한다(have **shared** with → this practice of **sharing** survived). 따라서 음식을 먹는 즐거움은 개인적인 것이 아니라 **지극히 사회적(deeply social)**이라는 결론을 도출할 수 있다.

[해석] 식량을 찾고 보존하는 것이 협동을 필요로 했기 때문인지 인간은 오랫동안 식량을 공동체와 연결지었다. 고기를 사냥하는 이는 식물류를 채집하던 이와 틀림없이 몫을 나누었을 것이다. (식물을 채집할 때 들인) 그 많은 노력이 성공을 거뒀을 때 (그 노력에) 과연 얼마나 많은 영예가 주어졌는지 알 길은 없지만, 사람들 대부분이 식물을 채집하는 이가 제공했던 열매, 씨앗, 채소에 주로 의존했다는 것은 알고 있다. 그리고 이러한 나눔의 관습은 빵을 함께 쪼갠다는 의미인 "companion"이라는 단어에 증거로 남아 있는 것처럼 농경사회가 도래한 후에도 살아남았다. 현대 미국에서조차 그 음식에 해당하는 옛말이 사라지는 한이 있더라도—이탈리아어의 대가 끊길 때조차도 파스타에 대한 애정만큼은 시칠리아 이민 2세대까지 이어진 것처럼—식습관은 대대로 전해졌다. 몇천 년간 인간은 죽은 자, 혹은 신과 먹고 마시며 그들과 교감했다. 먹는 것의 즐거움은 지극히 **사회적인** 것이다.

09

[정답] ③

[정답의 단서] 빈칸의 앞 문장들에서 overcrowding and urban sprawl의 문제를 언급하고 있으며, territorial boundary를 초과했을 때 건강한 동물도 죽을 수 있다고 말하고 있다. 이 모든 예시들은 결국 "공간(space)"의 개념과 연결된다.
[글의 흐름]
→ 사회적 영향(social influences)의 중요성
→ 사회적 영향 중에서도 밀집의 문제가 가장 현저하다(The issue of overcrowding and urban sprawl is most notable.) : "가장 주목할 만하다/현저하다"라는 뜻의 **most notable**이라는 표현을 통해 주제를 강조하고 있다.

→ 건강한 동물도 개별 공간(③ personal space)이 협소하면 죽는다.
→ 개별 공간의 필요성 → 인간도 마찬가지(This includes humans.)

해석 오랜 시간 동안 사회적 영향은 주어진 환경을 극복할 수 없는 개인의 고난을 설명하려는 연구의 주제였다. 가장 주목할 만한 점은 인구 과밀과 도시 확산 현상에 대한 문제이다. 몇몇 종을 대상으로 진행된 고전적 연구들은 어떤 동물의 개체 수가 공간적 수용 한계를 초과하면 먹이나 물이 풍부하더라도 건강해 보였던 동물들이 죽는다는 것을 보여 주었다. 이처럼 **개별 공간**의 필요성은 동물의 왕국에서 보편적인 것으로 나타난다. 이것은 인간에게도 해당되는데, 복잡한 도시에 살거나, 교통 체증에 갇히거나, 계산대의 긴 줄에서 기다리거나, 혹은 **개별 공간**을 침범당할 때마다 동물과 마찬가지로 불만의 신호를 보내기 시작한다. 이 특이한 사회적 영향은 자연적으로 본능에 잠재되어 있는 것일 수도 있다.
① 공공의 안전 ② 사회적 정의 ③ 개인적 공간 ④ 적절한 영양

10
정답 ④

정답의 단서 첫 번째 문장에서 어떤 활동이나 다른 이와 함께 있는 시간을 너무 즐기는 다른 나머지 중요한 것을 놓칠 수 있다고 함으로써 어떤 것에 너무 치우친 태도의 문제점을 제기하고 있다. → you may enjoy an activity or someone's company **so much that** you lose track of other important things to do.
또한 다음 문장에서 그러한 태도가 일생일대의 불행을 가져올 수 있다고 경고하고 있다. → This(=enjoy an activity or someone's company) can lead to a lifetime of misery.
다음 문장에 나오는 overindulge라는 단어는 앞에 나온 태도의 문제점을 압축해서 드러내고 있다. → Many things… may have a harmful effect on our health, well-being, or progress if we **overindulge in** them.
빈칸이 들어 있는 문장에서는 그러한 문제에 대한 해결책을 제시한다. → _____ is a virtue that is sometimes learned the hard way.
( )이 미덕(virtue)이라고 했으며, 결국 빈칸에 해당하는 것이 앞에서 언급한 문제들의 해결책임을 알 수 있다. 앞에서 언급한 문제들은 재미있는 것에 지나치게 열중하는(overindulge) 문제라고 했으므로 그 문제를 해결할 수 있는 미덕은 절제할 줄 아는 태도, 즉 "중용"이라고 볼 수 있다.

해석 즐거운 시간을 보내면 시간은 쏜살같이 간다. 때때로 어떤 활동을 즐기느라, 혹은 누군가와 너무 즐겁게 시간을 보내는 통에 해야 할 다른 중요한 일을 잊는 경우도 있을 것이다. 하지만 그럴 경우 당신은 일생일대의 비참함을 겪게 될 수도 있다. 맛이 좋거나 우리를 기분 좋게 하는 것들은 지나치게 탐닉하면 우리의 건강과 안녕, 또는 발전에 좋지 않은 영향을 줄 수도 있다. 순간의 화려한 유혹에 빠지기란 너무도 쉬워서 우리의 진짜 목표를 잊기 쉽다.

중용은 때때로 경험을 통해 배우는 미덕이다. 물론 살면서 누리고 싶은 모든 즐거움과 기쁨을 자제하면서 중요한 일을 놓치지 말라고 충고하는 것은 쉽지만, 특히 아직 어리고 마치 세상을 정복할 수 있을 것만 같이 느껴질 땐 이 조언을 실행에 옮기란 더 어렵다. 하지만 연습은 당신을 완벽하게 만든다. 그러니 계속 노력하라.

11
정답 ②

정답의 단서 첫 문장에서 고난(hardship)은 인생에서 언제나 일어날 수 있다고 말하는 동시에, 두 번째 문장에서는 그 고난의 시기(tough times)가 종종 인생의 교훈을 동반한다고 주장한다. But this is life, and tough times(=hardship) often accompany life lessons. 따라서 포기하지 않는다면(don't give up!), 그 역경이 우리를 더 강하게 만들 것이라고 강조한다. → it (hardship) will make you stronger. 마지막 문장의 gain a sense of strength는 결국 앞문장의 stronger이란 의미를 다시 한 번 힘주어 강조하는 역할을 한다. 따라서 더 강해지려면 앞에서 준 조언들처럼 역경을 삶의 일부처럼 받아들이라(② embracing adversity)는 내용이 알맞다.
③ **go overboard**는 너무 열의에 차서 어떤 일을 정도가 지나치게 할 경우에 쓴다. 예 I told her just to cook a simple meal but she went completely overboard.(나는 아내에게 간단한 요리를 하라고 했는데, 아내는 완전히 진수성찬을 차렸다.)
④ **take matters into your hands**는 남이 와주기를 기다리거나 남이 해 주기를 기다리다 지쳐 스스로 일을 처리할 때 쓸 수 있는 표현이다. 예 The police were doing nothing about finding my car, so I decided to take matters into my hands and look for it myself.(경찰은 내 차를 찾는 것에 있어서 아무 일도 안 하고 있었기에 내가 직접 찾아 나서기로 결심했다.)

해석 살다 보면 고난에 직면할 때가 많습니다. 원하는 대로 일이 풀리지 않거나 반대에 부딪힐 때도 있고, 삶이란 게 어려운 것이다 보니 하는 일마다 좌절을 겪을 때도 있습니다. 그게 바로 인생이고, 힘든 순간은 종종 삶의 교훈을 동반합니다. 교훈이 어려울수록 헤쳐 나가는 게 더 어려워질 겁니다. 당신의 세상이 무너지는 것처럼 느껴지더라도 포기하지 마세요! 힘든 상황은 의연하게 대처해야 하는 것으로 여기고, 긍정적인 마음으로 그것을 극복하기 위해 굳게 마음먹으세요. 힘든 상황이 목숨을 앗아가지 않는다면 사람을 더 강하게 한다는 말을 항상 들었고 종종 사실로 증명되기도 합니다. **역경을 껴안음**으로써 당신의 영혼은 강인해지는 겁니다.

12

정답 ②

정답의 단서 첫 번째 문장에서 의사가 슬픈 영화나 비극적인 영화를 보는 것(watching sad or traumatic movies)을 권할 수 있다고 하였다. 즉, 그러한 슬픈 영화나 비극적인 영화를 보는 것 자체가 치료법이 될 수 있다는 의미다. 그리고 빈칸이 들어 있는 두 번째 문장에서 그러한 비참한 느낌을 주는 영화를 보는 것(watching distressing movies)를 보는 것이 ( )할지도 모른다고 하였으므로, 빈칸에는 그 영화의 치료 효과가 들어가는 것이 알맞다. 뒤의 연구 결과에 치료 효과가 구체적으로 설명되어 있다. movies that get your emotions going(=distressing movies)가 엔돌핀을 증가시키고, 그 엔돌핀은 자연 진통제(natural painkillers)의 역할을 한다고 했으므로 빈칸에는 통증(pain)에 대한 인내를 강화할 수 있다는 내용이 알맞다. 또한 마지막 두 번째 문장의 Dr. Robin Dunbar의 말에서도 비극(tragedy)에서 얻는 감정적 비탄(distress)이 엔돌핀을 유발한다(trigger)고 되어 있다.

해석 슬프거나 비극적 영화를 보라는 것이 때로는 의사의 처방일 수도 있다. 새로운 연구는 비참한 영화가 **고통을 참고 견디는 인내력을 향상시킬** 수도 있다는 것을 밝혀냈다. 옥스퍼드 대학교 연구자들은 감정을 일으키는 영화는 뇌에서 분비되는 엔도르핀 수치를 증가시킨다고 말한다. 엔도르핀은 우리 몸에서 나오는 천연 진통제인데, 육체적 혹은 정신적 고통을 겪고 났을 때 기분을 좋아지게 해 주는 화학 물질이다. 그 연구의 공동 저자인 Robin Dunbar 박사는 "불행한 일에서 오는 감정적인 고통은 엔도르핀 시스템을 촉발합니다."라고 설명했다. 그는 다음과 같이 덧붙였다. "뇌의 신체적인 고통을 처리하는 영역에서 심리적인 고통도 다루거든요."

13

정답 ②

정답의 단서 Anyone who has ever achieved any degree of success knows that _____.
어느 정도의 성공을 해 본 사람이라면 ( )라는 것을 안다고 했고, 이어지는 문장에서는 성공이란 무엇을 의미하는지를 서술하고 있다. 따라서 빈칸에는 뒷문장의 성공의 본질과 의미상 연결되는 내용이 와야 함을 예상할 수 있다. 성공은 **commitment, discipline, and persistence**의 어깨 위에 탄생되어야 한다고 했다. 즉 충분한 노력과 인고의 시간을 필요로 한다는 의미가 된다. 그리고 바로 뒤 Yet으로 이어지는 문장에서는 성공을 너무 쉽게 여기는 아이들의 태도를 꼬집고 있다. 이어서 Hilary Duff, Haley Joel Osment, Sarah Chang과 같은 성공한 사람들의 예를 들며 아이들이 그들의 성공만 볼 뿐 그 이면에 드러나지 않은 노력의 세월을 보지 못한다고 비판한다. → but they don't see the **many years of determination, practice, and sacrifice** that got them to the top of their professions. 마지막 문장에 actually라는 단어를 써서 아이들의 생각과는 달리 보통 10년이 걸리는 노력이 세월이 필요함을 역설한다. →

Children don't realize that overnight successes are **actually,** usually ten years in the making. 글 전체에서 강조하는 성공의 본질은 "쉽게 얻어지지 않는 것"임을 알 수 있다.

해석 어느 정도 성공을 거둔 적이 있는 사람이라면 누구나 **인생에서 소유할 가치가 있는 것은 결코 쉽게 얻을 수 없다**는 것을 안다. 성공은 헌신과 단련, 그리고 끈기의 산물이다. 하지만 우리의 대중문화는 매우 다른 메시지를 아이들에게 전달한다. 성공은 어렵거나 시간이 오래 걸리는 일이 아니라는 것이다. 대중문화는 순식간의 성공(벼락 스타, 일확천금 등)이나 살을 금방 뺄 수 있게 해 주는 알약, 그리고 10년 더 젊어 보이게 만들어 주는 '획기적인' 제품들에 관한 이야기로 가득하다. 아이들은 Hilary Duff와 Haley Joel Osment와 같은 젊은 배우나 바이올리니스트 Sarah Chang과 같은 음악 천재는 보지만, 그들을 자기 분야의 정상에 있게 한 오랜 각고의 시간과 실천, 희생은 보지 못한다. 갑작스러운 성공(처럼 보이는 것)을 거두기까지 실제로는 대개 10년이 걸린다는 사실을 아이들은 알지 못한다.
① 한 사람이 큰 차이를 만든다
② 인생에서 소유할 만한 가치가 있는 것은 쉽게 얻어지지 않는다
③ 부모는 자녀를 있는 그대로 받아들여야 한다
④ 어떤 일을 하는 데는 항상 또 다른 방법이 있다

14

정답 ②

정답의 단서 첫 번째 문장 it's easy to assume that… 은 일반적인 믿음이나 통념에 해당한다. 바로 뒷문장이 **Yet(= However/But)**으로 시작되면서 앞의 통념을 반박한다. 따라서 두 번째 문장이 주제문이 된다. 주제문에서 잠깐씩(occasional) 아무것도 안 하고 철저하게 휴식을 취하는 것(do literally nothing=undisturbed rest)이 괄목할 만한 기억력 향상(memory-boosting)을 가져온다고 했다. 이 글의 마지막 문장은 그 주제를 뒷받침하는 실험 결과를 요약해 준다. 쉬지 않고 새로운 정보를 받아드리게 되면 기억이 망가지기 쉽다(fragile)고 하였고, 이와 문맥상 의미가 통하는 것은 susceptible to(~에 민감한, ~에 걸리기 쉬운, ~에 영향받기 쉬운)가 된다.

해석 새로운 자료를 암기하려고 할 때, 더 많은 일을 할수록, 더 잘 할 것이라고 생각하기 쉽다. 하지만 가끔씩 휴식 시간(말 그대로 아무것도 하지 않는 시간)을 갖는 것이 여러분에게 필요한 것일 수도 있다. 방해받지 않는 휴식의 놀라운 기억력 향상 효과는 1900년 독일의 심리학자 조지 엘리아스 뮬러와 그의 학생 알폰스 필제커에 의해 처음 기록되었다. 기억력 강화에 관한 그들의 많은 실험들 중 하나에서, 뮬러와 필제커는 처음으로 참가자들에게 의미 없는 음절 목록을 배우라고 요청했다. 짧은 학습 기간 후에 그룹의 절반이 즉시 두 번째 학습 목록을 받았고 나머지는 6분 동안 쉬었다가 계속했다. 1시간 반 후에 테스트를 했을 때, 두 그룹은 현저하게 다른 기억 패턴을 보였다. 휴식을 취한 참가자들은 그들이 받은 목록 내용의 거의 50%를 기억했는데, 이것은 그들의 정신 배터리를 재충전할 시간이 없었던 그룹의 평균 28%와 비교된

다. 그 결과는 우리의 기억이 처음 인코딩된 직후에 새로운 정보를 받게 되면 기억이 망가지기 쉬우며, 결국 새로운 **정보의 간섭에 우리의 기억은 더욱 취약해진다는** 것을 보여줬다.
① (간섭으로 인해) 기억력을 강화하게 된다
② (간섭에) 기억을 더욱 취약하게 만든다
③ (간섭에) 상관없이 우리의 기억에 참견한다
④ (간섭으로부터) 철저히 차단하게 하다

15

정답 ③

정답의 단서 글의 첫 번째 문장에서는 예술가와 그들의 작품이 미래 지향적이고, 반항적이며, 반체제적일 것이라고 생각하는 서구 사람들의 통념을 보여준다. 하지만 그 다음 문장에서 Although this is often true… 라는 패턴을 통하여 그 반대의 주장을 드러낸다. Although it is often true / is often believed는 "사회적 통념+But/However…"의 패턴과 마찬가지로 통념에 반하는 주장을 드러낼 때 자주 사용된다. 글쓴이는 예술이 오히려 기존 사회 문화 체제를 강화하는(reinforce) 역할을 해 왔다고 주장하며, For example,…에서 그 구체적인 예를 들고 있다. 마지막 빈칸 문장은 결국 글쓴이의 주장을 재확인하는 부분이므로, 현 상황 또는 체제에 기여한다(contribute to the status quo)라는 내용이 와야 한다.

해석 서구 세계에서 예술가와 예술 작품은 미래 지향적이고 반항적이며 종종 반체제적이라는 것이 대중의 인식이다. 현대 서구 사회에서 이것은 종종 사실이긴 하지만, 다른 사회에서 발견되는 (그리고 실제로 지난 몇 세기에 걸쳐 우리의 서구 전통에서 발견되기도 하는) 예술 작품 대부분은 기존의 사회 경제 체제를 강화하는 기능을 하기도 한다. 예를 들어, 예술로 젊은 세대에게 중요한 문화적 가치관을 주입하거나 젊은 세대가 사회적으로 용인되는 방식으로 행동하도록 강하게 유도할 수 있으며, 계층 구조의 불평등에 힘을 실어 줄 수도 있다. 예술이 **현 상황에 기여할 수 있다**고 말할 수 있는 것이다.
① 사회에 해를 끼친다
② 우리에게 새로운 생각을 열어 준다
③ 현 상황에 기여할 수 있다
④ 인간의 조건을 바꾼다

16

정답 ①

정답의 단서 We have seen both witnesses and lawyers adopt an overly casual demeanor or use slang in an attempt to _____.(우리는 증인과 변호사 모두가 _____ 하기 위해 지나치게 격식 없는 태도를 취하거나 속어를 사용하는 것을 보아 왔다.)
빈칸의 "~하기 위하여"에 해당하는 내용은 뒤에 이어지는 예시를

통해 파악할 수 있다. 예시의 핵심은 "보수적인 백인 변호사가 흑인 배심원들의 환심을 사기 위해(to appeal to black jurors) 흑인 빈민가에서나 사용하는 속어를 쓰거나 마틴 루터 킹과 같은 아프리카계 미국 유명 인사를 들먹인다"는 것이다. 이 예시에 따르면, in an attempt to 다음에 올 내용은 "흑인 배심원들의 환심을 사기 위해(to appeal to black jurors)"라는 내용과 대응해야 한다. use slang in an attempt to **identify with the jury**=try to **appeal to black jurors** with the use of ghetto slang

해석 우리는 증인과 변호사 모두가 **배심원단과 동질감을 갖기** 위해 지나치게 격식 없는 태도를 취하거나 속어를 사용하는 것을 보아 왔다. 우리가 다루는 많은 사건은 로스앤젤레스 중심가에 있는 법정에서 진행되는데, 그곳에서는 어떤 특정 재판의 배심원 상당수가 아프리카계 미국인이다. 우리는 부유하면서 교양 있고, 보수적인 백인 변호사가 흑인 배심원들에게 흑인 빈민가에서 사용하는 속어를 쓰거나 마틴 루터 킹 혹은 다른 아프리카계 미국 유명 인사를 반복적으로 언급하면서 호소하려고 하는 것을 보아 왔다. 한번은 어떤 변호사가 배심원 선정 과정 중에 배심원에게 자신이 가장 좋아하는 영화감독은 Spike Lee라고 말하기까지 했다. 이건 정말 그릇된 시도였다. 그런 뻔한 흉내는 생색을 내는 것 마냥 작위적으로 비춰져서, 그 변호사가 배심원의 지성을 전혀 존중하지 않는다는 느낌이 전해졌기 때문이다.
① 배심원단과 동질감을 갖다
② 자신들의 활동을 못 알아듣게 하다
③ 교육 기준을 높이다
④ 자신들의 독특하고 분리된 정체성을 유지하다

17

정답 ④

정답의 단서 첫 번째 문장에서 Research from psychologists… suggests that…이라는 표현을 통해 알 수 있듯 연구 결과를 통해 이미 글쓴이의 주장을 전달하고 있다.
Research from psychologists… **suggests that** a slim body **might** get you places in the big city, **but** it(=a slim body) is a lot less useful in a small town.
suggests that 이하의 문장 구조를 보면, a slim body might…, but…으로 되어 있는데, 이는 두 가지 상황을 비교함으로써 주제를 강조하는 패턴이다. a slim body, 즉 날씬한 몸매가 도시에서는 먹힐지 몰라도 시골에서는 그렇게까지 유용하지 않다는 주장이다. 바로 뒤의 빈칸 문장은 이 주장을 뒷받침하는 구체적인 연구를 보여준다. Victoria Plaut, PhD, and colleagues polled 550 women on whether their _____ corresponded with their reported well-being and social connectedness.
빈칸 부분은 앞의 연구가 무엇에 관한 연구였느냐에 해당하는 부분이며, 앞에서 a slim body에 관련된 연구 결과가 선행되었으므로 체형이나 외모(physical attractiveness/appearance)에 해당하는 내용이 알맞다.

해석 조지아대학교와 캔자스대학교 심리학자들이 진행한 연구는

날씬한 몸매가 대도시에서는 잘 먹힐지 몰라도 작은 마을에서는 그다지 쓸모 있지 않다고 주장한다. Victoria Plaut 박사와 동료들은 550명의 여성을 대상으로 **신체적 매력**이 그들의 행복 및 사회적 유대 지수와 부합하는지 조사를 실시했다. Personal Relationships에 게재된 연구에 따르면 도시 지역에 사는 여성들에게서는 긍정적인 결과가 나왔지만 시골 지역에 있는 여성들에게는 그렇지 않았다. 연구자들은 그 이유가 도시 지역은 함께 어울리게 될 사람에 관해서는 훨씬 더 많은 사회적 선택권이 주어지는 반면에, 인구가 적은 시골 지역은 사회적 선택권이 거의 없기 때문일 수도 있다고 주장한다. "친구를 사귈 때 선택지가 많으면 외모와 같은 빠른 분류 체제가 필요합니다. 하지만 (시골처럼) 친구를 골라 사귈 수 있을 만큼 옵션이 많지 않을 경우에는 당신의 친구가 될 사람은 당신과 예전부터 아는 사이였을 가능성이 있습니다. 그래서 양질의 시간이 중요한 거죠."라고 Plaut는 설명한다.

① 성격 유형 ② 사회적 능력 ③ 학위 ④ 신체적 매력

18

정답 ②

정답의 단서 A dramatic example of _____ was provided by anthropologist Clyde Kluckhohn, who spent much of his career in the American Southwest studying the Navajo culture.

첫 번째 문장이 빈칸으로 설정되어 있는데, 사실 이 문장이 주제를 밝히고 있는 문장이기도 하다. 계속적 용법의 관계대명사 who로 이어지는 문장을 빼고 읽으면 문장의 의미가 훨씬 간명하게 들어온다. 즉, 앞으로 제시하는 예가 글쓴이가 주장하고자 하는 것을 아주 극적으로 잘 드러내 준다는 것이다. 하지만 다음에 이어지는 모든 문장을 다 읽지 않아도 다행히 글의 마지막 두 문장에 글쓴이는 자신의 주장을 다시 한 번 정확히 확인시켜 주고 있다. 특히 마지막 두 번째 문장은 Here is an excellent example of…라는 구조를 취함으로써 글의 첫 번째 문장과 동일한 형식이라고 볼 수 있다. 따라서 이 문장의 of 뒤에 오는 내용과 빈칸 내용이 서로 일치하는 내용이라는 것을 예측할 수 있다.
Here is an excellent example of **how the biological process of digestion was influenced by a cultural idea**.
=A dramatic example of _____ was provided by anthropologist Clyde Kluckhohn.

해석 **문화적 사고가 어떻게 우리의 생물학적인 과정에 영향을 미칠 수 있는지**에 대한 단적인 예가 연구 활동의 대부분을 American Southwest에서 Navajo 문화 연구에 쏟은 인류학자 Clyde Kluckhohn에 의해 제시되었다. Kluckhohn은 애리조나에 사는 (Navajo족은 아니지만) 자신이 아는 한 여인─음식에 대한 문화적 반응을 유발하는 데 별난 희열을 느꼈던─에 대한 이야기를 들려준다. 오찬 파티에서 그녀는 참치나 닭고기와 비슷하게 생겼지만 독특한 맛이 나는 흰 살 고기로 채워진 샌드위치를 자주 대접했다. 모든 이가 식사를 마친 후에야 그 여주인은 비로소 손님들에게 그들이 방금 먹은 것은 참치 샐러드나 닭고기 샐러드가 아

니라 방울뱀 샐러드였다고 알려 주곤 했다. 항상 누군가는 자신이 무엇을 먹었는지 알자마자 먹은 것을 토하곤 했다. 바로 이것이 소화의 생물학적 과정이 어떻게 문화적 생각에 의해 영향을 받는지에 대한 훌륭한 예시이다. 즉, 방울뱀 고기는 먹으면 안 된다는 문화적인 믿음이 정상적인 소화 과정에 심각한 문제를 유발한 것이다.

① 어떻게 음식이 서로 다른 문화를 화합시켰는지
② 문화적 사고가 어떻게 우리의 생물학적 과정에 영향을 미칠 수 있는지
③ 소통 단절을 피하기 위해 무엇을 할 수 있는지
④ 비언어적 의사소통에서 서로 다른 문화의 차이가 무엇을 의미하는지

19

정답 ①

정답의 단서 글의 마지막 부분이 빈칸으로 설정되어 있는 경우, 대개는 글의 주제나 결론을 담고 있다. 그리고 그런 글들의 상당 부분은 그 글의 처음 부분에 이미 주제를 밝혀 준다. 따라서 시간이 넉넉하지 않다면 굳이 글 전체를 다 읽을 필요 없이 빈칸 부분의 바로 앞 문장과 글의 서두만 읽어도 어렵지 않게 빈칸의 단서를 찾을 수 있다. 이 글 역시 빈칸의 바로 앞 문장에 빈칸에 대한 단서가 나타나 있다. "**impatience** will sabotage a talented group of individuals in any workplace."라는 문장에서 이미 impatience(조급함, 성급함)에 대한 경계의 메시지를 던지고 있다. 글의 첫 번째 문장 또한 이와 동일한 주제를 이미 밝히고 있다. A legendary basketball coach, John Wooden,…, knew that work done **in haste** would be wasted. 이 문장에서는 in haste(성급하게)라는 표현이 impatience와 동일한 의미로 쓰였다. 즉, 성급함을 경계하는 것이 글의 주제다. 따라서 빈칸은 impatience, in haste와 일치하는 pursuit of speed(속도의 추구)가 답이 된다.

해석 12년간 UCLA를 전미 대학 체육 협회 선수권 대회 10회 우승으로 이끌었던 전설적인 농구 코치 John Wooden은 급하게 진행되는 일은 정작 실속이 없다는 것을 알고 있었다. 그의 팀에 속한 모든 젊은 선수는 고등학교 시절 스타였다. 각 선수는 승리에 필요한 어떤 플레이도 해낼 수 있다고 느꼈다. "천천히 따위는 그들의 유전자에 없었어요. 그들은 모두 더욱 더 빨리 가기를 원했고, 이런 점 때문에 그들의 속도를 늦추는 일이 저에게는 최우선이 되었죠. 전 다른 어떤 것보다도 이 한 가지에 더 많은 시간을 투자해서 가르쳤어요."라고 Wooden이 말했다. 그는 "성급함은 어느 직장에서든 재능 있는 사람들을 무능하게 만들 겁니다."라고 덧붙이면서 이 원칙을 농구장 밖의 생활에도 적용시켰다. 인스턴트 메시지를 주고받고 허둥지둥 출퇴근 교통 정체를 겪는 세상에서, 우리는 일을 끝내는 것에만 지나치게 사로잡힌 나머지 정작 우리가 일을 어떻게 하고 있는지는 잊어버리거나, **속도를 추구**하는 과정 속에서 상처를 입게 될 사람을 간과할 수도 있다.

① 속도의 추구

② 양질에 정성을 들임
③ 학문에 대한 갈망
④ 부에 집착

20

정답 ②

정답의 단서 빈칸이 들어있는 문장과 그 문장의 앞뒤 문맥을 논리적으로 따지기만 해도 정답을 찾을 수 있는 경우가 많다. 하지만 빈칸이 들어 있는 문장을 읽기 전에 글의 맨 처음 부분을 먼저 읽는 것이 빈칸 문장을 빠르고, 정확히 이해하는 데 도움이 된다. 또한 그렇게 해야만 주제라는 가장 중요한 맥락 속에서 문제를 바라보게 되어 함정에 빠질 오류를 피할 수 있다. 첫 번째 문장을 보자. Think of your mind as an army. 이 첫 문장만으로도 이 글이 마음을 전투에 비유하여 전개될 것임을 알 수 있다. 두 번째 문장에서는 군대를 통해 마음의 어떤 면을 강조하고자 하는지 더욱 구체적으로 제시되어 있다. Armies must adapt to the complexity and chaos of modern war by becoming more **fluid and maneuverable**. 군대는 fluid하고 maneuverable해야 한다는 것, 즉 안주하지 말아야 한다는 것을 강조하고 있는데, 결국 이 속성이 마음에도 똑같이 적용될 것임을 짐작할 수 있다. 이것만으로도 이미 정답이 분명하다. 이러한 속성들은 글이 전개되면서 다른 여러 가지 비슷한 표현들로 계속 강조되고 있다. **fluid** and **maneuverable** → **never stops** → **always moving** → pure **mobility** → staying in **constant motion**

해석 생각을 군대라고 상상해 보자. 군대는 더 융통성을 발휘하고 기동성을 갖춤으로써 현대 전쟁의 복잡함과 혼돈에 적응해야 한다. 이러한 진화의 최종 산물이 바로 게릴라전—불규칙성과 예측이 불가한 점을 전략으로 삼아 혼란을 십분 활용하는—이다. 게릴라 부대는 절대 특정 장소나 도시를 방어하기 위해 멈추지 않는다. 항상 한발 앞서 움직이기 때문에 전투를 승리로 이끄는 것이다. 게릴라 부대는 정해진 틀을 따르지 않기 때문에 적의 표적이 되지 않는다. 같은 전술은 절대 반복하지 않는다. 그들은 어디에 있든 (그들이 처한) 상황과 순간, 그리고 지형에 맞춰 그때그때 대처한다. 정해진 전장이 없고, 확실한 연락망이나 공급책도 없고, 기동력이 떨어지는 탱크도 없다. 게릴라 부대는 기동성 그 자체다. 이것이 바로 새로운 사고방식을 위한 모델이다. 생각이 **안주하도록 놔두지** 마라. 환경과 자신에게 주어진 것에 적응하며 새로운 시각으로 문제를 공략해라. 끊임없이 움직여서 적에게 어떠한 표적도 드러내지 마라. 혼란에 굴하지 말고 혼란스러운 정세를 한껏 이용하라.
① 행동을 지배하게 하다
② 정지된 상태로 안주하다
③ 성급한 결론에 뛰어들게 하다
④ 적과 싸우지 못하게 하다

21

정답 ③

정답의 단서

주어진 문장이 Thus로 시작하고 있다는 점으로 보아, 그 문장이 결론이며, 그 앞에는 근거가 와야 함을 알 수 있다. **Thus if agencies were to share files, animal abuse could be a good early warning for _____.**
그리고 바로 앞 문장을 보면 He found that…으로 시작하고 있으므로 that 이하가 연구 결과이고, 이 연구 결과만 정확히 이해한다면 빈칸의 단서를 찾을 수 있다.
He found that most of the families that had been investigated for cruelty to animals were also known for **other serious psychiatric and social problems**.
동물에게 잔인한 행동을 함으로써 조사를 받은 사람들의 대부분은 사회적인 문제도 가지고 있다고 하였다. 즉, 동물에 대한 학대 행위가 사람에 대한 태도와도 관련성 있다는 내용이다. 따라서 동물을 학대한 사람은 사람에게도 학대를 가할 수 있다는 경고가 된다.

해석 애완동물을 좋아하는 사람들에게 있어 동물 학대는 이해 불가의 영역이다. 최근의 연구는 동물 학대가 다른 형태의 학대와 밀접하게 연관되어 있다는 것을 발견했다. 즉, 별생각 없이 자행하는 동물 학대는 (가해자의) 정신적 치료가 필요하다는 것을 보여 주는 경고가 될 수 있다. 영국의 사회 복지사 James Hutton은 동물 학대로 신고 접수된 가정이 아동 학대나 배우자 폭행과 같은 문제로 다른 사회 복지 기관에 신고된 적이 있는지 조사했다. 그는 동물을 학대한 것으로 밝혀진 대부분의 가정에서 심각한 정신적이고 사회적인 문제 또한 있었다는 것을 발견했다. 즉, 기관들이 기록을 공유한다면 동물 학대는 <u>사람에게 폭력적인 행동을 하는 것</u>에 훌륭한 조기 경보가 될 수 있을 것이다.
① 계속되는 동물 학대
② 유년기의 부당한 대우
③ 사람을 학대하는 행동
④ 소심하고 우유부단한 성격

22

정답 ②

정답의 단서 빈칸 문장이 제일 마지막에 있을지라도 우선은 글의 서두를 읽고 글의 화제와 주제를 먼저 파악하는 것이 중요하다. 서두에서 주제를 파악해 놓지 않은 상태에서 빈칸 문장을 읽을 경우 세부적인 내용이 잘 이해되지도 않을 뿐더러 지엽적인 정보들에 의해 함정에 빠질 수도 있기 때문이다. 반면 서두에서 주제를 파악하면 굳이 중간의 구체적인 예시나 근거를 일일이 읽지 않아도 정답을 추론하기 쉽다. 두 번째 문장의 he noticed that… 부분에 이미 글의 주제가 드러나 있다. he **noticed that bicycle riders who competed against others performed better** than those who competed against the clock. 시계와 경쟁한 사람들보다 다른 사람들과 경쟁한 사이클 선수들이 더 잘했다는 내용이므로, 결국 시간을 재가며 혼자 하는 것보다는 "남들과 경쟁하는 것"이 실력을 높여 준다는 결론을 유추할 수 있다. 주제를 파악했으므로 곧바로 빈칸 문장을 분석해 보자. 빈칸이 들어 있는 문장이 Thus로 시작하고 있는 것으로 보아 결론에 해당함을 알 수 있다. **Thus, _____ enhanced performance on this simple task.** 바로 앞 문장을 보면 The results showed that…이라고 시작하며 실험의 결과를 단적으로 보여준다. **The results showed that** winding time was faster when children worked side by side **than** when they worked alone. 아이들이 혼자서 일했을 때보다 나란히 일했을 때 일을 더 빨리 했다고 되어 있으므로 글의 서두에서 얻은 "경쟁"의 효과라는 주제와 일치한다.

해석 무엇이 최초의 사회 심리학 실험이었는지 확실히 알 수는 없지만, 일반적으로는 인디애나대학교 교수인 Norman Triplett가 1897년 진행한 첫 번째 사회 심리학 실험 중 하나를 최초의 실험으로 본다. 1897년 무렵에 자전거 기록을 조사하는 동안, Triplett는 다른 이와 경쟁하며 자전거를 탄 사람들이 시간을 재며 자전거를 탄 사람들보다 기록이 훨씬 더 좋았다는 것을 알아냈다. Triplett는 누군가와 경쟁할 땐 경쟁심이 발동한다고 말하며, 이때 "긴장감이 주는 에너지"가 증가하여 개인의 기량이 상승한다고 했다. Triplett는 "경쟁 기계"를 만들어서 자신의 가설을 실험했다. 그는 40명의 아이들에게 릴을 감아 보라고 시켰고, 혼자 하는 작업과 함께 하는 작업을 번갈아서 시켰다. 그 결과 혼자 할 때보다 옆에서 누군가가 함께 할 때 릴을 감는 시간이 훨씬 더 빨라진다는 것이 밝혀졌다. 즉, 이 간단한 작업에서 **다른 이의 존재만으로**도 수행 능력이 향상되었다.

① 어떤 보상에 대한 높은 기대감
② 그저 다른 이의 존재
③ 전반적으로 팀워크가 향상되었다는 느낌
④ 청중의 열정적인 응원

23
정답 ②

정답의 단서 두 가지 실험을 보여 주고, 그 시험의 결과를 빈칸으로 제시한 글이다. 첫 번째 실험에서는 노출 후 즉시(immediately after exposure) 테스트했을 때와 노출 후 즉시 테스트하지 않았을 때, 두 그룹간의 점수를 비교하였다. 노출 후 즉시 테스트를 거친 그룹이 그렇지 않은 그룹보다 일주일이 지난 후 기억을 더 많이 했다(39% 대 28%). **Thus,** taking a single test boosted performance by 11 percentage points. 두 번째 실험에서는 노출 후 한 번 테스트한 그룹과 노출 후 세 번 테스트한(were tested three times after initial exposure) 그룹을 비교하였다. 세 번 테스트한 그룹은 일주일 후 53%를 기억해 냈다. 즉, 한 번 테스트한 그룹의 성적(39%)보다 더 높다. 따라서 빈칸에는 세 번 테스트한 그룹의 기억력이 더 높았다는 내용이 들어가야 한다. immunized against forgetting은 망각에 대항하는 면역력이 생겼다, 즉 쉽게 망각하지 않는다는 의미가 되므로 정답이다.

해석 한 연구에서, 학생들은 구체적인 물체의 이름 60가지를 들었다. (물체 이름을) 들은 직후 시험을 본 학생들은 곧장 치러진 시험에서 53퍼센트의 물체를 기억해 냈지만, 일주일 후에는 39퍼센트만 기억했다. 반면에, 같은 물체를 배웠지만 일주일이 될 때까지 전혀 시험을 보지 않았던 학생 그룹은 일주일 후에 28퍼센트만 기억했다. 즉, (물체 이름을 들은 직후 치러진) 한 번의 시험이 일주일 후에 11퍼센트까지 기억률을 향상시킨 것이다. 그렇다면 시험을 한 번 보는 것과 비교했을 때 세 번의 시험을 치는 것은 어떤 효과가 있었을까? 또 다른 학생 그룹은 물체 이름을 처음 들은 후에 세 번의 시험을 쳤는데, 일주일 후에 다시 시험을 봤을 때 그들은 물체 이름의 53퍼센트를 기억해낼 수 있었다 - 이것은 시험을 총 두 번 치른 그룹의 첫 번째 시험 결과와 같은 수치이다. 결국 노출 후 시험을 한 번 치른 그룹에 비해 세 번의 시험을 친 그룹은 **망각에 대항하는 면역력이 생긴** 것이며, 이 시험을 친 그룹은 물체 이름을 듣고 곧장 시험을 치지 않았던 그룹보다 더 많이 기억했던 것이다.

① 실패에 동기 부여되지 않았다
② 망각에 대항하는 면역력이 생겼다
③ 틀려서 무시당했다
④ 세 배 더 많이 기억해 낼 수 있었다

24
정답 ③

정답의 단서 글의 주제가 두 번째 문장의 not just… but also라는 강조 패턴을 통해 드러난다.
We display things **not just for** their function **but also because** we find them pleasing in some way.
즉, 디스플레이가 단순히 기능적인 역할만을 하는 것이 아니라 사람들의 마음과 관련이 있다는 것이다. 뒤에 이어지는 문장에서 다시 한 번 사물의 디스플레이(배치)가 주는 효과를 강조한다. Other people observe these objects and **can make interpretations about us**. 즉, 특정 공간 속 사물의 배치가 우리 자신에 대해서 말해 준다는 것이다. make interpretations에 대한 구체적인 예시들이 빈칸 문장의 뒤에 열거되어 있다.
→ invites people to sit down → discourages conversation → encourages formal conversation → encourages more informal conversation
뒤의 예시들은 모두 특정 공간의 사물들과 그 배치가 특정한 분위기를 연출하고, 그것이 우리로 하여금 특정한 행동이나 태도를 취하게 한다는 것이다. 이는 그 공간 안에서 무슨 일이 일어날지를 예측하게 한다는 의미와 통한다.

해석 종종 사람들은 사물들을 써서 공간을 장식하곤 한다. 우리는 단순히 그 물건의 기능 때문만이 아니라 그것들이 어떤 면에서는 기분을 좋게 하므로 그것들을 책상 위나 사무실, 집에 놓아둔다. 한편 어떤 이들은 이러한 사물들을 보고 우리가 어떤 사람인지를 파악한다. 우리는 **그 공간에서 일어났으면 하는 것**을 암시하는 것과 같은 특정 효과를 얻어내고자 물건을 사용한다. 거실에 있는 의자와 소파는 사람들이 앉아서 이야기하도록 둥근 모양에 가깝게 놓여 있을 수 있다. 교실 자리는 대화를 차단하는 영화관의 관람석처럼 배치돼 있을 것이다. 부장의 책상을 마주하고 의자가 놓여 있는 경우, 부장실은 형식적인 대화를 유도하고 직위에 대한 신호를 보낸다. 그것은 "난 당신의 상사이고 당신은 직원이니까 업무 이야기나 합시다."라고 말한다. 책상 옆에 의자가 놓여 있는 부장실은 더 허물없는 대화를 유도한다. 그것은 "그냥 수다나 떨 거니까 긴장하지 마세요."라고 말한다.

① 우리가 갖는 취미의 유형
② 우리가 생전에 되고 싶어 하는 것
③ 우기가 그 공간에서 발생하기를 기대하는 것
④ 우리가 가진 문화적 배경

25

정답 ③

정답의 단서 빈칸이 첫 문장에 설정되어 있으며, 중간에 but이 사용되었으므로 일반적인 통념이나 현상들에 반하는 주장이 들어 있음을 알 수 있다. 따라서 첫 문장이 주제문이 되며 뒤에 이어지는 근거들을 통해 빈칸에 해당하는 주제를 찾아야 한다. Current leadership training, almost anywhere you look for it, uses **the word vision** freely, **but** most often its basis is _____.

첫 문장에서 강조하는 것은 vision이라는 단어의 사용이며, 그 단어가 ( )에 근간하고 있다는 사실을 비판하고 있음을 알 수 있다. 세 번째 문장과 네 번째 문장에 그 비판의 정확한 근거가 제시되어 있다.

By leaving out **feeling, intuition, insight, and the profound wisdom** of the soul, this training **falls short of its potential.** 이 문장에서 느낌, 직감, 통찰, 지혜 등은 결국 뒤에 나오는 영혼(soul)이라는 한 단어로 압축된다. **No one can deny the simple truth** that the greatest leaders are **great souls.** 글쓴이는 vision이 영혼에 바탕을 두어야 함을 강조한다. 따라서 앞의 빈칸에는 이 영혼을 배제한 채 지적인 것에만 강조하고 있다는 비판이 되어야 문맥상 어울린다.

해석 거의 어디에서나 찾을 수 있는 현재의 리더십 훈련에서는 비전이라는 말을 흔하게 사용하지만, 많은 경우 훈련은 **지적인** 측면에 기본을 두고 있다. 잠재적 지도자들은 실제로 있을 법한 다양한 상황을 파악하는 데 지성을 사용하라고 배운다. 감정과 직관, 통찰력, 그리고 내면의 심오한 지혜는 제쳐 둔 나머지 이 리더십 훈련은 잠재력을 끌어내지 못하고 만다. 가장 위대한 지도자는 위대한 영혼의 소유자라는 간단한 진실은 아무도 부정할 수 없다. 남아프리카의 인종 차별 정책에 맞선, 남북전쟁 전에 노예제에 맞선, 또는 인도의 식민지 정책에 맞선 그들의 눈은 다른 이들이 보았던 것과 같은 것을 보고 있었다. 그들은 그들 주변에 있는 수없이 많은 사람들과 같은 생각을 했다. 그들은 마음에서 우러나는 공통의 정의감을 느꼈다. 그렇지만 넬슨 만델라와 에이브러햄 링컨, 그리고 마하트마 간디는 마음속 깊은 곳까지 더 내려가서 어떻게 (그

러한 문제들을) 새로운 방식으로 해결하고, 어떻게 새로운 비전을 현실로 만들 것인지 자문했다.

① 문화적 ② 글자 그대로의 ③ 지적 ④ 논란이 되는/논의의 여지가 있는

26

정답 ③

정답의 단서 빈칸이 후반부에 설정되어 있지만 첫 문장에서 A new study shows that⋯이라는 표현을 통해 글의 주제를 명쾌하게 제시하고 있기 때문에 어렵지 않게 주제를 파악할 수 있다. **A new study shows that** men are **better than** women at **making up** after a fight.

즉, 남자들이 여자들보다 화해를 잘한다는 것이다. 이제 주제를 파악했으니 굳이 지문을 다 읽을 필요 없이 바로 빈칸이 있는 문장을 해결해 보자.

They found that men spent considerably **more** time **than** women _____.

남자들이 여자들보다 ____에 월등히 더 많은 시간을 할애했다고 했으며, 이는 첫 번째 문장의 비교 구문과 동일한 구조이다. 따라서, 빈칸에는 화해와 관련된 내용이 와야 한다. 선택지 ③번의 shaking hands와 embracing their opponents가 화해의 제스처임을 알 수 있다.

해석 한 새로운 연구는 다툰 후 화해하는 것에 있어 남성이 여성보다 더 낫다는 것을 보여준다. 이 연구는 미국 하버드대학의 한 연구진들이 수행했다. 이는 남성과 여성이 동성 간의 경기 후에 서로 어떻게 화해하는지 그 차이점들을 살펴봤다. 이 실험을 이끈 Joyce Benenson 교수는, 여성이 동성의 경쟁 상대들에게 쏟는 시간과 노력보다 남성이 동성의 스포츠 경쟁 상대와 화해하는 데 더 많은 시간을 쏟고 더 큰 노력을 기울였다는 결론을 내렸다. 연구진들은 44개국 출신의 남성과 여성이 참가한 테니스와 탁구, 배드민턴과 복싱 녹화물을 분석했다. 그들은 남성이 자신들의 경쟁 상대들과 **악수하고 그들을 안아 주는 것**에 여성보다 꽤 더 많은 시간을 쓴다는 것을 발견했다. Benenson 교수는 자신의 연구 결과에 놀랐으며, 특히 여성이 동성 라이벌과 화해하는 데 거의 아무런 시간도 보내지 않았다는 데 놀랐다고 말했다.

① 자신의 팀 선수들을 지지하는 것
② 자신들이 했던 행동을 분석하고 평가하는 것
③ 악수하고 그들을 안아주는 것
④ 자신들의 경쟁 상대들과 비교하고 경쟁하는 것

27

정답 ④

정답의 단서 빈칸이 글의 중간에 놓여 있을 때에는 빈칸 문장의 뒷부분보다는 앞부분에 단서가 많이 놓여 있다. 따라서 글의 앞부분만 정확히 파악한다면 어렵지 않게 정답을 유추해 낼 수 있다.

첫 번째 문장에서 유성 영화가 녹음 산업에 엄청난 영향을 끼쳤다 (had a greater impact)고 하였으며, 두 번째 문장에서 그 녹음 산업의 시장 구조까지 바꿔 놓았다고 하였다. 급기야는 영화 회사가 레코드 회사들을 인수해서 영화 음악에 대한 소유권까지 갖게 되었다. instead of partnering with the record producers, they(= the movie companies) **took** them(= the record producers) **over**. 그 대표적인 예가 바로 Warner Brothers 회사이며, 따라서 Warner Brothers는 이러한 과정(영화를 만들고 영화 음악을 생산, 소유하는 과정)을 포괄하는 회사라고 볼 수 있다.

해석 1927년 유성(有聲) 영화의 등장은 단순히 신기술을 도입한 것보다 음반 업계에 더 지대한 영향을 끼쳤다. 또한 유성 영화는 음반 업계의 시장 구조를 바꿨다. (유성) 영화는 음반 회사들이 팔고 싶어 했던 인기 있는 음악을 만들었다. 현재 대중적 수요가 높아진 그 음악의 저작권은 좋은 시장 가능성을 일찍이 눈치 챈 영화사의 소유가 되어 버렸으며, 영화사는 음반 제작자와 제휴하는 대신 음반사를 인수해 버렸다. Warner Brothers는 1930년에 녹음 스튜디오를 구입하며 그러한 과정은 **하나로 합쳐졌다**. 이제 Warner Brothers는 자사 제작 영화에 나오는 음악을 소유하게 되었고, 점점 더 영화 관람객들이 좋아하는 음반들을 생산했다. 그 다음에 Warner Brothers는 아직 영화관에서 그 음악을 못 들었을 누군가를 위해 자사 라디오 방송국에서 음악을 홍보했다. Warner Brothers는 1927년에 거의 파산 직전이었던 천만 달러짜리 기업에서 고작 3년 만에 2억 3천만 달러 가치의 거대 기업으로 성장했다.

28
정답 ④

정답의 단서 빈칸이 글의 제일 마지막 부분에 놓여 있어 글 전체를 모두 이해해야 할 것 같은 부담감을 주지만, 사실 빈칸을 푸는 단서가 빈칸 문장의 바로 앞 문장에 들어 있다. 빈칸 문장은 아이의 태도를 다스릴 때 부모가 어떻게 해야 하는지에 대한 조언을 주고 있으며, 그 조언 부분이 빈칸으로 설정되어 있다. 하지만 그 조언에 해당하는 문장이 Therefore로 시작하고 있으므로 앞문장과의 인과관계만 잘 파악하면 쉽게 답을 찾을 수 있다.
부모 중 어느 한 쪽 편을 드는(work one parent against the other) 아이들은 부모의 권위를 약화시키는 경향이 있다. → **따라서(Therefore),** 아이가 부모의 어느 한 쪽 편만을 들지 않도록, 부모는 단합되고 일관된 모습을 보여야 한다(④ establish a more united and consistent front).

해석 두 사람(부모)이 아이를 함께 키우다 보면 거의 항상 어느 정도의 의견 충돌은 있게 마련이다. 아이들은 이러한 의견 충돌을 해결하는 첫 번째 인물이다. 아이들은 허점이 없는지 계약서를 꼼꼼하게 살펴보거나, 검사의 고소장에서 아주 사소한 약점이라도 찾아내려고 하는 변호사와 같다. 뭐 하나라도 걸리면 그들은 그것을 절호의 기회로 삼는다. 모든 아이, 특히 이제 막 걸음마를 뗀 나이부터 취학 전까지의 아이들은 자신들이 좋아하는 것은 더 많이 하고, 싫어하는 것은 덜 할 수 있는 기회를 노린다는 것을 명심

해라. 또 한편, 아이들에게는 자신의 세상을 제 맘대로 할 수 있는 통제 권한이 기의 없다. 어디로 가라, 인제 일어나라, 뭘 입어라, 그리고 뭘 먹으라는 말만 들을 뿐이다. 아이들이 (자신의 삶에) 더 많은 통제권을 발휘하고, 자신들의 삶을 더 즐겁게 하기 위해 그들의 언어 혹은 그들의 행동을 사용할 줄 안다면 왜 그러지 않겠는가? 그러지 못하는 것에 대한 이유는 많다. 한 가지 분명한 이유는 어린 아이들은 자신이 무엇을 원하는지 알지만 무엇이 필요한지는 모른다는 것이다. 또한 부모 중 어느 한 쪽 편을 드는 아이들은 부모의 권위를 약화시키는 경향이 있다. 그러므로 아이의 행동을 관리할 땐 **보다 단합되고 일관된 모습을 가져야** 한다.
① 배우자 나름의 접근법을 존중해야
② 누구를 옹호할지를 결정해야
③ 더 경험이 많은 부모에게서 조언을 얻어야
④ 더 단합되고 일관된 모습을 가져야

29
정답 ①

정답의 단서 **IQ is a lot like height in basketball.**
→ 아이큐를 농구에 비유해서 설명해 나갈 것임을 예측할 수 있다.
But past a certain point, height stops mattering so much. (어느 정도를 넘어서면 키는 중요하지 않다.)
→ But으로 시작하는 문장을 통해서 농구에 있어서 키가 미치는 영향의 한계점을 드러낸다. 제일 첫 번째 문장에서 IQ is a lot like height in basketball.이라고 했으므로, IQ도 농구의 키와 마찬가지로 어느 정도의 범위를 넘어서면 더 이상의 영향력을 미치지 않는다. 즉, 임계값을 가지고 있다는 논리가 성립한다. a certain point(어떤 특정 지점)을 가지고 있다는 것은 threshold, 즉 임계값을 가지고 있다는 것과 일치한다.

해석 IQ는 흡사 농구에서의 키와 같다. 키가 5피트 6인치인 사람이 프로 농구 선수가 될 수 있는 현실적인 가능성이 있는가? 그렇진 않다. 프로 농구 선수가 되려면 적어도 6피트나 6피트 1인치가 될 필요가 있고, 모든 게 다 똑같다면 6피트 2인치가 6피트 1인치보다 낫고, 6피트 3인치가 6피트 2인치보다는 낫다. **하지만 어떤 수준을 넘어서면 키는 그다지 문제가 되지 않는다.** 6피트 8인치인 선수가 2인치 더 작은 사람보다 자동적으로 더 잘하는 건 아니다. (역대 가장 훌륭한 선수였던 마이클 조단은 6피트 6인치였다.) 농구 선수의 키는 적정 정도면 그만이며, 지능도 마찬가지다. **지능은 임계값을 가지고 있다.**
① 지능은 임계값을 가지고 있다
② 당신의 IQ가 몇인지는 중요하지 않다
③ 당신이 키가 얼마나 큰지는 중요하지 않다
④ 똑똑할수록 더 많이 성공한다

30

정답 ②

정답의 단서 **Contrary to**… people do **indeed**… 의 구조를 통해 일반적인 예상에 어긋나는 사람들의 행동을 설명하고 있음을 알 수 있다. 또한 indeed만으로도 밑줄 친 빈칸 부분이 이 글의 핵심에 해당하는 부분임을 알 수 있다. 빈칸의 앞뒤 문장에서 제일 먼저 힌트를 찾아보자. 바로 뒤 문장에 examined the choices of…라는 표현에서 짐작할 수 있듯 이 글은 choice 에 관련된 글임을 알 수 있다. 또한 실험에서 두 개의 대립된 행동을 통해 사람들은 gains보다 options에 더 가치를 둠을 알 수 있다.
picked two different candy bars(서로 다른 두 개의 막대사탕을 골랐다=having options)
↔ would pick two of the favorite bar(똑같은 사탕 두 개를 골라야 할 것이다=gains)
선택지 ①번은 choice라는 단어를 사용하여 함정에 빠뜨린다. 하지만 leave/keep your options open의 뜻은 더 좋은 선택을 위해 결정을 미룬다는 뜻이지, 이득보다 선택권을 중시한다는 의미와는 거리가 멀다.

해석 많은 경제학자가 생각하는 것과 달리, 사람들이 실제로는 <u>이익보다 선택권을 갖는다는 것에 더 가치를 둔다</u>는 몇 가지 증거가 있다. 피츠버그의 카네기멜론대학 심리학자 George Loewenstein은 한 독창적인 실험에서 핼러윈에 사탕을 받으러 다니는 아이들을 조사했다. 1993년 핼러윈에 피츠버그에 있는 자신의 집에 찾아오는 아이들에게 사탕을 한가득 주며 두 가지를 고를 수 있다고 말했다. 아이들은 모두 다른 종류의 사탕 두 개를 골랐다. 그것이 스니커즈든, 밀키웨이든, 또는 쓰리 머스켓티어즈든 간에, 누구나 자기가 가장 좋아하는 사탕이 있기 마련이며, 따라서 만약 미래 소비의 기대 효용을 극대화하고 싶다면 아이들은 자신이 가장 좋아하는 사탕으로 두 개를 골라야 할 것이다. 이러한 행동은 비단 아이에게만 국한된 것이 아니다. 대학생도 같은 방식으로 행동했다.
① 선택의 여지를 둔다
② 득보다는 더 많은 선택권을 중시한다
③ 손절매하다
④ 매우 열심히 일하다

31

정답 ②

정답의 단서 빈칸 문장의 바로 뒷문장에 나오는 this는 바로 앞문장을 받는다.
Social networking is a good example of **this**(=빈칸 문장). 소셜 네트워킹이 this의 가장 좋은 예라고 하였으니 예시에 나오는 내용만 정확히 파악해도 쉽게 빈칸의 단서를 찾을 수 있다. 네 번째 문장(it evolved into the monster)에서 evolved into는 ②번 선택지에서 turn into라는 표현으로, monster는 something very bad라는 표현으로 대체되었다.

해석 <u>좋은 아이디어는 종종 매우 나쁜 아이디어로 돌변해버린다.</u>

소셜 네트워킹이 그 좋은 예이다. 소셜 네트워킹이 탄생되었을 때 그 의도는 유사한 생각을 가진 사람들끼리 생각과 아이디어를 공유하고 멀리 떨어진 가족과 연락을 하며 지내기 위함이었다. 그런데 이제는 괴물이 되어 버렸다. 당신이 소셜 네트워킹을 사용하지 않겠다고 할지라도 그것은 이미 우리 삶의 면면에 깊이 개입돼 있다. 고용자들이 사람을 뽑을 때 이력서보다 소셜 미디어에 얼마나 많이 의존하는가? 소셜 미디어에 올린 것들 때문에, 물론 올릴 당시에는 생각 없이 올렸겠지만, 그로 인해 직장을 잃고, 건강 보험 혜택을 못 받게 되고, 심지어 대인관계까지도 잃게 됐다는 이야기는 또 얼마나 많은가? 소셜 미디어 전문가인 코헨 박사는 "21세기에 우리가 포기해 버린 사생활 보호의 수준이란 정말이지 혀를 내두를 정도라서 대부분의 사람들이 그런 일이 일어났는지조차 깨닫지 못하는 것 같다."고 말한다.
① 때때로 우리의 나쁜 행동이 매우 불행한 결과를 가져올 수도 있다
② 좋은 아이디어는 종종 매우 나쁜 아이디어로 돌변해버린다
③ 종종 우리는 온라인에서의 정보의 진위성을 신뢰할 수 없다
④ 인터넷의 편리성은 우리 사회에서 명백하다

32

정답 ③

정답의 단서 우선 밑줄이 들어 있는 문장에서 the former와 the latter가 각각 무엇을 가리키는지를 알아야 한다.
밑줄이 들어 있는 문장의 바로 앞 문장에서 단서를 제공하고 있다. our civilization will flourish as long as we win the race between the growing power of **technology** and **the wisdom** with which we manage it. → the former는 technology를, the latter는 the wisdom을 가리킨다. 앞 문장에서 기술과의 경쟁에서 이기려면 그 기술을 다루는 지혜가 승리해야 한다고 했으므로, accelerate the latter(=wisdom)가 되어야 문맥이 일치한다.

해석 인공지능은 그 어느 인간보다 더 똑똑해질 수 있는 가능성이 있기에, 우리는 이 인공지능이 도무지 어떤 식으로 행동하게 될지 감히 짐작해 볼 도리가 없다. 우리는, 알게 모르게 우리보다 더 똑똑해질 수 있는 능력을 지닌 그 어떤 것도 창조해 본 적이 없기에, 우리가 지닌 기술 개발 경험 따위는 인공지능이 어떤 행동을 보일지 예측하는 데 아무짝에 쓸모가 없다. 그걸 짐작하는 최선의 방법이 있다면 인간 스스로의 진화일 것이다. 인류가 지금 이 행성의 대장 노릇을 하는 건, 우리가 가장 힘이 세다거나, 가장 빠르거나, 혹은 가장 몸집이 좋아서가 아니라, 우리가 가장 똑똑하기 때문이다. 우리가 더 이상 가장 똑똑한 존재가 아니라면, 우리는 과연 더 이상 대장 노릇을 할 수 있을까? 우리 연구진의 입장은, 기술의 성장력과 그 기술을 얼마나 현명하게 운용할 수 있느냐 하는 우리의 지혜 사이의 경쟁에서 우리가 이길 수만 있다면, 인류 문명은 계속 번성할 것이라는 것이다. "인공지능" 기술에 있어서, 우리가 그 경쟁을 이길 수 있는 가장 좋은 방법은, 인공지능 기술의 성장을 가로막는 것이 아니라, 인공지능 안전 연구를 지원함으

로써 인류의 지혜를 고양하는 것일 것이다.
① 가로채다/차단하다
② 억압하다/진압하다
③ 가속하다/진척시키다
④ 방해하다

33

정답 ②

정답의 단서 **The single most important** human insight to be gained from this way of comparing societies(= Anthropology) is perhaps the realization that everything could have been different in our own society…
→ 첫 번째 문장에 쓰인 The single most important(단 하나의 가장 중요한)라는 표현에 이미 글쓴이가 무엇을 강조하는지가 잘 드러나 있다. the realization that…(~라는 깨달음) 이하에 나오는 내용이 글의 핵심에 해당한다. 대쉬(—) 뒤의 that은 앞의 realization에 연결되며, 앞의 깨달음을 부연해 주고 있다.
the realization that the way we live is **only one among innumerable ways of life** which humans have adopted.
→ 선택지 ②번의 many ways in which to make a life meaningful과 동일한 의미이다.

해석 이런 식으로 다른 사회들을 비교함으로써 얻을 수 있는 인간의 가장 중요하고도 유일한 통찰은 아마도 우리 사회의 모든 것들이 저마다 다를 수 있었으리라는 깨달음 — 즉, 우리가 살고 있는 방식이 인간이 채택한 수많은 삶의 방식 중 하나일 뿐이라는 깨달음이다. 만약 우리가 주위를 둘러보고 또 뒤를 돌아본다면, 많은 가능성과 유혹적인 제안들, 머리가 어지러울 정도의 복잡함, 그리고 감동적 기술의 비약으로 점철된 현대 사회가, 사실 오랫동안 시도해 보지 않았던 삶의 방식이라는 것을 금방 눈치채게 될 것이다. 심리학적으로 말하자면, 우린 이제 겨우 동굴을 떠나왔다 : 우리 종의 역사로 말하자면, 우리 그저 현대 사회 속에서 짧은 순간을 보낸 것이다. 인류학이 삶의 의미에 대한 질문에 답을 줄 수는 없겠지만, 적어도 삶을 의미 있게 만들 수 있는 많은 방법들이 있음을 우리에게 알려줄 수는 있다.
① 그러나 우리가 어디로 가고 있는지 그리고 어떻게 그곳에 가고 있는지는 적어도 말해주고 있다
② 하지만, 적어도 삶을 의미 있게 만들 수 있는 많은 방법들이 있음을 우리에게 알려줄 수는 있다
③ 그러나, 인류학은 왜 각각의 사회가 각기 다른 특징을 나타내는 지에 대한 단서를 우리에게 제공하고 있다
④ 그러나, 적어도 인류학은 우리 사회의 좋은 면과 안 좋은 면을 보여줄 수 있다

34

정답 ④

정답의 단서 Although what is expected of members of a corporation sometimes clashes with their own moral values, they are rarely encouraged to deal with **the conflict** in an open, mature way.
→ the conflict는 기업이 바라는 것과 개인의 도덕적 가치관이 충돌을 일으키는 갈등을 의미하며, 이 글이 다루는 상황을 함축적으로 드러낸다.
In fact, the more one suppresses individual moral urges in the name of organizational interests, the more "mature," committed, and loyal one is considered to be.
→ In fact,… 는 글쓴이가 주장을 드러내기 위해 자주 쓰는 강조 표현이다. 따라서 이 문장만 정확히 파악하고 빈칸 부분과 잘 대조한다면 쉽게 문제를 해결할 수 있다. organizational interests는 기업의 이해관계/이득이라는 의미로, 선택지 ④번의 organizational priorities와 의미상으로 연결된다.

해석 회사 직원에게 기대하는 바가 가끔 그 직원이 지닌 도덕적 가치와 충돌하더라도, 직원에게 열린 마음과 성숙한 태도로 갈등을 해결하라고 권장하는 일은 거의 없다. 사실 누군가가 조직의 명분하에 개인의 도덕적 열망을 억누를수록, 그 개인은 더 "분별" 있고 헌신적이며 충성스러운 사람으로 여겨진다. 반대로 덜 협조적인 개인은 "분별력"이 떨어지고 수상하기까지 하다고 생각한다. 예를 들어, Beech-Nut 직원이 Beech-Nut에서 생산하고 있던 순도 100% 사과즙 농축 음료가 사실은 설탕물과 식품 첨가물에 불과하다는 것에 우려를 표하자, 그 직원의 연말 고과 평가는 그러한 그의 판단을 "순진하고, 헛된 이상"에 물들어 있다고 묘사했다. 혹은, 자기가 알기로는 "쓰레기" 혹은 "휴지 조각"에 불과한 주식이나 채권을 고객에게 추천하라고 회사로부터 압력을 받은 Wall Street 분석가의 보고서를 생각해 보자. 직원들은 자신들의 도덕적 신념을 지키기 위해 조직이 우선시하는 것에 맞서 기나긴 싸움을 자주 해야만 한다.
① 재정적 위기
② 기술적 비효율
③ 정치적 갈등
④ 기업이 우선시하는 것

35

정답 ③

정답의 단서 이 글은 지속적으로 "~에도 불구하고"를 의미하는 다양한 표현들을 사용하여, 공기 오염의 심각성을 강조하고 있다.
Even with…, people haven't stopped… …에도 불구하고, 사람들은… daily deaths over a decade…, **even though**… …에도 불구하고,… 사망자는 **despite** a half-century of progress, ariborne grime… 반세기의 발전에도 불구하고, 공기 중의 먼지는…
따라서 빈칸에 오는 내용도 결국은 공기 오염의 심각성을 드러내는

표현이 되어야 한다. some of the greatest threats to public health는 뒤에 오는 diabetes, obesity, dementia를 가리킨다. 따라서 그러한 위협의 "공모자(accomplice)"라는 표현이 어울린다.

해석 1970년 이후로 공기의 질이 상당히 개선되었음에도 불구하고, 사람들은 그들이 들이마시는 공기에 의해 계속해서 죽어 나갔다. 2013년 MIT 연구자들이 발표한 분석에 따르면, 미국에서만 미세입자 공기 오염에 의해 해마다 200,000명이 요절하는 것으로 추정된다. 1월 자 환경과 건강지(Environmental Health Perspective)에 발표된 연구에 따르면, 대도시 보스턴에서 10년간 일일 사망자의 수가 낮 동안, 세 가지 일반적인 대기오염물질의 집중도가 최고치에 달했을 때, 정점을 찍었다. (물론 그런 정도의 사망자 수는 현재로서는 미국 환경 보호국을 안심시키는 수준일 수도 있다). 그리하여, 반세기의 발전에도 불구하고, 공기 중의 먼지는 여전히 우리를 위협한다. 더러운 공기가 사실상 국민 건강의 가장 큰 위협들(당뇨, 비만, 심지어 치매를 포함한다)의 **공범자**이기에, 연구가 거듭되면 될수록 폐 이외에도 몸의 더 많은 부분들이 위험에 처해 있음이 속속들이 밝혀지고 있다.

① 위험
② 해결사
③ 공범자
④ 폐/골칫덩이

36
정답 ①

정답의 단서 첫 문장에서 The more…, The more/less… 패턴을 사용하여 글의 주제를 밝히고 있으며, 바로 뒤에 오는 문장은 이를 뒷받침해주는 근거이다. 또한 뒤에 오는 문장들 역시 eating low-nutrient calories의 부정적인 영향들을 보여주고 있으므로, 제일 앞 문장은 이러한 부정적인 영향을 제시하는 내용이 와야 한다.
[Eating low-nutrient calories의 부정적 영향들]
• increases dangerous free-radical activity
• allows for the buildup of cellular waste
• also increase other toxic materials in the body
• are major factors in aging and age-related chronic diseases
①번 선택지의 내용은 본문의 두 번째 문장에 나오는 표현들을 바꿔 쓴 것에 지나지 않는다.
• 본문 Calories consumed **without the accompanying nutrients** → 선택지 **low-nutrient** calories
• 본문 **lead to** a buildup of toxic substances → 선택지 **becomes** more toxic

해석 막대사탕이나 소다 한 캔, 봉지 과자 등으로 빠르고 일시적인 안도감을 얻으려 하면 할수록, **당신의 몸은 저영양 칼로리의 공급으로 인해 더욱더 독성을 갖게 된다.** 칼로리의 흡수와 신진대사에 도움을 주는 동반 영양소 없이 칼로리가 소비되었을 경우, 그 칼로리들은 세포 노화와 질병을 유발하는 **독성 물질이 되어 세포에 축적되고 만다.** 낮은 영양가의 칼로리 섭취는 세포 내 위험한

free-radical(유리기/자유기) 활동을 증가시키고, 세포 쓰레기의 축적을 용납하고 만다. 이러한 저영양소의 칼로리들은 또한 몸속의 다른 유독물질(AGEs와 같은 것들)을 증가시킨다. AGEs는 거의 모든 종류의 세포와 몸속 분자들에 안 좋은 영향을 미치고, 노화와 나이가 들면서 걸리는 만성 질병들을 일으키는 중요한 요인이 된다.

① 당신의 몸은 저영양 칼로리의 공급으로 인해 더욱 더 독성을 갖게 된다
② 당신은 비슷한 저영양 칼로리에 중독될 가능성이 좀 더 높다
③ 자유기 활동으로 인한 질병을 덜 겪을 가능성이 높다
④ 당신의 몸은 세포 폐기물의 축적으로 인해 덜 손상을 입을 수 있다

37
정답 ②

정답의 단서 글에서 핵심이 되는 표현들은 뒤에서 같은 의미의 다른 표현들로 계속 반복되는 경향이 있음을 잊지 말자. 뒤에서 disproportionate rewards＝outsized rewards＝the majority of the rewards라는 표현들이 되풀이되어 강조하고 있으며, 결국 첫 번째 문장 역시 이 표현들과 같은 의미의 표현(very unequal distributions)을 포함하고 있어야 한다. ①번의 경우 unfair라는 단어와 unequal의 유사성 때문에 헷갈릴 수 있지만 unequal은 동등하지 않다는 뜻이지, 반드시 불공평하다는 의미를 지니는 것은 아니다. 또한 과도한 경쟁에 대한 언급은 본문에 나와 있지 않다.

해석 무슨 일을 할 때 작은 차이가 여러 번 반복되면 **엄청난 차이가 나는 분배를 낳을 수도 있다.** 하지만 이것은 습관이 왜 그토록 중요한지를 설명하는 또 다른 이유이다. 올바른 일을, 더욱 꾸준히 할 수 있는 사람들이나 조직일수록 시간이 흐르면서 작은 장점을 유지해 나가고 확연히 차이 나는 보상들을 축적해 나가기 쉽다. 당신은 당신의 경쟁자와 아주 조금만 다르면 된다. 그리고 그 조그만 차이를 오늘, 그리고 내일, 그리고 또 그 다음 날에도 유지해 나간다면, 그러면 그 조그만 차이에 의한 승리의 과정을 계속해서 반복하게 된다. 그리고 이 승자독식의 세상에서, 각각의 승리는 특별히 큰 보상을 가져다준다. 우리는 이것을 1% 룰이라고 부를 수 있다. 1% 룰은, 시간이 흐르면서 주어진 분야에서의 보상 대부분이 경쟁상대보다 1% 나은 장점을 유지하는 사람에게, 팀에게, 그리고 조직에 쌓일 것이라는 것이다. 두 배의 결과를 얻기 위해 두 배로 잘할 필요 없다. 그냥 조금 더 잘하면 되는 것이다.

① 과도한 경쟁과 불공평한 결과를 초래하다
② 엄청난 차이가 나는 분배를 낳다
③ 거의 아무런 차이도 만들지 않다
④ 단연코 최악의 결과를 가져오다

38

정답 ②

정답의 단서 Robert Frost's poem "The Road Not Taken" is **often** interpreted as an anthem of individualism and nonconformity, **seemingly** encouraging readers to take the road less traveled.

→ often과 seemingly라는 단어들은 일반적인 통념을 드러낼 때 자주 쓰인다. 바로 뒤에 오는 문장 역시 has **long** been propagated…라는 표현을 통해 그러한 통념이 오래된 것임을 말해주며, 이러한 단어나 표현들이 나온 다음에는 But, However, Yet 등으로 시작하는 문장이 이어진다. 그리고 그 문장에 글쓴이의 주장이 들어있기 마련이다.

But as Frost liked to warn his listeners, "You have to be careful of that one; it's a tricky poem — **very tricky**." → very tricky는 선택지 ②번의 we can't know whether…과 의미상 일치한다.

해석 로버트 프로스트의 시 "선택하지(가지) 않은 길"은, 독자들로 하여금 남들이 덜 걸어간(선택한) 길을 가라고 북돋는 것처럼 보여 종종 개인주의와 일반적인 관행을 따르지 않는 태도를 찬양하는 성가처럼 해석되었다. 이런 해석은 오랫동안 무수한 가사와 신문 칼럼, 그리고 졸업 연설을 통해 전파되어 왔다. 하지만 프로스트가 그의 청자들에게 경고하기 좋아했던 것처럼, "당신은 그걸 조심해야 합니다; 그건 까다로운(교묘한) 시거든요. 아주 까다롭죠." 프로스트에 따르면, 사실, 노란 나무에서 갈라지기 시작하는 그 두 개의 길은 "아주 똑같은" 것이며, 어느 하나가 더 많은 사람이 걸었던 길이라고 할 수 없고, 서로 얼마든지 교체 가능하다. 사실, 비평가 데이빗 오르는 프로스트의 작품을 "미국에서 가장 곡해해 읽는 작품"이라고 여겼고, The Paris Review지에서 "이건 우리가 현재에 처한 상황을 우리 자신의 선택의 산물이라고 봄으로써 우리 자신을 위로하거나 혹은 나무라고 싶을 때 하는 그런 종류의 주장이다… 그 시는 '할 수 있다'식의 개인주의에 대한 경의의 말이 아니다. 그건 우리가 우리 스스로의 삶에 대한 이야기를 구성할 때 써먹는 자기기만에 대한 비평이다."라고 썼다. 마지막 시구에서 화자가 탄식할 때, 그것이 그가 내린 선택을 정당화하고 그의 삶에 대한 내러티브를 형상화하면서 **내뱉는 안도의 탄식인지 아니면 후회의 탄식인지 아무도 알 수 없다.**

① 우리는 화자가 선택한 길이 그를 어디로 인도할지 판단할 수 없다
② 화자가 탄식하며 안도하는지 후회하는지 알 수 없다
③ 화자는 그가 두 길 중 더 나은 길을 선택했다고 확신한다
④ 화자는 그가 두 도로 중 더 나은 길을 택했는지 의심한다

39

정답 ④

정답의 단서 she has seen a shift over the years in the way that history has been taught; **instead of teaching**

concepts, there is now a greater emphasis on <u>teaching facts</u>. → 서두에서 instead of라는 표현을 통해 문제의식을 드러낸다. 즉, 역사를 가르치는 방식이 개념(concepts)보다는 사실(facts)에 중점을 두는 쪽으로 변모했다는 것이다. 그리고 바로 뒷문장에서 make it **harder** for the students to retain…이라고 함으로써 그러한 방식의 전환이 배운 것을 기억하기 어렵게 만든다고 주장한다. 따라서 뒤의 연구 결과는 이러한 부정적 영향과 일치해야 한다.

The results of a recent survey (**reveal an embarrassing ignorance**) of basic US and world history

빈칸 문장 바로 뒤의 설문 결과에서 구체적인 "무지"의 정도를 보여주고 있으므로(nearly a quarter could not identify…) 빈칸에는 "무지(ignorance)를 드러낸다"는 내용이 알맞다.

해석 23년의 경력을 가지고 있고, 현재 미국 역사와 세계사를 가르치고 있는 고등학교 교사 Sue Stennes-Rogneff는 수년간에 걸쳐 역사를 가르치는 방식이 변해오는 걸 직접 목격했다고 말한다 — 그녀의 말에 따르면 학교 교육현장에서는 개념을 가르치기보다는 사실을 가르치는 데 더 큰 역점을 두고 있다는 것이다. 이로 인해 학생들은 배운 것을 기억하기 더 어렵게 되고, "어린 학생들의 경우에는 본래부터 역사에 관심이 없기 때문에 그 부작용이 더 심하다"는 것이 그녀의 지적이었다. Common Core(역사와 인문사회 영역을 포함하여 미국 학교 수업에 포괄적 교육 방식을 도입하기 위해 움직이고 있는 기관)의 위탁으로 진행된 최근의 한 설문조사 결과는, 고등학교 학생들이 미국 역사와 세계사에 대한 **기초적인 지식조차 없음을 보여주고 있다.** 정부에서 시행한 전화 설문조사에 참여한 **17세 이상, 1200명의 응답자 중 거의 4분의 1이 아돌프 히틀러가 누군지도 몰랐고, 미국 남북전쟁이 정확히 어느 반세기에 속하는지 구분할 수 있었던 응답자는 절반에도 미치지 못했으며, 응답자의 3분의 1은 권리헌장이 표현과 종교의 자유를 보장하고 있다는 것조차 알지 못했다.**

① 깊은 이해력을 보인다
② 무척이나 싫어하는 것이 눈에 띈다
③ 뛰어난 기억력을 보인다
④ 당황스러울 정도의 무지를 보인다

40

정답 ①

정답의 단서 글의 앞부분에서는 실패의 이유에 대해서 반복적으로 이야기하고 있다.

don't actually do anything differently = try the same routine = keep doing the same thing

즉, 같은 식으로 계속 반복하는 것이 실패의 이유다. 뒷부분의 on the other hand에서부터 그것을 극복하기 위한 방법을 제시하고 있다. Learning from failure, **on the other hand**, is optional. 즉, 실패로부터 배워야 한다는 것이다. 그리고 나아가 그 배움을 통해 같은 방식을 되풀이하지 않아야 한다고 주장한다. 선택지 ①번의 consciously opt to do…는 본문 밑줄 문장 바로

앞 문장의 choose…를 바꿔 쓴 것에 지나지 않으며, do things differently는 본문의 앞부분에서 밝힌 실패의 이유 don't actually do anything differently의 정반대에 해당하므로 문제의 해결책으로 적절하다.

해석 정신이상이란, 같은 것을 몇 번이고 되풀이하면서 다른 결과를 기대하는 것이라고 말하곤 한다. 하지만 (멀쩡한)대부분의 사람들이 그렇게 하고 있다. 그들은, 오늘은 화내지 말아야지, 과식하지 말아야지, 등등 매일 같이 되풀이해서 다짐하지만 실제로는 아무것도 다르게 하지 않는다. 똑같은 일상을 반복하면서 이번에는 다른 결과가 나오기를 바란다. 물론 그럴 리는 만무하다. 워런 버핏이 콕 집어 말했다 —"그러게, 똑같은 짓을 계속하니 매번 똑같은 결과가 나올 수밖에 없어요." 실패는, 우리에게 선택권이 거의 없는, 인생의 일부이다. 한편, 실패로부터 배우는 것은 당신의 선택이다. 당연히 배우는 쪽을 선택해야 한다. 우리는 **의식적으로 다른 시도를 선택해야 한다** — 우리가 원하는 결과를 얻을 때까지 비틀고 바꾸는 선택을 해야 한다. 물론 쉽지 않은 일이다.
① 의식적으로 다른 시도를 선택해야 한다
② 조언을 받아들이는 것을 조심스레 거절한다
③ 계속해서 최종 목표에 집중한다
④ 기꺼이 우리 자신을 받아들인다

41

정답 ②

정답의 단서 빈칸 문장의 앞부분에 이미 단서가 주어져 있다.

Against the conventional wisdom that music is a **uniquely** human phenomenon, recent and ongoing research…(음악이 인간만의 독특한 현상이라는 일반적인 생각**과는 달리**,…)
→ against라는 키워드를 통해 이미 **uniquely** human phenomenon과는 반대되는 내용이 나올 것임을 예측할 수 있어야 한다. uniquely는 share와 반대된다.

또한 세 번째 문장의 They enjoy what he calls "species-specific music" 부분에서 동물들 역시 음악을 즐긴다는 점을 알 수 있다. 선택지 ②번의 do share our capacity for it은 share the human capacity for music과 같은 의미다. do는 "공유한다"는 점을 강조하기 위해 사용되었다.

해석 음악이 인간만의 독특한 현상이라는 일반적인 생각과는 달리, 최근 진행 중인 연구는 **동물 역시 음악적 능력이 있음을 보여준다**. 하지만, 위스콘신 매디슨 대학의 동물심리학자 스노든은, 동물들은 고전 음악이나 록보다는 다른 장단의 드럼 비트에 맞춰 모두 함께 행진한다는 것을 발견했다. 그들은 "특정 종(種) 음악"(스노든은 이렇게 부른다) — 각 동물의 종에게 익숙한 음높이, 톤, 템포를 사용해서 특별히 제작된 곡조 — 를 즐긴다. 이를 입증하는 강력한 예시는, 2009년, 연구자들이 타마린(비단털원숭잇과) — 목소리 톤은 우리보다 세 옥타브가 더 높고 심장 박동은 두 배나 빠른 원숭이 — 을 위해 두 개의 곡을 작곡했을 때였다. 그 노래들은 우리에겐 찢는 듯 날카롭고 불쾌하게 들리지만 그 원숭이들의 귀에는 음악처럼 들리는 것으로 보인다. 흥분된 원숭이의 목소리

톤을 모델로 삼아 빠른 템포에 맞춰 제작된 그 노래는 타마린 원숭이들을 눈에 띄게 과민하고 흥분하게 만들었다. 반대로, 행복한 원숭이들의 톤과 느린 템포로 만들어진 "타마린 발라드"를 들려줬을 때는 침착하고 이상하리만치 사교적으로 변했다.
① 부드러운 음악을 좋아한다
③ 악기를 다루는 데 능숙하다
④ 인간의 음악을 무척 좋아한다

42

정답 ②

정답의 단서 have over the years come to appreciate **just how**…
→ just는 '단지'라는 의미라기보다는 뒤에 나오는 how…를 강조하기 위해 쓰였다. 다윈이 갈라파고스 섬에 방문한 일이 네 가지 선택지 중 어떤 성격의 일이었는지를 판단하면 되며, 그 사건을 "축복이나 행운"이라고 판단할 수밖에 없는 근거가 바로 뒷문장에 제시된다.

We **might go as far as to** consider the Galapagos Islands a natural laboratory, **perfectly suited** to observe the various results of evolutionary processes(그 갈라파고스 섬을 자연실험실로 간주해도 될 정도이다).
→ might go as far as consider은 "~라고 여겨도 될 정도일 것이다"라는 뜻으로서, 뒤에 나오는 자연 실험실을 perfectly suited라고 했으므로 그 섬의 발견은 "축복이나 행운"에 가까운 사건이었음을 짐작할 수 있다.

해석 진화 과학자들은 다윈이 갈라파고스 섬에 갔던 사건이 얼마나 **행운이었는지** 해를 거듭하며 감사해 왔다. 갈라파고스 섬은 진화 과정의 다양한 결과물들을 관찰하기에 최적의 장소이기에, 우리는 어쩌면 이 갈라파고스 섬을 심지어 "자연 실험실"로 간주할 수 있을지도 모른다. 우리는 먼저 특정 인구에 걸쳐 나타나는 차이들(variations)이 다음 세대로 전해지는 현상들을 재고해 봐야 한다. 만약 그 인구가 매우 많거나, 혹은 똑같은 종의 다른 인구 집단에 근접해 있어서 상호 양육이 가능하다면, 우성이 되는 장점들이 많은 세대를 거쳐 천천히 전달된 다음 결정적 수의 개체들이 별종으로 선택될 수 있다. 하지만, 그 인구가 적고 고립되어 있다면 (그래서 자신들끼리만 양육이 가능하다면), 그땐 우성이 되는 차이가 상대적으로 겨우 몇 세대까지밖에 전달되지 않을 수 있고, 그 이후에 새로운 별종이 모습을 드러낸다. 갈라파고스 섬은, 다윈의 방울새류가 급진적 진화와 종의 분화를 겪는 데 완벽한 환경을 제공했다. 거기에 사는 (동물들의) 인구들이 적은 데다, 무엇보다도 남아메리카 대륙에서 고립되어 있었다는 것이 아마도 가장 중요한 요인이었다.
① 이해불가한 일인지
② 행운/축복이었는지
③ 무모했는지
④ 평범하지 않은 일이었는지

43

정답 ④

정답의 단서 빈칸의 앞 문장과 뒤 문장이 서로 대조를 이룬다.
Perhaps having an enormous rodent as a pet doesn't
sound like much fun,…
↔ **Like dogs**, capybaras can learn tricks and skills. They
can beg for food, walk on a leash, and climb stairs.
dog는 대표적인 pet이라는 점에서 뒤 문장은 앞 문장과 반대되어
야 한다. 따라서 빈칸 부분은 and가 아니라 but으로 연결되어야
한다.
but you would be surprised!(하지만 아마도 놀라게 될 거야!)
→ 바로 뒤 문장에서 일반적인 예상과는 달리 카피바라(an
enormous rodent)가 애완견들처럼 트릭을 배울 수 있다는 점을
강조하고 있다.

해석 베네수엘라는 세계에서 가장 큰 설치류인 카피바라의 본거
지이다. 쥐들과 마찬가지로 카피바라들은, 길고 매일매일 자라는
앞니를 가지고 있으며, 한편 대부분의 포유동물이 가지고 있는 앞
니 바로 옆 이빨 세 개는 온 데 간 데 없다. 설치류들의 앞니는 다
른 모든 포유동물들의 앞니와 마찬가지로 에나멜이라 불리는 딱딱
한 물질로 코팅되어 있다. 그들은 이 앞니로 갉아먹는다. 짧은 귀
와 긴 얼굴, 그리고 두 개의 큰 앞니를 가진 카피바라의 머리는 기
니피그의 머리를 닮았다. 하지만, 앞다리가 뒷다리보다 짧고, 터프
하고 가죽처럼 탄탄한 궁둥이를 가진 카피바라의 몸은 하마를 더
욱 닮았다. 육중한 설치류를 반려동물로 키운다는 건 딱히 재미있
어 보이지는 <u>않는다만, 기대하셔라!</u> 개들과 마찬가지로 이 카피바
라들도 재주를 배울 줄 안다. 이 녀석들은 음식도 조를 줄 알거니
와, 목줄도 차고 걸으며, 계단도 올라가실 줄 안다.
① 그리고 당신이 맞을 것이다
② 하지만 당신은 그것을 이해할 것이다
③ 그리고 당신에게는 아마도 벌써 한 마리가 있을 것이다
④ 하지만 놀라게 될 것이다

44

정답 ③

정답의 단서 첫 번째 문장에 often이 들어 있고, 바로 뒤 문장에
But이 나온다. 이럴 경우 앞 문장은 일반적인 통념이나 현실을 보
여주고, But 뒤에 그것을 반박하는 글쓴이의 주장이 실려 있다.
When faced with a surprising event, we **often** want to
push through and keep going. ↔ **But** sticking to a plan in
the face of surprising new information can be **a recipe
for disaster**.(뜻밖의 정보를 마주했을 때 기존의 계획만을 고수
하는 것은 재앙을 불러일으킬 수 있다.) 바로 뒤 문장에서 a
recipe for disaster을 구체화하고 있다.
This(=sticking to a plan) has played a role in many
failures,…
Instead, managers **need to** forster norms that…에서 그러

한 대재앙을 피할 수 있는 구체적인 대안을 제시한다. ③번 선택지
의 turning Into a meltdown은 a recipe for disaster, failures
의 다른 표현이라고 볼 수 있다.

해석 뜻밖의 사건을 마주했을 때, 우리는 종종 밀어붙이고 나아
간다. 하지만 뜻밖의 새로운 정보를 맞닥뜨린 상황에서 계획을 고
집하는 것은 **재앙을 불러오는 짓이다.** 페이스북 IPO(기업 공개)에
서부터 Deepwater Horizon 기름 유출 사건에 이르기까지, 이런
식으로 실패한 경우는 많다. 오히려 매니저들은, 사람들이 진행중
인 과정을 중단하거나 계획된 행동을 포기함으로써 얻게 되는 패
배감을 극복하는 데 도움이 될 수 있는 표준(행동 또는 판단 규범/
모델)을 개발하는 데 힘써야 한다. 예를 들어, 월스트리트의 한 젊
은 거래인은, 분명히 수익이 큰 거래임을 알고도 그가 그 거래를
잘 이해하지 못하는 분야라는 이유로 그 거래를 중단했을 때 지금
껏 상사들로부터 받아왔던 그 어떤 칭찬보다도 많은 칭찬을 받았
었다고 말해 주었다. 그런 피드백은, 어느 날 갑자기 예상치 못했
던 사건이 **대폭락으로 돌변하는 것**을 막을 수도 있는 표준을 만들
어 내는 데 도움을 준다.
① 본래 규약/의정서/계획안을 망치는 것
② 사업의 새 규범이 되는 것
③ 대폭락으로 돌변하는 것
④ 요긴한 것이 되는 것

45

정답 ①

정답의 단서 첫 번째 문장은 Vimes reasoned [**the reason
that**… **was because they managed to spend less
money**].에서 목적어 명사절의 주어(the reason)가 앞으로 도치
된 형태다. 즉, "바임즈가 […한 이유가 …때문이라는 것을 추론했
다"라는 해석이 된다. the reason that… 은 "~가 ~한 이유"라
는 원인-결과의 구조이므로, 밑줄 친 빈칸에는 결과에 해당하는 문
장이 와야 한다. 뒤에 오는 "Take boots, for example."은 the
reason을 보여주는 예시이며, 이 예시를 다 이해하지 못했더라도
글의 마지막 부분에서 다시 한 번 원인-결과를 정리해 주고 있다.
But the thing was that good boots lasted for years and
years.
→ the thing is that…이라는 표현은 어떤 이유를 설명하거나 의
견을 제시할 때 자주 사용되는 표현이다. 즉, 이 부분이 앞에서 언
급한 the reason을 요약 설명해 주는 부분이다.
그 뒷문장의 while the poor man… 부분에서는 while이라는 대
조적 접속사를 통해 부자와 가난한 사람의 차이를 설명해 준다.
즉, 부자는 좋은 제품을 사게 되므로, 결국 싸구려 제품보다 오래
사용하게 되고, 따라서 장기적으로는 돈을 덜 쓰게 되어 계속 부자
로 살 수 있게 된다는 걸 알 수 있다.

해석 바임즈는 "**부자들이 그렇게 부유한 이유**는 그들이 돈을 덜
쓸 수 있었기 때문입니다."라고 말한다. 부츠를 예로 들어 보자.
그는 한 달에 38달러와 여분의 용돈을 벌었다. 정말 좋은 가죽 부
츠는 50달러였다. 하지만 값싼 부츠 — 그냥저냥 한 두 계절 신고

나면 바닥이 떨어져 나가서 홍수처럼 물이 새는 부츠 — 는 10달러면 살 수 있었다. 바임즈가 항상 신고 다녔던 게 그런 값싼 부츠였는데, 바닥이 엄청 얇아진 나머지 발에 닿는 자갈밭의 느낌만으로도 자신이 안개 낀 밤 Ankh-Morpork 지역의 어디에 있는지조차 구분할 수 있었다. **하지만 중요한 건, 좋은 부츠는 몇 년이고 오래 간다는 것이었다.** 50달러짜리를 살 수 있는 사람은 10년이 지나도록 여전히 물이 새지 않는 뽀송뽀송한 신발을 신고 있는 반면, 싸구려 신발을 사는 가난한 사람은 같은 기간 동안 부츠를 사는 데 수백 달러를 지불했을 것이다 — 물론 여전히 젖은 신발을 신은 채 말이다.

① 부자가 그토록 부자인
② 가난한 사람들이 그토록 가난한
③ 가난한 사람들이 돈을 절약할 수 있는
④ 부자들은 더 행복한

46
정답 ③

정답의 단서 빈칸 문장의 구조는 our gut bacteria may influence both our ( )이다. 즉, 뒤의 근거들을 통해서 장 박테리아가 우리 몸의 어떤 부분에 영향을 끼치는지만 알아내면 된다. 바로 뒷문장이 For instance,…로 시작되고 있으므로 앞의 주장에 대한 예시가 된다.

For instance, researchers have found that germ-free mice that had been deprived of beneficial gut bacteria displayed symptoms of anxiety, depression, and cognitive impairment.

→ 장 박테리아를 제거한 쥐들에게서 보인 증상들을 보면 모두 "정신 및 감정"과 관련되어 있다(symptoms of anxiety, depression, and cognitive impairment). 따라서 장 박테리아는 우리의 감정과 정신 건강에 작용하고 있다는 것을 알 수 있다.

it should come as no surprise that some studies have found a link between post-traumatic stress disorder and certain strains of bacteria.

→ it should come as no surprise that… 은 말 그대로 당연한 사실을 강조한다. 이 문장 역시 a link between post-traumatic stress disorder and certain strains of bacteria에서 장 박테리아가 정신 및 감정에 미치는 영향을 제시하고 있다.

해석 점점 더 많은 연구들이, 우리 몸의 장 박테리아가 <u>정신적 감정적인 웰빙 모두</u>에 있어서 수많은 방면으로 영향을 미칠 수 있음을 말해 주고 있다. 예를 들어, 연구자들은 이로운 장 박테리아를 박탈당한 무균의 쥐들은 **근심, 우울, 인지장애의 증상을 보였다**고 밝혔다. 장 속의 박테리아가 특정 호르몬 또는 뉴트로트랜스미터를 생산함으로써 우리의 뇌 기능을 변형시킬 수 있기 때문에 — 그리고 감정적 응답 역시 대장 박테리아에게 영향을 줄 수 있다 — 몇몇 연구에서 **외상후 스트레스 장애와 특정 박테리아 사이의 관계**를 발견해 낸 것은 딱히 놀랄 만한 일이 아니다. 다른 연구들에서도 특정 박테리아가 결핍되었을 경우 설치류들이 우울증을 보일

수 있다는 것을 언급했을 뿐 아니라, 앞에서 언급한 박테리아를 보충하면 우울증의 징후를 되돌릴 수 있음을 보여줬다.

① 음식상의 정서적 건강
② 행동과 공감
③ 정신적 및 감정적 건강
④ 사회적 삶과 감정

47
정답 ②

정답의 단서 첫 문장을 보자마자 often… But… 구조를 눈치챌 수 있어야 한다.

Tears are **often** considered a source of shame and weakness in our society. **But** for all the bad publicity that crying gets, it is actually good for you.

→ are often consider… But… 은 일반적인 통념을 보여준 다음, 그 통념에 반하는 주장을 펼칠 때 자주 쓰이는 패턴이다. **But** it(=crying) is actually good for you.(주제문) 그 뒤에 나오는 "질문—In fact" 역시 주제를 드러내는 데 효과적인 기술이다. Have you ever been so stressed out that you cried?에서 질문을 통해 독자의 주의를 환기한 다음, In fact에서 곧바로 결론을 밝힌다. **In fact,** it (crying) is a downright healthy thing to do!

해석 눈물은 종종 우리 사회에서 부끄럽고 나약한 것으로 여겨진다. 하지만 울음이 얻는 그 모든 오명에도 불구하고 울음은 사실 당신에게 이롭다. 너무 많은 스트레스를 받아 울어본 적 있는가? 인정해도 좋다. **사실 그건 정말이지 건강한 거니까!** 울음은, 심장병과 스트레스 관련 질병의 위험을 포함하여 우리 몸에 부정적 영향을 끼치는 감정적 스트레스를 줄여주는 자연스러운 방법이다. **울음이 당신에게 이로운 이유는 이렇다.** 울면 스트레스가 풀린다. 스트레스가 심장병 위험을 높이고 뇌의 특정 부위에 손상을 입힐 수 있기 때문에, 울 수 있는 인간의 능력은 생존에 관련된 가치를 지니고 있다. 게다가 눈물은 우리 몸에서 독소를 제거해 준다. 사람들이 울고 난 후 기분이 더 좋아지는 이유는 울음이 감정적 스트레스 동안 쌓인 화학물질로 눈물에 실어 내버릴 수 있기 때문이다. 그러니 다음에 눈물이 북받치거든 **실컷 울어라.**

① 눈물을 참으려 노력해라
② 실컷 울어라
③ 큰 소리로 도움을 요청해라
④ 울어봐야 소용없다

48
정답 ④

정답의 단서 앞에서는 주식에 관련된 일련의 현상을 보여준다. 그런 다음 So why…? 라는 질문 형식을 이용해 주제를 환기시킨다.

→ **So why** is it worth so much less?

그 다음 이어지는 패턴 don't (really)… (But) Rather,…를 놓쳐서는 안 된다. Airline stock prices **don't really** depend on how many airplanes the airline owns. **Rather,** when you buy the stock you _____. 이러한 문장 구조에서는 항상 Rather 다음에 진실을 드러낸다. 그리고 다음 문장을 보면 빈칸의 단서가 직접적으로 나타난다. What **the future earnings** are worth is a matter of opinion, as is… → 미래의 수익을 결정하는 것은 의견의 문제이다. 즉, 이 앞 문장에는 the future earnings에 관련된 내용이 와야 하며, ④번에 the company's **future earnings**가 들어 있음을 확인할 수 있다.

해석 사람들은 주식 가격이 번번이 예상을 넘어 요동치는 것에 화를 낸다. 사람들은 회사의 주식 가격을 보고 회사의 실제적 가치가 연간 25프로에서 50프로 정도 하락하거나 상승할 수 있다고 믿지 않는다. 어쨌든, 항공사의 주가가 폭락할 때에도, 항공사는 여전히 많은 항공기를 보유하고 있고, 많은 노선을 운항할 수 있다. 그럼 왜 그렇게 주가의 가치가 훨씬 낮은가? 항공사의 주가는 실제로는 얼마나 많은 항공기를 항공사가 보유하느냐에 달려있지 않다. 오히려, 당신이 주식을 샀을 때, 당신은 **항공사의 미래 수익의 지분을 사는 것이다.** 미래 수익이 얼마만한 가치가 있느냐는 의견의 문제이고, 당신이 내일 주식을 팔려고 할 때의 주가도 마찬가지이다. 만약 사람들이 특정 회사가 환상적인 이익을 내려고 하고 있다고 생각하는데 그들이 틀렸다면 어떤 일이 벌어질까? 처음에, 주식의 가격은 주주들의 미래 부에 대한 예측에 기대어 급등하게 될 가능성이 높다. 그렇지만, 언젠가, 상황이 그들이 바랐던 바가 아니라는 뉴스가 나오게 되면 주식이 순식간에 무너질 수 있다.

① 미래의 거래 비용을 낸다
② 회사의 현재 자산에 투자한다
③ 작년의 총 판매 이익의 일부를 얻는다
④ 회사의 미래 수익의 지분을 산다

49
정답 ①

정답의 단서 중요한 키워드는 계속해서 반복된다. 두 번째 문장에서 strives to attain a goal…, 그리고 끝에서 두 번째 문장에는 reach its goal이 나온다. 또한 예시로 든 plot을 이끌고 가는 세 등장인물, 즉, protagonist, antagonist, a helper라는 용어 자체가 목표와 관련되어 있다. 따라서 빈칸 부분은 목표와 관련되어 있어야 한다. 결정적으로, 제일 앞 문장의 주제 의식은 마지막 문장(Actions have no meaning without goals and motives.)에서 다시 한 번 강조되고 있다.

해석 행동을 해석하고 설명하기 위해 **우리가 목표에 얼마나 의존하는지**를 보여 주는 전형적인 모형은 Heider와 Simmel에 의해 처음 만들어졌고, Michotte에 의해 (후에) 다시 만들어졌다. 두 팀은 모두 한 편의 영상을 만들었다. 줄거리는 다음과 같다. 주인공은 목표를 달성하기 위해 고군분투한다. 악역이 방해한다. 조력자 덕분에 주인공은 마침내 성공한다. 하지만 이 영화에는 세 개의 점만 나온다. 한 개는 대각선 위쪽으로 어느 정도 올라갔다가 내려

오고, 또 다시 올라가서는 거의 꼭대기에 닿기 직전이다. 그때 다른 하나의 점이 첫 번째 점과 갑자기 충돌하고, 첫 번째 점은 아래로 내려간다. 세 번째 점은 우리의 "주인공"을 부드럽게 어루만지며 대각선 꼭대기로 함께 움직인다. 관객은 이 세 점의 움직임만 본다. 그럼에도 모든 관찰자 – 이 실험은 세 살 이상을 대상으로 진행되었다 – 는 첫 번째 점은 꼭대기에 도달하기 위해 노력하는 것으로, 두 번째는 그것을 방해하는 것으로, 그리고 세 번째는 첫 번째 점의 목표 달성을 돕는 것으로 바라본다. **목표와 동기가 없는 행동은 아무런 의미가 없는 것이다.**

① 우리가 목표에 얼마나 의존하는지
② 우리가 왜 상황을 고려해야 하는지
③ 동기가 얼마나 불필요한지
④ 우리가 왜 개인적인 경험에 의지하는지

50
정답 ④

정답의 단서 이 글의 주제문은 일반적인 생각을 보여준 다음 그것을 반박하는 주장으로 시작된다. Sometimes it seems so attractive…+However로 이어지는 패턴은 전형적인 "통념+반박"의 구조이다. 따라서 주제는 However가 이끄는 두 번째 문장에 들어 있다. 두 번째 문장의 키워드는 dangerous이다. 그리고 뒤로 가면서 계속해서 이 의미는 have a hard time, get into serious trouble, may not be easy to get out 등과 같은 표현들로 대체된다. 따라서 빈칸에 들어갈 표현도 이와 같은 의미를 지닐 것이라고 짐작할 수 있다. 특히 빈칸 바로 뒷문장에 나오는 get into serious trouble에서 trouble이라는 단어가 ④번 선택지에 쓰였음을 주목해야 한다.

해석 가끔은 스스로가 속해 있는 무리보다 훨씬 더 모험적이고 과감해 보이는 사람들과 어울리는 게 무척이나 매력적으로 느껴진다. 하지만 정작 실행에 옮기기에는 위험한 행동일 수도 있다. 항상 누군가에게 보호받고 안전한 환경에 있었다면 악다구니 같은 삶에 익숙한 이들과 어울리기 시작하는 순간 **화를 자초하는** 것이다. 그들은 가혹한 삶의 현실에 이미 익숙해졌겠지만, 항상 보호만 받던 당신 같은 사람은 그런 생활에 적응하느라 고생은 고생대로 하고 심각한 문제에까지 휘말릴 수도 있다. 특히나 젊은 세대에게, 구성원 대다수가 두려워하는 그런 사람들과 어울리고 그 무리의 일부가 되는 것은 정말 멋져 보일 수도 있다. 하지만 자신이 잘못된 무리에 있다는 것을 깨달을 무렵엔 그곳을 빠져나오기가 쉽지 않을 것이다. 자신의 주변 환경을 선택할 땐 이 점들을 명심해야 한다.

① 주도권을 잡는
② 부끄러워하게 될
③ 계속 이랬다 저랬다 할
④ 화를 자초하는

51

정답 ④

정답의 단서 대부분의 경우 빈칸의 앞부분에 그 단서가 있다. 밑줄 친 빈칸 바로 앞의 feel guilty는 이 글의 제일 앞 문장에 이미 언급되어 있다.

If you think of delegation as giving someone else the difficult, undesirable, or uninteresting part of work, you may **feel guilty** doing it. 여기에서 doing it은 결국 delegation을 의미한다. **Delegation**=asking someone else to help 또한 세 번째 문장의 you don't have to martyr yourself!(너 자신을 박해할/괴롭힐 필요가 없다!)는 don't feel guilty와 같은 맥락이다.

해석 위임을 다른 누군가에게 어렵거나 달갑지 않거나, 혹은 시시한 일을 넘기는 것이라고 생각한다면 업무를 위임할 때 마음이 불편할 수도 있다. 요컨대 누구도 나쁜 상사가 되기를 원하지 않는다. 그런 의미에서 다시 한 번 하는 말이지만 너무 괴로워하지 않아도 된다! 당신이 싫어하는 일이라고 해서 다른 누군가도 그 일을 즐기지 않는 것은 아니기 때문이다. 그렇다, 어떤 업무나 프로젝트는 "재미있는" 일도 아니고 "환상적인 배움의 경험"도 아니지만, 그게 인생이고 그게 일이다. 누군가는 그런 일을 하면서 돈을 번다! 우리는 모두 다른 기술과 관심사, 그리고 재능이 있으니, **다른 이에게 도움 요청하는 것**을 미안해하지 마라. **업무 위임**은 적임자에게, 적합한 일을, 적기에 넘겨야 가장 시너지가 크고, 모든 이가 목표 달성에 중요한 기여를 할 수 있게 한다.
① 스스로를 위해 지루한 일을 하는 것
② 나쁜 상사에게 덤비는 것
③ 아주 재밌는 업무를 하는 것
④ 다른 이에게 도움을 요청하는 것

52

정답 ②

정답의 단서 **Most** companies screen job candidates to bring in people who are like company insiders,…
첫 문장의 most라는 단어를 통해 기업들의 일반적인 풍토를 거론하고 있음을 알 수 있다. 하지만 뒤 문장에 오는 if 조건절에 의해 앞의 풍토에 대한 부정적 의견을 드러낸다.
→ These criteria make sense if a company wants people who will repeat its tried-and-true ways of thinking and acting.
뒤이어 However을 통해 비로소 글쓴이의 주장을 정확히 드러낸다.
→ **However,** companies and teams that do innovative work _____.
빈칸 문장에서 However이 쓰였으므로 바로 앞 문장과 대치되는 표현이 답이 된다. 바로 앞 문장의 repeat its tried-and-true ways of thinking and acting은 계속 똑같은 생각과 행동을 되풀이한다는 뜻이므로, different라는 표현이 이와 대치된다. 또한 바로 다음 문장에서 newcomers who have new ideas and

see things differently(=a different sort of person)라는 직접적 단서가 나와 있다.

해석 대부분의 회사들은 기존 직원들과 매우 유사한 사람들, 즉 "올바른 방식으로" 일을 빨리 끝내는 법을 배우고, 다른 직원들과 비슷한 사고방식을 가질 수 있는 지원자들을 선별한다. 검증된 방식으로만 생각하고 행동하는 직원을 바라는 회사라면 이러한 기준은 납득이 된다. 그러나 혁신적인 일을 하는 회사와 팀은 **다른 부류의 직원을 필요로 한다**. 그들은 새 아이디어를 가지고서 기존 직원과 다르게 상황을 바라볼 수 있는 신입 직원, 특히 모든 사람이 하는 그런 생각에 휩쓸리지 않을 직원을 반긴다. 그들은 미래학자 George Gilder가 말하듯, "무리의 열기" ― 다수가 따르는 유행이나 방식 ― 를 피하고 무시하거나 거부할 직원을 원한다.
① 기존 직원처럼 행동하는 사람들을 원한다
② 다른 부류의 직원들을 필요로 한다
③ 전통 방식이 가치 있다고 여기는 사람들을 찾는다
④ 사람들이 대세를 받아들이도록 허용한다

53

정답 ②

정답의 단서 **There is a famous story** from the early days at IBM where an employee **made an error** that cost the company over $100,000.
일화를 통해 교훈을 주고자 하는 글임을 알 수 있다. 일화의 핵심은 첫 문장에 나와 있는 것처럼 엄청난 비용의 낭비를 초래한 실수다. 따라서 이 글의 교훈은 당연히 실수와 관련될 것임을 예측할 수 있다.
일화를 읽어 가다 보면, 직원의 실수에 대응하는 사장의 말에서 교훈의 실마리를 얻을 수 있다. "Resignation? I just spent $100,000 training you!" 직원의 실수로 인한 손실을 오히려 직원의 훈련 비용으로 여기는 사장의 대범함과 비범함을 엿볼 수 있는 대목이다. 이러한 일화를 한 문장으로 요약한 부분이 바로 빈칸이 들어 있는 문장이다. **Although** such enlightened attitude toward screwing up is…., employees **should not** be…에서 should not은 주장을 직접적으로 드러내는 표현이며, screwing up(일을 망치다)은 make an error의 결과로 볼 수 있다.

해석 IBM 설립 초창기에 한 직원이 회사에 십만 달러 이상의 손실을 발생시킨 실수를 했던 유명한 일화가 있다. 그 직원은 잔뜩 풀이 죽어 창립자이자 회장인 Thomas J. Watson, Sr.를 찾아가서 "아무래도 사장님께서 제 사표를 기다리고 계실 것 같아요." 라고 말했다. Watson은 그를 보며 "사표? 난 자네를 교육시키는 데 10만 달러나 썼던 말이야!"라고 말했다. 오늘날의 비즈니스 세계에서 심각한 실수에 그렇게 깨어 있는 태도를 보이는 경우는 드물지만, 직원들은 **실수하는** 걸 두려워해서는 안 된다. 문제 해결을 위한 새로운 접근을 시도하고, 목표를 이룰 수 있는 더 나은 방법을 배우기 위해 계산된 위험을 감수하는 것이 권장되어야 한다.
① 질문을 던지는
② 실수하는

③ 피드백을 주는
④ 상식적인 행동을 하는

54

정답 ②

정답의 단서 Even if **the original function** is known, some artworks with specific religious, political, and civic roles may **no longer** be viewed **in the same way**.
Even if…, no longer 구조를 통해 주제를 강조하고 있다. 여기에서 in the same way는 결국 원래의 방식, the original function을 의미한다. 따라서 더 이상 원래의 의미 그대로는 감상할 수 없다는 의미가 된다. 뒤에 이어지는 **neither** relevant **nor** visible 역시 앞의 부정의 의미를 더욱 강화하고 있다. 마지막 문장은 "so 형용사 that… (매우 ~해서 ~하다)"의 구조를 취하고 있다. 즉, 예술품들이 너무 익숙한 것이 되어 버려서 이젠 과거의 의미를 인지하기 어려운 정도라고 말하고 있다. 첫 번째 문장의 be viewed, 세 번째 문장의 may look at 그리고 마지막 문장의 were perceived라는 단어들과 의미가 상통하는 단어는 fathom이다.

해석 본연의 기능이 알려져 있더라도 특정 종교와 정치, 그리고 도시의 역할을 가진 몇몇 예술 작품은 더 이상 그러한 역할을 가진 것으로 비춰지지 않을 수도 있다. 많은 종교 작품은 이제 본래의 목적과는 전혀 관련이 없고 그 목적이 드러나지도 않는 박물관에 놓인다. 종교적 건축물에서조차 방문객들은 속세의 무관심으로 예술을 바라볼 것이다. 과거의 많은 예술 작품은 매우 익숙해져서 원래 (그 예술 작품이 생겨난) 원래의 맥락에서는 어떻게 인식되었는지 __이해하기가__ 어렵다.
① 잊어버리기
② 이해하기
③ 과장하기
④ 일반화하기

55

정답 ④

정답의 단서 이 글은 중간의 Over the last two decades, that has changed.라는 문장을 통해 두 가지 상황을 비교하고 있음을 알 수 있다. 과거에는, 즉 글쓴이가 어렸을 때에는, 아이들이 재미로 스포츠를 즐겼지만(played sports for fun), 그때와 달리 지금은 아이들이 재미로만 스포츠를 즐길 수 없는 시절이 되어 버렸음을 안타까워한다. 그것은 미디어의 영향으로 부모들이 대스타(celebrities)가 된 운동선수들에 현혹되어 버렸기 때문이다. 밑줄친 빈칸 문장의 마지막 부분 without the pressures associated with success에서 success는 그러한 celebrities의 성공을 일컫는다. 즉, 그런 대스타가 되어야 한다는 성공에 대한 압박 때문에 스포츠를 단순히 놀이로 여길 수 없게 되어 버린 것이다. 따라서 전반부와 후반의 내용이 서로 대조를 이루려면 맨 앞 문장에 나

왔던 play sports for fun과 의미상 일치하는 내용이 와야 한다.

해석 우리가 어렸을 때는 스포츠를 재미로, 가벼운 운동으로 여겼었다. 부모나 코치는 8살이나 9살, 10살 된 아이를 보고 그들을 프로 선수로 만들 생각을 거의 하지 못했다. 지난 20년에 걸쳐 세상은 변했다. 프로 선수들이 수많은 매체에 노출되고 엄청난 계약을 맺는 유명인사가 되기 때문에, 많은 부모가 자식들에게서 어떠한 재능이든 보이면 흥분한다. 부모들이 자신의 아이들을 제2의 칼 립켄이나 타이거 우즈, 마이클 조던이 되도록 훈련을 시키면서 아이들은 더는 __스포츠를__ 성공에 연연함 없이 __재미로__ 즐길 기회를 누릴 수 없었다.
① 더 훌륭한 프로 선수가 될
② 다른 재능을 키울
③ 학업에 집중할
④ 스포츠를 재미로 즐길 수 있는

56

정답 ②

정답의 단서 ㉠ In fact는 앞의 주장과 상반되는 내용을 끌어들일 때에도 자주 쓰인다. rather 역시 in fact와 함께 쓰여 앞의 내용과 반대되는 의미를 강조한다. 뒤에 이어지는 문장에 그 이유가 제시되고 있으며, qualify them(their babies) as being legally blind라는 대목에서 아이들의 시력이 극도로 제한되어 있음을 알 수 있다.
㉡ is equivalent to는 "~에 상당하다, ~과 같은 수준이다"라는 뜻이다.
㉢ 빈칸의 앞문장에서 have also have reduced visual scanning, the ability to selectively move their eyes around the environment라고 했으므로, 여러 가지를 고루 볼 수 있는 능력이 없다는 것을 알 수 있다. 즉, 시선을 고정한다는 의미와 통한다. 또한 lock their gaze on objects는 앞에 나온 sticky fixation라는 표현을 풀어서 설명해 주고 있다.

해석 이제 막 부모가 된 사람들은 아기가 좋아할 거라 생각하고 아기 침대 주변에서 서서 아기에게 우스꽝스러운 표정을 보여 주길 좋아한다. 사실 갓난아기의 시야는 다소 ㉠ __제한된__ 편이다. 갓난아기의 시력, 다시 말해 인지 가능한 가장 세밀한 시각 정보의 수준은 법적으로 시각 장애인 판정을 받을 수 있을 정도이다. 갓난아기가 6미터 거리에서 볼 수 있는 것은 성인이 180미터 거리에서 (정말 그렇게 먼 거리를 볼 일은 없지만) 볼 수 있는 것과 거의 ㉡ __비슷한__ 편이다. 어린 아기는 수정체 조절 능력 ─ 거리에 따라 초점을 맞추는 능력 ─ 이 좋지 않아서 대략 반경 90센티미터 이내에 있는 대상에 시선을 두는 경향이 있다. 아기는 또한 필요할 때 주변 대상을 보기 위해 자신의 눈을 움직이는 시선 스캔 기능이 떨어져 있는데, 이것은 아기가 어린 나이에는 다양한 시각적 대상을 맘대로 골라가며 볼 수 없다는 것을 암시한다. 두 달 미만의 유아들이 "시선 고정" 행동, 즉 쉽게 시선을 뗄 수 없을 만큼 선명한 물체에 시선을 ㉢ __고정하는__ 듯한 행동을 보이는 것은 바로 이런 이유에서이다.

03 · 빈칸 채우기(접속사 및 연결어)

01

정답 ①

정답의 단서 이 유형은 접속사 또는 문두부사, linking words(문장과 문장을 자연스럽게 이어주는 매개어)를 찾는 문제로서, 빈칸 앞뒤의 문맥을 따져 판단해야 한다. 첫 번째 빈칸에서는 뒤에 이어지는 but과 가장 잘 어울리는 표현을 찾아야 한다. Of course…, but…은 통념을 반박하며 주장을 펼칠 때 자주 쓰며, but 뒤에 오는 내용을 강조할 때도 자주 쓰이는 패턴으로서 Although(비록 ~하지만)와 같은 맥락으로 쓰인다. 두 번째 빈칸의 앞뒤는 예술작품 구매의 이점을 연속해서 보여주고 있다. 따라서 두 번째 이점을 제시하기 전에 Futhermore(게다가=moreover)라는 문두 부사가 나오는 것이 적절하다.

해석 현대 예술은 사실상 오늘날의 중상층 사회의 중요한 일부가 되었다. 스튜디오에서 갓 만들어진 예술 작품조차도 사람들의 많은 관심을 받는다. 그 작품들은 빠르게 인정을 받는 편이다. 물론 까칠한 문화 비평가들에게 있어서는 너무도 성급하다는 인식을 피하기 어렵지만 말이다. (A) **물론**, 그 모든 작품들이 바로 구매로 이어지는 것은 아니지만 새로운 예술작품의 구매를 즐기는 사람들의 수요가 증가하고 있는 것은 의심할 바 없다. 빠르고 비싼 차를 사는 대신, 그들은 젊은 예술가들의 그림과 조각, 그리고 사진 작품을 산다. 그들은 현대의 예술이 그들의 사회적 위신을 높여줄 것이라는 것을 안다. (B) **게다가**, 예술은 자동차처럼 쉽게 감가상각 되는 것이 아니므로 훨씬 나은 투자인 셈이다.

02

정답 ④

정답의 단서 빈칸 ㉠ 앞뒤의 흐름을 먼저 확인하자면, 1950년대 싱가포르의 교육 시스템 상황이 서술되어 있고, 뒤에는 "English used as…"라는 문장이 나오고 있다. 이때 형태에 주의해야 하는데, 내용 흐름상 영어가 다른 것을 사용한 것이 아니라 "사용되었다"는 수동의 의미가 되어야 맞으므로 결국 뒷부분은 구(phrase)로 이해해야 한다. 그렇기 때문에 병렬식 등위접속사인 "and"나 다른 접속사인 "so", "then" 모두 적합하지 않고, 분사 구문인 "with＋목적어＋분사"의 구조가 가장 적절할 것이다.

빈칸 ㉡의 경우, 앞뒤 내용을 살펴보면, 앞쪽에는 40대 이상 인구에서 영어 가능자가 27%이며, 뒷부분에는 15~20세 이상의 인구에서는 영어 이해 비율이 87%를 넘었다는 내용이 나오고 있다. 서로 상반된 내용이 한 문장 안에 존재하고 있으므로, 연결어로서는 "whereas(반면에)"가 가장 적절하다.

해석 1950년대 싱가포르에는, 영어가 중국어, 말레이어, 그리고 타밀어와 함께 통합적이고 실용적인 매개체로 ㉠ **사용된 상황에** 서, 이중 언어 교육 시스템이 도입되었다. 그러나 영어는 정부와 법률 시스템의 언어로 남아있었고, 교육과 언론에서 자신의 중요성을 유지했다. 또한 일반 대중 사이에서 영어의 사용은 꾸준히 증가하고 있다. 1975년의 조사에서, 40세 이상의 인구 중 27퍼센트만이 영어를 이해한다고 주장했고, ㉡ **반면에**, 15세에서 20세 사이의 사람들에서는 영어를 이해한다는 비율이 87퍼센트를 넘었다. 또한 가정에서도 영어가 꽤 널리 사용되었다는 증거도 있다.

03

정답 ①

정답의 단서 빈칸 (A)의 앞쪽에는, 재난 관리의 개념이 전 세계적으로 대개 동일하다는 내용이 언급되어 있고, 빈칸 뒤에는 업무수행능력은 "by no means uniform", 즉 결코 똑같지 않다는 정 반대의 내용이 나와 있기 때문에 흐름상 "however"가 적절하다. "otherwise"는 if~not 으로 대체될 수 있는데, "그렇게 하지 않으면 ~게 될 것이다"의 의미를 담고 있으므로 전혀 맞지 않다. 빈칸 (B)의 경우에는, 앞쪽 "no nation is advanced enough…" 문장에서 어떠한 국가도 재난에 면역이 생길 정도로 발전하지는 못했다는 내용이 나오는데, 빈칸 뒤쪽에서도 "…makes it more and more difficult to contain…"이 나오면서 부정적인 내용을 추가적으로 언급하고 있으므로, "게다가"의 뜻을 가진 "furthermore"이 정답으로 알맞다.

해석 생명과 재산 그리고 환경에 대한 피해를 줄이는 등의 재난관리를 유도하는 동기부여가 되는 개념은 대개 전 세계적으로 동일하다. (A) 그러나, 이 임무를 수행하기 위한 역량은 결코 똑같지 않다. 정치적, 문화적, 경제적, 혹은 다른 이유 때문이든 간에, 불행한 현실은 일부 나라와 지역이 다른 나라들보다 문제를 해결하는 데 있어 좀 더 낫다는 점이다.

그러나 어떠한 나라도, 그 자신의 부와 영향력과는 상관없이, 재난의 부정적인 영향으로부터 완전히 면역될 만큼 충분히 발전하지는 않았다. (B) 게다가, 세계 경제의 출현으로 인해 한 나라의 국경 내에서 일어난 재난의 결과를 억제하는 것이 점점 더 힘들어졌다.

04

정답 ③

정답의 단서 연결어를 묻는 문제는 다음과 같이 글의 전개 과정을 단계적으로 파악하며 읽어 가면 쉽게 해결할 수 있다.
[글의 흐름]
→ 복잡한 협상을 할 때 서양인은 내용을 세분화함 : Westerners divide the large tasks up into smaller ones)

→ 하지만(However) 동양인은 정해진 순서가 없음.

→ 서양의 협상 접근법은 순차적이지만 동양은 전체적 : The Western approach is **sequential** and the Eastern is **holistic** – these two ways of thinking are worlds apart. 동양과 서양의 접근법을 sequential(순차적)과 holistic(통합적, 전체적)이라는 표현으로 비교하고 있다.

→ 그래서(Therefore) 미국 협상가가 일본인과 협상하면 어려움을 겪음.

해석 일반적으로 복잡한 협상을 하는 동안 서양인은 큰일을 작은 일로 세분화한다. 어떤 이는 한 가지 일을 끝내고 다음 일로 넘어가며, 그러한 과정을 통해 성취감을 느낀다. 그 과정을 거치며 각 단계에서 문제가 해결되고, 각 단계가 모이고 모여 최종 합의가 이루어진다. **(A) 그러나** 동양의 사고에서는 종종 정해진 순서 없이 모든 사안이 논의되고, 타협은 (이루어진다면) 협상의 결말에서 일어난다. 서양의 접근법은 순차적이고 동양은 전체적이다 ― 즉, 이두 사고방식은 완전히 다르다. **(B) 그러므로** 미국의 협상가들은 일본인들과 협상을 하는 동안 진행 상황을 파악하는 데 어려움을 겪고, 사고와 의사 결정 과정에서의 차이점은 오해를 낳을 수 있다.

05

정답 ④

정답의 단서 도입 → 나라마다 상품과 서비스에 대한 소비자의 니즈가 다르다 : **whereas**를 통해 서로 다른 나라 고객들의 서로 다른 니즈를 비교해 주고 있다.

예시 → **예를 들어(For example)**, 중국에서 자전거는 주요 교통수단 : 단순하고 저렴해야 한다.

→ **반대로(In contrast)**, 미국에서 자전거는 여가용 : 다양한 기능을 갖추고 있어야 한다.

↳ 도입에서 whereas가 나왔으므로 뒤의 예시에서도 상반되는 예시를 보여줘야 한다.

결론 → 미국 자전거 제조사가 중국 시장을 공략하려면 방법을 바꿔야 한다!

해석 국제 시장에서 소비자가 상품과 서비스를 구입함으로써 추구하는 혜택은 나라마다 다르다. 어떤 나라의 소비자는 품질 때문에 특정 브랜드의 제품을 원하는 반면(whereas) 다른 나라의 소비자는 편의성에 관심이 있을 수도 있다. **(A) 예를 들어**, 중국에서 자전거는 주요 교통수단으로 사용되는데, 주로 사회 경제적으로 낮은 계층에 있는 사람들이 사용한다. 중국 소비자에게 자전거는 디자인이 단순하고 가격은 비교적 (25달러 이하로) 저렴해야 한다. **(B) 반대로** 미국에서 자전거는 주로 여가용이며 소비자들은 자신들이 구입하는 자전거에 몇 백 달러(어쩌면 몇 천 달러까지)를 흔쾌히 쓴다. 따라서 이러한 자전거는 사용할 수 있는 모든 장치를 장착하고 있어서 기술적으로도 놀라운 정도이다. 미국의 자전거 제조사들이 중국 시장에서 성공하려면 중국의 자전거 소비자들이 추구하는 혜택에 맞춰 그들이 보유한 기계를 완전히 바꾸어야 한다.

06

정답 ①

정답의 단서 It is often believed that..은 통념을 반박하기 위해 필자가 자주 사용하는 표현으로서, 이 구문이 포함된 문장 뒤에는 어김없이 however/but/yet/actually/in fact 중 하나가 나온다. 이것은 글의 주제문을 파악하는 아주 중요한 패턴이다. 따라서 (A)에는 당연히 however가 온다.

[글의 흐름]

→ 성격이 행동을 설명한다는 사회적 통념 : It is often believed that an extrovert can make friends more easily than an introvert, whereas a conscientious person…(외향적인 사람이 내성적인 사람보다 친구를 더 쉽게 사귄다) whereas를 사용하여 외향적인 사람과 내성적인 사람, 그리고 성실한 사람과 그렇지 않은 사람을 비교 대조하고 있다.

→ 그러나(however), 성격과 행동 사이에는 상관관계가 그리 크지 않음.

→ 오히려 사회적 상황이 더 중요 : He argued… that the social situation shapes people's behavior, independently of their personality. "argue"라는 단어를 통해 상황의 중요성을 주장하고 있음.

→ 따라서(therefore), 마감일을 지킬 것인지를 예측하는 데는 성격보다는 상황의 이해도가 더 유용

해석 외향적인 사람은 내성적인 사람보다 친구를 더 쉽게 사귈 수 있고, 신중한 사람은 신중하지 않은 사람보다 마감일을 더 잘 맞출 수도 있다고 흔히들 믿는다. **(A) 하지만** 한 연구자는 성격 특성과 행동 사이의 전형적인 상관관계가 그리 크지 않다는 것을 발견했다. 이 소식은 심리학계를 뒤흔들었는데, 왜냐하면 그 소식은 결과적으로 성격 심리학자들이 측정하고 있던 특성이라는 것이 행동을 예측하는 데 있어서 점성술의 별자리보다 아주 조금 나은 정도라고 말하는 것이기 때문이었다. 그 연구자는 문제점을 지적하기만 한 것이 아니다. 그는 그 이유를 진단하기도 했다. 그는 성격 심리학자들이 사람의 성격과는 별개로 사회적 상황이 행동에 영향을 주는 정도를 과소평가했다고 주장했다. **(B) 따라서**, 어떤 사람이 마감일을 맞출 것인지 못 맞출 것인지를 예측하기 위해서는 그 사람의 신중함 측정 점수보다 (그 사람이 처한) 상황에 대한 내용을 아는 것이 더 유용할 수 있다. 상황적 영향이라는 것은 매우 강력해서 때로 개인의 성격 차이를 압도할 수 있다.

07

정답 ①

정답의 단서 → 쇼핑은 사람을 연결해 준다 : shopping is a complex system for integrating people into the world of goods.

→ 작은 마을에선 사람에게서 사람에게로 상품이 순환(circulate)

→ 욕망 자극과 충족

→ **마찬가지로(Likewise)** 쇼핑몰에서의 쇼핑도 사람 간에 상품

전달(distribute)

→ 쇼핑몰에서의 쇼핑은 파는 이가 누군지 모름.(차이점)

→ **하지만(however)** 작은 시장에서와 마찬가지로 상품을 받는 순간 흥분됨. : **Just as** in a simple marketplace,….. "Just as(~과 마찬가지로)"에서 알 수 있듯 앞에서는 쇼핑몰과 작은 마을 시장의 차이점을 보여주었지만 이어서 그 둘 간의 공통점을 보여주고 있으므로 역접의 접속사가 알맞다.

해석 기본 경제 관점에서 보면, 쇼핑은 사람들을 다량의 재화에 끌어들이는 복잡한 시스템이다. 작은 마을의 시장에서 이루어지는 거래는 상품이 한 무리의 사람들에게서 다른 이들에게 유통되도록 하며, 집에서는 충족될 수 없는 욕구를 만족시킬 뿐 아니라 만들어 내기도 한다. **(A) 마찬가지로** 슈퍼마켓이나 쇼핑몰에서 하는 쇼핑도 우리 중 누군가에 의해 생산된 빵과 차가운 오렌지 주스, 청바지, 그리고 스마트폰을 사용자에게 공급하는 것이다. 요즘 소비자 대부분은 상품이 만들어지는 장소에서 멀리 떨어져 산다. 대형 할인 매장에서 쇼핑을 하지만, 그곳의 판매자, 계산원, 경비원, 혹은 사장이 누군지도 모른다. **(B) 하지만** 평범한 시장에서처럼 - 커피나 갓 구운 빵에서 나는 진한 냄새를 맡는 것과 토마토를 짜는 것, 심지어는 감각적인 만족은 덜하지만 냉동식품에 붙은 라벨을 읽는 것과 같이 - 상품과 직접적으로 접촉하는 바로 그러한 행위가 우리를 즐겁게 하는 것이다.

08

정답 ①

정답의 단서 → 주장 : 자신의 믿음을 소신껏 밀고 나갈 것 : Standing firm in what you believe helps you achieve great things.

→ 나이팅게일의 예시 : **One of my favorite examples** of this is the life of Florence Nightingale.

→ 나이팅게일은 부잣집 딸로 태어나서 걱정 없이 살 수 있음.

→ **그 대신(Instead)** 나이팅게일은 아픈 이를 보살피고 싶어 함.

→ 19세기 중반에 간호사에 대한 평판이 좋지 않았으며, 상위층의 젊은 여성에게 좋은 직업이 아니었음 : Nursing had **a bad reputation**…and **not desirable** profession

→ **하지만(However)** 우직하게 간호 공부를 계속 함.

해석 자신이 믿는 것을 소신껏 밀고 나가는 것은 큰 성취를 할 수 있도록 돕는다. 이것을 보여 주는 내가 가장 좋아하는 사례 중 하나는 Florence Nightingale의 삶이다. Nightingale은 부유한 집안에서 태어났고 (마음만 먹으면) 걱정 없는 생활을 할 수도 있었다. **(A) 대신에**, 그녀는 젊은 여성으로 성장하면서 현지 마을에 있는 아픈 이들을 찾아가는 일에 시간을 바쳤고, 런던에서 의료 개선의 옹호자가 되었다. 1845년에 그녀는 가족의 반대에도 불구하고 간호사가 되겠다는 결심을 밝혔다. 19세기 중반에는 간호사에 대한 인식이 좋지 않았고, 젊은 상류층 여성에게 바람직한 직업이 아니었다. **(B) 그러나**, Nightingale은 간호사라는 직업에 부름을 받았다고 믿으며 충실하게 간호 공부를 계속했다.

09

정답 ①

정답의 단서

→ 미국은 이민자들의 집이라는 점에서 독특한 이력을 지니고 있음.

→ 많은 나라가 가끔 이민자 입국을 허락함.

→ **하지만(However)** 미국만큼 많지는 않음. : **no** country has experienced mass immigration from the wide variety of countries **that** the United Sates has. "어떠한 나라도 미국만큼 ~해 온 적 없다"라는 표현을 이용하여 미국이 가장 많은 이민자를 수용해 왔음을 강조한다.

→ 미국은 melting pot 의 시대에서 salad bowl과 mosaic의 시대(=다문화주의)로 바뀌어 간다 : The old "melting pot" metaphor is giving way to new metaphors such as "salad bowl" and "mosaic,"…

→ **실제로(In fact)** 미국 내 이민자 문화는 진정한 다문화로 향해 가고 있음. : **but rather** they are changing American society into **a truly multicultural mosaic**. "In fact"는 때로는 앞 문장에 새로운 사실을 덧붙이며 but이나 however의 의미로 쓰이기도 하지만, 여기에서처럼 앞의 문장과 같은 기조에서 서서 그 기조를 더욱 강조 및 강화하는 역할을 한다.

해석 미국은 전 세계 사람들에게 집이 되었다는 점에서 독특한 배경을 갖고 있다. 나라들 대부분은 때때로 이민자가 들어오는 것을 허락했다. **(A) 그러나**, 어떤 나라도 미국이 겪은 것만큼이나 매우 다양한 나라에서 이민자가 대거 유입되는 것을 경험하지는 못했다. 초기 정착민들은 꿈이 있었다. 그들은 하나의 진짜 "미국다운" 문화를 만들기 위해 미국을 여러 문화가 융화되는 곳으로 만들고 싶어 했다. 그러나 상황이 달라졌다. 오늘날 추세는 다문화주의를 향해 가고 있다.

예전의 "용광로"라는 비유는 각자의 개성을 유지한 채 다양한 재료와 섞이는 "샐러드 그릇"이나 "모자이크"와 같은 새로운 비유에 자리를 내 주고 있다. **(B) 사실**, 미국 내 이민자들은 하나의 "솥"에서 섞이는 것이 아니라 오히려 미국 사회를 진정한 다문화 모자이크로 변화시키고 있는 것이다.

10

정답 ①

정답의 단서 → 책은 쓰인 시기와 출간 시기의 공백으로 인해 (Because of the significant time lapse) 책이 출간되고 나면 흐름에 뒤처진 책이 될 수 있다.

→ **예를 들어(For example)**, 컴퓨터 관련 책은 금방 구식이 됨. : a book about computer software is likely to be outdated quickly

→ **반대로(Conversely)** 해부학 책은 시대 흐름을 거의 타지 않음. : information from a book on human anatomy will be valid for years to come… 앞에 나온 컴퓨터의 예에서는 "be outdated quickly"라고 하였고 해부학의 예에서는 "valid for

years"라고 하였으므로 두 예시가 서로 상반된다.
→ 그래서 책을 고를 땐 책이 갖고 있는 정보의 종류도 잘 파악해야 함.

해석 책은 편리하고 보편적으로 쓰이는 정보의 근원이다. 책이 쓰인 시기와 출간된 시기 사이에 상당한 시간차가 있기 때문에, 책에 있는 특정한 유형의 정보는 시대에 뒤떨어진 것일 수도 있다. **(A) 예를 들어**, 정보의 성격과 빠르게 변하는 기술 업계의 특성상 컴퓨터 소프트웨어에 대한 책은 금방 구식이 되기 쉽다. 만약 컴퓨터 소프트웨어에 관한 과제를 해야 한다면 더 낫고 좀 더 요즘에 맞는 선택은 당신이 조사하고 있는 가장 최신 버전의 소프트웨어를 다룬 기술 문서가 될 것이다. **(B) 반대로**, 해부학을 다룬 책에서 나오는 정보는 시간이 흘러도 계속해서 유효할 것인데, 해부학은 빠르게 변하는 학문이 아니기 때문이다. 참고 문헌으로 책을 선택할 땐, 당신이 찾고 있는 정보의 종류에 대해서 신중히 고려해봐야 할 것이다.

11

정답 ①

정답의 단서 Today, with many airlines, a newly hired pilot has already learned to fly, has accumulated the appropriate number of flight hours, and is certified prior to being hired.
첫 번째 문장을 정확히 이해해야 두 번째 문장과의 연결어를 찾을 수 있다. with many airlines에서 with는 '~에 관련하여, ~에 있어서'라는 뜻이다. 주어는 a newly hired pilot이며, 세 개의 동사구가 OOO, OOO, and OOO와 같은 구조로 이어진다. 이번에는 두 번째 문장을 보자.
(㉠), air traffic control trainees, or "developmentals," enter training at air traffic control facilities with only basic knowledge.
첫 번째 문장의 주어는 a newly hired pilot이고, 두 번째 문장의 주어는 air traffic control trainees, 즉 관제탑의 항공 교통을 관제하는 훈련생들이다. 내용상 두 대상이 대조를 이룬다. 전자는 충분한 훈련과 검증된 실력을 갖췄고, 후자는 그야말로 기초적인 지식밖에 없다. 따라서 두 개의 내용이 반대되므로 ㉠은 Conversely가 적절하다. ㉡ 관제 훈련생들이 완전한 자격을 습득하려면 상당한 훈련과 업무 경험이 필요로 된다 → Therefore(따라서) → 그 훈련 시간을 줄이는 것이 관건(paramount)이다.

해석 오늘날, 많은 항공사에서 새롭게 채용된 조종사는 이미 비행하는 법을 배웠고, 적절한 비행시간을 쌓았으며, 채용 전 이미 인증이 된 사람이다. ㉠ **이와는 반대로**, 항공교통관제 훈련생들 혹은 "연수생들"은, 기초지식만을 가지고 항공교통관제시설에서의 교육에 들어간다. 운영시설에서의 대부분의 훈련은 인증된 전문 컨트롤러(관리자)가 긴밀히 감독하는 하에, 연수생들이 실시간 교통을 처리함에 따라 이루어진다. 새로운 컨트롤러가 완전한 인증을 얻는 데 필요한 충분한 기술과 지식을 갖추기 위해서는 항공

교통통제시설이나 바쁜 터미널레이더시설에서 평균적으로 1000시간에서 2000시간 징도의 실무 교육과 업무 경험이 필요하다. ㉡ **따라서**, 안전을 위협하지 않고 컨트롤러를 훈련시키기 위한 시간을 줄이는 것이 가장 중요하다.

12

정답 ②

정답의 단서 이 글의 맨 첫 문장에서부터 주제를 드러낸다.
Popular songs have **a stronger relationship with sport** than any other musical genre.
즉, "-er than any other…" 구조를 사용하여 인기 음악과 스포츠와의 긴밀한 관계를 강조한다. 이 관계는 1960년대에 더욱 강화된다. → The advent of so-called pop music in the 1960s further **reinforced this relationship** (with sport).
팝송과 스포츠와의 일반적인 관계를 언급한 다음, 뒤에서 In Britain이 나오고 있으므로, 일반적인 현상을 뒷받침할 수 있는 예를 들고 있다는 것을 알 수 있다. → for example → 영국의 예 (In Britain, there is an extensive back catalog of pop songs related to soccer)
㉡ 역시 앞의 관계를 뒷받침하는 또 다른 근거에 해당한다. 축구와 관련된 노래를 녹음하는 데 축구 선수가 참여한 데에서 더 나아가 유명 음악가가 직접 스포츠 음악을 제작한 예를 보여주고 있다. 또 다른 예시가 이어지므로 In addition(게다가)이 적절하다.

해석 인기곡들은 다른 음악 장르에 비해 스포츠와 긴밀한 관계를 갖고 있다. 18세기 초부터 현재에 이르기까지, 스포츠는 인기곡들에 등장하여, 개인과 팀의 업적을 축하해 주고, 지역의, 국가의, 그리고 국제적인 수준에서 스포츠 영웅주의를 만들어 내고, 위대한 순간과 경기를 상기시키고, 그리고 이미 의식에서 지배적인 스포츠의 지위를 강화했다. 1960년대, 이른바 팝 음악의 출현은 이러한 관계를 강화시켰다. ㉠ **예를 들어**, 영국에서는 축구와 관련된 광범위한 팝 음악들 백 카탈로그(흘러간 노래 모음집)가 있는데 음악적으로는 성공하지 못했을지라도, 그것들 중 일부는 축구 선수들의 보컬 기술이 관심을 끌만하든 않든, 축구 선수들을 녹음에 참여시킨다. ㉡ **또한**, 더 많은 유능한 뮤지션들은 스포츠 곡들을 제작했는데, 종종 주요한 세계 혹은 유럽 토너먼트 대회에 맞춰 출시했다. 예를 들어, 1990년 월드컵 시즌에 출시된 New Order의 곡 "World in Motion"의 성공은, 1990년대 초반 발생한 팝과 스포츠의 중요한 융합의 집합점으로서, 몇 지역에 걸쳐 차트에 올랐다.

13

정답 ②

정답의 단서 ㉠을 기점으로 해서 앞 문장과 뒤 문장의 내용이 순접인지, 역접인지를 먼저 살펴야 한다. 앞 문장은 인간의 타고난 호기심을 강조한다. 그리고 그것을 아이들의 예를 들어 입증한다(exemplify 예증하다, ~의 좋은 예가 된다).

→ Humans are **innately curious**. This is **exemplified** by the fact that young children are often a veritable fountain of questions.

하지만 ㉠의 뒤에 오는 문장에서는 discouraged라는 단어를 통해 앞의 호기심이 억제되고 있음을 주장한다. 따라서, 앞뒤 관계는 서로 대립되고 있으므로, However가 적절하다.

그 다음 문장들에서는 should를 사용하여 이러한 현실을 극복할 방향을 제시한다.

→ Schooling at all levels **should** encourage intellectual curiosity and **should** encourage students to question… 그리고 ㉡의 뒤에서는 앞의 조언대로 하지 않았을 경우 어떤 결과가 일어날지를 밝힌다.

"~하지 않을 경우"를 뜻하는 단어는 otherwise이며, otherwise는 if not과 같은 뜻이다.

→ (㉡) the intellect becomes **deadened**, innate curiosity is **diminished**, and students **lose** the motivation to learn. …하지 않을 경우, …둔화되고(deadened), 쇠약해지고(diminished), 잃게 된다(lose)

㉡ **Otherwise**=**If** schooling at all levels **fails to** encourage… and **fails to** encourage students to…

해석 인간은 선천적으로 호기심이 많다. 이것은 어린아이들이 종종 그야말로 질문의 분수라는 사실로 알 수 있다. ㉠ **하지만** 이렇게 타고난 성향은 보통 오늘날의 사회와 학교 교육에서 억눌린다. 사람들은 그렇게 해야겠다는 동기 부여가 되지 않으면 잘 배우지 않고 지식을 얻지 않는다. 모든 수준의 학교 교육은 지적 호기심을 북돋우고, 학생들이 질문하고 스스로 생각할 수 있게끔 장려해야 하며, 자신의 생각을 이용하여 문제를 해결할 수 있도록 이끌어야 한다. ㉡ **그렇게 하지 않으면** 지성은 무뎌지고 타고난 호기심은 사라지며, 학생들은 배우려는 동기를 잃게 된다.

14

정답 ①

정답의 단서 Members of **different cultures** possess various ideas of reality since their assumptions about both the world and experience **differ**.

첫 문장에서 문화 차이에 의한 인식의 문제를 제시한다. 그리고 바로 뒤 문장에서 Most American의 예를 보여주고 있고, 뒤이어 미국인들의 인식을 비서구권 국가(the non-Western world)에 사는 사람들의 인식과 비교하고 있으므로 for instance 혹은 for example이 ㉠에 알맞다.

㉡을 기점으로 앞 문장과 뒤 문장의 관계를 따져 보자. 앞 문장의 the physical environment는 뒤에 나오는 nature와 동일한 것을 의미한다. 그런데 그것을 바라보는 두 문화의 인식은 판이하게 다르다. Westerners, 특히 미국인들은 그 대상을 최대한 이용(exploit)하려 하고, Indians or Southeast Asians는 그 대상과 동일시되고자(synthesize or integrate with) 노력한다. 따라서 ㉡에는 두 인식의 대조적 관계를 보여주는 Conversely가 와야

알맞다.

해석 문화가 다른 사람들은 (그들을 둘러싼) 세계와 경험을 다르게 추정하기 때문에 실재에 대해 다른 생각을 갖고 있다. ㉠ **예를 들어** 대부분의 미국인은 자신들의 외부에 있는 세계를 실체가 있는 물질적인 것이며, 따라서 영혼이나 정신은 존재하지 않는 객관적 실재라고 당연시한다. 이러한 추정은 (그들에겐) 말이 필요 없는 사실처럼 보이겠지만, 우리가 알고 있듯이 비서구권의 많은 나라 사람에게는 공감을 사지 못한다. 남아시아와 동남아시아 전역의 많은 사람은 자연에도 영혼 - 서양에서는 인간에게만 부여된 것이라고 생각한 그것과 비슷한 - 이 있다고 생각한다. 서양인, 특히 미국인은 목적에 따라 물리적 환경을 마음대로 쓸 수 있다는 자신들의 논리에 사로잡혀 있다. ㉡ **반대로** 인도나 동남아시아 사람들은 인간이 자연의 순리에 따르고 자연과 하나가 되기 위해 노력한다 - 이러한 생각이 (인간과 자연의) 당연한 관계라고 믿기 때문이다. 이렇게 애니미즘적인 측면에서, 인간은 그저 또 다른 형태의 생명체일 뿐이며, 산, 계곡과 같은 지형학적 존재, 혹은 다른 형태의 생명체와 구분이 될 만한 특별한 속성을 가진 개체가 아니다.

15

정답 ④

정답의 단서 접속사 앞뒤의 문맥을 파악하기 위해서는 앞뒤 문장에 공통된 단어가 있는지 파악하고, 그 단어를 중심으로 문맥을 이해해야 한다. 이 글의 첫 번째 문장과 두 번째 문장이 공통적으로 지닌 단어는 means(수단)다.

어떤 사람도 목적을 위한 **수단으로(as a means)** 취급받기 싫어한다. → ㉠ **따라서(Thus)** → 불필요한 구매와 판매를 부추기는 브로커들의 행위는 그들의 고객을 단지 **수단으로(as a means)** 여긴 것이다.

㉡의 앞과 뒤는 서로 다른 상황의 예일 뿐 같은 주제를 드러낸다. 앞의 예시는 증권사의 중개인들이 고객을 대하는 태도를 예시로 들었고, 뒤에서는 의사가 환자를 대하는 태도를 예로 들고 있다. 따라서 뒤의 예시는 앞의 예시와 마찬가지로(likewise) 동일한 주제, 즉, 사람을 수단(means)이 아닌 목적(ends/goals) 그 자체로 여겨야 한다는 주제를 뒷받침하고 있다.

→ would object to using patients **as subjects(=as a means to the researchers' own goals)**

→ would **be failing to respect** the patients' basic humanity=**not respect** them

해석 이성적인 존재는 자기 내면의 가치를 알기 때문에 그들은 오로지 목적을 위한 수단과 같은 존재로 이용당하기를 원치 않는다. ㉠ **따라서**, 댈러스의 Prudential 증권사 중개사들이 중개 수수료 수익을 챙기기 위해("과당매매"라고 불리는 업계 관행) 불필요한 주식 매매를 조장했을 때, 중개사들은 고객을 수단으로만 취급하고 있었던 것이며, 그들을 하나의 인격체, 즉 목적 그 자체로서 존중하지 않고 있었다. ㉡ **마찬가지로**, 칸트는 환자의 동의 없

이 환자를 의학 실험 대상으로 삼는 걸 반대할 것이다. 그 연구가 엄청난 사회적 혜택을 가져온다는 건 차치하고, 연구자들은 그리면 안 된다는 걸 알면서도 환자들을 오로지 자신들의 목적을 위한 수단으로만 활용하며 환자의 기본적 인격은 지키려 하지 않을 것이다.

16

정답 ②

정답의 단서 reciprocal nominations처럼 서두에 나오는 단어들이 추상적 용어들인 경우, 그것의 구체적인 의미를 짐작하기 어렵다. 이러한 용어를 해석하는 데 급급해 시간을 낭비해 버리는 경우가 허다한데, 굳이 어려운 용어에 집착하지 않아도 쉬운 문장에 의존하여 문장 간의 맥락만 잘 파악하면 쉽게 문제를 해결할 수 있다는 것을 알아야 한다.
세 번째 문장을 보자. Overall, it is a reliable and valid measure. 아주 쉽고 간결한 문장이다. it은 앞에 나온 reciprocal nominations를 의미한다. 굳이 그 용어의 의미를 몰라도 그것이 "친구를 가지고 있는지의 여부를 측정하는 좋은 방법"이라는 것만은 알 수 있다. 하지만 ㉠의 뒤에 이어지는 문장에서는 갑작스럽게 근심/걱정(concerns)이 일어날 수 있음을 경고한다. 따라서 ㉠의 앞뒤 문장은 역접의 관계에 있고, 이에 알맞은 것은 however밖에 없다.
Overall, it is a reliable and valid measure. → ㉠ **however** → Concerns may arise…
㉡의 앞에서는 여전히 문제적(problematic) 상황을 다룬다. 반면 뒤에서는 그 문제를 막기 위한 방법의 중요성을 언급하고 있으므로 "원인—결론"의 관계로 볼 수 있다. 따라서 therefore가 알맞다.
This concern is especially problematic if… → ㉡ **therefore** → it is important to test…

해석 아이에게 친구가 있는지 가늠할 땐 상호 지명 −아이에게 친구라고 생각하는 아이의 이름을 대 보라고 하는 방법 − 이 가장 자주 동원된다. 이 방법은 우정의 필수 조건인 관계에서의 상호성을 정확히 포착한다. 전반적으로 이 방법은 신뢰도가 있고 타당한 측정법이다. ㉠ 하지만 우려하는 바는, 친구 지명을 학급 내 학생들로 제한할 경우, 아이들에게 가장 중요한 우정의 의미를 빠뜨리는 우를 범할 수도 있으며, 또 어쩌면 그 아이들이 학교 외부에 친한 상호 친구가 있음에도 불구하고 그 아이들을 친구가 없는 아이들로 분류하는 결과를 초래할 수도 있다. 이러한 우려는 특정 아이 − 예를 들면 공격적이고 또래에게 배척당하는 아이 − 가 그 당사자가 될 경우 특히 문제가 된다. ㉡ 그러므로 이것이 문제가 되는 정도를 실증적으로 조사하고, 친구 관계를 확인하기 위한 다른 타당한 방법들이 있는지를 검증하는 것은 중요하다.

17

정답 ④

정답의 단서 Road improvements **were certainly not the only causes** of increased vehicle ownership and use.
첫 번째 문장에서 도로의 개선이 미치는 영향이 주요 화제임을 알 수 있다. certainly not이라는 표현을 통해 글쓴이가 도로 개선에 많은 결과들의 원인을 돌리려는 것에 강하게 반대함을 알 수 있다. ㉠의 뒤에 오는 내용 역시 도로의 건축(their construction)만으로 인구 증가와 일자리 증가를 모두 설명할 수 없음을 주장한다. 차량 소유와 이용 증가의 원인이 도로 개선 때문만은 아니다. 대형 광고, 모기지 보험, 연방세 혜택도 차량 소유와 이용 증가에 일조했다. → ㉠ 더구나(Moreover)/마찬가지로(likewise) 특정 지역의 인구 증가와 일자리 증가 원인을 도로 건설에 두어서는 안 된다.
㉡의 뒷문장이 But으로 시작되고 있다는 것을 눈치채야 한다. Of course… But은 자신의 주장을 약화시킬 수 있는 사실을 인정하는 동시에 자신의 주장을 다시 한 번 확인시키는 방법이다. But this is only one factor governing… (하지만, 이것은 단지 한 가지 요소일 뿐이다.) only one factor는 첫 문장에 나온 not the only causes(유일한 원인이 아니다)라는 표현과 일치한다.

해석 도로 개선이 차량 소유와 이용 증가의 유일한 원인은 분명 아니었다. 차량 제조사의 대형 광고와 단독 주택용 모기지 보험의 연방 조항, 주택 소유자를 위한 연방세 혜택, 그리고 실수입이 증가한 것도 (차량 소유 및 이용량 증가에) 일조했다. (A) 더구나 새로 생긴 고속 도로 주변의 인구와 일자리가 증가한 것은 모두 고속 도로 건설 때문이라고 여기는 것은 틀렸을 수도 있다. 어떤 대도시의 성장은 어떤 강한 요인−그게 무엇이든 간에−이 그곳에서 장기간에 걸쳐 일자리를 늘려 왔기에 생긴 결과이지 특정 고속 도로 개통 때문은 아니다. (B) 물론, 도로의 차량 수용력이 높은 대도시는 그러한 수용력이 없는 도시보다 일자리를 늘리기에 더 매력적인 지역이다. 하지만 그것은 단지 그 지역의 총 증가량을 좌우하는 한 가지 요인일 뿐이다.

CHAPTER

04 · 글의 순서

01

정답 ①

정답의 단서

주어진 부분에서 은유(metaphor)와 비유(analogies)라는 개념이 제시되었다. 따라서 그 다음 문장에는 이와 관련된 예시가 나와야 글의 흐름이 자연스럽다.

→ (A) For example,⋯ → metaphor and analogies의 예시 → 사람과 관계를 사물(complex machine)에 대입 → 사람의 문제를 기계의 문제(malfunctions in the machinery)로 보고 이에 대한 해결책 또한 수리(repair to them)로 인식

→ (C) 'this'는 앞서 (A)에서 언급한 metaphor와 analogies 의 사례이다. 이에 대한 보다 구체적인 사례로 화가 쌓여가는 상황을 압력솥 내부의 증기가 쌓여가는 것으로 이야기하고 있다. (anger was building up⋯like⋯a pressure cooker⋯will expode.)

→ (B) 'this metaphor'는 (C)에서 언급한 화를 압력솥 내부의 상황에 비유한 것을 가리킨다. 또한 그렇게 화가 쌓였을 경우 그 화를 분출하고 표현해야 한다(vent and express that anger)는 해결책을 제시하고 있다.

해석 우리가 우리 자신에 대해 생각하기로 선택한 은유나 비유는 우리의 이해와 행동에 다른 영향을 미칠 수 있다.

(A) 예를 들어, Michael White와 David Epston은 만약 우리가 사람들과 관계를 복잡한 기계와 같다고 생각한다면, 우리는 아마도 그들의 문제를 기계의 오작동으로 볼 것이고 정비공이 하는 것처럼 그들을 수리하는 것이 해결책이 될 것이라고 설명한다.

(C) 이것의 한 예는 우리가 우리 마음속에 화가 압력솥의 증기처럼 쌓여가고 있었고 그 증기가 밖으로 배출되지 않으면 압력솥이 터져버릴 것이라고 말할 때이다.

(B) 이런 은유에 이끌리는 누군가는 아마도 그 사람이 커져가는 압력을 풀기 위해 그 화를 "표출"하고 표현할 것을 독려할 것이다.

02

정답 ②

정답의 단서 주어진 글이 사회적 통념이나 대중의 잘못된 인식을 다루지 않는 이상, 그 다음에 오는 글은 서두에 오는 주제를 뒷받침하는 내용이 계속된다. 주어진 부분의 마지막 부분은 서식지를 보호(Conserving habitats)하는 것에 대해 이야기를 꺼내는 단계이다. 따라서 그 다음 문장은 계속해서 **conserving habitats**에 대해 이야기를 이끌고 나가는 것이 자연스럽다.

→ (B) For example,⋯ → **Conserving habitats**의 예시 → On the other hand(한편), restoration reverses⋯ → Restoration의 기능 → 보스턴 항구를 예로 듦.

보스턴 항구가 복원의 예라고 하였으므로 그 다음에는 보스턴 항구의 구체적인 사례가 제시되어야 함.

→ (C) 보스턴 항구의 복원 사례 내용 1(보스턴 항구의 환경이 파괴됨.)

→ (A) 보스턴 항구의 복원 사례 내용 2(환경 파괴 문제를 해결하기 위한 노력 및 그 결과): **To solve the problem**에서 **the problem**은 (C)에서 언급한 보스턴 항구의 환경 파괴 문제를 말함.

해석 환경 문제를 다루는 두 가지 주요 기술들은 보존과 복원이다. 보존은 현존하는 자연 서식지를 보호하는 것과 연관 있다. 복원은 손상된 서식지를 깨끗이 치우고 복구하는 것이다. 환경 문제를 다루는 최선의 방법은 환경 문제가 일어나지 않도록 하는 것이다. 서식지를 보존하는 것은 생태계 파괴로 발생하는 환경 문제들을 예방한다.

(B) 예를 들어, 공원과 보호구역은 많은 종들이 사는 넓은 지역을 보호한다. 한편, 복원은 훼손된 생태계를 원래대로 되돌린다. 보스턴 항구가 바로 그 성공적 복원 이야기의 예이다.

(C) 식민지 시기 이후부터 보스턴 시는 폐수를 항구에 직접 투기했다. 축적된 오물은 질병의 발생을 초래했다. 해변이 폐쇄되었다. 해양 생물들 대부분이 사라졌고 그 결과, 갑각류 산업은 문을 닫았다.

(A) 이 문제를 해결하고자, 시는 하수처리복합시설을 건설했다. 그 후로, 항구의 바닷물은 깨끗해졌다. 식물들과 어류가 돌아오고, 해변은 다시 문을 열었다.

03

정답 ②

정답의 단서 주어진 문장은 1950년대 이전(prior to the 1950s)과 1950년대 중반(by the mid-1950s)을 비교하며 미국에서 외식 문화가 어떻게 바뀌었는지를 보여준다. 우선 (A), (B), (C)를 빨리 읽고 그 중에서 주어진 글 다음에 올 문장을 찾아보자. (A)는 맞벌이 부부에 관한 이야기로 시작되며, (B)는 1980년대 후반의 외식 문화에 대해서, (C)는 these restaurants에 관한 이야기로 시작된다. 이 중 주어진 문장과 가장 잘 연결되는 것은 시대에 따른 외식 문화의 변천을 보여주는 (B)이다. (B)의 마지막 문장을 보면 외식이 일상이 된 이유로 dual income families의 증가를 들고 있다. 따라서 맞벌이 부부에 대한 이야기로 글을 시작하고 있는 (A)가 (B)의 뒤에 오게 된다. (C)의 these restaurants는 (B)의 drive-thru restaurants를 가리키므로 자연스럽게 마지막에 연결된다.

해석 1950년대 이전, 미국인들은 특별한 경우에만 외식을 했다. 1950년대 중반이 되어서야 미국의 많은 서민들이 특별한 날을 기념하기 위해서가 아니라 오히려 일상의 한 부분으로 외식을 할 수 있게 되었다.

276　정답 및 해설

(B) 1980년대 후반에 이르러서는 외식은 일상의 일부가 되었으며 거의 필수가 되다시피 했다. 이것은 주로 맞벌이 가족의 수가 증가했기 때문이다.
(A) 맞벌이 가족은 음식 준비할 시간은 부족했고 쓸 돈은 많아졌기 때문에 결국 더 많은 외식을 하게 되었다. 미국 소비자들의 편리에 대한 요구가 커지고 이를 충족하기 위해 외식 서비스 업종의 회사들은 드라이브 스루(차를 탄 채로 음식을 주문하는) 식당을 도입하였다.
(C) 이 식당들에서 구매한 음식은 종종 왁스 종이로 돌돌 말려 나와서 음식을 먹는 데 나이프나 포크도 필요 없었다. 드라이브 스루 식당에서 구매한 음식을 소비하는 것은 식습관에 있어 적응을 요구했다.

04

정답 ②

정답의 단서 글의 순서를 맞히는 문제에서는 항상 주어진 문장의 정확한 해석과 그 문장이 주는 뉘앙스를 파악하는 것보다 중요한 것은 없다. 첫 번째 문장에서 "토양 침식은 새롭지 않으며, 새로운 것은 다름 아닌 토양침식의 속도"라고 하였다. 따라서 다음 문장은 왜 토양침식의 속도 변화가 일어난 것인지를 설명해야 한다. (A)는 갑자기 in turn(결과적으로, 교대로)이라는 단어가 사용되어 주어진 문장과 바로 연결되지 않는다. (B)는 토양의 생성 과정부터 보여주고 있어, 토양침식의 속도 변화를 설명하는 서두로서 적절하다. (B)의 마지막 부분이 vegetation으로 끝났으며, (A)는 The vegetation···으로 시작되므로 (B) 다음에 (A)가 오는 것이 매끄럽다. 마지막으로 (C)는 토양 부족의 상태에 놓인 세계와 토양침식으로 인한 문제를 다루고 있으므로 글의 마무리로 적절하다.

해석 토양 침식은 새로운 것이 아니다. 새로운 것은 침식의 속도이다.
(B) 암석 풍화가 침식으로 인한 손실보다 많을 때 새로운 토양이 형성된다. 지구의 지질학적 역사 대부분의 시간에 걸쳐 결과적으로 식물의 생장을 뒷받침할 수 있는 점차적이고 장기적인 토양 축적이 이루어졌다.
(A) 그 결과 식물의 생장은 침식을 줄여 주었고 표토의 축적을 용이하게 했다. 역사의 최근 어느 시점, 아마도 지난 한 두 세기 사이에 바람과 물의 침식으로 인한 토양 손실이 새로운 토양 형성을 앞지르면서 이 관계가 뒤바뀌었다.
(C) 오늘날 세계는 토양이 부족한 상태인데, 연간 수십억 톤의 속도로 토양이 손실되고 있는 데다 이것이 지구의 생산성을 감소시키고 있다. 많은 국가에서 토양의 손실은 토양을 생산하는 땅(육지)을 고갈시키고 있다.

05

정답 ④

정답의 단서 주어진 문장이 두 문장 이상으로 이루어져 있을 때는 마지막 문장에서 가장 핵심이 되는 키워드를 파악해야 한다. 그 키워드가 다음에 올 첫 번째 선택지를 고르는 열쇠가 될 수 있다. 주어진 문장에서는 실패가 배움의 한 과정이라는 주제를 드러내고 있으며, 마지막 문장에서 실패 인정(Acknowledging failure)은 배움의 과정에서 어려운 부분이라는 것을 언급하고 있다. 따라서 다음 문장은 실패의 인정과 연계된 내용이 와야 자연스럽다. (C)에서는 그룹 내에서의 **실패 인정(admitting failure=acknowledging failure)**의 어려움을 이야기하고 있으므로 주어진 문장과 잘 연결된다. (B)는 "Plus,···"라는 단어로 시작함으로써 (C)의 팀 내 실패 인정의 어려움에서 나아가 팀원들의 무사안일로 인해 실패 원인을 찾기가 어렵다는 또 다른 어려움을 이야기한다. (C)와 마찬가지로 팀 내에서 실패를 통한 배움의 어려움을 언급하고 있으므로 (C) 뒤에 (B)가 자연스럽게 연결된다. (A)는 Imagine a nurse···라는 시작에서 알 수 있듯 앞의 (B)에 해당하는 예시가 되며, 따라서 (B)의 뒤에 온다.

해석 그룹 작업은 우리의 실수를 줄일 수 있도록 해 준다. 전체적으로 보면 그럴싸해 보이겠지만, 실패가 배움의 중요한 부분이라는 것을 생각해 보라. 실패를 인정하는 것은 배움의 과정에 있어서 가장 힘든 부분이다.
(C) 하지만 그룹에서, 실패를 인정하는 것은 자신의 자아와 평판에 타격이 될 수 있고, 이는 분명 실수를 인정함으로써 배우려는 의욕 자체를 꺾어 버린다. 팀워크에서 우리는 인간 욕망의 기저, 즉 사랑받고, 존경받고, 유능해 보이고 싶은 마음에 사로잡혀 실수를 인정하지 않으려 들 수 있다.
(B) 게다가, 실수가 한 팀 내에서 발생했을 때, 팀원들은 동료들이 적절한 결정을 했을 거라는 생각에 무사안일에 빠지게 되므로 실패의 원인을 찾아내기가 더 어려워진다.
(A) 한 간호사가 어떤 환자가 수술 후 몇 시간째 엉뚱한 약이 든 정맥 주사를 맞고 있었다는 것을 알게 되었다고 가정해 보자. 이 환자를 보살피는 전문 팀의 규모는 거대하다. 그 과정의 어디에서 잘못되었는지, 어떻게 문제를 해결할 수 있을지를 정확히 집어내기란 어렵다.

06

정답 ②

정답의 단서 주어진 문장에서 attention-seeking people에 관해 이야기를 꺼낸다. (A), (B), (C)를 보면 계속 narcissist에 관한 이야기를 전개해 가고 있지만 주어진 문장에는 narcissist라는 용어가 등장하지 않는다. 따라서 주어진 문장의 attention-seeking people을 narcissist라고 정의한 (B)가 세 선택지 중 첫 번째로 와야 한다. (B)의 Psychologists call them narcissists···에서 them은 주어진 문장의 those attention-seeking people을 가리킨다. (A)에서 narcissist에 대한 연구 결과에 대한 운을 뗀다.

some of the lastest research findings in this area suggest that… 그리고 (C)에서 그 결과의 구체적인 내용을 보여준다. One telling study found that…

(A)는 연구 결과를 두 번째 문장에서 언급하고 있고, (C)는 전체 문장에 걸쳐 연구 결과를 언급하고 있으므로 당연히 (A) 다음에 (C)가 오는 것이 적절하다.

[해석] 우리는, 다른 사람들의 중요성과 능력은 상대적으로 무시하면서 자신의 중요성과 능력을 아주 대단한 것처럼 부풀려 생각하는, 그런 관심받기를 갈망하는 사람들이 우리 삶에 있음을 알아볼 수 있을 것이다 - 그리고 그것은 갈수록 정치와 대중문화에서 더욱 그래 보인다.

(B) 심리학자들은 그들을 나르시시스트라고 칭하는데, 그리스 신화에 등장한 나르키소스라는 인물을 본 뜬 것으로, 그는 자신의 모습과 사랑에 빠졌다. 당신이 이런 사람을 만날 때, 그들의 허세는 처음에 매력적이어도 점점 그들의 터무니없는 자기 과시와 상대를 무시하는 태도가 명백해지면서 그 얄팍한 번지르르함은 금세 사라져 버린다.

(A) 당신은 아마도 사무실에서 혹은 가족 중에 있는 (또는 TV에 나오는) 나르시시스트가 거만한 짜증유발자임을 알았을 것이다. 만약 그렇다면, 그건 당연한 것이지만 실제로 이 부분에 관한 최근의 연구 결과들 중 일부는 나르시시스트들에 대한 가장 적절한 대응은 어쩌면 동정이고, 심지어 배려가 되어야 할 수 있다고도 말한다.

(C) 많은 나르시시스트들이 실제 만성적으로 낮은 자존감에 시달린다. 한 믿을 만한 연구에서 자기 자신을 몹시 사랑하는 사람들이 스스로 자부심이 강하다고 말해놓고는 실험실에서 테스트했을 때는 그들은 "me"와 "mine", "myself" 같은 자기 연관적 단어들을 "pain", "agony"와 같은 좋지 않은 단어들과 관련짓는 것이 아주 빨랐음을 발견했다.

07

③

[정답의 단서] 주어진 글의 두 번째 문장이 One day, she…로 시작하는 것으로 보아 다음에 오는 글들은 she에 얽힌 일화를 이야기할 것이라고 예측할 수 있다. 주어진 글의 마지막 문장에서 그녀는 차갑고 우중충한 도서관(the cold, unpleasant library)을 더 이상 견딜 수 없었다고 했으므로, 그 다음 문장에서는 그녀가 취한 행동에 대한 이야기가 전개되어야 한다. (B)에서 그녀가 철물점에 가서 red-orange 색깔의 페인트를 산 다음 도서관을 새롭게 페인트칠했다는 이야기가 나오므로, (B)가 주어진 글 뒤에 이어지는 것이 적절하다. (C)는 가정법을 이용해서 자칫하면 그런 행동으로 인해 해고당할 수도 있었다는 이야기를 한다. Had she not been donating her professional services free of charge, she would probably have been fired on the spot. (A)에서는 Eventually,…라는 연결 부사를 통해 그 일화의 결말을 드러낸다.

[해석] 내 친구 중 한 명이 전에 위스콘신에서 아주 작은 지역도서관의 사서 도우미 자원봉사자였다. 어느 날, 그녀는 차갑고 우중충한 도서관을 더는 견딜 수 없었다.

(B) 갑자기 주체못할 영감에 휩싸여서, 그녀는 철물점에 가 다홍색 페인트 몇 리터를 샀고, 그날 밤 거의 밤을 새워 도서관을 페인트칠했다. 도서관 운영진이 그녀가 무슨 일을 했는지 발견했을 때, 그들은 충격받았다.

(C) 그녀가 전문 사서로서 무료 봉사를 하고 있었던 것이 아니라면, 아마 그 자리에서 바로 해고됐을 것이다. 그러고 나서, 한 주 두 주 지나면서, 운영진은 새 환경에 익숙해지기 시작했다. 약 25달러의 경비가 도서관을 완전히 바꿔 놨다.

(A) 사실이지 (페인트칠을 해 놓은 게) 살짝 과해 보일 때도 있었지만, 그 사서는 손님들이 도서관을 더 자주 방문하고 오래 머무른단 사실을 알게 됐다. 결국, 운영진은 도서관을 원상 복구하라는 요구를 중단시켰고, 주황색 도서관을 갖는 것도 그다지 나쁘진 않다는 암묵적 이해에 이르게 되었다.

08

④

[정답의 단서] 주어진 문장에서는 "당신이 잘못을 범한 당사자일 경우 상대방에게서 어떤 응답을 듣고 싶은지 고려하라"는 역지사지의 태도를 교훈으로 제시한다. 각 선택지의 앞부분만을 빠르게 읽어보면서 처음으로 올 문장을 찾아보자.

(A)는 갑자기 the student에 관한 이야기를 꺼내고 있는데 주어진 문장에는 학생에 관한 이야기가 없다. (B) 역시 the student에 관한 이야기로 시작한다. 하지만 (C)는 역지사지의 교훈과 연결되는 조언을 주고 있으므로 (C)가 제일 먼저 온다. (C)의 뒷부분은 시험시간에 부정행위를 하고 있는 한 학생을 목격한 랍비의 이야기로 시작된다. (B)는 그 학생의 잘못된 행동에 대한 랍비의 대응을 이야기하고 있으므로 (C)의 뒤에 (B)가 이어져야 한다. (A)는 Years later,…에서 알 수 있듯 그 일화의 결말에 해당하며 가장 마지막에 온다.

[해석] 어떤 이가 무언가를 잘못한 상황에 대해 여러분이 조치를 취하기 전에, 여러분이 그 잘못한 행동을 한 사람이라면 상대방이 어떻게 반응하길 바라는지 생각해 보라.

(C) 발생한 상황이 즉각적인 위협이 안 된다면, 그 사람이 다시 바른 행동을 할 수 있도록 유도해 보라. 예를 들어, 지금은 고인인 랍비 Avrohom Pam은 한번은 시험 감독을 하다가 한 학생이 커닝을 하고 있는 것을 발견했다.

(B) 그는 그 학생의 시험지를 찢거나 낙제, 정학 또는 퇴학을 시키는 대신, 그에게 다가가 귓속말을 했다. "문제가 이해가 안 되면, 내 자리로 와요. 그럼 내가 설명해줄 테니까."

(A) 시간이 흘러, 그 학생은 랍비 Pam에게 이렇게 털어놓았다. "제가 당신에게서 배운 많은 것들을 오래전에 잊어버렸지만, 그날 일어났던 일은 절대 잊지 못할 겁니다."

09

정답 ④

정답의 단서 글의 순서를 배열하는 문제에서 항상 첫 번째로 오는 선택지만 찾을 수만 있다면 나머지 순서는 비교적 쉽게 해결된다. 하지만 첫 번째로 오는 선택지를 찾기 위해 모든 선택지를 다 꼼꼼히 읽을 필요는 없다. 각 선택지의 첫 번째 문장, 혹은 첫 몇 단어만 읽어도 그것이 주어진 문장과 연결되는지 그렇지 않은지를 파악할 수 있는 경우가 많다. 주어진 글은 다원주의 사회에서 서로 다른 하위문화 집단들 간에 다른 가치관과 행동으로 오해가 생길 수 있음(misunderstandings are always possible)을 지적한다. (A)는 What the teacher did not understand was that… 으로 시작하며 주어진 글에는 the teacher에 대한 언급이 없으므로 처음으로 올 수 없다. (B) 역시 the teacher로 시작하므로 주어진 글에 연결되지 않는다. (C)는 문화적 충돌에 의해 발생한 오해의 사례를 보여주고 있으므로(To illustrate the type of culture clash) 주어진 글과 바로 연결된다. (B)는 오해로 인한 베트남 학생 아동학대 신고 사례의 구체적인 내용이며, (A)에서는 그 오해의 원인을 제시하고 있다.

해석 다원주의 사회는 어려움 없이 존재하지 않는다. 서로 다른 하위문화 집단들이 서로 다른 가치와 행동을 가지고 지내다 보면, 오해는 항상 생길 수 있다.
(C) 발생 가능한 문화 충돌의 유형을 설명하고자, 교육학자이면서 세계 각국의 풍습 전문가인 노린 드레서는 미국의 어떤 한 6학년 교실 사건을 언급한다.
(B) 그 교사는 자기 학생들 중 한 명인 베트남인 여학생의 목과 이마에 이상한 붉은 마크들이 있다는 사실을 알게 됐다. 그 학생에게 설명할 기회도 주지 않고, 교사는 지역 당국에 그 사실을 알렸고, 지역 당국은 학생의 부모를 아동학대로 기소했다.
(A) 그 교사가 이해하지 못한 것은 아시아 국가들에서, 특히 베트남에서, 동전을 등과 목 그리고 이마에 세게 문지르는 것이 두통과 감기, 호흡기 질환을 치료하는 흔한 민간요법이라는 것이다. 불행히도, 이 치료로 생겨난 붉은 자국들을 학교 관계자들이 아동 학대의 징후로 오해한 것이다.

10

정답 ②

정답의 단서 주어진 글은 우리가 나름대로 일회용 커피 컵을 재활용을 하고 있다고 믿고 있다는 통념을 보여준다. many of us are thinking은 일반인들의 잘못된 생각이나 통념을 드러낼 때 자주 사용되는 형식이며, 통념 다음에는 however/but/yet/in fact/actually 등이 패턴처럼 연결된다. (B)의 앞부분이 "실상은(In fact),…"으로 시작하며 주어진 문장에 대한 반대 사실을 드러낸다. 우리의 일반적인 생각과 달리 커피 컵의 대부분은 재활용이 되지 않는다. the vast majority are not recycled. (A)는 일회용 커피 컵이 재활용되지 않는다는 사실을 다시 한 번 강조한 다음 그 이유를 제시하므로 (B)의 뒤에 자연스럽게 이어진다. (C)는

과학자들이 일회용 커피 컵을 재활용할 수 있는 대안을 찾고 있다는 내용이므로 글의 마무리로 자연스럽다.

해석 많은 사람들이 매일 커피숍에서 커피를 사 간다. ― 그리고는 재활용 휴지통에 빈 컵을 떨어뜨리면서, 환경을 돕기 위해 나름대로 할 일을 하고 있다고 생각한다.
(B) 실상은, 그 반대다. 영국에서만도 7백만 개 이상의 일회용 커피 컵이 매일 사용되고 있으며, 그 대부분은 재활용되지 않는다.
(A) 겉모양(많은 일회용 컵들에 재활용 표시가 찍혀 있다)과는 달리, 그것들은 재활용이 거의 불가능하다. 컵들은 방수가 될 수 있도록 종종 플라스틱을 녹여 융합시켜 만들어지지만, 많은 재활용 단지에서는 그 물질들을 분리할 수 없다.
(C) 과학자들은 벌써 가능한 대안을 찾고 있다. 엔지니어 Martin Myerscough 는 프루걸팩(Frugalpac) 컵을 만들었는데, 그 컵은 종이로 만들어지며, 플라스틱을 대체할 얇은 막의 필름이 부착되어 있다. 그 물질들은 서로 쉽게 떨어질 수 있어서 그 종이컵은 재활용될 수 있다.

11

정답 ③

정답의 단서 주어진 글이 없으므로 첫 번째 선택지부터 읽어나가며 글의 중심 화제와 주제를 파악한 다음, 각 문장에 쓰인 접속사나 also, In light of 등의 연결어(linking words)를 통해 문맥의 흐름을 판단해야 한다. 우선 전체 글에서 e-reading(electronic reading)의 부정적인 면과 긍정적인 면을 언급하고 있으므로, electronic reading이 중심 화제가 된다. 중심 화제가 파악되었다면, "연결어로 시작되지 않는 문장"을 찾아보자. (A)와 (D)가 연결어 없이 시작한다. 하지만 (A)는 앞부분에 also가 들어가 있기 때문에 글의 처음이 될 수 없다. (D)는 아무런 연결어나 접속 부사 없이 electronic reading의 연구 결과와 부정적인 면을 언급하고 있으므로 첫 번째 순서로 적절하다. 그 다음 However로 시작하여 electronic reading이 반드시 부정적이지만은 않다는 것을 보여주는 (C)가 와야 한다. (A)는 전자책이 아이들에게 미치는 영향이 긍정적, 부정적 면을 모두 가지고 있다(mixed)고 하였으므로 electronic reading의 또 다른 예시이며, 따라서 (C)의 뒤에 이어지는 것이 자연스럽다. 마지막으로 (B)는 In light of this(이러한 연구를 고려하여),…로 시작하면서 이러한 연구 결과를 종합해 준다.

해석 (D) Wolf와 다른 사람들의 여구에 따르면, 전자책 독서는, 글의 이해와 글의 초점, 그리고 플롯이나 사건의 전개와 같은 세부 사항에 대한 주의력을 유지하는 능력을 포함하여, 뇌가 텍스트에 반응하는 방식에 부정적인 영향을 미칠 수 있다. 연구 결과는 대체적으로 종이 활자가 독서 스펙트럼의 한 끝에 있고(가장 몰입도가 높음), 온라인 텍스트가 다른 한 끝에 있음(가장 산만함)을 암시하였다.
(C) 하지만, 전자책의 부정적인 결과가 돌에 새겨 놓아야 할 만큼 확실한 것은 결코 아니다. 사실, 어떤 연구들은 정반대의 결과를 얻었는데, 전자책이 이해도에 전혀 영향을 미치지 않을 뿐더러 특히 독서 장애(난독증)를 지닌 사람들에게는 이해력을 향상시킬 수도 있다는 결과를 얻었다.

(A) 연구 결과들은 디지털 독서가 아이들에게 영향을 미치는 면에 있어서도 상반되는 결과를 보여주었다. 일러스트가 포함된 아이들의 전자책은 종종 움직임, 음악, 그리고 소리를 포함한다. 하지만 이러한 부가적인 것들이 독서에 미치는 영향은 그것들이 어떻게 사용되느냐에 따라 다르다. 만약 잘 사용된다면, "그 부가적인 요소들은 아이들에게 일종의 독서 가이드가 될 수 있다"고 독서에 대한 연구를 수행하고 있는, 네덜란드 Leiden University의 교수 Adriana Bus는 말한다.

(B) 이러한 것들을 고려했을 때, 그녀는 우리가 디지털과 종이 인쇄 두 가지가 가진 가치를 인정하는 사회, 즉 두 가지 독서 수단을 보유한 사회를 계속 유지해 나가기를 희망한다.

12

정답 ③

정답의 단서

우선 주어진 문장의 핵심 내용을 파악한다. 주어진 문장에서는 모험 여행이 자신감을 키워준다고 믿는 사람들의 주장을 보여준다. Many claim that… such a challenging situation **makes them more confident** in their own ability to deal with any difficulty they may encounter in everyday life.

이 다음에 오는 문장은 이 주장을 뒷받침하거나 반대하는 내용 중 하나일 것이다. (A), (B), (C) 중 이 주장을 뒷받침하는 예시나 근거는 없으므로 이 주장과 반대되는 주장이 뒤따르는 것이 당연하다. (C)는 Yet으로 시작한다. 즉, 앞의 내용과 반대되는 주장을 한다. (C)의 내용은 인간의 탐험 여행이 자연에 해를 끼친다는 부정적인 내용이므로, (C)의 앞에는 탐험 여행의 좋은 면을 주장하는 내용이 와야 한다. 따라서 주어진 글 다음에 (C)가 오는 것이 자연스럽다. (A) 문장은 They로 시작한다. They는 대명사이므로 앞에 나온 것을 가리킨다. 따라서 They가 무엇을 가리키는지 찾으면 (A)의 위치를 쉽게 결정할 수 있다. (A) 역시 모험 여행이 환경에 나쁜 영향을 끼친다고 주장하므로, They는 (C)의 Environmental activists를 가리키게 되며, 따라서 (C)—(A)의 순서가 된다. (B) 문장이 however로 시작하고 있으므로 앞문장과 반대되는 내용임을 예측할 수 있다. despite these objections에서 objections는 '모험 여행'에 대한 반대를 뜻한다. 그런 반대에도 불구하고 모험 여행이 끊이지 않는다는 내용이므로, (C)와 (A)에 반대되는 내용이다. 따라서 (B)가 마지막에 온다.

해석 모험 여행가들은 여행에서 돌아와서는 종종 삶을 송두리째 바꿀 만한 경험을 했다고들 여긴다. 많은 이들은 그런 역경을 잘 극복했다는 사실이 일상에서 부딪히는 역경을 잘 극복할 수 있다는 자신감을 북돋는다고 주장한다.
(A) 남극 대륙과 같이 외딴 지역에 인간이 존재함으로써 발생하는 탄소 배출이 그 지역의 자연환경을 심각하게 훼손할 수 있다고 주장한다.
(B) 하지만, 이러한 반대에도 불구하고, 인간의 모험에 대한 열망은 사그라지지 않는다. 점점 더 많은 나라들이 외부의 여행자들을 환영하면서 모험 여행은 더욱 인기를 누릴 것이다.

(C) 하지만 모든 사람이 여행을 좋은 것으로만 보지는 않는다. 낯선 지역을 여행하려는 인간의 욕망이 사실상 환경에 무척 해로울 수 있다는 환경운동가들의 우려가 갈수록 더해간다.

13

정답 ④

정답의 단서 주어진 문장이 doesn't work로 끝났고, not to say를 통해 "효과가 없다"고 주장하려는 게 아니라는 것을 알 수 있다. 따라서 주어진 문장은 (C)의 Not only do those methods work, they save many lives라는 내용과 잘 맞물린다. (C)의 those methods는 주어진 문장의 surgery or prescription drugs or medical treatment를 가리키며, 주어진 문장과 마찬가지로 그러한 치료들이 "효과가 있음"을 언급한다. (C)의 두 번째 문장에서는 그러한 치료들보다 나은(better) behavior change의 장점을 언급한다.
(B)에서도 behavior change의 장점을 언급하고 있으며, Not to mention이 (C)와 (B)의 연결어로 적절하다. (A)에서 연구 결과를 들어 그러한 장점들을 다시 한 번 강조해 주고 있다.

해석 이 모든 게 수술이나 처방약, 의료 시술 같은 것들이 쓸모 없다고 말하려는 것은 아니다.
(C) 그런 방법들은 효과가 있을 뿐만 아니라 많은 생명을 구한다. 하지만, 많은 경우에 이러한 치료들이 행동을 바꾸는 것만도 못할 수 있다는 것 역시 사실이다.
(B) 행동을 바꾸는 것은 비용도 적게 들 뿐더러 환자 자신에게 더 많은 권한을 부여해 준다는 건 새삼 말할 필요도 없다. 그리고 이것이 내가 통합 의학—모든 분야에서 과학적으로 지지받는 아이디어 중 가장 좋은 것들을 모은 것—을 더욱 부르짖는 이유이다.
(A) 이미 많은 질병에 있어서, 행동의 변화가 의료와 버금가는, 혹은 그보다 더 나은 결과를 가져올 수 있다는 연구 결과가 있어 왔다. 의사가 환자에게 어떻게 하면 더 건강한 환경을 만들고 행동 변화를 지속할 수 있는지를 교육하는 데 시간을 들인다면, 그렇게 해서 비용을 줄이고 동시에 환자의 상태를 호전시킴으로써 얻을 수 있는 장기적인 효과를 상상해 보라.

14

정답 ④

정답의 단서 주어진 글은 특정 사건에서 가장 중요한 장면을 먼저 제시함으로써 독자의 관심을 끈다.(교사들과 학생들이 아침에 죽은 새들을 발견함.)
→ (C)는 사건을 처음 목격한 사람의 진술로서, 이야기의 처음으로 돌아간다. 마이클 보네트 부교감의 사건 설명(새들이 불켜진 입구 주변에서 학교로 들어오려 함 they = wildlife officials)
→ (B)의 He는 (C)에서 사건을 목격한 the Assistant Principal Mickel Bonnett이다. 웨스트버지니아 천연자원국에서 그 사건에 대한 조사를 나옴.

→ (A) After inspection으로 미루어 보아, 사건의 결론에 해당한다. they는 (B)에 언급된 West Virginia Division of Natural Resources를 일컫는다.

해석 교사와 학생들이 Tucker County High School에 도착했을 때, 그들은 죽은 새 수백 마리가 주차장과 학교 부지에 흩어져 있는 것을 발견했다.
(C) 마이클 보네트 부교감은 월요일 오전 6시 30분경에 출근했다가 학교 주변으로 새들이 무리 지어 날아다니며 창문으로 날아 들어가려는 것을 목격했다. "그 새들이 무리 지어 불 켜진 입구 주변을 날아다니면서 학교로 들어오려고 했어요."라고 보네트 부교감은 회상했다.
(B) 그는 밖이 어두워서 새들이 학교 안의 불빛에 끌렸다고 생각했다. 웨스트버지니아 천연자원국의 대변인인 호이 머피는, 현장에 있던 야생동물보호국 직원들이, 새들이 창문 아래 지붕 위에 쌓여 있고 학교 운동장 전체에 흩어 떨어져 있는 것을 목격했다고 말했다.
(A) 점검이 있은 후, 보호청 관계자들은 황금 솔새인 그 새들이 겨울 동안 북미에서 남미로 이동 중이었다고 전했다. 그들은, 안개와 학교 주변의 불빛 때문에 새들이 길을 잃게 돼 계속 구조물로 날아와 부딪혔다는 가정을 세웠다.

15
정답 ②

정답의 단서 주어진 문장에서는 기사의 가장 핵심적인 사실을 요약해서 전달해주고 있다.
→ (A) Ross Kelly는 주어진 문장의 a schoolboy in Australia를 가리킨다. 로스 켈리는 청각 장애가 있는 친구 Isam Gurung을 위해 수화를 배움.
→ (C) 로스가 수화(오슬란)를 배운 계기를 설명한다. (A)에서 his friend Isam Gurung으로 소개했으므로 여기에서는 바로 Ross and Isam이라고 시작한다.
→ (B) 이야기의 결론에 해당한다. 로스의 선생님이 로스를 한 재단의 특별인류상 후보로 추천했고, 로스가 그 상을 수상했다는 내용이다.

해석 호주에 사는 한 남학생이 자신의 친구가 학교에 잘 적응하도록 돕고자 수화를 배운 행동에 대해 칭찬을 받았다.
(A) 캔버라에 사는 6학년인 로스 켈리는 친구 Isam Gurung과 대화를 하려고 아무것도 모르는 상태에서 수화를 배웠는데, 그 친구는 청각 장애인을 위한 특수학교에서 막 전학을 왔다.
(C) 로스와 이삼은 처음에는 서로에게 쪽지를 건넸지만, 그 후로 로스가 오슬란(호주 수화)을 배우게 되면서 친구 이삼을 위해 수업과 교사 학생 모임의 내용을 통역할 수 있게 되었다. "우리는 서로에게 쪽지를 쓰기 시작했는데 쪽지가 항상 느린 부분이 있어서 이 방법이 효율적이지 않다고 판단했죠."라고 로스는 말했다.
(B) 로스의 선생님 사라 미들턴은 그를 프레드 할로우스 재단의 특별인류상 후보자로 추천했고, 로스는 예상대로 수상했다. "그가 새 언어 전체를 배웠고 학생이 아주 큰 일을 맡아 하는 것을 보며

그 열정을 따를 수 있다는 것은 굉장히 놀라운 일입니다."라고 그녀는 말했다.

16
정답 ③

정답의 단서 주어진 문장: 20세기 전반의 학자들은 모든 문화를 완전하고 변화하지 않는 본질(unchanging essence)을 가지고 있다고 가르쳤다.
→ (C)의 첫 문장이 cultures did not change.라고 말하고 있으며, 이것은 주어진 문장의 an unchanging essence를 그대로 이어받고 있다. 따라서 In this view의 this view는 주어진 문장의 견해를 가리킨다.
→ (A) 과거의 학자들과는 대조되는 현시대 학자들의 견해를 보여준다. 문화는 변한다(유동적이다)는 결론을 내리고 있으며, However로 시작하고 있다. 또한 the opposite is true.라고 하였으므로 이와는 대조되는 사실을 보여주는 (C)의 뒤에 이어져야 한다.
→ (B) 결론으로, 문화는 변한다는 관점을 다시 한 번 강조하고 있다.

해석 20세기 전반에는, 철학자들은 모든 문화는 완전하고 조화로우며, 시대를 초월하여 그것(문화)을 규정지을 수 있는 변하지 않는 본질을 가지고 있다고 가르쳤다.
(C) 이런 관점에서, 문화는 변하지 않았다. 따라서 인류학자들과 역사학자들, 정치가들은 똑같은 신념과 규범, 가치가 아주 오래전부터의 사모아 사람들과 태즈메이니아 사람들을 특징지어 준 것마냥, "사모아 문화"나 "태즈메이니아 문화"를 거론했다.
(A) 그러나 요즘 문화를 연구하는 학자들 대부분이 그 반대(문화는 변한다)가 맞다고 결론지었다. 모든 문화에는 전형적인 신념과 규범, 가치가 있지만 이러한 것들은 계속해서 유동적이다.
(B) 문화는, 그것이 놓인 환경의 변화에 대한 응답으로, 혹은 이웃 문화와의 상호 작용을 통해 스스로를 변모시킨다. 생태적으로 안정된 환경에서 완전히 고립된 문화조차도 변화를 피할 순 없을 것이다.

17
정답 ①

정답의 단서 주어진 글의 마지막 문장에서 워렌의 리더십에 대한 화제를 꺼내고 있다. 따라서 다음에 오는 문장은 당연히 리더십에 관련된 글이어야 한다. (B)에서 stressed his forceful leadership 부분에 그의 리더십에 관한 강조가 이어진다. (B)의 뒷부분에서는 그 리더십을 뒷받침하는 예를 제시한다. 그 예시를 구체적으로 보여주는 부분은 (A)이다. (C)의 This and other Warren Court decisions…는 그 외의 모든 사례들을 종합하여 결론을 내리고 있음을 알 수 있다.

해석 얼 워렌은 16년간 미국의 대법원장이었으며, 재임 기간에 정치적으로 민감한 여러 가지 문제들을 해결했다. 최고 경영자라는 관점에서 보면, 워렌은 그의 법정을 효과적으로 이끌 수 있었던 리더십 능력을 키운 셈이다.

(B) 그의 동료 법관들은 하나같이 그의 강력한 리더십을 강조했고, 특히 사건들이 논의되고 결정되는 콘퍼런스에서 그의 리더십은 더욱 도드라졌다. 워렌의 리더십은 1954년도 브라운 대 토페카 교육위원회 간의 싸움에서 내린 결정에서 가장 눈부시다.

(A) 재판관들이 워렌의 전임자 아래에서 그 사건들을 처음 논의했을 때에는 의견이 첨예하게 나뉘었다. 하지만 워렌의 휘하에서, 그들은 만장일치로 학교 분리(인종별로 학교를 분리하던 관행)가 위헌임을 결정했다. 그 만장일치의 결정은 워렌의 노력이 이뤄낸 직접적 결과물이었다.

(C) 이 사건의 결정과 인종의 평등을 앞당겼던 워렌 법정의 여타 결정들은, 1950년대와 1960년대 민권운동을 촉진했을 뿐만 아니라, 의회에 의해 통과되고 워렌 법정에 의해 바야흐로 확정되었던 민권 법률들의 기폭제가 되었다.

18

정답 ②

정답의 단서 주어진 문장의 첫 번째 문장에서는 장기요양보험의 혜택을 설명하고, 두 번째 문장은 Rather than으로 시작하며 보험 가입을 하지 않는 사람들의 입장을 보여준다.

Rather than insuring against this health risk, **some feel** they have enough savings to pay for these costs should they arise.

첫 문장에서 제시한 장기요양보험의 혜택이 주제이므로, 위의 보험을 들지 않는 사람은 반박의 대상이 된다. Rather than…, some feel…의 문장 구조가 주는 뉘앙스는 결코 긍정적이지 않다. 따라서 주어진 글 다음에는 However나 But, Yet 등이 들어있는 반대 주장이 나오는 것이 매끄러우며, However로 시작하는 (B)가 적절하다.

(C)의 This는 근심 걱정을 초래할 수 있는 상황을 가리킨다. (B)에서 언급한 어마어마한 비용 초래 문제가 결국 그 근심의 원인이 되므로 (C)는 (B)의 뒤에 오는 것이 자연스럽다. 언제나 This, That 등의 지시대명사가 가리키는 것만 정확히 파악할 수 있다면 문장 간의 순서를 쉽게 파악할 수 있다.

(A)는 그 막대한 비용을 대기 위한 극단의 경우를 보여주므로, 마지막에 오는 것이 알맞다.

해석
장기요양보험 혜택은 재택 간호나 장기요양시설에 드는 비용을 댈 수 있도록 현금을 제공한다. 이런 건강상 위험에 대비해 보험에 가입하는 대신, 어떤 이들은 만약 이런 비용이 발생하면 저축해 놓은 돈으로 충당할 수 있을 거라 여긴다.

(B) 하지만, 장기요양에 들어가는 비용은 한 달에 수천 달러에서 수만 달러까지 이를 수 있으며, 재택간호는 장기요양 비용의 두 배가 들 수 있다.

(C) 만약 부부 중 한 배우자가 단 2~3년이라도 장기요양이 필요하게 된다면 이건 특히나 우려되는 일이다. 요양에 드는 평균적 비용에 기초했을 때, 단 3년만 요양을 해도 가족의 전 재산을 탕진하고 유가족을 빈털터리로 만들 수 있다.

(A) 어떤 사람들은 요양에 드는 비용을 지급하고자 가족들이 살던 집을 팔 수 있을 것으로 생각하지만, 부부 중 한 명만 그러한 요양이 필요할 때 이것이 언제나 실질적인 해결책은 아니다.

05 · 문장 삽입

01

정답 ③

정답의 단서 주어진 글의 also가 단서. 이것으로써 이 문장은 백신의 또 다른 효과를 보여주는 예시 부분임을 짐작할 수 있다. 또한 이 문장의 뒷부분에는 "여러 질병을 발생을 감소(reduced)" 시킨 내용이 와야 한다. 아래와 같이 글을 구조화하면서 주어진 글의 원래 위치를 찾아보자.

주장: 첫 번째 문장에서 **simply undeniable**(=really undeniable) 이라는 표현을 사용하여 백신의 긍정적인 효과(the positive effects of vaccinations)라는 주제를 강조하고 있다.

근거 1. 질병을 전멸시킴.(**eliminated altogether** diseases)

예시 1 → **For example,** vaccines have completely **eliminated** polio. 소아마비를 전멸시킨 예

예시 2 → They (=vaccines) **also wiped out** smallpox… 천연두를 전멸시킨 예

근거 2. ③ **또한(also)** 다른 여러 질병들도 감소시킴

예시 1 → 홍역환자의 급감(there were only 138 cases of **measles**에서 "전멸"이 아니라 **"감소"의 근거임을 알 수 있다. 따라서 주어진 문장은 이 예시의 바로 앞에 와야 한다.)

결론 : 예방접종의 이점이 매우 큼.

해석 백신들은 또한 상당수의 질병의 발생을 현저하게 감소시키기도 했다.

백신의 긍정적인 효과는 솔직히 말해 부인할 수 없다. 예방 접종은 매년 수천 명의 사람들을 죽이거나 심하게 장애로 만들었던 질병들을 완전히 사라지게 했다. (①) 예를 들어, 백신은 소아마비를 완전히 없앴다. (②) 백신은 또한 천연두를 전멸시켰는데, 1960년대까지도 매해 1천만 명 가량의 사람들이 이 병에 걸리고는 했었다. (③) 홍역은 1년에 약 4백만 명의 어린이들을 감염시키고는 했지만, 1997년에 미국에서는 불과 138건의 홍역 환자들만이 발생했다. (④) 그 결과, 대다수의 전문 의료진들은 예방접종의 이점은 그것이 가지고 있는 몇몇 위험을 훨씬 능가한다고 믿고 있다.

02

정답 ④

정답의 단서 주어진 글의 'both explanations'에 주목해야 한다. 이것을 통해 이 문장 이전에 순응성의 증거로 사용된 설명에 대한 내용이 언급되어 있음을 유추할 수 있다. 또한, 이 문장의 뒷부분에는 그 설명들이 증거로 사용된 심리 실험에 대한 내용이 나와야 연결이 자연스럽다. 글의 도입부는 the bandwagon effect의 개념에 대해서 설명하고 있으므로 ①, ②는 답이 될 수 없다. 이어서 사람들은 더 많은 사람의 의견을 근본적 증거 없이도 따르는 성향을 보이는데, 이것은 그들이 직접적으로 순응하는 것을 선호하거나(directly prefer to conform) 또는 다른 사람들에게서 정보를 얻기 때문(derive information from others)이라고 설명하고 있다. 이 두 가지 성향이 주어진 글의 'both explanations'에 해당한다. 또한, 글의 마지막 문장에서 심리 실험의 예시가 나열되고 있으므로 정답은 ④이다.

해석 두 설명은 다 심리적인 실험에 순응성의 증거로 사용되어 왔다.

편승효과는, 믿음, 생각, 유행, 그리고 경향이 이미 다른 사람들에 의해 더 많이 받아들여져 왔을수록 그 수용 비율이 더 증가하는 현상을 일컫는다. (①) 다시 말해서, 편승 효과는 이미 그렇게 행한 사람들의 비율에 따라 개인적 채택의 가능성이 증가하는 특징을 지니고 있다. (②) 더 많은 사람이 무언가를 믿을 때, 다른 사람들 또한 그 근본적인 증거와 관계없이 시류에 편승한다. (③) 다른 사람들의 행동이나 믿음을 따르는 경향은 사람들이 직접적으로 순응하는 것을 선호하거나 또는 사람들이 다른 사람들로부터 정보를 얻기 때문에 나타날 수 있다. (④) 예를 들어, 사회적 압박은 Asch의 순응 실험을 설명하기 위해 사용되어 왔고, 정보는 Sherif의 자동적 실험을 설명하기 위해 사용되어 왔다.

03

정답 ④

정답의 단서 주어진 글의 'That possibility'가 단서이다. 이것이 무엇인지를 정확하게 파악한다면 이 문제는 쉽게 풀 수 있다. 이 글의 도입부는 인간 복제에 대한 사람들의 생각과 인간 복제가 사람들에게 제공할 수 있는 것들(what are now incurable diseases,…new organs to replace damaged or worn-out ones)을 설명하고 있으므로 ①, ②, ③은 정답이 될 수 없다. 이어서 인간 복제라는 말이 머리 없는 인체의 가능성(the possibility)을 상기시킨다는 내용이 나오는데, 이 the possibility가 주어진 글의 that possibility와 연결됨을 알 수 있다. 또한, 마지막 문장의 He가 주어진 글의 Jonathan Slack을 지칭하는 것이므로 정답은 ④이다.

해석 그 가능성은 영국 과학자 Jonathan Slack가 머리가 없는 개구리를 만들어낸 후인 1997년에 제시되었다.

인간복제보다 더 논란이 되는 주제를 찾기는 어려울 것이다. (①) 사람들은 그것이 완전히 환상적이거나 완전히 혐오스럽다고 생각한다. (②) 인간복제는 현재는 치료가 불가능한 질병에 대한 치료약, 시각장애인들을 위한 시력, 청각장애인들을 위한 청력, 손상되거나 기능을 다 한 장기를 대체할 새로운 장기를 약속한다. (③) 복제라는 말은 또한 오로지 그들의 신체 부위를 위해 분리될 수

정답 및 해설

있도록 자란 머리가 없는 인체의 가능성을 상기시킨다. (④) 그는 그것이 머리가 없는 인간을 탄생시킬 것이라고 두려워하는 전 세계의 과학자들로부터 비난받았다.

04

정답 ④

정답의 단서 주어진 문장만으로는 원래 위치의 단서를 찾기 어려운 경우가 많다. 그러한 경우에는 굳이 주어진 문장을 곱씹어 분석하려 들지 말고 바로 전체 글을 읽어 나가야 한다. 글을 읽어내려가면서 갑자기 흐름이 끊기는 부분이 있거나, 접속사나 연결어가 앞 문장과 연결되지 않는 부분이 있다면 그 부분이 주어진 문장이 들어갈 자리일 확률이 높다. 이 글에서도 ④번의 앞뒤가 문맥상 연결이 되지 않는다. ④번의 뒤에는 Yet이 나왔으므로 앞뒤의 내용이 반대되어야 한다. 하지만 앞의 내용은 잘 나가는 디자이너들이 유명인들과 어울리고 호사스러운 파티에 참석했으며, 기자들의 주목을 받았다는 내용으로, 뒤에 오는 "젊은이들이 유명 디자이너가 되고자 하는 노력"과는 대조의 관계라고 볼 수 없다. 그러므로 주어진 문장을 ④에 넣고 연결해 보면 매끄럽게 연결됨을 확인할 수 있다.

해석 확실히, 물론, 계속해서 인기 있는 디자이너로 남는 데에는 상당한 스트레스가 따랐고 많은 디자이너들이 부유층과 유명 인사를 거의 만나볼 수도 없는 환경 속에서 열심히 일을 해야 했다. 20세기에서 패션 디자이너만큼 화려하고 수익을 얻는 직업은 몇 되지 않아 보였다. (①) 보조 디자이너와 여성 재봉사들과 팀으로 일하며, 디자이너들은 대부분 사회의 부유하고 세련된 사람들이 참석하는 쇼에 올리기 위한 많은 멋진 새로운 드레스들을 준비했다. (②) 유명 인사들은 중요한 행사에 입을 새로운 멋진 가운을 사는 데 거액의 돈을 지불했다. (③) 새로운 옷을 제작하지 않을 때는, 디자이너들은 유명 인사들과 어울리며 사치스러운 파티에 참석하고, 그들을 칭찬하는 기자들의 인터뷰에 응했다. (④) 그래도 옷을 디자인하는 데 있어 능력이 있는 젊은 남녀 디자이너들은 그들 역시 그들 능력의 정점을 찍을 수 있기를 꿈꿨다.

05

정답 ③

정답의 단서 주어진 문장이 However라는 연결어로 시작되므로 이 문장의 내용만 정확히 파악한다면 쉽게 원래의 자리를 찾을 수 있다. 주어진 문장의 핵심은 악기 제조사들(instrument makers)이 녹음 장비(recording equipment)를 만들기 시작했다는 것이다. 문장의 앞에 However가 있으므로 이 문장의 앞에는 그 전까지는 "악기 제조사가 녹음 장비를 만들지 않았었다"는 내용이 와야 하며, 이 문장의 뒤에는 그 반대가 와야 한다. ③의 앞부분까지는 악기제작자는 악기만 만들고, 녹음장비(recorders and mixers)는 오디오 장비 회사에서 제작했다는 내용이 온다. 하지만 ③의 뒷부분에서는 갑작스럽게 1960년대, 전자 장비 산업의 배타

적 제품(an exclusive product of the electrical equipment industry)이었던 녹음장비 마이크(microphones)가 악기회사에서 제조되었다는 이야기를 시작한다. 따라서 이 부분에 주어진 문장을 넣어 보면 앞뒤가 자연스럽게 연결됨을 확인할 수 있다.

해석 그러나, 점점 더 많은 연주자들과 싱어송-라이터들이 등장하기 시작하면서, 악기 제작자들은 녹음 장비들을 개발하기 시작했다.
전통적으로, 악기와 녹음 장비들은 - 비록 둘 다 음악이 긴밀히 연결되어 있긴 하지만 - 완전히 서로 다른 분야에서 만들어졌다. (①) 연주자들은 악기로 음악을 연주했고, 녹음 과정은 이와는 완전히 별개였다. (②) 그래서, 악기 제작자들은 단지 악기들만 제작했고, 녹음장비와 음량조절장치를 만드는 대부분의 회사들은 음향 장비들을 만드는 회사였다. (③) 1960년대에 와서는, 전자 장비 산업의 배타적 상품이었던 마이크가, 악기 제조사에서 만들어지고 있었다. (④) 90년대 중반에는, 디지털이 녹음이 일반화되고 악기 제조회사에서 만들어진 디지털 녹음 장비가 표준이 되었다. 최근에는, 컴퓨터를 사용하는 많은 소프트웨어 기반 녹음 시스템들이, 이전에는 악기 제조에만 국한되었다고 생각되던 회사에 의해서 출시되고 있다.

06

정답 ①

정답의 단서 주어진 글이 However로 시작하고 있으며, 이는 앞뒤 문맥의 관계를 파악하는 가장 중요한 단서다. 주어진 문장은 "날씬함을 육체적 아름다움과 동일시하는 서구적 사고가 결코 보편적인 것이 아님"을 주장한다. 그런데 문장이 However로 시작하고 있으므로 이 문장의 앞에는 이 주장과는 반대되는 내용이 와야 하며, 이 문장의 뒤에는 이 주장과 일치하는 내용이 이어져야 한다. ①의 앞까지는 서구인들의 날씬해지려는 노력을 보여주고 있고, ①의 뒤부터는 이와 반대되는 아프리카 사람들의 사고를 보여준다. 따라서 ①의 앞과 뒤가 서로 상반되며 아무런 연결고리 없이 이어져 있으므로 ①의 자리에 주어진 문장이 와야 적절하다.

해석 하지만, 날씬함을 신체적 아름다움과 동일시하는 서양인의 인식이 널리 받아들여지는 것은 아니다.
심지어 체형에 관한 우리의 생각도 문화적 관념과 상당히 깊은 관련이 있다. 서양 사람들은 최대한 날씬해지기 위해 갖은 노력을 한다. 매년 살을 빼기 위해 운동화와 다이어트 계획, 식욕 억제제, 그리고 헬스장 이용권에 수백만 달러를 쓴다. (①) 예를 들어, 아프리카 지역 대부분에서는 서양 여자가 말라빠져서 전혀 매력적이지 않다고 생각한다. (②) 이 점은 내가 케냐에서 현장 조사를 할 때 뼈저리게 느꼈다. (③) 케냐에서 몇 달을 살고 나서, 나는 키쿠유족 남자 친구들이 내 아내가 지지리 복도 없게 생겼다며 나를 불쌍히 여겼다는 걸 알게 되었다. (④) 키쿠유 친구들은 "자네 아내에게 갖다 줘."라고 넌지시 말하고는 종종 음식이나 닭 한 마리를 우리 집에 들고 왔다. 나는 내 아내가 딱 보기 좋은 몸매라고 생각했지만, 아프리카 친구들은 내 아내가 아름다워지려면 살 좀 찌울 필요가 있다고 생각한 것이다.

07

정답 ④

정답의 단서 주어진 문장에 this나 that, it 등이 들어 있다면 그것이 무엇을 가리키는지를 파악하는 것이 주어진 문장의 위치를 찾는 중요한 단서가 된다. The oak's life span may account for this… 참나무의 수명이 이것을 설명해 준다고 했으므로, 당연히 이 문장의 앞 부분 참나무에 대한 언급이 있어야 한다. 따라서 oak라는 단어가 들어 있는 부분이 있는지 빠르게 스캔해 본다. ③의 뒤, ④의 앞부분에 oak가 들어 있다. Interestingly, one kind of tree has been revered more widely than any other : the oak, Zeus's tree. 즉, ③과 ④ 중에 고르면 된다. Interestingly,…로 시작하는 문장에서 oak라는 나무를 직접 언급하지 않고 one kind of tree라고 했으므로 이 문장의 앞에는 oak가 올 수 없다. 또한 다른 어떤 나무들보다 널리 존경되어 왔다(been revered more widely than any other)는 내용이 주어진 문장의 this에 해당하므로, 주어진 문장은 이 문장의 뒤, 즉 ④의 위치에 와야 한다.

해석 참나무의 수명이 아마도 이것에 대한 이유를 설명할 수 있을 것이다. 다른 어떤 나무들보다도 참나무는 인간의 수명을 능가한다. 미국 원주민들이 나무를 신성시한다는 것은 잘 알려져 있지만 그들이 나무를 신성시하는 첫 번째의 또는 유일한 사람들은 아니었다. 많은, 어쩌면 대부분의 많은 크리스트교 이전의 사람들은 나무에 대한 숭배의 의식을 행했다. (①) 프레이저의 책 황금가지에서는 고대 그리스, 로마 그리고 동부지방뿐만 아니라, 북유럽의 구석구석까지 수십 개의 예들을 목록화해 놓았다. (②) 사실, 대부분의 역사에서, 나무는 영혼과, 악마와, 엘프와 요정들이 자리를 비집고 거주해 온 존재이고 나무들 그 자체로는 신들의 거주지로 간주되어 있다. (③) 흥미롭게도, 나무의 어떤 한 종류는 다른 나무들보다 더 널리 존경받고 있는데 그것은 바로 참나무, 즉 제우스의 나무이다. (④) 프레이저는 참나무의 특별한 신분에 대해 또 다른 가능한 이유를 제시했다 : 참나무는 번개를 굉장히 자주 맞는 나무이고, 그래서 아마도 하늘과의 특별한 관계를 즐기는 것으로 간주되고 있는 것일지도 모른다.

08

정답 ③

정답의 단서 주어진 문장의 연결부사 moreover가 결정적인 단서가 된다. 주어진 문장은 좋은 팀이 유연성(resilience)을 제공한다고 하였으며, 이 유연성은 좋은 팀의 장점이 된다. 그리고 이 문장이 moreover(더구나)라는 순접의 접속사로 시작되므로 이 앞에는 좋은 팀의 첫 번째 장점이 와야 한다. ②의 뒤, ③의 앞에 있는 문장에 팀의 긍정적인 기능(more people, more knowledge, more experience, more perspectives)이 나와 있다. 하지만 ③의 뒤에 이어지는 장점들은 앞의 장점과는 다른 종류의 장점이다. 마지막 문장에 나와 있듯 more resilient에 관련된 장점이다. resilient라는 단어에서 결정적으로 주어진 문장의 resilience와 연결됨을 알 수 있다.

해석 더구나, 좋은 팀은 유연성을 제공한다.
왜 성공적인 팀을 만드는 것이 정말 중요한지에 대한 간단한 이유가 있다. 팀은 사람들이 지시를 받는 환경이라 할지라도 하룻밤 사이에 마법처럼 만들어지지 않는다. 정치 캠페인에서는, 자원봉사자들에게 상당히 많이 의지하게 되는 만큼, 성공적인 팀을 만드는 데 더욱 힘을 쏟게 된다. (①) 얼마나 당신이 효율적일지라도 그리고 얼마나 당신이 열심히 일을 할지라도, 당신은 여전히 하루에 24시간, 일주일에 7일만을 갖고 있을 뿐이다. (②) 팀은 좀 더 많은 사람들이 좀 더 많은 일을 끝낼 수 있음을 의미한다. 이것은 단순히 좀 더 많은 사람들이 할 수 있는 일에 대한 것이 아니다. 좀 더 많은 사람들은 더 많은 지식을, 더 많은 경험, 더 많은 관점을 모을 수 있다. (③) 누군가가 그 일을 감당해 낼 수 없을 때, 또는 누군가가 가족을 여의게 되어 부득이 캠페인을 떠나야 할 때 등 또 다른 사람이 그 자리를 대체해야 하는 상황이 있을 것이다. (④) 더 크고 더 나은 팀은 그러한 상황을 더욱 유연하게 대처할 수 있다.

09

정답 ②

정답의 단서 주어진 문장은 "창의적 결과에 미치는 분위기의 효과"에 대해 연구자들이 서로 상반된 의견들을 가지고 있다는 내용이다. 그런데 이 문장의 앞에 However가 있으므로 이 앞의 문장에서는 상반되지 않은 어느 한 가지 주장만이 제시되어 있어야 하며, 그 뒤에는 상반된 의견을 함께 보여주는 내용이 와야 한다. However가 서로 상반된 두 가지 주장을 매끄럽게 이어주는 역할을 하는 것이다. ②의 앞에서 openness, respect, harmony 와 같은 좋은 분위기(a favorable mood)가 창의성을 유발한다고 하였으나, ②의 뒤에서는 갑자기 그러한 분위기들과는 반대되는 부정적인 분위기(a negative mood)가 창의성을 증진(promote creativity)시킬 수 있다고 하였다. 따라서 이 두 주장이 아무런 연결고리 없이 서로 충돌되고 있으므로 ②에 주어진 문장이 들어가야 한다.

해석 그러나, 업무 태도나 사회적 행동을 분석하면서, 연구원들은 기분이 창의력에 미치는 영향에 대해서는 상반된 의견을 내놓고 있다.
연구원들이 호의적인 것으로 간주한 심리적 분위기는 연구에 창의성을 고무시킨다. (①) 그러한 분위기는 개방성, 존경, 그룹 멤버들 간의 조화, 그리고 개인의 업무 자율성이라는 특징을 나타내고 있다. (②) 아이슨은 많은 연구들을 통해 긍정적인 분위기가 창의성을 촉진시킨다고 결론을 내린 반면 조지와 자오우는 한 연구에서 부정적인 분위기가 창의성을 자극할 수도 있음을 발견했다. (③) 더구나, 어떤 조사 그룹에서는 구성원 사이의 지적 긴장감과 경쟁이 있을 때 좀 더 창의적이 된다고 말했다. (④) 그럼에도 불구하고, 조사 그룹의 과도한 긴장과 경쟁은 분명 창의성에 해를 끼친다. 그러므로 중요한 리더십 과제는 조화와 부조화가 적절한 균형을 유지하는 업무 환경을 만드는 것이다.

10

정답 ④

정답의 단서 주어진 문장은 For example,…로 시작하고 있으므로 앞에 나온 주장의 근거이다.

For example, the Green Revolution **had an enormous impact on agricultural productivity**, particularly that of rice and wheat.

주어진 문장은 녹색혁명이 농업 생산성에 어마어마한 영향을 끼쳤다고 하였으므로, 앞의 내용은 농업 생산성의 증대와 관련된 내용이 와야 한다. ③의 앞문장까지는 과도한 인구 증가(overpopulation)에 의한 지구 자원의 고갈 문제를 다루고 있다. 하지만 ④의 앞문장에서는 However라는 역접 접속사를 사용하여, 그러한 자원 고갈에 대한 주장을 반박하고, 기술의 발전이 식량을 생산할 수 있는 대지의 능력을 변화시켰다, 즉 대지의 생산성을 향상시켰다고 주장한다. 주어진 문장은 이 주장에 부합하는 예시이므로 ④의 자리에 오는 것이 적절하다.

해석 예를 들어, 녹색 혁명은 농업 생산량, 그 중에서도 특히 쌀과 밀 생산량에 지대한 영향을 끼쳤다.

1798년에 Malthus는 식량 공급 문제 때문에 인구 성장이 둔화될 것이라고 예측했다. Malthus의 예측은 식량 부족이라는 특정 문제만을 다루었지만, 지구의 모든 자원들이 인구포화에 의해 고갈될 수도 있다는 더욱 폭넓은 차원의 근심이 있다. (①) 1968년에 Ehrlich는 그 당시의 인구 성장률이라면 지구에 있는 자원으로는 어림도 없을 것이라고 주장했다. (②) 게다가 대부분의 인구 성장과 식량 생산의 감소가 개발도상국에서 발생하고 있기 때문에 Ehrlich는 인구 통제를 옹호했다. (③) 하지만 이러한 주장들은 지구의 제한된 수용 능력만으로 가정하고 있을 뿐, 현실적으로는 기술 개발이 땅의 식량 생산성을 변화시키고, 생활수준의 향상이 식량의 수요를 변화시키고 있다. (④) 1981년에 Simon 역시 사람이 더 많아지면 자원 한정 문제를 해결하는 데 도움이 되는 많은 생각과 실험, 그리고 많은 기술적 혁신과 같은 긍정적인 변화가 생긴다고 주장했다.

11

정답 ④

정답의 단서 주어진 문장에 this나 that, these, those, it 등의 지시대명사가 있다면 그것들이 본문에서 무엇을 가리키는지를 파악하는 것이 가장 중요하다. 이 문제에서는 주어진 문장의 these words는 바로 앞에 여러 단어들(words)이 언급되었음을 가리킨다. 그렇다면 본문에서 특정 단어들이 열거된 부분을 찾아보자. ④의 앞문장을 보면 words such as all, everyone, no one, none, always, and never이라는 표현이 있다. 즉, 이 단어들이 주어진 문장의 these words에 해당한다. 주어진 문장을 이 부분에 넣고 앞뒤 문맥이 자연스러운지 확인해 보자. 많은 증거를 필요로 하는 지나친 일반화의 주장(sweeping claims that require a lot of evidence)이라는 표현은 To avoid this fallacy…의 fallacy(오류)와 연결되므로, 두 문장이 아주 자연스럽게 이어진다.

해석 이러한 단어들을 포함하는 문구들은 종종 많은 증거를 필요로 하는 상당히 광범위한 주장을 한다.

다음 문장들을 잘 생각해 보자. 의사는 욕심이 많다. 정치인은 믿으면 안 된다. 요즘 학생은 그저 돈을 많이 벌 수 있는 직업을 가지려고 학교에 다닌다. 다시 말해 요즘 것들은 낭만/이상이 없다. 노숙자는 일하기 싫어한다. 이 의견들에는 '모든(all)'이라는 말(the word)이 함축되어 있다. 구성원은 모두 똑같다고 주장하며 개개인의 특성을 간과한 것이다. (①) 그들은 또한 중요한 사실을 무시했다—예를 들어, 어떤 의사는 자발적으로 시간을 내어 무료 진료소에서 진료하고, 많은 노숙자는 사실 너무 어려서 일을 못한다는 것이다. (②) 모 아니면 도라는 사고방식은 논리에서 가장 흔한 오류 중 하나이다. (③) 이러한 오류를 피하려면 '전부', '모두', '아무도', '무엇도', '언제나', '결코'와 같은 말들을 조심해야 한다. (④) '보통'과 '조금', '많은', '거의' 그리고 '가끔씩'이라는 단어들이 좀 더 정확한 진술을 이끄는지를 확인해라.

12

정답 ②

정답의 단서 주어진 문장은 글의 일부분일 뿐이기에 그 문장만으로는 정확히 무엇을 이야기하는지 파악하기 어려운 경우가 많다. 하지만 주어진 문장을 완전히 이해하지는 못하더라도 중요한 내용적 키워드를 파악한 후, 접속사, 연결어, 강조 부사 등의 역할을 정확히 이해하기만 한다면 어렵지 않게 주어진 문장의 원래 위치를 찾을 수 있다.

주어진 문장에서는 text messaging이 아이들의 비만을 물리치는(fight child obesity) 데 도움이 될 수 있다는 주장을 하고 있다. 그런데 이 문장은 **Yet**으로 시작하고 있으므로 앞의 내용과는 반대되는 주장을 하고 있음을 유추할 수 있다. 따라서 주어진 문장은 "text messaging이 아이들에게 비만을 일으킬 수 있다"고 주장하는 내용 뒤에 와야 한다. ②의 바로 앞 문장에 그러한 내용이 담겨 있다. → This inactivity in turn has **been linked to the rising levels of child obesity** all over the world. 그리고 ②의 뒤에 오는 문장부터는 "effective"라는 단어로 알 수 있듯, text messaging의 긍정적 효과를 다루고 있음을 알 수 있다.

해석 핸드폰과 문자 메시지는 아이들이 활동적인 삶을 살지 못하게 만든다는 데 책임이 있다고들 말한다. (①) 이런 활동은 결국 전 세계에 걸쳐 증가하고 있는 아이들의 비만 수준과 관련되어 있다. (② **하지만 최근의 많은 연구들은 사실상 문자 메시지가 아이들의 비만 퇴치에 다양한 방법으로 사용될 수 있음을 보여주었다.**) 최근 연구자들은 문자 메시지가 아이들의 식습관을 얼마나 효과적으로 관찰할 수 있는지에 관한 연구를 진행했다. (③) 그들은 문자 메시지를 사용해서 자신이 먹거나 활동을 할 때마다 보고를 한 십대 참가자들이 기존의 일기장을 사용한 아이들보다 자신의 식습관 및 운동 습관을 훨씬 더 지속적으로 관찰할 수 있음을 알게 되었다. (④) 이는, 참가자들이 문자를 보냈을 때 자신들이 보고한 것에 대하여 즉각적으로 자동 피드백을 받았기 때문일 것이다.

13

정답 ③

정답의 단서 주어진 문장에서 they가 누구인지는 알 수 없지만 "그들"의 옷 입는 스타일이 일반적인 영국 사회를 대표하지 않는다는 것만은 확실하다. 그렇다면 본문에서 그런 특정 부류(즉, they에 해당하는 사람들)의 옷 입는 스타일을 설명한 부분을 찾으면 된다. 그리고 주어진 문장이 Yet으로 시작되므로 당연히 주어진 문장이 그 뒤에 이어질 것이다.

The majority of British people dress… → 첫 문장은 대다수의 일반적인 영국인들에 대한 설명이다.

Only a small number of the upper and professional upper middle class,… → 두 번째 문장에서부터 특정 부류의 옷 입는 스타일을 설명하고 있다. 세 번째 문장의 Many of the men 역시 앞의 상류 계층, 즉 특정 부류를 의미한다. 하지만, ③ 뒤에 오는 The vast majority of British people은 영국 국민의 대다수를 의미하므로 갑자기 대상이 바뀌었다. 주어진 문장은 Yet을 사용하여 ③의 앞뒤 문맥을 매끄럽게 전환시켜 준다.

해석 대다수의 영국인들은 멋지게 옷을 입기보다는 보수적으로 옷을 입는다. (①) 오직 몇몇 소수의 상위 계층, 그리고 전문직 중상위 계층, 예를 들어 변호사, 외교관, 장교, 그리고 보수당 의원들은 지난 50년에 걸쳐 검증된 스타일의 옷을 입는다. (②) 그들 중 많은 사람들은 여전히 자신만의 재단사에게 재단을 맡기며, 그래서 옷만 봐도 바로 그들이 상류 계층에 속한다는 것을 알 수 있다. (③ **하지만 그들이 옷을 입는 스타일은 일반적인 영국 사회를 대표하기에는 아주 거리가 멀다.**) 영국인들 대부분은 번화가의 가게에서 옷을 사며, 그 중(번화가 가게들 중) Marks and Spencer(영국의 다국적 소매상)가 가장 유명하다. (④) 그들은 완벽하게 무난하지만 유럽의 패션 기준에 비추어 보면 형편없기 짝이 없는, 영국 중산 계층의 옷을 입는다. 정말이지 영국은 유럽에서 가장 옷을 못 입는 사람들이라고 정평이 나 있는데, 그렇다고 해서 영국인들이 그런 평 따위를 신경 쓰는 건 아니다.

14

정답 ③

정답의 단서 이 문제 유형은 주어진 문장의 논리적 구조만 제대로 파악해도 의외로 쉽게 답을 찾을 수 있다. 물론 주어진 문장은 글의 일부분만을 도려내 온 것이므로 전체 글을 읽지 않고는 완전한 의미를 파악하기 어려운 경우가 많다. 여기에서도 a transitional object가 무엇을 의미하는지 본문 전체를 읽기 전에는 알 수 없다. 하지만 그 부분을 제외하고 나머지 부분만 제대로 이해해도 얼마든지 주어진 문장이 들어갈 위치를 찾을 수 있다. 주어진 문장에서 a transitional object가 낯선 장소를 탐험하는 데 도움을 준다고 했는데, 한 가지 놓쳐서는 안 되는 힌트는 문장의 앞에 therefore가 놓여 있다는 점이다. 즉, 이런 단서만으로도 이 문장의 앞에는 "아이가 낯선 곳을 탐험하는 데 있어서 겪게 되는 제약이나 어려움"에 관련된 내용이 와야 함을 알 수 있다. 본문을 읽어 내려가

다 보면 ②의 바로 뒤에 In the absence of라는 표현을 찾을 수 있으며, 이는 무언가가 "결여되어 있는 상황", 즉 제약이나 어려움을 의미한다. 따라서 그 문장 뒤의 ③에 주어진 문장을 대입해 보면 글의 문맥이 매끄럽게 연결됨을 알 수 있다. 물론 a transitional object가 무엇을 의미하는지도 뒷부분에 구체적으로 설명되고 있다.

해석 유아가 기어 다니고 그다음 걷는 것에 익숙해지면, 친근한 사람을 안전 기반으로 해서 새로운 종류의 애착 행동을 표현한다. (①) 안전 기반 행동에서, 유아는 잠시 익숙한 사람을 떠나 새로운 환경이나 새로운 사람을 탐험하고, 그러고는 다시 돌아오거나, 어른들 무릎에 앉아서 이야기하고 또는 그냥 그 자리에서 눈을 마주치는 것만으로 안전 기반(익숙한 사람)을 재확인한다. (②) 안전 기반이 되어줄 수 있는 친숙한 사람이 부재할 때엔, 이러한 탐험은 쉽게 이루어지지 않는다. (③ **그래서, 이 나이대의 아이들은 낯선 장소를 탐험하거나 그곳에서 위안을 얻을 수 있도록 과도기적 대상을 사용할 수도 있다.**) 이것(과도기적 대상)은 친숙한 "애착 담요"일 수도 있고, 공갈 젖꼭지 혹은 봉제 인형일 수도 있다. 익숙한 사람만이 위안을 주듯, 오직 올바른 대상만이 위안을 가져다준다. (④) 과도기적 대상은 친숙한 사람을 대체하지는 않지만, 이 나이 때에는, 아이들은 아마 최대의 위안을 위해 두 가지 모두를 갖고 싶어 할 것이다.

15

정답 ④

정답의 단서 주어진 문장의 처음 부분에 이미 단서가 드러나 있다. "그녀는 Cuevas 자신의 아이였다."는 문장 자체가 그 글의 앞부분에서는 그 소녀의 정체를 모르고 있었음을 알려준다. 따라서 그 소녀의 정체를 알려주는 결정적인 계기나 단서가 되는 부분의 뒤에 주어진 문장이 나와야 한다. 또한 주어진 문장에는 납치 이야기와 화재와 관련된 이야기가 언급되어 있으므로, 그러한 이야기들이 앞부분에 이미 언급되어 있어야 한다. 내용상 아이의 정체를 드러내는 결정적인 단서는 DNA 감식이다.

→ Unnoticed, Ms. Cuevas obtained a clipping of the child's hair and **managed to get a DNA analysis**. 그리고 뒤이어 바로 The result? 라는 질문을 통해 긴장감을 고조시키고 있다. 주어진 문장은 바로 이 질문에 대한 대답에 해당한다.

해석 2004년 초에 있었던 한 놀라운 뉴스는 이상한 가족사를 소개하고, 아이들의 정서적인 삶에 미치는 경험의 영향에 대한 화두를 던졌다. 한 어린이의 생일잔치에서, Luz Cuevas라는 이름의 한 젊은 엄마는 친구의 딸로 확인된 6살짜리 소녀와 함께 있는 한 예전 친구와 마주쳤다. (①) 특별히 별다른 상황이라고 할 것은 아니었지만, Cuevas 부인은 즉시 그 소녀가 생후 1주일 때 집에서 난 화재가 삼켜버렸던 그녀의 딸 Delimar일지도 모른다는 의구심을 가졌다. (②) Cuevas 부인은 아무도 모르게 소녀의 머리카락을 구해 DNA 분석을 맡겼다. (③) 그 결과는? (④ **그 소녀는 바로 Cuevas 부인의 자식이었고, 그 아이는 아주 어려서 그녀의 엄마라고 주장하는 그 여성에 의해 납치당했음이 분명하며, 그때의 화재는 납치를 은폐하기 위해 계획된 것이었다.**) 이러한

사실들이 밝혀지고, Delimar는 주 정부의 아동보호기관에 인도된 후 마침내 Cuevas 부인의 품으로 돌아갔다.

16

정답 ②

정답의 단서 주어진 문장이 지닌 의미부터 살펴보자.

It cost him £245,000, **but** its worth was **only** £100.

주어인 It이 가리키는 것이 무엇인지는 알 수 없지만, 엄청나게 큰 비용을 들인 데 비해 그 가치는 얼마 되지 않는다고 강조한다 (but… only…를 사용하여 강조). 그렇다면 이 문장의 앞에는 him에 해당하는 사람이 it에 해당하는 무언가를 사는 행위나 과정에 대한 이야기가 나와야 한다.

①의 뒷문장을 보면 it과 him이 무엇인지를 알 수 있는 단서들이 나온다.

At Sotheby's, **an England man outbid** a Brazilian insurance company to get his hands on **the original World Cup**.

an England man이 "그 남자"에 해당하며, the original World Cup이 바로 그 남자가 거금을 들여 산 it에 해당한다. 그리고 그 것을 사는 행위는 outbid라는 단어를 통해 알 수 있다.

②의 뒷부분은 That's because…로 시작하며 그 남자가 그 컵을 산 행위의 이유를 설명해 주고 있다.

따라서 주어진 문장은 ②의 위치에 와야 이야기가 매끄럽게 전개된다.

해석 1997년 7월 11일, 브라질 대 영국의 전국적인 "축구"시합이 있었다. 하지만 이 이야기는 실제 점수와 마찬가지로 공과는 아무런 관계가 없었다 — 두 나라는 공을 뺏기 위해 싸운 게 아니라 우승컵을 위해 싸웠다. (①) 소더비에서, 한 영국인이 진짜 월드컵 트로피를 손에 넣기 위해서 브라질의 보험 회사보다 더 비싼 가격에 입찰했다. (② **그것은 245,000 파운드가 들었지만 실제 가치는 100 파운드에 불과했다.**) 왜냐하면 그것은 진짜 금으로 만든 원본이 아닌, 진짜는 도둑맞지 않았다는 것을 확실히 하기 위해 영국의 공개 전시장에 전시해 놓으려고 만든 복제품이었기 때문이다. (③) 입찰자들은 이것을 알고 있었지만, (진본은 도난당해 용해되었다) 그것이 그 남자를 망설이게 하지는 않았다. (④) 그 복제품은 세계에서 유일한 복제품이었기 때문에, 그 입찰을 따낸 사람은 그 복제품을 간절히 원했다. 결국, 모든 복제품이 쓸모없는 것으로 간주되는 것은 아니다.

17

정답 ③

정답의 단서 주어진 문장에서 어떤 단어가 핵심적인 키워드 역할을 하는지 살펴보자.

Compromising **a single password** can **thus** cause a break in security in many **applications**.

정확한 키워드를 집어내려면 주어진 문장의 해석에 머무르기보다는 그 문장의 논리적 맥락을 정확히 읽어내야 한다. 이 문장에서 중요한 내용적 키워드는 a single password와 applications다. 단 하나의 패스워드가 많은 어플리케이션의 보안에 영향을 미친다는 것이 핵심 내용이며, thus라는 단어가 쓰였으므로 이 주장이 결론으로 내려져 있다는 것을 알 수 있다. 그렇다면 당연히 앞에서는 이 결론의 근거가 나와야 하며, password와 applications라는 단어들이 등장해야 한다. compromise가 무엇을 의미하는지 정확히 이해하지 못해도 이 두 가지 단서만 찾아낸다면 답을 찾는 것은 어렵지 않다.

password는 문장 전체에 걸쳐 언급되어 있지만, ③의 앞에 오는 문장을 보면 most people use the same password라는 말을 찾을 수 있다. 여기에 나온 the same password가 바로 주어진 문장의 a single password라는 표현과 같은 의미로 해석될 수 있다. 또한 바로 뒤에 applications라는 단어가 처음 등장하는데, different applications는 결국 주어진 문장의 many applications와 같은 의미다. 동일한, 즉 단일한 패스워드를 여러(많은) 어플리케이션에 걸쳐 사용하고 있다는 내용이므로, 이는 주어진 문장의 근거에 해당한다.

해석 2011년, CentralNic 회사가 영국 회사원 1,200명을 대상으로 한 설문조사에서는 거의 절반에 가까운 사람들이 그들의 이름, 애완동물의 이름, 가족의 이름을 패스워드로 선택했다는 사실이 밝혀졌다. (①) 그러한 패스워드는 추측이나 단순한 무차별적 사전 공격으로 쉽게 해독될 수 있다. (②) 비록 서로 다른 응용 프로그램에서 서로 다른 패스워드를 유지하고 그러한 패스워드들을 자주 바꾸는 것이 가능하고, 또 바람직하지만, 대부분의 사람들은 서로 다른 응용 프로그램들에서 동일한 패스워드를 사용하면서 변경하지 않고 있다. (③ **하나의 패스워드를 넘겨주는 것만으로도 많은 응용 프로그램에서의 보안성을 무너뜨릴 수가 있다.**) 예를 들어, 해커는 무료 경품을 이용해서 사람들이 로그인 아이디와 패스워드를 등록하게끔 유혹하는 가짜 웹 사이트를 만들 수 있다. (④) 해커는 그리고 사용자의 회사 계정을 공격하기 위해서 아이디와 패스워드를 사용하는 데 성공할 수 있다.

18

정답 ③

정답의 단서 주어진 문장은 질문이다. 질문으로 되어 있다면 당연히 그 뒤에는 그에 대한 답이 바로 나와야 한다. 그렇다면 굳이 모든 지문을 다 읽을 필요 없이 각 번호의 뒤에 오는 문장들의 시작 부분만 읽어도 감을 잡을 수 있다. 질문의 요지는 지중해 지역에서 만들어진 것이 어떻게 그 먼 북쪽까지 이동했느냐는 것이므로 그 이동의 원인에 대한 답변을 찾으면 된다. ①번부터 각 번호의 뒤에 이어지는 문장의 시작 부분을 보도록 해 보자.

① The colors were so vivid that… 이동과는 관계가 없다.
② Likely created in a Roman… 이동과는 관계가 없다.
③ Perhaps it was a gift from a visiting Roman offical, or a local man brought it… 우선 Perhaps만으로도 주어진 문장

의 질문과 아주 잘 연결된다. "어떻게 …오게 된 걸까?" "아마도… 이다." 또한 brought라는 단어만으로도 이동과 관련되어 있는 내용임을 알 수 있다. 따라서 답은 ③이다.

해석 고고학자들은 덴마크의 보른홀름 섬에서 1.5인치짜리 올빼미 모양의 망토 똑딱이를 발견하고 깜짝 놀랐다. (①) "장식품의 색이 너무도 선명해서 올빼미의 눈이 우리를 응시하고 있는 것 같았다"고, 장식품을 발견했던 Christina Seehusen은 말했다. (②) 기원 150년에서 250년 사이, 로마 지방에 있었던 한 작업장에서 만들어진 듯한 이 청동 브로치는 대부분의 에나멜과 유리 디자인을 유지하고 있다. (③ **지중해 지역에서 만들어진 이러한 화려한 장식들은 어떻게 이렇게 먼 북쪽까지 갔을까?**) 아마도, 이 장식품은 이곳을 방문한 로마 관리의 선물이거나, 로마 군대에서 용병으로 복무한 후 고향으로 귀향한 그 지역의 남자가 가져온 것일 것이다. (④) 어떤 경로로 온 것이든, 그 유물은 매우 가치있어서 코펜하겐에 있는 국립 박물관에서 그것의 소유권을 주장하고 나섰다.

19

정답 ②

정답의 단서 주어진 문장이 Yet으로 시작하는 것으로 보아, 이 문장이 들어가는 부분부터는 앞의 내용과 반대되는 내용일 것이라는 것을 예상할 수 있다. 따라서 본문에서 앞뒤의 맥락이 서로 상반되는 부분, 혹은 글의 흐름이 완전히 끊긴 부분을 찾으면 된다. 또한 주어진 문장의 주어는 the lives of creative individuals이므로 이 앞부분은 창조적 개인들과는 반대되는 사람들이 나올 것이며, 주어진 문장의 뒷부분에는 창조적 개인들에 관하여 구체화된 근거가 나와야 한다.

①의 앞뒤 내용은 모두 일반적인 사람들을 대상으로 하며 인간에게 있어 사회적인 관계, 상호적인 관계가 중요함을 역설한다. 하지만 ②의 뒤에 오는 내용은 이러한 일반인들과는 달리 위대한 사상가들은 친밀한 유대 관계를 형성하지 않았다(have not formed close personal ties)고 주장한다. 따라서 ②의 자리에 앞의 내용과는 정반대가 되는, Yet의 접속사를 가진 전환 문장을 필요로 한다.

해석 "대화는 이해를 향상시키지만, 고독은 천재의 학교이다."라고 에드워드 깁슨은 말했다. 그리고 그는 정말 맞는 말을 했다. 시인, 소설가, 작곡가의 대부분, 그리고 그보다 적기는 하지만 대부분의 예술가들과 조각가들이 깁슨이 그랬던 것처럼 상당한 시간을 혼자 보내기 마련이다. 최근의 통념, 특히 다양한 종류의 정신분석학교에서 전파되는 것들에서는 인간은 무덤에서 요람까지 다른 인간의 애정과 연대가 필요한 사회적 존재라고 가정하고 있다. (①) 많은 이들이 친밀한 종류의 대인 관계는 인간 행복의 주요 원천, 혹은 유일한 원천이라고 믿고 있다. (② **그러나 창의적인 개개인의 삶은 종종 이러한 가정과는 상반되는 것처럼 보인다**.) 예를 들어, 많은 세계의 위대한 지성인들은 가정을 부양하거나 가까운 인간관계를 형성하지 않았다. (③) 이것은 데카르트, 뉴턴, 로크, 파스칼, 스피노자, 칸트, 라이프니츠, 쇼펜하우어, 니체, 키르케고르, 그리고 비트겐슈타인까지 모두에게 사실이었다. (④) 그들

중 누구도 결혼하지 않았으며, 대부분은 그들 삶의 많은 시간을 홀로 살았다.

20

정답 ②

정답의 단서 주어진 문장이 For example로 시작하고 있다는 것은 이 문장이 앞에 나온 이론이나 주장의 근거라는 의미이다. ①의 뒤에 오는 문장을 보면, **The truth is that** problems are the opportunities.라고 글쓴이의 주장을 강조해서 한 마디로 밝히고 있다. The truth is that…은 앞의 사실과는 반대되는 진실, 즉 주장을 드러낼 때 효과적으로 쓰일 수 있는 강조 용법이다. 이 주장과 ②의 뒤에 오는 문장의 시작이 매끄럽지 않다. This was the case of…에서 this에 해당하는 것을 앞에서 찾을 수 없다. 그리고 그 문장의 마지막에 had they not been terminated from their jobs라는 내용이 나오는데, 이것은 가정법 과거 완료 문장에서 if가 생략된 형태이다. 즉, **if they had not been terminated from their jobs**.가 된다. 여기에서 그들(they)이 "직장에서 해고되지 않았었더라면"이라고 가정하고 있으므로, 그들은 "직장에서 해고되었던 사람들"이라는 것을 알 수 있다. 이 문장의 they가 결국은 주어진 문장의 those who get fired와 같은 사람들이 된다. 따라서 주어진 문장은 ②의 자리에 와야 한다.

해석 전통 사회에서는, 사람들은 규칙과 교리에 유의하면 모든 것들이 다 좋을 것이라고 생각하는 경향이 있다. 그렇지만 그게 그렇지가 않다. (선의 윤곽을 따라) 선 밖에 색을 칠해 놓으면 선 안의 삶의 본질을 더 잘 이해할 수 있게 된다. 대부분의 사람들은 문제들이 기회가 아닌 위협이 되는 안전한 길에 놓여 있는 프로그램화된 삶 속에서 길을 잃는다. (①) 사실은, 문제가 기회이다. (② **예를 들어서, 해고를 당하는 사람들은 마침내 그들 자신의 꿈을 쫓기 위한 기회와 용기를 갖는다**.) 월트 디즈니, 버키 풀러, 그리고 직장에서 잘리지 않았다면 절대 성공하지 않았을 무수히 많은 사람들이 이런 경우였다. (③) 혼다 소이치로의 부품공장이 폭격으로 파괴되지 않았더라면, 그는 절대 자동차 업계에 뛰어드는 것을 고려하지 않았을 것이다. (④) 오프라 윈프리가 무능력을 이유로 뉴스 앵커의 자리에서 해고되지 않았더라면 그녀는 결코 최고의 토크쇼 호스트의 자리에 오르지 못했을 것이다.

21

정답 ③

정답의 단서 주어진 문장의 내용만을 통해서 그 앞뒤에 올 문맥을 예측할 수 없을 때에는 전체 글의 구조를 보는 것이 더 빠를 수 있다. 우선 주어진 문장의 However에 동그라미를 쳐 놓자. 이 However라는 접속사만으로도 전체 구조의 어느 부분에 주어진 문장이 들어가야 할지를 파악할 수 있다.

우선 글의 첫 번째 문장에서 survey data가 중요하게 활용된다는 점을 다루고 있다. 두 번째 문장부터는 for example로 시작함으

로써 앞문장의 예시에 해당한다. 세 번째 문장은 Similarly라는 문두 부사가 문장을 이끌고 있으므로 앞의 주장을 뒷받침하는 또 다른 예시이다. 이렇게 세 문장이 모두 주장과 그것을 뒷받침하는 예시로 이루어져 있으므로 However가 들어설 자리가 없다. 하지만 ③의 뒷문장부터는 갑자기 sampling bias라는 새로운 내용이 등장한다. 갑자기 내용이 전환되어 연결이 매끄럽지 않다. 주어진 문장을 이 자리에 넣어 보면 글이 매끄럽게 전환됨을 알 수 있다. 앞부분에서는 설문조사의 중요성에 대해 역설했다면, 여기에서부터는 설문조사를 할 때 유의해야 할 중요한 요소에 대해 설명하고 있다.

해석 설문조사 정보는 예측을 하고 예측된 가정을 테스트하기 위해서 사용된다. (①) 예를 들어서, 어떤 사람들이 물건을 좀 더 구매하는 경향이 있는지를 아는 것은 기업으로 하여금 그들의 물건을 좀 더 효과적으로 홍보할 수 있게 하고 물건을 구매하지 않는 사람들을 목표로 하는 새로운 전략을 수립할 수도 있게 해 줄 것이다. (②) 이와 비슷하게, 어떤 행동이 높은 빈도의 질병과 연관이 되어있는지를 아는 것은 정신과 의사들로 하여금 어떤 이가 좀 더 신체적 혹은 정신적인 병의 위험에 놓여 있는지를 예측할 수 있게 한다. (③ <u>그러나 당신이 누구에게 설문조사를 완료해 달라고 요청하는가는 편향된 연구로부터 좋은 설문 연구를 구별해 낼 수 있는 결정적인 요소들이다.</u>) 설문조사 대상의 무작위 선정이 선정 과정(sampling)상의 편파적인 면을 최소화한다는 것을 상기하도록 하라. (④) 샘플(피설문자)이 더 대표성이 있을수록, 설문조사의 결과는 설문 목적과 관계된 사람들에게 더 보편인 것이 될 것이다.

22

정답의 단서 우선 주어진 문장을 보자. rather는 "…하지 않다. 오히려 …하다."라는 패턴으로 종종 쓰인다. 이런 패턴을 알고 있다면 주어진 문장이 들어갈 자리를 더 쉽게 찾을 수 있다.

예 The problem is **not** their lack of budget, **but rather** their lack of planning.

그 문제는 예산이 부족해서가 아니라, 오히려 기획을 제대로 안 해서 그렇다.

또한 rather이라는 표현으로 인해서 rather이 들어있는 문장은 반드시 앞의 내용을 정정하는 내용이어야 한다. 따라서 주어진 문장의 interacting and interdependent와 직접적으로 연결되는 표현이 있는지를 찾아야 한다. ④번의 바로 앞에 do not operate separately or independently of each other이라는 표현이 위의 두 가지 조건을 모두 만족시킨다는 것을 알 수 있다.

해석 건강을 위한 기존 조건과 자원들은 평화, 보금자리, 교육, 음식, 적정 생활을 유지할 수 있는 소득, 안전한 생태계, 지속 가능한 자원, 사회적 정의와 평등이다. 건강의 증진을 위해서는 이러한 필수 기본 요소들을 충분히 확충해야 한다."(WHO, 1986) (①) 이 명제에서 알 수 있듯이, 건강의 추구는 건강한 개인의 행동이나 라이프 스타일을 증진하고 적정한 의료 서비스를 제공하는 것 이상의 것을 의미한다. (②) 따라서 건강을 추구한다 함은 반드시 가난, 공해, 도시화, 자연자원 고갈, 사회적 소외, 그리고 열악한 근무 환경과 같은 문제들의 해결과 결부되어 있다. (③) 건강의 추구에 기여하는 사회적, 경제적, 환경적 맥락들은 서로 별개로 작동하거나 따로 놀지 않는다. (④ <u>오히려, 그것들은 상호작용하고 상호의존하며, 건강을 증진하는 것은 그야말로 (그 조건들을 결정짓는) 그것들 사이의 복잡한 상호관계인 것이다.</u>) 폭넓은 사회생태학적 견해에 따르면 건강의 증진은 반드시 강한 사회적, 경제적, 환경적 강조를 포함해야만 한다.

06 · 내용 일치 및 불일치

01

정답 ③

정답의 단서
① 그레이엄의 신체 모형은 인간 형상과 완전히 닮았다. (×) ⇨ 선택지 perfectly ↔ 본문 resembles a character from a horror movie
② 인간의 신체뿐만 아니라 그레이엄 또한 충돌을 견뎌내지 못한다. (×) ⇨ 선택지 cannot withstand a crash ↔ 본문 the perfect body needed to survive a car crash
③ 그레이엄의 신체는 인간의 신체가 얼마나 약한지를 보여주도록 설계되었다. (○) ⇨ 선택지의 how weak가 본문에서는 how frail and vulnerable로 쓰였다. → Graham was designed to highlight how comparatively frail and vulnerable the human body is when involved in a vehicle collision on the roads.
④ Patricia Piccinini는 혼자 힘으로 그레이엄을 만들었다. (×) ⇨ 선택지 single-handedly created ↔ 본문 She collaborated with a leading trauma surgeon and…

해석 호주의 도로안전공단은 자동차 충돌에서 살아남는 데 필요한 완벽한 신체 모형을 만들어 냈다. 호주 TAC는 이 인간 형상의 창조물을 '그레이엄'이라고 불렀다. TAC는 그레이엄의 조각을 제작 의뢰했고 도로 안전 교육 비디오를 만들어 배포했다. 그레이엄은 인간의 형상을 하고 있지만, 부분 부분이 다소 기괴스럽고 공포 영화 캐릭터까지 닮았다. TAC의 대변인은 그레이엄이 인간의 몸이라는 게 교통사고 시 상대적으로 얼마나 망가지기 쉽고 취약한지를 강조하기 위해 디자인되었다고 말했다. **TAC는 유명한 예술가 Patricia Piccinini에게 그레이엄의 모습을 만들어 줄 것을 의뢰했다.** 그녀는 정확한 그레이엄의 외모를 구현하기 위해 저명한 외상 외과 의사와 교통 추돌 사고 조사 전문가와 협업했다. 그녀는 그레이엄에게 두꺼운 두개골, 넓은 목, 에어백과 같은 역할을 할 수 있는 공기 주입식 가슴, 위험한 상황에서 바로 뛰쳐나올 수 있도록 후프 같은 다리를 만들어 주었다.

02

정답 ④

정답의 단서 ① 팝콘에서 영양을 얻는 것은 우리의 식단에 포함된 채소와 과일에 대한 욕구를 대체한다. (×) ⇨ 선택지 replace ↔ 본문 they contain lots of other nutrients popcorn doesn't provide.
② 팝콘은 보통 사람들 대부분이 건강한 음식으로 여긴다. (×) ⇨ 선택지 generally considered a healthy food ↔ 본문 often lumped in with junk food
③ 미국인들이 먹는 100% 가공되지 않은 다양한 종류의 통곡물 음식이 있다. (×) ⇨ 선택지 many kinds of 100 percent unprocessed ↔ 본문 the only 100 percent unprocessed
④ 팝콘은 축제에서나 미국의 가정집에서 흔한 간식이다. (○) ⇨ 선택지 **a common snack** → 본문 Today the crunchy snack is **a mainstay** at movie theaters…

해석 팝콘이 미국에서 사랑받는 음식 중 하나라는 데는 의심할 나위가 없다. 팝콘은 수천 년 전에 남북 아메리카(미주 대륙)에서 처음으로 경작되었다. 고고학자들은 뉴멕시코에서 5,600년 전보다 더 이전 것으로 보이는 팝콘 이삭을 발견했다. **오늘날 그 바삭바삭한 간식은 영화관과 축제, 그리고 많은 미국 가정집의 부엌에서 빠지지 않는다.** 팝콘은 종종 다른 정크 푸드들과 매한가지인 것처럼 취급되지만 100% 미가공 통곡물 식품이며, 높은 영양가도 자랑한다. 팝콘은 심지어 대부분의 과일이나 채소보다도 1회 제공량 당 폴리페놀 함량이 더 높다. (폴리페놀은 세포 손상을 막는 항산화제이다.) 그렇다고 과일이나 채소를 내쳐 버리라는 것은 아니다. 그것들은 팝콘이 제공하지 못하는 많은 다른 영양분을 지니고 있다. 하지만 뭔가 바삭한 것이 당긴다면 팝콘이 제격일 것이다.

03

정답 ②

정답의 단서 ① 뇌의 다가 불포화 지방 40%는 식물성 지방에서 직접적으로 얻는다. (×) ⇨ polyunsaturated fats를 키워드로 삼아 본문을 스캔한다. 앞에서 두 번째 문장에 단서가 나온다. an Omega-3 fatty acid derived from animals, makes up about 40% of the polyunsaturated fats in the brain.
② 식물에서 얻는 오메가3 지방산은 인간의 몸에서 DHA나 EPA로 효과적으로 변환되지 않는다고 한다. (○) ⇨ 선택지 said not to be effectively converted ↔ 본문 There is some evidence that this conversion process is ineffective in humans.
③ 오메가3가 부족한 것은 질병의 일부를 예방하는 것을 도울 수 있다. (×) ⇨ 마지막 문장에서 단서가 되는 diseases를 찾을 수 있다. Avoiding a deficiency in these essential fatty acids can help prevent many diseases.
④ 오메가3 지방산은 대부분의 유방암을 예방하는 것으로 입증됐다. (×) ⇨ 암과 관련된 내용은 찾아볼 수 없다.

해석 오메가3 지방산은 신체가 제대로 작동하는 데 절대적으로 중요하다. 예를 들어, 동물에서 얻는 오메가3 지방산인 DHA는 뇌를 구성하는 다가 불포화 지방의 약 40%를 차지한다. 오메가3의 세 가지 주요 원료로는 대개 식물에서 얻는 ALA와 동물에서 얻는 DHA, EPA가 있다. 식물에서 얻는 ALA가 우리 몸에서 제대로 작용하기 위해서는 DHA나 EPA로 변환되어야 한다. <u>이런 전환 작업이 인간의 몸에서는 이루어지지 않는다는 몇몇 증거가 있다.</u> 따라서 동물 원료ㅡ물고기, 풀을 먹인 육류, 오메가3가 풍부한 달걀이나 방목한 닭에서 나온 달걀, 또는 어유ㅡ로부터 오메가3를 얻는 것이 최선책이다. 인구 대부분이 오메가3가 부족하다. 이렇게 필수 지방산이 부족하지 않도록 하는 것이 많은 질병을 예방한다.

04

정답 ④

정답의 단서 ① 찰리는 조지아 아쿠아리움에서 가장 나이 많고 빠른 펭귄이다. (×) ⇨ 선택지 the fastest ↔ 본문 두 번째 문장 the oldest penguin… one of the largest penguins
② 찰리는 단짝인 리지를 2009년에 조지아 아쿠아리움에서 만났다. (×) ⇨ 선택지 met his mate ↔ 본문 네 번째 문장 came to Georgia Aquarium in 2009 with his mate, Lizzy
③ 찰리와 리지에게는 새끼들을 양육하는 것이 고역이었다. (×) ⇨ 선택지 a strain ↔ 본문 다섯 번째 문장 have shown outstanding chick raising skills
④ 찰리와 리지는 2013년 이후로 새끼 세 마리를 키웠다. (○) ⇨ 선택지 have raised → 본문 Charlie and Lizzy have successfully fostered three chicks together : Hidaya; 2013, Freya; 2014, and Akila; 2015.

해석 조지아 아쿠아리움은 최근 6월에 30살이 된 (그 아쿠아리움에 거주해 살고 있는) 아프리카 펭귄 찰리의 특별한 생일을 축하했다. 찰리는 그 아쿠아리움의 가장 나이 든 펭귄이자 가장 큰 펭귄 중 한 마리이다. 찰리는 차분한 편이면서도 아침에는 종종 아프리카 펭귄 서식지에서 수영하는 모습이 발견되곤 한다. 찰리는 2009년에 단짝 리지와 함께 조지아 아쿠아리움에 왔다. 찰리와 리지는 탁월한 양육 능력을 보여 주었는데, 어느 한 쪽이 새끼들을 돌볼 수 없을 때엔 서로에게 든든한 지원군이 되어 준다. <u>찰리와 리지는 새끼 세 마리를 성공적으로 키웠다. (2013년에 히다야, 2014년에 프레야, 2015년에 아킬라)</u> 수양(收養)은 어느 한 쪽이 양육 경험이 없거나 새끼 여러 마리를 키워야 하는 어려운 상황에서 자신의 새끼를 키울 수 없을 때 발생한다.

05

정답 ③

정답의 단서 ① 바다에서 퍼낸 물은 컴퓨터 데이터 센터에 전력을 공급하는 데 사용될 것이다. (×) ⇨ 선택지 will be used to power the computer data center ↔ 본문 There the water would be used to cool the center(센터를 식히는 데 사용될 것이다.)
② 더 차가운 수심에서 끌어오는 물은 해양 생물에 부정적인 영향

을 끼칠 것으로 여겨진다. (×) ⇨ pumping water from colder depths will reduce the impact on aquatic life(해양 생물에 영향을 덜 미친다) marine animals가 본문에서는 aquatic life로 쓰였다.
③ 그 담수화 공장은 60,000가구 이상에 전력을 공급하는 데 충분한 에너지를 만들어낼 것이다. (○) ⇨ 선택지 enough energy to power more than 60,000 homes → 본문 The plant would produce enough water daily for 55,000 homes and save enough energy to power almost 65,000 homes annually.
④ 그 담수화 공장의 폐수에서 나오는 칼슘은 비료를 만드는 데 재활용될 것이다. (×) ⇨ 선택지 would be recycled to make fertilizers ↔ 본문 would be recycled to make limestone building materials.

해석 독특한 지역의 해저 지형 주변에 설치된 담수화 프로젝트가 가뭄으로 황폐해진 캘리포니아에 휴대용 생수를 공급할 수 있을 것으로 보인다. Monterey Bay Regional Water Project라 불리는 민간 합작 공동체는 몬터레이만 근처 수심 2마일 깊이의 해저에서 나오는 해수를 끌어다 파이프를 통해 컴퓨터 데이터 센터로 보낼 것이다. 거기에서 물은 담수화 처리되기 전에 센터를 식히는 데 사용될 것이다. <u>그 공장은 매일 55,000가구에 공급할 수 있는 물을 생산하고 매년 거의 65,000가구가 사용할 수 있는 전력을 비축할 것이다.</u> 그 공장의 폐수에서 나오는 칼슘은 석회 건축 자재를 만드는 데 재활용될 것이다. 또한 그 프로젝터의 책임자들은 더 차가운 수심에서 끌어오는 물이 바다 생태계에 미치는 영향을 줄여줄 것으로 기대한다. 환경 조사 후 그 주에서 건축 허가가 날 것이다. 개발업자들은 그 프로젝트가 2018년에 해수 펌핑을 시작할 것을 기대한다.

06

정답 ④

정답의 단서 ① 면(목화, 무명)은 인도와 페루, 동아프리카를 제외한 세계에서 지배적인 섬유가 되었다. (×) ⇨ 본문 In each of these regions cotton quickly became the dominant fiber (in each of these regions ↔ 선택지 except for)
② 페루 지역에 사는 사람들은 목화솜에서 실을 만드는 방법을 배우기 전에 인도의 목화에 관해 얻어들어 알고 있었다. (×) ⇨ 본문 people living on the coast of what today is Peru, **ignorant of** developments in South Asia, followed suit. (ignorant of ↔ 선택지 had known of)
③ 첫 천 년 동안, 면제품 생산은 목화 자생 지역을 넘어 빠르게 퍼져나갔다. (×) ⇨ 본문 the production of cotton goods **rarely expanded** beyond cotton's natural growing zone (rarely expanded ↔ 선택지 spread fast beyond)
④ 인도에 살았던 사람들은 약 5천 년 전에 목화에서 실을 만들어내는 방법을 처음으로 발견한 것으로 여겨진다. (○) ⇨ 본문 About five thousand years ago, on the Indian subcontinent,

people, as far as we know, first discovered the possibility of making thread out of cotton fibers.

해석 리넨, 울, 모시, 실크의 세계에서 면(목화, 무명)의 중요성은 점차 커지고 있다. **우리가 알고 있듯, 약 5천 년 전 남아시아(인도아대륙)에서 처음으로 면섬유로 실을 만들 수 있는 가능성을 발견했다.** 거의 동시에, 오늘날의 페루 지역에 살고 있던 사람들이 남아시아에서 벌어지던 개발 상황을 전혀 모르던 상태에서 똑같은 가능성을 발견했다. 수천 년 뒤 동아프리카에서도 목화솜에서 실을 잣고 짜는 방직 기술을 발견했다. 면이 아마섬유와 모시, 다른 섬유들에 비해 월등히 뛰어난 특성들을 가지고 있던 덕분에 면은 이 각각의 지역들에서 실을 짜 는 데 가장 지배적인 섬유가 되었다. 목화 재배의 첫 천 년 동안, 목화 생산은 목화 자생 지역을 거의 벗어나지 못했지만 목화를 일단 접해 본 사람이라면 목화를 옷감의 획기적인 재료로 여겼다. 그것은 부드럽고 견고했으며, 가볍고 염색하기 쉬웠고, 쉽게 세탁할 수 있었다.

07

정답 ④

정답의 단서 ① 웰위치아는 평범한 형태의 식물이다. (×) ⇨ 선택지 typical-looking ↔ 본문 첫 번째 문장 truly bizarre life forms
② 웰위치아의 직경은 10~15cm밖에 되지 않는다. (×) ⇨ 본문 → may be more than 1 meter in diameter
③ 웰위치아는 두 개의 잎만 지니며 자라면서 사라진다. (×) ⇨ 선택지 disappear as they grow older ↔ 본문 The two leaves persist for the plant's entire life
④ 웰위치아는 땅속 깊숙한 곳의 물뿐만 아니라 옅은 안개와 이슬도 빨아들인다. (○) ⇨ 본문 → The welwitschia draws up water from deep underground and also soaks in the sea mists and heavy dews common along Namibia's shores. (draw up=absorb)

해석 나미비아(아프리카 남서부의 공화국)의 매우 건조한 해변은 세상에서 둘째가라면 서러울 만큼 특이한 생명체 중 하나에게 있어서는 본거지라 할 수 있다. 이 식물은 웰위치아인데, 1860년에 그 생명체를 발견한 독일의 식물학자 프리드리히 웰위치 박사의 이름을 따서 지어졌다. 웰위치아는 주로 땅속 밑으로 줄기를 뻗는데, 거대한 원뿌리(곧은 뿌리)가 훨씬 더 깊이 땅속을 관통하고 있다. 줄기의 윗부분은 대개 표면 위 10~15cm밖에 안 나와 있지만, 그 직경은 1m가 넘을 수도 있으며, 단 두 개의 잎만을 지니고 있다. 이 잎들은 길이가 수 미터가 될 때까지 자라며, 사막 모래에서 그 잎사귀는 쪼개지고, 헤지고, 갈기갈기 찢어진다. 그 두 잎사귀는 웰위치아 식물이 죽을 때까지 평생 붙어있는데, 웰위치아는 평균 500년을 살고, 어떤 표본에서는 2000년을 넘어 살기도 한다. **웰위치아는 땅속 깊숙한 곳에서부터 물을 길어오고, 또한 바다 안개나 나미비아 해안을 따라 흔하게 내리는 두툼한 이슬을 빨아들인다.**

08

정답 ②

정답의 단서 ① 팀의 팬들은 스스로 고른 선수들이 상대 팀이 득점하는 것을 막으면 점수를 잃는다. (×) ⇨ 선택지 lose points ↔ 본문 awards points to the team's fans(선택지의 post a shutout은 본문의 prevent the opposing team from scoring 과 같은 의미다.)
② 매 주, 등록한 팬들은 클럽이 온라인에 올린 정보에 기초해 선발 라인업에 투표한다. (○) ⇨ 본문 → Each week, those fans vote on United London's starting lineup by reviewing player statistics…
③ 팬들은 선발된 선수들이 득점을 할 경우 그들에게 지급할 돈을 모은다. (×) ⇨ 팬들이 돈을 모으는 것이 아니라 포인트를 받는다 → 본문 a fantasy football-style system that awards points to the team's fans based on whether their selections score
④ United London F.C. 팀의 코치는 지금까지와는 다른 방식으로 팀을 관리한다. (×) ⇨ 이 팀에게는 코치가 불필요하며 매니저가 없다. → 본문 the position of a traditional coach is unnecessary(맨 첫줄)+the world's only managerless club (두 번째 문장)

해석 United London F.C. 팀에서는 전통적인 코치 자리가 불필요하다. 그 대신, 출전 선수들이 매주 그 팀의 팬들에게서 선정이 된다. 최근 결성돼 Essex Alliance Premier League(영국 프로축구 피라미드의 12번째 단계)에서 활동하고 있는 이 팀은, 세계에서 유일하게 매니저가 없는 팀이다. 그 팀은 공상 축구 스타일 시스템을 사용하고 있는데, 선택한 선수들이 11명의 선발이 되느냐, 골을 넣느냐, 어시스트를 기록하느냐, 또는 상대방의 득점을 막는 역할을 하느냐에 따라 팬들에게 점수를 주기도 하고 그들에게서 점수를 차감하기도 한다. 오늘날까지 2,000명 이상이 그 클럽에 등록했고, 9월 초에 첫 번째 경쟁 시합을 치렀다. **매 주, 그 팀의 팬들은 선수들의 성적 통계, 선발 보고서, 클럽이 온라인에 올린 전주 게임 녹화영상을 보고 United London의 선발 라인업에 투표한다.** 금요일마다 투표가 끝나고, 토요일 경기의 선수단 명단이 발표된다.

09

정답 ③

정답의 단서 ① 토마스 튜와 미션은 돈과 보석을 가지고 Libertalia를 떠났다. (×) ⇨ 선택지 Thomas Tew and Mission left Libertalia ↔ 본문 he and Mission were killed
② 마다가스카르의 원주민들은 Libertalia와 동맹을 맺었지만 프랑스와는 아니었다. (×) ⇨ 선택지 allies of Libertalia but not of France ↔ 본문 children of Libertalia from being attacked by an incursion from natives

③ 프랑스는 마다가스카르를 통치한 첫 번째 유럽 국가였다. (○) ⇨ 본문 This was because of its many secluded coves and also due to the fact that prior to French colonial rule, no single European power had ever had control over the country.

④ 토마스 튜와 미션은 동료들의 배신으로 죽었다. (×) ⇨ 본문 He and Mission were killed while trying to protect the men, women, and children of Libertalia from being attacked by an incursion from natives.

해석 마다가스카르는 수 세기 동안 해적의 천국이었다. 이는 외따로 떨어져 있는 많은 만 때문이었고, 프랑스의 식민 통치를 받기 전에 유럽의 어떠한 국가도 이 나라를 지배한 적 없었다는 사실 때문이기도 했다. 18세기에 해적들이 모여 있는 것으로 가장 잘 알려진 곳은 Libertalia라고 불리는 신비로운 곳이었고, 가장 유명한 해적은 전해진 바에 따르면 미션(프랑스 해적의 이름)이라고 불렸다. Libertalia의 해적 함대들은 토마스 튜라는 사람이 이끌었다. 토마스 튜와 미션은 Libertalia에 있던 남자들과 여자들, 아이들을 원주민의 공격으로부터 보호하려다 죽었다. Libertalia의 사람들 중 일부는 약탈했던 돈과 보석을 가지고 달아났지만, 그들의 배는 가라앉아 바다에서 그 행방이 사라졌다.

10

정답 ③

정답의 단서 ① 주로 남태평양 근처에서 발견되는 은색의 연어이다. (×) ⇨ 선택지 found in the South Pacific ↔ 본문 found mainly in the northern Pacific Ocean and in coastal streams and rivers.

② 코호 연어는 상업용보다는 스포츠용으로 각광받는다. (×) ⇨ 본문 The fish is a common target of both commercial and sport fishermen.

③ 바닷물에서 지낼 때와 민물에서 지낼 때 등판의 무늬가 달라지기도 한다. (○) ⇨ 본문의 앞부분에 나온 정보와 뒷부분에 나온 정보를 결합하여 선택지를 만들었다.

→ 세 번째 문장 The Coho salmon spends part of its life span in freshwater, and part in saltwater, migrating back to the place of birth to reproduce or spawn.

→ 마지막에서 두 번째 문장 Many also have black spots on their backs while they are in salt water, and young fish often have an orange tint on their fins.

④ 암컷의 경우 산란한 후 주둥이의 갈고리 모양이 심해진다. (×) ⇨ 본문 As they mature and become ready to spawn they develop hooked snouts, **especially the males.**(특히 수컷의 갈고리가 발달한다)

해석 코호 연어는 북태평양과 해안가, 강에서 주로 발견되는 연어과에 속하는 중간 정도 크기의 은색 물고기다. 이 물고기의 학명은 Oncorhynchus kisutch으로, 은연어로도 알려져 있다. 코호 연어는 생의 일부를 담수에서 보내고, 그리고 또 일부를 바다에서,

마침내는 번식을 위해 태어났던 곳으로 되돌아간다. 이 물고기는 상업용 및 스포츠 낚시꾼들의 주된 표적이 된다. 다 자란 코호 연어는 보통 성장하면 24인치에서 30인치(약 61에서 70cm)가 되며 무게는 약 8파운드에서 12파운드(약 3.6에서 5.4kg) 정도가 나간다. 이들은 옆구리가 은색이며 등은 녹색이나 파란색을 띤다. 많은 연어들이 바다에서 서식하는 동안 등에 흑점이 있는데, 치어는 지느러미가 옅은 주황색을 띤다. 연어가 다 자라서 산란할 준비가 되면, 주둥이 갈고리 모양이 심해지는데, 특히 수컷이 그러하다.

11

정답 ③

정답의 단서 ① 중국에서 출산되는 기형아의 수가 늘어나는 것이 극심한 오염 때문이라는 명백한 증거가 있다. (×) ⇨ 선택지 clear evidence ↔ 본문 isn't any conclusive evidence

② 대체로 세계에서 가장 오염이 심한 도시 20곳 중 4분의 3이 좀 안 되는 수의 도시들이 중국에 있다. (×) ⇨ 선택지 less than three-quarters ↔ 본문 16 of the 20 most polluted cities

③ 중국에서, 대기 오염뿐만 아니라 수질 오염도 심각한 문제다. (○) ⇨ 본문 → ~ pollution of the water in China gives just as much cause for concern.

④ 1979년 환경보호법이 제정된 이후로 그 법은 철저히 시행되어 왔다. (×) ⇨ 선택지 has been strictly enforced ↔ 본문 is poorly enforced

해석 중국은 여러 관점으로 봤을 때 놀라운 나라지만 세계에서 가장 오염이 심한 나라 중 하나이기도 하다. 더 심각한 오염을 막고자 엄격한 법이 시행되어 왔다. 유감이지만, 1979년에 제정된 환경보호법은 제대로 시행되지 않는다. 급속한 경제 성장을 위해 그 규정은 종종 무시되는데, 그것은 중국의 심각한 오염의 이면에 있는 이유들 중 하나다. 중국의 기형아 출생 수는 계속 증가하는데 이 사실을 뒷받침하는 결정적인 증거가 있진 않지만 많은 환경 과학자들은 극심한 오염을 비난한다. 2013년에 세계은행은 세계에서 가장 오염이 심한 도시 20곳 중 16곳이 중국에 있는 것으로 추정했다. 중국은 또 세계에서 이산화탄소를 제일 많이 배출하는 곳으로 여겨진다. 대기오염은 육안으로 쉽게 볼 수 있다는 이유로 가장 많이 회자되는데, 중국의 수질오염 역시 그에 못지않은 근심거리이다. 대략 2억 9천 8백만의 중국인들이 안전한 식수를 마실 기회가 없고, 중국의 모든 강들 중 약 40%가 오염돼 있다는 사실이 벌써 점점 심각한 물 부족으로 이끌 것이다.

12

정답 ④

정답의 단서 ① 개선된 교통 시스템이 지가를 상승시킨다. (○) ⇨ 선택지 enhances the value of land → 본문 첫 번째 문장 increase the value of land

② 교동 개신은 교외 지역에 대한 접근성을 높인다. (○) ⇨ 선택지 accessibility of suburban areas → 본문 첫 번째 문장 the land becomes more accessible+두 번째 문장 the accessibility that results from efficient transportation systems or infrastructure

③ 교외 거주자들은 한층 강화된 교통 정비로 도시와 근교의 혜택을 누린다. (○) ⇨ 본문 네 번째 문장 → all reap both city and suburban benefits as the result of reliable public transportation systems.

④ 도심의 지가는 교통 개선의 영향을 받지 않는다. (×) ⇨ 선택지 The land values within the city are not affected ↔ 본문 마지막 문장 The values within the city are also obviously enhanced by the improved infrastructure.

[해석] 교통 개선은 어떤 지역의 경제를 향상시키게 되는데, 그 지역으로의 접근성과 가용 가능성을 높이기 때문에 교통 개선으로 인한 혜택을 받는 지역이나 그에 인접한 지역의 지가를 올릴 수 있다. 오늘날 도시 근교의 중심지들은 효율적인 교통 시스템 또는 교통 인프라의 구축을 통해 접근성을 향상시킴으로써 그 지대 가치를 증대시킨 훌륭한 사례들을 보여 준다. 근교에 사는 사람들은 일과 여가 생활에 있어서 인접한 도시의 삶을 누리다가도 복잡한 생활 환경을 피해 대중교통 네트워크나 고속도로를 통해 아예 시골 지역으로 빠져나갈 수 있다. 코네티컷의 그린위치에서부터 뉴욕까지, 그리고 뉴저지의 체리 힐에서부터 필라델피아까지, 통근자들은 모두 믿음직스러운 대중교통 시스템 덕분에 도시와 근교의 혜택을 동시에 누린다. 결과적으로 그런 지역의 지가는 개선된 교통 시스템이 선사한 비교 우위의 라이프 스타일을 반영하여 계속 상승해 왔다. 향상된 기반시설에 힘입어 (교통에 의해 이 근교들과 연결된) 도심의 지가 역시 오르는 것은 말할 나위가 없다.

13

[정답] ④

[정답의 단서] ① 지진으로 타격을 입은 마을의 많은 사람들은 지진이 발생했을 때 잠들어 있었다. (○) ⇨ 본문 most people in the hardest-hit towns of Amatrice, Accumoli and Arquata del Tronto were asleep

② 보도에 따르면, 진원지와 떨어져 있는 곳에 사는 사람들도 지진의 진동을 느낄 수 있었다. (○) ⇨ 본문 was felt as far away as Rome

③ 아마트리체 시장은 지진 때문에 마을의 절반이 완전히 파괴됐다고 말했다. (○) ⇨ 본문 half of the town isn't here any more

④ 2009년에 발생한 지진으로 인해 300명 미만의 사상자가 발생했다. (×) ⇨ 본문 It was Italy's most powerful earthquake since 2009, when more than 300 people died in

[해석] 강진이 이탈리아 중부의 산악을 따라 일렬로 자리 잡은 소도시와 마을을 덮쳐, 가옥이 파괴되고 길이 휘어졌고, 파괴된 건물 잔해에 주민들이 깔리면서 적어도 200명의 사람이 사망했다. 8월

24일, 가장 큰 타격을 입은 도시들인 아마트리체와 아쿠몰리, 아르쿠아타 델 트론토에서 사람들 대부분이 잠을 자고 있던 새벽 3시 36분에 규모 6.2의 지진이 발생했으며, 150km 이상 떨어져 있는 로마에서도 지진이 느껴졌다고 이탈리아 당국과 목격자들이 전했다. 주민들과 구조대는 진원지와 가장 가까운 지역의, 석조 잔해더미가 된 수많은 건물에서 사람들을 구해내고자 안간힘을 쏟았다. 아마트리체 시장은 강력한 지진이 이탈리아 중부를 덮친 뒤 마을의 절반이 사라졌다고 말했다. 지진은 2009년 이후로 이탈리아에서 가장 강력한 지진이었으며, 2009년에는 이번 수요일에 일어난 지진 피해 지역의 바로 남쪽인 아킬라 시 시내 및 인근에서 300명 이상의 사망자가 났다.

14

[정답] ②

[정답의 단서] ① 가축에서 얻어지는 옷은 25,000년 전 한참 이후부터 나왔다. (○) ⇨ 본문 the textile fibers used for early garments must have come from wild plants(=bast fibers)+(bast) fibers obtained from the stems of plants

② 인피 섬유들은 유라시아에 전해진 주로 두 야생 식물에서 얻어진다. (×) ⇨ 선택지 which were introduced to Eurasia ↔ 본문 Most of the earliest fiber remains are bast fibers and they most likely came from wild flax or a type of nettle, both of which are native to Eurasia. 유라시아에 도입된 것이 아니라 유라시아가 원산지이다.

③ 고고학자들이 인피 섬유를 연구하면 할수록, 그들은 전의 기록보다 더 오래된 인피 섬유의 기록을 찾을 수 있었다. (○) ⇨ 본문 The domestication of both plants and animals did not occur until well after dates around 25,000 years ago.

④ 사람들이 30,000년 전에 스스로 실을 자아냈다는 강력한 증거가 있다. (○) ⇨ 본문 flax fibers that they dated to 30,000 years ago+the fibers had been spun.

[해석] 방직 원료로 사용하기 적합한 섬유들은 몇몇 종류의 식물과 특정 동물의 털에서 얻을 수 있다. 그러한 식물의 재배와 동물의 사육은 25,000년 전 훨씬 이후에야 비로소 시작되었다. 그렇다면 결론은, 초창기 옷을 만드는 데 사용된 방직 섬유들은 야생 식물에서 얻은 것임에 틀림없다. 아마도 그 섬유들은 인피였을 것이며, 그 이름은 식물의 줄기에서 얻어진 섬유에 붙여졌다. **가장 초기 섬유의 잔재 대부분은 인피이며, 그것들은 대개 야생 아마나 쐐기풀에서 얻은 것인데, 둘 다 유라시아가 원산지이다.** 고고학자들은 계속해서 섬유의 기원을 더 과거로 고쳐 쓴다. 2009년 조지아에서 일하던 고고학자들은 3만 년 전 것으로 추정되는 아마 섬유를 발견했다. 그 섬유들은 꼬인 흔적을 보여 주는데, 이는 고고학자들에게는 그 섬유가 자아졌다는 것을 의미한다.

15

정답 ③

정답의 단서 ① 과학자들은 중간에 구멍이 나 있는 베개가 일으킬 수 있는, 아기들에게 발생하는 영아급사증후군을 경고한다. (○) ⇨ 선택지 the danger of sudden death → 본문 put babies' lives at risk

② 납작머리 증후군은 계속적인 압력에 의한, 아기 머리의 평평한 부분과 관련이 있다. (○) ⇨ 선택지 a flat part of a baby's head → 본문 첫 번째 문장 a baby's head becomes flattened due to…

③ 중간에 구멍이 있는 베개들은 아기들에게서 보여지는 납작머리 증후군의 심각도를 줄인다는 증거를 보여준다. (×) ⇨ 선택지 evidence of reducing the severity ↔ 본문 Scientists warn that there is **no evidence** that these pillows work or are necessary.

④ 납작머리 증후군은 6주된 영아의 15% 이상이 겪는다고 알려져 있다. (○) ⇨ 선택지 affect more than 15 percent → 본문 16 percent of babies at six weeks

해석 납작머리 증후군은 아기의 두개골이 완전히 단단해지기 전에 머리의 한 부분만 계속 압박을 받아 아기의 머리 부분이 평평해지는 현상에 따라서 주어진 명칭이다. 영국전국분만재단에 따르면, 6주 된 영아의 16%, 4개월 된 영아의 20%가 그 증후군을 겪게 되지만 아기가 12개월쯤 되면 절반이 이 증후군을 겪게 된다. 비록 아기들이 이 증후군을 겪게 되도, 이 부분은 보통 나이가 들면서 사라지지만, 온라인 소매업체들은 그 문제를 멈추게 할 것이라고 주장하는 전용 쿠션 ― 아기 머리에 해당하는 중간쯤에 구멍이 있는 ― 을 팔고 있었다. **과학자들은 이런 제품들이 아기의 생명을 위태롭게 할 수 있다고 이야기해 왔고 이런 베개들이 효과가 있는지, 혹은 필수인지에 관한 증거는 없다고 경고했다.** 국민건강보험은 영아급사증후군(SIDS)을 줄이려면, 잡동사니들이 아기 질식이나 과열 가능성을 높일 수 있으므로 영아들을 담요나 베개, 장난감 없는 깨끗한 아기 침대에서 등이 바닥에 닿도록 정자세로 자게 해야 한다고 충고한다.

16

정답 ②

정답의 단서 ① 헤밍웨이 닮은꼴 대회의 우승자는 작가 헤밍웨이와 관련이 없다고 한다. (○) ⇨ 본문 he is not related to the late author

② 폴라 딘의 남편은 6년 연속 상위 5위에 들었다. (×) ⇨ 본문 finished in the top five **for the second straight** year. This is the sixth time he has participated in the contest. (6년 연속 참가하고 두 번 연속 상위 5위에 들었다.)

③ 140명의 남성이 어니스트 헤밍웨이가 자주 다녔던 바에서 열리는 헤밍웨이 닮은꼴 대회에 참가했다. (○) ⇨ 선택지 140 men participated in → 본문 attracted 140 entrants

④ 성이 헤밍웨이인 한 남자가 대문호 어니스트 헤밍웨이를 가장 많이 닮아 대회에서 우승했다. (○) ⇨ 본문 첫 번째 문장 won a competition seeking the man who most looks like literary giant Ernest Hemingway

해석 36년 역사상 처음으로, '헤밍웨이'라는 이름을 가진 사람이 대문호 어니스트 헤밍웨이를 가장 똑같이 닮은 사람을 찾는 대회에서 우승했다. 데이브 헤밍웨이는 플로리다 남부의 키웨스트 섬에서 토요일에 열린 "파파" 헤밍웨이 닮은꼴 대회의 우승자로 밝혀졌다. 그 우승자는 고 헤밍웨이 작가와는 관련이 없다고 했다. 140명이 참가한 그 대회는 헤밍웨이가 쌓아온 문학적 유산을 기리는 헤밍웨이 축제의 하이라이트 행사이다. 대회는 슬로피 조라는 바에서 열리는데, 이 바는 1930년대에 실제 어니스트 헤밍웨이가 키웨스트 섬에서 지내던 동안 자주 즐겨 찾던 곳이었다. 헤밍웨이처럼, 데이브 헤밍웨이는 자신은 낚시를 좋아하고 가볍게 한잔하는 것을 좋아한다고 말했으며, "그리고 여성을 좋아해요. 즐거운 시간을 보내는 것을 좋아하죠. 저는 어니스트 헤밍웨이가 살았던 동네에서 오래 살았기 때문에 저 자신이 헤밍웨이가 된 것 같은 느낌이에요." 유명 요리사인 폴라 딘의 남편 ― 조지아주의 도시인 서배너의 마이클 그루버 ― 은 2년 연속 톱5에 들었다. 이번이 그의 6번째 출전이었다.

17

정답 ③

정답의 단서 ① 존 키츠는 그가 어렸을 때 그의 부모님을 여의었다. (○) ⇨ 본문 lost both his parents

② 키츠의 후견인 중 한 명은 성공한 차(茶) 판매상이었다. (○) ⇨ 선택지 a successful tea broker=본문 a prosperous tea broker

③ 그가 약제사 면허를 받은 후에 약제사로 일했다. (×) ⇨ 본문 In 1816 Keats became a licensed apothecary, but he **never practiced his profession**, deciding instead to write poetry.(practice는 의료에 종사하다는 의미이다.)

④ 그의 시는 선명한 이미지를 보였고 고전적 전설을 통한 철학을 나타냈다. (○) ⇨ 본문 marked by vivid imagery…, and an attempt to express a philosophy through…

해석 영국 낭만주의 시인인 존 키츠는 1795년 10월 31일 런던에서 태어났다. 4명의 자식 중 장남인 그는 소년 시절에 부모님을 여의었다. 마차대여업자의 고용인이었던 그의 아버지는, 키츠가 8살 때 돌아가셨다. 그의 어머니는 6년이 지난 뒤 결핵으로 돌아가셨다. 어머니가 돌아가신 뒤로, 키츠의 외할머니는 2명의 런던 상인인 리차드 애비와 존 롤랜드 샌델을 후견인으로 지목했다. 잘 나가는 차(茶) 판매상이던 애비가 이 후견인으로서의 대부분의 책임을 맡았고, 샌델은 작은 역할만 했다. 키츠가 15살이었을 때, 애비는 엔필드에 위치한 클라크 사숙에서 키츠를 빼내 약제사 겸 외과의사의 견습생으로 지내며 런던 병원에서 의학을 공부하도록 했다. **1816년에 키츠는 약제사 면허를 받았지만, 한 번도 의사로 일을 하지 않았고, 대신 시를 쓰기로 했다.** 존 키츠는 자신의 짧은 생을 선명한 이미지와 뛰어나게 간가적인 매력, 그리고 고전적 전설을 통한 철학을 나타내려는 노력이 담긴 시를 완성하는 데 보냈다. 1818년에 그는 레이크 디스트릭트에서 도보 여행을 했다. 여행하면서 무리한 것이 결핵의 첫 징후를 야기했고, 그것은 그의 삶을 죽음으로 내몰았을 것이다.

18
정답 ③

정답의 단서 ① 발리는 대략 델라웨어 크기만 하다. (○) ⇨ 본문 an area about the size of Delaware
② 발리 마을마다 가믈란이라는 악기를 연주하는 그룹이 있다. (○) ⇨ 본문 세 번째 문장 Each village on Bali has at least one instrumental group
③ 가믈란은 개인 파트나 연주자들에게 초점이 맞춰진 발리의 전통 앙상블 음악이다. (×) ⇨ 선택지 **focuses on individual parts or players** ↔ 본문 Its music is strictly ensemble music, **with little attention to individual parts or players**.
④ 그림자 인형 연극 퍼포먼스는 발리의 가믈란을 동반한다. (○) ⇨ 본문 many are in conjunction with shadow plays

해석 발리는 인도네시아를 이루는 일련의 큰 섬들 중 하나이다. 미국 도시 델라웨어의 크기만 한 지역으로, 300만 명이 좀 안 되는 이 섬의 문화 수준은 음악과 춤의 세계에서 당당히 특별한 자리를 차지해 왔다. 발리의 마을마다 – 그리고 마을이 약 1500개가 있다 – 가믈란이라는 악기를 연주하는 그룹이 적어도 한 그룹 이상 있다. 그 그룹의 음악은 철저히 앙상블이며, 개인 연주파트나 연주자들에게는 관심을 두지 않는다. 전통적으로, 가믈란은 법원에서 연주되었지만, 최근 들어서 많은 사람들이 콘서트장에서도 들으며, 그림자 극과 함께 어우러지기도 하는데, 이 연극은 인형들의 그림자가 스크린에 비치는 극이다. 이러한 퍼포먼스들은 삶과 죽음, 선과 악, 정의와 부정, 그리고 다른 철학적 주제들에 관한 뮤지컬 드라마를 보여준다.

19
정답 ④

정답의 단서 ① 어떤 종류의 생균제는 비염의 증상을 완화시킬 수 있다. (○) ⇨ 본문 Lactobacillus acidophilus is one of the most common types of probiotics＋reduced nasal swelling and other symptoms in children with perennial allergic rhinitis
② 어떤 생균제들은 발효된 우유나 음식에서 발견될 수 있다. (○) ⇨ 본문 consuming a fermented milk drink containing L. acidophilus＋can be found in fermented foods, yogurt and supplements
③ L. acidophilus를 복용함으로써 오랫동안 지속되는 비염의 증

상을 완화할 수 있다. (○) ⇨ 본문 perennial allergic rhinitis (perennial＝continuing or existing for a long time, or happening again and again)
④ 여러 종류의 생균제를 동시에 복용하면 부작용이 생길 수도 있다. (×) ⇨ 선택지 **cause side effects** ↔ 본문 taking a combination of L. acidophilus and another probiotic reduced runny nose, nasal blocking and other symptoms of pollen allergy.(부작용에 대한 언급은 없다.)

해석 알레르기는 흔하고 콧물이나 눈 가려움 같은 증상을 유발할 수 있다. 다행히도, 일부 증거는 특정 생균제(유산균)가 일부 알레르기의 증상을 감소시킬 수 있다는 것을 보여준다. 한 연구는 L. acidophilus를 함유한 발효 우유 음료를 마시면 일본 삼나무 꽃가루 알레르기의 증상을 개선한다는 것을 보여주었다. L. acidophilus는 가장 흔한 종류의 생균제 중 하나이며 발효식품, 요구르트, 보충제에서 찾을 수 있다. 마찬가지로 L. acidophilus를 4개월 동안 복용하면 코 부기가 줄고 여러 해에 걸쳐 재발되는 알레르기 비염(건초열과 같은 증상을 일으키는 질환)에 걸린 아이들의 다른 증상이 줄어든다. 47명의 어린이들에 대한 더 큰 규모의 연구는 비슷한 결과를 얻어냈다. 그것은 L. acidophilus와 다른 생균제를 혼합하여 콧물, 코 막힘, 꽃가루 알레르기의 여타 증상들을 줄여 주었다. L. acidophilus는 광범위하게 연구되어 왔고, 그것이 많은 건강상의 이점을 제공할 수 있다는 것을 증거를 보여주었다. 그러나 L. acidophilus의 많은 다른 변종들이 있고, 그것들은 각각 당신의 몸에 다른 영향을 미칠 수 있다.

20
정답 ④

정답의 단서 ① 항생제는 명백히 박테리아에 의한 감염에만 효과가 있다. (○) ⇨ 본문 Antibiotics are prescription drugs that help treat infections caused by bacteria.＋Antibiotics only work to treat bacterial infections.
② 항생제는 박테리아를 죽이거나 그것의 증식 또는 발육을 막는다. (○) ⇨ 본문 Antibiotics work by killing the bacteria causing the infection or by stopping the bacteria from growing and multiplying.(multiply＝reproduce 증식하다)
③ 항생제는 바이러스에 의한 감염에는 듣지 않는다. (○) ⇨ 본문 They don't work for infections caused by viruses
④ 모든 항생제는 동일한 부작용을 가지고 있고, 그 부작용은 대개 심하지 않다. (×) ⇨ range from being a nuisance to serious or life-threatening(치명적일 수도 있다 ↔ 선택지 typically mild)＋Certain side effects are more common in some antibiotics than in others.(몇몇 항생제에서는 특정 부작용이 더 흔하게 나타난다. ↔ 선택지 have the same side effects)

해석 당신은 아마도 일생에 적어도 한 번은 항생제를 복용했을 것이다. 어릴 때 고통스러운 인후염이나 중이염에서부터, 성인이 되었을 때 타는 듯한 요로 감염 또는 가려운 피부염에 이르기까지

항생제는 우리가 의학에서 가지고 있는 가장 많이 이용되고 중요한 약물 종류 중 하나이다. 항생제는 박테리아에 의한 감염을 치료하는 것을 돕는 처방약이다. 항생제는 감염을 일으키는 박테리아를 죽이거나 박테리아가 자라고 번식하는 것을 막음으로써 작용한다. 항생제는 박테리아 감염을 치료하는 데만 작용한다. 그들은 감기, 콧물, 대부분의 기침과 기관지염, 가장 아픈 목, 그리고 독감을 포함할 수 있는 바이러스에 의한 감염에는 작용하지 않는다. 그래서 만약 당신의 의사가 당신의 감기에 항생제를 처방하지 않는다면, 거기에는 타당한 이유가 있다. 그것은 효과가 없을 것이다! 항생제의 종류는 매우 다양하다. 대부분의 약품들과 마찬가지로, 이 항생제들은 모두 부작용을 가져올 수 있으며, 작은 불쾌감을 일으키는 부작용에서부터 생명을 위협하는 심각한 부작용에 이르기까지 다양한 부작용을 초래한다. 그러나, 어떤 부작용은 몇몇 항생제에서 더 흔하다.

21

정답 ③

정답의 단서 내용의 일치 및 불일치 유형에서는 지문의 주요 내용을 선택지로 만들 수도 있지만 아주 세부적인 내용들을 문제화하기도 한다. 하지만 그렇다고 해서 글의 모든 세부 사항들을 다 기억해 가며 읽을 필요는 없다. 주제와 흐름만 파악해도 쉽게 풀리는 문제도 많을 뿐더러, 비록 세부적인 내용을 묻는 문제라 할지라도 핵심 키워드와 글의 전체적인 흐름만 파악해 두었다면 어렵지 않게 해당 내용의 위치를 찾을 수 있기 때문이다. 이 유형의 지문을 읽을 때는 사람이나 기관, 핵심이 되는 내용어, 주제문, 내용 전개에 변화를 일으키는 접속사나 연결어 등에 하이라이트를 해 가며 읽어야 한다. 그래야만 선택지와 대조할 때 지문을 반복해서 읽지 않고도 해당하는 부분을 빠르게 찾을 수 있다.
① 본문 His father did not believe in the French school system so he opted to homeschool his son.
② 본문 Starting late did not have much of a negative effect on Pascal's skills as a mathematician.
③ 본문 To help his father out with the collection of taxes, Pascal also designed and invented a primitive calculator.
④ 본문 Starting late did not have much of a negative effect on Pascal's skills as a mathematician.

해석 1623년에 프랑스에서 태어난 블레즈 파스칼은, 부친 에티엔 파스칼의 셋째이자 하나뿐인 아들이었다. 그의 부친은 프랑스 학교 제도를 믿지 않았기에 자신의 아들이 집에서 공부하도록 했다. 모순적이게도, 파스칼이 배우지 않았던 유일한 과목이 수학이었다. 그의 아버지는 아들이 15살이 되기 전까지 그 과목을 배우지 않길 바랐다. 파스칼이 전설적인 수학의 선구자라는 명성을 얻었으니, (수학을) 늦게 시작한 것은 수학자로서 파스칼의 실력에 그다지 부정적인 영향을 미치진 않았다. 파스칼은 부친이 세금징수원으로 일을 하게 됐던 때에 아버지를 따라 파리로 갔다. 1640년 2월 파리에서, 파스칼은 자신의 가장 중요한 업적들 중 하나─원뿔곡선론─를 집필했다. 그의 아버지가 세금 계산하는 것을 돕

고자, 파스칼은 계산기를 고안해 만들어내기도 했다. 그 계산기를 알리려고 노력해봤지만 팔리지는 않았다. 그는 기압 연구에도 상당한 노력을 했다. 파스칼은 일련의 특별한 실험을 통해 과거에는 알려지지 않았던 방대한 정보를 얻었다.

① 파스칼의 부친은 자신의 아들이 프랑스 학교제도 울타리 안에서 공부하길 바랐다.
② 수학을 늦게 배운 것은 수학자로서 파스칼의 실력에 부정적인 영향을 미쳤다.
③ 아버지가 일을 빨리 끝낼 수 있도록, 파스칼은 간단한 계산기를 만들었다.
④ 파스칼은 전에 알려진 적 없는 기압과 관련된 정보를 얻을 수 없었다.

22

정답 ④

정답의 단서 선택지상에서 키워드가 되는 단어를 선정한 다음, 그 단어들을 본문에서 빠르게 찾아 그 단어가 들어 있는 문장 또는 그 앞뒤에 오는 문장들을 중심으로 선택지와 대조한다. 아래의 밑줄 친 단어들은 키워드에 해당하며, 볼드 부분은 내용상 상반되거나 일치하는 부분을 표시한 것이다.
① 선택지 **About 10,000 years ago,** copper and bronze knives were made. ↔ 본문 **c.5,000 years ago,** craftsmen in the Near East began to make them (knives) from bronze. 구리로 칼을 만든 것은 만 년 전이 아니라 약 5,000년 전이다.
② 선택지 **did not have** handles ↔ 본문 Usually a wooden or bone handle **would be crafted** around the tang to make it easier to hold.
③ 선택지 were **not** usually used for eating ↔ 본문 Knives **were** principally used for eating
④ 선택지 King Louis XIV+blunt-tipped dinner knives **became the norm** → 본문 In 1669, in a bid to cut down violence, King Louis XIV of France decreed that **all pointed knives** on the street or the dinner table **were illegal**, and ordered all knife points ground down. **This is why dinner knives are even now** blunt-tipped.

해석 약 1만 년 전, 현생 인류는 구리로 칼을 만드는 법을 알게 됐고, 약 5,000년 전에는 중동의 공예가들이 청동으로 칼을 만들기 시작했다. 이 칼들은 날이 있는 한쪽은 예리한, 다른 한쪽은 무딘 쇳조각으로 되어 있었다. 보통 나무나 상아로 된 손잡이가 좀 더 잡기 쉽게 만들어진다. 후에, 칼들은 더 단단한 철강으로 만들어졌고 좀 더 최근에는 티타늄과 세라믹이 사용돼 왔다. 이것들은 주로 식사 때 쓰였고, 포크는 꽤 최근에 나온 발명품이다. **1669년, 칼이 폭력적인 용도로 쓰이는 것을 막기 위해, 프랑스 왕 루이 14세는 길거리나 식탁에서의 모든 날카로운 칼들을 불법으로 정했고, 모든 칼들의 끝을 갈아 무디게 만들 것을 지시했다. 이것이 바로 지금까지도 식사용 칼의 끝이 뭉툭한 이유인 것이다.**

① 약 1만 년 전, 구리나 **청동으로** 길이 만들어졌다.
② 5,000년 전 중동에서 만들어진 칼들은 손잡이가 없었다.
③ 인류 역사상, 칼은 보통 식사용으로 쓰이지 않았다.
④ 루이 14세의 영향으로, 끝이 뭉툭한 식탁용 칼이 일반화되었다.

23

정답 ③

정답의 단서 ① 선택지 **used frequently** ↔ 본문 The barrage balloon was developed in the years leading up to the Second World War, and **rarely used** after the war
② 선택지 **couldn't be seen** ↔ 본문 the balloons **became a common sight** in the air over potential military targets,
③ 선택지 **anchored+move around** → 본문 Barrage balloons were made from sturdy materials and **anchored to the ground**+The cables could be winched to vary the height of the balloon, and in some cases, barrage balloons were **mobile**, designed to be **moved around** as needed.
④ 선택지 **most** barrage balloons were loaded with **explosives** ↔ 본문 **a few** were mounted with **explosives**

해석 방공 기구는 공기보다 가벼운 기체로 채워져 전략적 요충지에 띄워지는데 낮게 비행하는 적기들을 막기 위한 대형 풍선이다. 이 방공 기구는 2차 세계대전에 이르러 개발이 완료되었고, 전쟁이 끝난 뒤에는 그 사용이 드물었는데 바로 이 기구의 디자인이 몇 가지 큰 결함과 단점을 가지고 있었기 때문이었다. 하지만 전쟁 도중에 방공 기구들이 아주 큰 역할을 했음을 보여주는 몇몇 사례가 있었고, 그것들은 잠재적 군사 목표물 위의 공중에서 심심찮게 찾아볼 수 있게 되었는데, 특히 영국에서 그러했다. 방공 기구는 단단한 재질로 만들어져 긴 케이블 선으로 땅에 매인 채 공중에 띄워진다. **케이블 선은 윈치에 감겨 기구의 높낮이를 조정할 수 있었고, 때에 따라서는 방공 기구들이 기동적이었고 필요하면 주변을 이동할 수 있도록 설계되었다.** 어떤 것들은 그물이 부착됐고, 한편으로 다른 것들은 케이블 선만 있는 채 공중에 띄워졌으며 일부 기구들은 폭발물이 장착되어 있어서 만약 적기들이 방공 기구 영역에 얼쩡거리다가는 공중 폭파될 수도 있었다.
① 방공 기구는 2차 대전이 끝난 후에도 빈번하게 사용되었다.
② 전쟁 중에 방공 기구가 매우 유용하게 사용되었는데, 정찰기가 보이지 않게 만들었기 때문이었다.
③ 방공 기구는 땅에 매어놓았는데, 필요한 경우 이동할 수 있게 만들어진 것도 있었다.
④ 접근하는 적기를 파괴하기 위해, 대부분의 방공기구가 폭발물을 싣고 있었다.

24

정답 ③

정답의 단서 ① 선택지 **doesn't think** ↔ 본문 Still, United Rentals Inc. is **a believer**.
② 선택지 **down to a week** ↔ 본문 He predicts it will shorten his weeklong training program by **half**
③ 선택지 **business tool** → 본문 has been limited ability to measure its effectiveness as **a business tool**, and it has shortcomings
④ 선택지 **not reported any problems** ↔ 본문 Some people **feel awkward** putting on the headsets, and some experience **motion sickness**.

해석 VR(가상현실) 교육이 무척 새로운 것이다 보니, 기업용 도구로 그 효과를 평가하는 것에는 한계가 있었고 여러 단점이 있었다. 어떤 사람들은 헤드셋 쓰기를 어색하고, 다른 일부는 멀미를 느낀다. **VR은 손재주가 필요한 직무 교육에 적합하지 않은데, 예를 들자면 가상의 세계에서는 자신의 손이 잘 보이지 않기 때문이다.** 그런데도, 유나이티드렌탈사는 VR 교육의 신봉자다. 발전기와 굴착기 등 수천 가지 장비를 대여하는 이 회사는 12월부터 신입 영업사원들에게 VR 교육을 시험적으로 운영하고 있다. 교육개발이사 패트릭 바렛은, 강의하고 현장 사진들을 보여주는 것보다 "업무 현장을 강의실로 가져온다"고 말한다. VR 교육에서 직원들은 가상의 건설 현장 가장자리에 서 있는데, 현장 감독 아바타가 다가오기 전에 2분간 어떤 장비가 없는지 관찰하고 결정해서 자신들만의 판매 전략을 발표해야 한다. "직원들이 굴착 현장을 보잖아요. 그럼 움푹 파인 곳에 물이 괴어 있는 걸 보게 되면 직원들은 손님에게 펌프를 대여할 기회를 보지 않을까요?" 바렛 이사는 이렇게 묻는다. 그는 VR교육이 7일이 걸리는 교육 프로그램의 시간을 절반으로 줄여줄 것으로 예상하며, 신규 채용 외의 부문에서도 VR 교육 확대를 계획하고 있다.
① 유나이티드렌탈사는 자사 직원을 교육하는 데 있어 VR은 여전히 효과가 없다고 생각한다.
② 바렛은 VR 교육이 직무 교육 시간을 일주일로 줄여줄 것이라고 믿는다.
③ VR 교육은 아직 효과적인 비즈니스 도구로 완벽히 입증되지는 못했다.
④ VR을 체험해본 사람들은 VR에 대한 어떠한 문제점들도 보고하지 않았다.

25

정답 ②

정답의 단서 ① 선택지 **British subjects** ↔ 본문 met with heated protest among many **colonists** who resented their lack of representation in Parliament
② 선택지 **exercise greater authority over Massachusetts** → 본문 an outraged Parliament passed a

series of measures designed to **reassert imperial authority** in Massachusetts.
③ 선택지 **the burning of five men** ↔ 본문 **opened fire on a mob of colonists**, killing five men in what was known as the Boston Massacre
④ 선택지 **tax British subjects and colonists** ↔ 본문 raise revenue by **taxing the colonies**

해석 1775년에 발발했던 미국 독립전쟁 이전에, 식민지의 주민들과 영국 정부 사이에서 긴장감이 10년도 넘게 고조되고 있었다. 식민지들에 과세해 세입을 올리려는 영국 정부의 시도들(특히 1765년의 인지조례, 1767년의 타운센드 법령과 1773년 차(茶)세)는 많은 식민지 주민들 사이의 열띤 저항운동에 부닥쳤고, 주민들은 의회에서 대의권 부족을 분개했으며 다른 영국민들과 같은 권리들을 요구했다. 식민지의 저항은 1770년에 폭력으로 번졌는데, 보스턴 대학살로 알려진 사건에서 영국 군인들이 한 무리의 식민지 주민들을 향해 총을 쏴 5명의 사망자를 냈다. **1773년 12월이 지나, 모호크인으로 분장한 한 무리의 보스턴 사람들이 영국 배에 올라가 342개의 차(茶)상자를 보스턴 항구에 버렸고, 격노한 영국 의회는 매사추세츠에서 제국의 권위를 재확인시키기 위해 고안된 일련의 조처들(참을 수 없는, 혹은 강압적인 법으로 알려진)을 통과시켰다.**
① 영국민들은 의회에서 더 강한 대의권을 요구했지만 의회는 거절했다.
② 식민지 주민들이 영국차를 바다에 버린 이후, 영국 국회는 매사추세츠에 더 강력한 권한을 행사하려 했다.
③ 식민지의 저항으로 보스턴 대학살에서 5명을 불에 태웠다.
④ 1765년의 인지조례가 만들어졌고 그로 인해 영국 정부는 자국민과 식민지 주민들에게 더 무거운 세금을 부과할 수 있게 되었다.

26

정답 ③

정답의 단서 ① 선택지 **still the norm** ↔ 본문 this innocuous form of agriculture has **been superseded by "sun cultivation"**
② 선택지 **protected** ↔ 본문 마지막 줄 2.5 million acres of forest in Central America alone have been cleared to **make way for coffee farming**.
③ 선택지 **resulted from the increasing demand for coffee** → 본문 But **thanks to market demands**, this form of agriculture has been superseded by "sun cultivation."
④ 선택지 **allow for greater biodiversity** ↔ 본문 which has resulted in fertilizers becoming a necessity and has **had a seriously detrimental effect on biodiversity**

해석 커피가 개입되어 있는 환경 파괴에 있어서 가장 큰 문제는 커피콩 생산 과정 자체에서 온다. 전세계적인 커피 수요의 급증은, 지속 가능성에 대한 크나큰 우려와 함께, 기존 재배 방식에 심각한 영향을 미쳐왔다. 전통적인 재래법으로 자란 커피는 나무들의 그

늘 아래에서 경작되는데, 그것은 토양의 표층 침식을 예방하고 화학 비료의 필요성을 절감할 뿐만 아니라 토종 동물과 곤충들에게 귀중한 서식지를 제공한다. 하지만 시장의 수요 때문에, 환경에 무해한 이 경작법이 "양지재배법"으로 바뀌고 있다. 1970년대에 시작된 선그로운 커피는 숲으로 우거진 그늘이 없는 농장에서 생산되며, 이러한 생산 방식은 비료를 필요로 하고, 생물의 다양성에 몹시 해로운 영향을 끼친다. 농부들은 자신들이 해왔던 오래되고 비효율적으로 여겨진 경작법을 양지재배법으로 대체하도록 강력하게 고무받았으며, 결과적으로 중앙아메리카의 2백 50만평에 달하는 숲이 커피 농원에 깨끗이 자리를 내주었다.
① 나무 그늘에서 경작된 커피콩들은 여전히 커피콩 경작의 표준이다.
② "양지재배법"의 출현 덕택에 많은 숲들이 보호되었다.
③ "양지재배법"의 인기는 커피에 대한 수요 증가로 생겨났다.
④ 화학 비료들은 야생 동물에게 자양물을 제공해 생물의 더 많은 다양성을 고려한다.

27

정답 ③

정답의 단서 ① 선택지 is reputed to be the most delicious ↔ 본문 첫 번째 문장에서 must be the absolute best라는 표현을 찾을 수 있지만 이것은 어디까지나 검사를 하기 전의 예측일 뿐이지, 사실은 요즘 마시는 막걸리와 다르지 않은 성분이라고 하였다.
② 선택지 **was filled with plants and fibers** ↔ 본문 the kettle **was sealed shut with plants and natural fibers**
③ 선택지 **contained amino acids and protein** → 본문 Later tests showed that it **was composed of** a high concentration of **amino acid** substances and also small amounts of **protein** and fatty acids··· similar to yellow rice wine
④ 선택지 **was made recently** ↔ 본문 **dates back to** the Qin Dynasty (221-207 BC) : 성분이 요즘의 막걸리와 똑같을 뿐 만들어진 것이 최근이라는 말은 아니다.

해석 와인은 시간이 흐를수록 더 좋아진다는 말이 사실이라면, 산시성 고고학 연구원의 한 연구진들이 발견한 와인은 그야말로 최고여야 한다. 중국 산시성에서 고분 56개를 발굴하던 도중 발견된 이 와인은, 2,200년이나 된 것으로 진나라(221-207 BC) 때로 추정되는 청동 술병 안에 담겨 있었다. 그 술병은 식물들과 천연섬유로 밀봉이 잘 되어 있었기 때문에, 안의 액체가 보존될 수 있었다. 발굴 프로젝트에 참여한 연구원 중 한 명이었던 고고학자 장양리정은 "처음 발견했을 때 액체는 우윳빛의 하얀색으로 약간 탁했습니다."라고 말했다. 후에 알고 보니, 이런 종류의 와인은 고대에 국한되지 않았다(고대에 양조되었지만 요즘 만들어진 와인들과 맛과 성분이 다르지 않다는 의미). 그는 "나중의 조사 결과, 그 술은 고농축 아미노산 물질, 소량의 단백질과 지방산으로 이뤄져 있음을 보여주었다"며, "이걸로 보면 요즘 우리가 마시는 황주와 다를 바 없다"고 설명했다.

① 그 2,200년이 된 와인은 모든 종류의 와인 중에서 가장 맛있는 것으로 정평이 나 있다.
② 그 2,200년이 된 술병은 술의 보존을 막는 식물과 섬유로 가득 차 있었다.
③ 그 2,200년이 된 술은 쌀로 만들어졌음을 보여주는 아미노산과 단백질을 포함했다.
④ 중국의 고대 무덤에서 발견된 2,200년 된 와인은 최근에 만들어진 것으로 밝혀졌다.

28

정답 ①

정답의 단서 ① 선택지 **the longest** serving emperor in China and one of **the most successful** → 본문 not only did he serve as the emperor **the longest**, but he's also memorialized as one of **the wisest, most magnanimous, and accomplished** of all emperors.
② 선택지 **one of the first Han Chinese tribal peoples** ↔ 본문 Qing rulers were **not ethnically Han Chinese**.
③ 선택지 **need not be ethnically Manchurian** ↔ 본문 they **were Manchurian tribal peoples** from north of the Great Wall.
④ 선택지 attempted to reunite… but **ultimately failed** ↔ 본문 Kangxi's brilliant legacy lies in **reunifying** this vast empire

해석 17세기 중반, 강희제는 61년 동안 중국을 통치했다. **5,000년 역사의 중국 문명에서, 그는 황제로서 가장 오래 재위한 사람일 뿐만 아니라 모든 황제 중, 가장 현명하고 가장 자비로우며 가장 재능이 많은 사람으로 기억된다.** 강희제는 청나라의 네 번째 황제(1644~1911년)였다. 청나라의 통치자들은 한족 출신이 아니었다. 그들은 만리장성 북쪽 너머에서 온, 만주족이었다. 그들은, 부족을 통합하고, 남쪽으로 진격하여 그 당시 와해되고 있던 중국의 직전 왕조 '명'을 대체했다. 강희제의 훌륭한 업적은 정치적, 사회적으로 이 광대한 제국을 재통합하고, 청 왕조의 통치권을 강화하며, 많은 문화 및 경제 발전에 기여했다는 데 있다.
① 강희제는 중국에서 가장 오래 재위한 황제이자 가장 성공적인 황제 중 한 명으로 인정받고 있다.
② 강희제는 남쪽을 점령하고 명나라를 권력에서 제거한 최초의 한족 중 하나였다.
③ 강희제는 황제가 민족적으로 만주족일 필요가 없다는 것을 증명한 최초의 황제였다.
④ 강희제는 청나라 시대에 중국 북부와 중국 남부를 통합하려고 시도했지만 궁극적으로 실패했다.

29

정답 ③

정답의 단서 ① 선택지 : 정지화면은 관객에게 침묵과 비슷한 영향을 미친다. → 본문 directors may use silence in much the same way that they would use a freeze frame
② 선택지 : 음향효과들은 특정 장면의 기분이나 분위기를 바꿀 수 있다. → 본문 Sound effects can be used to add mood or atmosphere
③ 선택지 : 낮은 음높이의 소리는 긴박감이나 위험을 전달하는 데 돕는다. ↔ 본문 low-pitched sounds can be used to create a sense of calm or mystery
④ 선택지 : 이야기의 전개가 갑자기 바뀌는 부분에서 음향 효과가 쓰일 수 있다. → 본문 highlight some action or change in story direction

해석 음향 효과는, 스크린에 쓰이는 영상들에 또 다른 의미를 강조하거나 부여하는 소리풍경이란 것을 조성해, 영화에 느낌이나 분위기를 더하는 데 사용될 수 있다. 음높이와 박자, 음량은, 제작자가 주어진 소음에 관객들이 어떤 반응을 보이기를 원하는지에 따라 조정될 수 있다. 예를 들어, 비명이라든지 끼익하는 소리를 내는 타이어를 포함한 높은음의 소리는 불안감 조성을 돕지만, 파도 소리나 문이 앞뒤로 흔들리며 내는 소리를 포함한 낮은음의 소리는 고요하거나 미스테리한 분위기를 조성하는 데 사용될 수 있다. 여기서 어쩌면 소리를 가장 흥미롭게 쓰는 것이 바로 소리의 부재, 즉, 침묵이다. **영화의 핵심 포인트들에서, 그것들이 정지화면을 사용하는 것과 거의 유사한 방식으로 감독은 침묵을 사용할 것이다. 정지화면과 침묵 둘 다 줄거리의 전개에 있어 어떤 행동이나 변화를 강조하기 위해 관객의 주의를 끌려고 한다.** 침묵은 장면의 강렬함을 강화하거나 파멸이 다가오고 있음을 보여주기 위해 사용될 수 있다.

30

정답 ③

정답의 단서 ① 선택지 : Acqhire는 acquire와 hire, 두 단어의 합성어이다. → 본문 Acqhire, or acquhire, or acqui-hire is a portmanteau of "acquire" and "hire"
② 선택지 : Acqhire는 다른 회사의 인재를 획득하기 위해 그 회사를 흡수하는 것을 일컫는다. → 본문 they absorb them for the value of their human capital.
③ 선택지 : 대기업들은 보통 스타트업 기업들을 흡수할 때 그들의 현 상품에 큰 관심을 갖는다. ↔ 본문 with no intention of using their product, services, or technology+typically paying a price per head and deep-sixing the product at the same time
④ 선택지 : Acqhire는 잠재적 경쟁자의 성장을 사전에 막기 위해 사용되기도 한다. → 본문 acquiring is used as a defense strategy to squash and absorb potential rising competitors.

해석 Acqhire, acquhire, 또는 acqui-hire는, 당신이 이 세 개의 이름 중 무엇을 사용하든 간에, 테크놀로지 블로그 세계에서 가장 자주 사용되는 acquire와 hire의 합성어이다. 간단히 말해, acqhire는 인재의 획득이다. 그것은 한 회사가 다른 작은 회사의 상품이나 서비스, 기술 사용에 대한 의도 없이 그 회사를 사들이는 것이다. 대신 그들은 그 회사의 인적 자원의 가치를 보고 그 회사를 산다. 페이스북, 구글, 그리고 트위터 같은 거대 기업들은 이러한 인재 채용 전략으로 유명하다. 어마어마한 인재 부족난을 겪고 있는 경쟁 시장에서, 이러한 초강력 기업들은 혁신 경제가 제공해야 하는 최고(인재)를 유혹하기 위해 엄청난 돈을 기꺼이 미끼로 떨어뜨린다. 그들은 그 회사의 설립자와 소프트웨어 엔지니어를 빼내기 위해 그 스타트업 기업을 사들이며, 대개 일인당 금액을 지불하는 동시에 그 회사의 제품은 사용하지 않는다. 경우에 따라서는, 잠재적 경쟁 기업을 짓누르고 흡수하기 위한 방어 전략으로 기업을 흡수하기도 한다. 자신의 회사가 흡수된 설립자에게 있어 acqhire 는 사업가의 꿈과는 어긋날 수 있겠지만 그렇다고 제비뽑기에서 제일 짧은 빨대를 뽑았다고는 볼 수 없다. 대부분의 스타트업들이 망하고 마는 상황에서, 스타트업 기업이 팔리는 건 그보다는 훨씬 매력적인 출구이다.

31

정답 ④

정답의 단서 ① 선택지 : 수면 양상의 큰 변화는 여전히 불명확한 여러 이유들로 사춘기 때 발생한다.(선택지 for reasons that are still unclear → 본문 For reasons we don't yet understand)
② 선택지 : 송과샘은 뇌의 일부분인데, 빛에 매우 민감하게 반응한다.(선택지 extremely responsive to light → 본문 very sensitive to light)
③ 선택지 : 멜라토닌 수치는 우리가 휴식을 충분히 취하고 나면 떨어진다. → 본문 After we've had enough sleep, the brain tells the pineal gland to stop producing so much melatonin, the level of the hormone drops
④ 선택지 : 멜라토닌의 급증과 감소는 사춘기 이전의 아이들보다 10대들에게서 하루 중 더 빨리 일어난다. ↔ 본문 **The timing of the sleep/wake cycle shifts, so adolescents get sleepy and feel fully alert at different times than their younger brothers and sisters.**

해석 사춘기는 수면 양상에 큰 변화를 일으킨다. 수면-각성 주기의 시기가 변하기 때문에, 사춘기 청소년들은 그들의 형제자매과는 전혀 다른 시간대에 졸려하거나 엉뚱한 시간에 정신이 말짱해 있다. 어떤 일이 일어나냐면, 송과샘 — 뇌 안에 있어 빛에 아주 민감한 — 이 밖이 어두울 경우 멜라토닌이라는 호르몬을 분비한다. 멜라토닌은 우리를 피곤하게 하고, 멜라토닌 수치가 높아지면 우리는 피로를 더 심하게 느껴 결국엔 잠이 든다. 충분히 자고 난 뒤, 뇌가 송과샘에게 멜라토닌을 너무 많이 만들지 말라고 명령하면 그 호르몬(멜라토닌)의 수치가 낮아져 우리가 잠에서 깨게 된다. 우리가 아직 알지 못하는 여러 이유들 때문에 사춘기 동안

이 시기에 변화가 온다. 하루에 멜라토닌의 수치가 갑자기 높아졌다가 떨어지는 현상이 갈수록 늦게 발생해서, 10대들은 부모들이 피곤해하는 밤 11시쯤에도 혈기왕성한 토끼들이 되는 것이다. 반대로, 그들은 꼭 집중해야 하는 수학이나 스페인어 수업이 있는 다음 날 아침에는 계속 흐리멍덩한 상태다.

32

정답 ④

정답의 단서 ① 선택지 : 불가리아에 사막이 단 하나가 있는데, 그 사막은 Pobiti Kamani 또는 The Stone Desert라고 불린다. → 본문 Pobiti Kamani, also known as The Stone Desert, is considered the only desert in Bulgaria
② 선택지 : The Stone Desert의 속이 텅 빈 돌기둥들은 모래로 돼 있으며 기둥 안도 모래로 되어 있다. → 본문 are instead hollow and filled with sand
③ 선택지 : 모래 폭풍과 회오리바람은 Pobiti Kamani에서 흔하게 발생하는 것들이다. → 본문 Sandstorms and sand twisters have also been known to commonly occur in this desert region of Bulgaria.
④ 선택지 : 전형적인 사막 식물들은 유럽 사막에서 발견되지 않으며, The Stone Desert에서도 그렇다. ↔ 본문 **The Stone Desert… is one of the few places where desert type vegetation such as cactuses are known to grow.**

해석 Pobiti Kamani - The Stone Desert라고도 불리는 - 는 불가리아에서 유일한 사막이면서 유럽에서 발견되는 아주 드문 사막 중 하나로 간주된다. 이 사막은 불가리아의 총 면적의 13km²로 사구와 곳곳에 모여 자연적으로 형성된 암석들로 이루어져 있다. 이 형성물들은 주로 높이 5~7m에 두께가 0.3~3m정도 되는 돌기둥들이다. 이 기둥들은 그 토대가 견고하지 않은 대신 모래로 되어 있고, 주변의 모래에 갇혀 있는 것처럼 보이는데 이것이 그러한 자연 현상에 Pobiti Kamani란 이름을 부여한다. 모래 폭풍과 회오리바람 역시 불가리아의 이 사막 지역에서 흔하게 발생하는 걸로 알려져 있다. **The Stone Desert**는 사막과 같은 서식지이기 때문에 유럽의 관광 명소로 잘 알려졌을 뿐만 아니라, 선인장처럼 사막에 사는 식물들이 자라는 걸로 알려진 몇 안 되는 장소 중 하나이기도 하다.

33

정답 ③

정답의 단서

① 선택지 : 칼로프는 하루 중에 많은 시간을 화장하는 데 써야 했다. → 본문 He often spent five hours a day in the makeup chair.
② 선택지 : 의상을 입고 인공 보조 장치들을 다는 것은 배우의 움직임을 방해할 수 있다. → 본문 costumes that restrict your

movement+Prosthetics…, making it hard for them to see and move around

③ 선택지 : 괴물 역을 맡은 배우들은 자신들의 역할을 할 때 대본을 자주 생각하진 않는다. ↔ 본문 You **still have to study a script**, memorize lines and create your character's voice and movement.

④ 선택지 : 칼로프는 현장에서 영화 프랑켄슈타인 촬영을 하루에 10시간 이상을 했다. → 본문 he worked up to 11 hours on the set

해석 괴물 역할을 한다는 것은 다른 평범한 역을 하는 것과는 다르다. 당신은 계속해서 대본을 연구하고, 대사를 외우고, 캐릭터의 목소리와 움직임을 만들어내야 한다. 하지만 그 외에 부수적인 도전들 역시 성공해내야 한다. 예를 들어, 당신은 움직임이 제한적인 의상을 입고 수 시간이 걸리는 두꺼운 화장을 받아야 할 것이다. 배우 보리스 칼로프는 1930년대 영화들 중 영화 프랑켄슈타인의 괴물 역으로 유명했다. 그는 하루 중 5시간은 종종 메이크업실의 의자에 앉아있었다. 그는 9시에 촬영에 들어갈 준비를 하기 위해 적어도 새벽 4시까지는 메이크업실에 가야 했다. 그러고 나서 그는 한 짝에 13파운드가 나가는 부츠를 신고 촬영 현장에 많게는 11시간을 있었다. 칼로프는 메이크업을 지우기 위해 하루 일과의 마지막 한 시간을 비워둬야 했다. 평소에 늘상 하는 화장 외에도, 괴물 역할을 맡은 배우들은 비늘로 덮인 파충류 같은 피부라든지 늑대인간의 툭 튀어나온 코와 같은 특이점들을 드러내기 위해 보철 혹은 인공적인 신체 일부를 달거나 가면을 자주 쓴다. 인공적인 보조 장치들은 평범한 한 인간을 어떤 신화 속의 존재로 탈바꿈하는 것을 돕지만, 그 보조 장치들은 배우에게는 보거나 움직임을 힘들게 한다는 문제가 있을 수 있다.

34
정답 ②

정답의 단서 ① 선택지 : Aptis는 성인을 대상의 영어능력평가시험이므로, 16살 미만의 학생들은 응시할 수 없다. → 본문 It is a test for adults (16+)

② 선택지 : 지원자들은 Aptis의 평가 요소를 선택할 수 없으며 개별 요소별로 시험이 치러진다. ↔ 본문 Aptis is made up of a number of components which **are taken in packages** rather than individually. You **select** the core language knowledge component…

③ 선택지 : 읽기와 듣기 영역은 시험관이 채점하지 않는다. → 본문 The reading and listening components are marked automatically by the online platform

④ 선택지 : 학생들이 원하는 시간대와 방법으로 시험을 치를 수 있으므로 편리하다. → 본문 you choose when, how, and in what way to test, to ensure you get the results you need

해석 Aptis는 전 세계 기업들과 개인의 다양한 요구를 충족시키기 위해 고안된, 최근의 유연한 영어평가시스템이다. 이 테스트는 성인(16살 이상)을 대상으로 하며, 영어의 4가지 영역인 말하기와 듣기, 읽기와 쓰기 능력을 평가하는 데 쓰일 수 있다. **Aptis는 각기 따로 치러지는 대신 한꺼번에 패키지로 치러지는 몇 가지 영역들로 구성돼 있다. 당신이 언어의 핵심 요소(문법과 어휘)를 선택하고, 정확하면서 적절한 테스트를 위해 이것을 한 가지 또는 그 이상의 기술적인 영역과 결합해서 치른다.** 읽기와 듣기 영역은 온라인 플랫폼으로 자동 채점되는 반면, 말하기와 쓰기 영역은 시험관이 채점한다. 컴퓨터와 시험지, 전화 기반의 시험 진행을 제공하므로 당신은 자신이 필요로 하는 결과를 얻을 수 있게끔 언제, 어떻게, 어떤 방식으로 시험을 치를지 선택할 수 있다.

35
정답 ④

정답의 단서 ① 선택지 : 화석 기록은 K-T 대량멸절 경계에서 대량 멸종이 있었다는 것을 가리킨다. → 본문 many species all went extinct at the same time, which we know by examining the fossil record.

② 선택지 : 이리듐이 있다는 것은 소행성과 지구의 충돌이 있었다는 강력한 증거다. → 본문 a layer of iridium : this is a radioactive substance that is not found on earth but is found in asteroids.

③ 선택지 : 화석 증거는 K-T 대량멸절 경계 사건 이후에 포유류가 번영하기 시작했음을 보여준다. → 본문 Immediately after the K-T boundary event, we begin to see more and more fossils of mammals.

④ 선택지 : 소행성의 지구 충돌에 의한 공룡의 멸종은 포유류의 번식과 전혀 관련이 없다. ↔ **the rise of mammals wouldn't have happened if the dinosaurs… hadn't died out.** 본문에서 많은 동식물이 소행성의 충돌로 멸종된 것으로 보인다고 하였으며, 그 중에는 공룡이 포함된다. 마지막 문장에서 알 수 있듯 공룡의 멸종이 포유류의 번식에 도움을 주었다.

해석 약 6천 5백만 년 전에, 백악기와 제3기(K-T 경계, K가 백악기, T가 제3기)의 경계에서 많은 종들이 모두 동시에 멸종되었고, 화석 기록을 통해 우리는 그 사실을 알고 있다. 가장 널리 받아들여진 설명은, 소행성이 지구에 충돌해 그때 살았던 수많은 식물과 동물들이 화염 속으로 사라지게 만들었다는 것이다. 그 (K-T) 영역은 이리듐 층으로서, 바위 단층들에서 우리 눈으로 볼 수 있는데, 이것은 지구에서 발견되지 않고 소행성에서 발견되는 방사능 물질이다. K-T 대량멸종 사건 직후, 우리는 더 많은 포유류의 화석들을 보게 된다. 만약 **탐욕스러운 포식자였던 공룡들이 멸종되지 않았다면, 포유류는 번성하지 않았을 것이다.**

36

정답 ①

정답의 단서 ① 선택지 : 뉴질랜드 사람들은 그 나라의 토종 새들에 거의 관심이 없다. ↔ 본문 **Few people** in New Zealand **want** more of the country's native birds to become extinct. 본문에서는 뉴질랜드 사람들이 더 이상 토종 새들의 멸종을 원하지 않는다고 되어 있다.
② 선택지 : 뉴질랜드 정부는 외래종을 근절시키기 위해 한 회사에 2천 8백만 달러를 투자했다. → 선택지 has given＝본문 has awarded
③ 선택지 : 지역 단체들뿐만 아니라 사기업과 공공 부문 또한 그 프로젝트를 완수할 필요가 있다. → 본문 It will take the combined efforts of the private and public sectors as well as community groups.
④ 선택지 : 외래종들 때문에, 겨우 몇 퍼센트의 새끼 키위들만이 어른으로 성장해 살아남는다. → 본문 Since European settlers arrived in the mid-nineteenth century and brought with them rats and other predators, New Zealand has lost a huge variety of birds.

해석 뉴질랜드 정부는 전원지역의 해충 및 유해 동물과의 전쟁을 선포했다. 정부는 2050년까지 국가 전역에서 포식동물들을 박멸하기를 원한다. 뉴질랜드는 앞으로 30년간 전역에서 토착종이 아닌 모든 종들을 근절하기 위한 야심찬 목표를 세웠다. 존 키 뉴질랜드 총리는 도입된 종들, 특히 뉴질랜드의 토착 새들을 위협하는 포식자들을 도태시키기 위한 전략들을 도입하려 한다고 말한다. 뉴질랜드 정부는 계획을 함께 구현할 회사에 2천 8백만 달러를 투자했다. 그 계획은 지역사회단체뿐만 아니라 사기업과 공공 부문의 협력이 필요하다. 수많은 고유종 조류들이 더 이상 멸종되기를 원하는 뉴질랜드 사람들은 거의 없다. 19세기 중반에 유럽인 이주자들이 뉴질랜드에 도착해 자신들의 본토에서 쥐와 다른 포식자들을 데려온 이후로, 뉴질랜드는 다양한 종의 조류를 잃었다. 뉴질랜드가 잃은 조류들 중에 the bush wren과 the laughing owl, the mysterious starling이 포함돼 있다. 국조인 키위새는 현재 안전하지 못한 상태다. 새끼 키위들 중 5%만이 살아남아 어른이 된다.

37

정답 ③

정답의 단서 ① 선택지 : 포괄적 기본소득을 비판하는 이들은 그것이 사람들이 일을 열심히 하지 않게 만든다고 믿는다. → 본문 it creates a disincentive for people to work
② 선택지 : 포괄적 기본소득은 비생산적 활동이 지속되게 한다. → 본문 The universal basic income, however, allows them to continue their less-valued endeavors
③ 선택지 : 미제스 협회는 분투중인 예술가들의 작업이 좀 더 가치 있게 여겨져야 한다고 생각한다.

↔ 본문 The struggling entrepreneurs and artists… are struggling for a reason. For whatever reason, the market has deemed the goods they are providing **insufficiently valuable**.
④ 선택지 : 포괄적 기본소득을 비판하는 사람들은 열심히 일하는 근로자들이 그들 수입의 너무 많은 부분을 기부한다고 생각한다. → 본문 the universal basic income as a wealth-distribution scheme that punishes those who work harder and earn more by directing more of their earnings to the program.

해석 포괄적 기본소득을 비판하는 사람들은 "그것이 일하는 사람들의 사기를 꺾고 비생산적인 일에 보상을 준다."고 한다. 오스트리아의 한 경제학자 이름을 딴 루트비히 폰 미제스 협회는 이렇게 말한다 : "고군분투 중인 사업가들과 예술가들은 다 그만한 이유가 있다. 어떤 이유로든, 시장은 그들이 제공하는 상품들을 가치가 충분치 못하다고 여긴다. 그들의 일은, 우리가 지금 거론하고 있는 상품이나 서비스를 소비할 사람들에 따르면, 말 그대로 생산적이지 않다. 기능주의적 시장에서는, 소비자들이 원치 않는 상품을 생산하는 이들은 그 노력을 빨리 포기하고 자신들의 수고를 경제의 생산적인 분야들에 집중해야 할 것이다. 하지만 포괄적 기본소득은 실제로 가치를 생산한 사람들의 돈으로 사업가들과 예술가들이 그다지 가치 없는 노력을 계속 하게 만드는데, 이것이 정부의 모든 복지 프로그램들의 궁극적 문제인 것이다." 비판자들은 또한 그 포괄적 기본소득을, 더 열심히 일해서 더 많은 돈을 버는 사람들의 수입을 그 프로그램에 쏟아 부음으로써 오히려 그들(더 열심히 일하고 더 많은 돈을 버는 사람들)을 벌하는 복지 분배제도라고 묘사한다.

38

정답 ②

정답의 단서 ① 선택지 : 사회는 각 개인의 주관적 해석으로 만들어진다. → 본문 Subjective meanings are given primacy because it is believed that people usually behave based on what they believe
② 선택지 : 주관적인 의미들은 개인이 지닌 일련의 잘못된 믿음에 의해 만들어진다. ↔ 본문 **people usually behave based on what they believe** 사람들이 자신이 믿는 것에 의해 행동하기 때문에 주관적인 의미들이 중요하다고 했지, 개인의 믿음을 잘못된 믿음이라고 말하고 있지는 않다.
③ 선택지 : 사회적 유대는 상황의 정의에 의해 형성된다. → 본문 it is these interpretations that form the social bond. These interpretations are called the "definition of the situation."
④ 선택지 : 십대들은 흡연하는 것의 위험을 잘 알고 있다. → 본문 teenagers are well-informed about the risks of tobacco

해석 상징적 상호작용론은 사람들이 사물이나 사건, 행동에 부여하는 주관적 해석을 다뤄 사회를 분석한다. (이 이론에서는) 주관적 해석을 가장 중시하는데, 사람들은 단지 무엇이 객관적으로 옳은가에 입각해서가 아니라 대개 자신들이 믿는 것에 기초해 행동한다고 생각하기 때문이다. 따라서 사회는 사람들의 의미 해석을 통해 사회적으로 건설되는 것으로 본다. 사람들은 서로의 행동을 해석하는데, 사회적 유대를 형성하는 것은 다름 아닌 이러한 해석들이다. 이 해석들은 상황 정의라고 불린다. 예를 들어, 젊은 사람들은 모든 객관적 의학 증거가 흡연의 위험성을 이야기하고 있음에도 왜 담배를 피우는 걸까? 그 답은 사람들이 만들어낸 상황 정의에 있다. 연구들은, 십대들이 담배가 위험하다는 것을 잘 알고 있지만, 담배를 피우는 것은 멋있다고 생각하기도 하고, 자신들만은 위험에서 안전할 것이라고 믿으면서 또한 흡연하는 게 또래들에게는 당당한 모습으로 비쳐질 것이라고 생각한다는 것을 발견했다.

39

정답 ②

정답의 단서 ① 선택지 : 폴리에틸렌은 영국의 슈퍼마켓에서 사용될 때까지 대량 생산되지 않았다. → 본문 마지막 문장 But it was not until the rise of the British supermarket in the 1950s that it really came into mass use.
② 선택지 : 노스위치에서 깁슨이 쓴 메모가 자신이 중요한 것을 발견했다는 것을 암시했다. ↔ 본문 Gibson's simple notes, made at the time at the company's base in Northwich, Cheshire, **belied their importance**(belie는 '~을 잘못 나타내다'는 뜻으로 결국 그 발견의 중요성을 몰랐음을 의미한다.)
③ 선택지 : ICI의 노력에 힘입어, 폴리에틸렌은 전화선의 재료로 사용될 수 있었다. → 본문 Two years later ICI developed the means for making polythene on an industrial scale, and shortly afterwards it was used for the first round-the-world telephone cable.
④ 선택지 : 포셋과 깁슨은 무심코 실험 도중 폴리에틸렌을 만들어 냈다. → 원래부터 폴리에틸렌이라는 소재를 개발할 작성으로 실험을 한 것은 아니었다.

해석 폴리에틸렌의 혁신은—우리가 현재 알고 있는 폴리에틸렌의 형태로의—실제로 1933년에 일어났다. 그 혁신은 임페리얼화학공업사(ICI)의 에릭 포셋과 레지널드 깁슨의 작품이었는데, 그들은 어느 날 아침 일어나 높은 압력의 가스를 실험하기로 한 후, 실험 기구 중 일부가 파라핀 왁스에 담긴 것처럼 보였음을 발견했다. **영국 체셔 주의 노스위치의 본사에서 깁슨이 그 당시에 남겼던 간단한 메모(반응 튜브에서 발견된 밀랍 성분의 고체)는 그 중요성을 오히려 잘못 알리게 되었다.** 2년 뒤, ICI사는 폴리에틸렌의 대규모 생산을 위한 시설을 준비했고, 머지않아 처음으로 전 세계에 걸쳐 사용되는 전화선에 사용되었다. 2차 세계대전 기간에는, 이 물질이 레이더의 아주 중요한 역할을 했다. 하지만 폴리에틸렌이 바야흐로 대중화된 것은 1950년대에 영국의 슈퍼마켓이 생겨나면서부터였다.

40

정답 ②

정답의 단서 ① 선택지 : 대왕판다는 곰처럼 고기를 소화시키는 효소를 가지고 있다. → 본문 have the canine teeth to tear flesh and the enzymes to digest meat.
② 선택지 : 대왕판다는 다른 곰들로부터 진화하지 않았다. ↔ 본문 **they are true bears**, according to their DNA+they diverged from other bears
③ 선택지 : 대왕판다들이 언제 채식주의자가 되었는지는 명확하지 않다. → 본문 The exact timing and reason for pandas going vegetarian is debated
④ 선택지 : DNA 증거에 따르면, 대왕판다의 기원은 1,000만년 이상 거슬러 올라간다.. → 본문 DNA evidence suggests 18 million

해석 대왕판다는 적응의 달인이다. 시간과 필요가 판다를 아주 특정한 서식지에서 잘 살아남도록 정교하게 바꿔놓았다. 몸의 구조가 여전히 육식을 하는 자신들의 친족들처럼 생긴, 이 곰들—그리고 그들의 DNA에 따르면 그들은 진짜 곰이다—은 살을 찢을 수 있는 어금니와 고기를 소화하기 위한 효소들을 가지고 있다. 화석 기록의 공백들로 인해, 그들이 다른 곰들과 언제 정확히 나뉘게 되었는지는 명확하지 않다. 스페인에서 발굴된 턱은 초기의 판다 혈통이 1160만 년 전인 것으로 추산케 하는 반면, DNA 증거는 1800만 년 전이라고 말해준다. 중국의 한 동굴에서 발견된 뼈들은 우리가 알고 있는 대왕판다가 최소 2백만 년은 됐음을 보여준다. 판다가 초식동물이 된 정확한 시간과 그 원인이 논의 중이기는 하지만, 수백억 년에 걸친 그러한 적응은 최근의 판다들에게 몇몇 특이한 도구들을 남겨 주었는데, 그 도구란 무언가를 으스러뜨리기 위한 평평한 어금니와 엄지손가락처럼 나와 있는 부분, 대나무를 다루는 데 도움이 되는 손목뼈의 연장된 부분을 포함한다.

41

정답 ③

정답의 단서 ① 선택지 : 소프트볼은 처음에 실내 스포츠였지만 나중에 야외 스포츠로 변했다. → ①번 선택지는 두 개의 문장을 아우르고 있다. 두 번째 문장에서 소프트볼이 처음에는 실내 스포츠였음을 알 수 있다. Initially, softball was thought of as a good way for baseball players to hone their skills indoors during the winter months. 하지만 In 1888, the sport moved outside라고 되어 있으므로, 나중에 야외 스포츠로 변했다는 내용은 사실과 일치한다.
② 선택지 : 야구는 슬로우피치 소프트볼보다 수비 선수의 수가 더 적다. → 본문 Both baseball and fastpitch softball have 9 fielders. Slowpitch softball requires 10 fielders.
③ 선택지 : 패스트피치와 슬로우피치 소프트볼 모두 똑같은 크기의 공을 사용한다. ↔ 본문 Later, a **12-inch** ball was adopted for fastpitch and an **11-inch** ball for slowpitch softball.

④ 선택지 : 사람들은 처음에 야구 선수들을 위한 훈련용 스포츠로서 소프트볼을 생각해 냈다. → 본문 Initially, softball was thought of as a good way for baseball players to hone their skills indoors.

해석 어떤 사람들은 소프트볼을 여성들이 하는 야구라 생각하지만, 그 스포츠(소프트볼)는 야구와는 다르게 변모해 있으며, 남녀 모두가 즐긴다. 소프트볼은 처음에 야구 선수들이 겨울 동안 실내에서 자신들의 기술을 연마하기 좋은 방법으로 여겨졌다. 소프트볼 경기장 내야는 야구장 내야보다 더 작다. 야구장 내야는 베이스 간 거리가 90피트(27.432m)인데, 패스트피치 소프트볼 내야는 베이스들이 서로 60피트(18.288m)씩 떨어져 있다. 1888년, 이 스포츠는 무대를 야외로 옮겼고 마침내 그 다음 해에 규칙들이 마련되었다. 최초의 소프트볼 공은 둘레가 16인치이다. 이 크기는 야구공의 둘레보다 7인치나 더 큰 크기다. **시간이 흘러 패스트피치 경기에서는 12인치, 슬로우피치 경기에서는 11인치 크기의 공이 채택됐다.** 야구와 패스트피치 소프트볼은 수비측 선수가 9명이다. 슬로우피치 소프트볼은 10명의 수비 선수들을 필요로 한다. 이 두 경기 간에 서로 다른 규칙에서 오는 소소한 차이점들이 있다 해도, 관람하는 누군가는 이 경기들이 아주 비슷하다고 생각할 것이다.

CHAPTER

07 · 문장 소거

01

정답 ③

정답의 단서 흐름상 적절하지 못한 문장을 찾아내기 위해서는 주제 파악이 선결되어야 한다. 특히 주제가 특정 대상의 효과에 대해 설명할 경우에는, 긍정적인 효과를 부각하기 위한 글인지, 부정적인 효과를 부각하기 위한 글인지, 아니면 두 가지 면모를 함께 보여주고자 하는 글인지 판단해야 한다. 가령, 긍정적인 효과를 주장하기 위한 글에서 갑작스럽게 부정적인 면에 대해 강조하고 있다면 그 부분이 주제에서 벗어난 부분일 수 있다.
→ 녹색 혁명은 식량 생산 증대에 따른 결과(the green revolution was the result of scientific breakthroughs and development activities…)
→ 녹색 혁명을 이루는 기본적인 요소들(basic ingredients of the green revolution)
→ 녹색 혁명이 가져온 긍정적인 결과(The green revolution resulted in…) : ① 생산 증가 및 농부들의 사고방식의 변화, ② 곡물 질병 저항력 향상 및 산업과 농업 분야 내 많은 고용 기회 창출, ③ 녹색 혁명으로 생긴 문제점, ④ 계획 과정에 영향을 주고 신흥 민주주의 국가들에 자신감 불어넣음.
①, ②, ④번은 녹색 혁명의 긍정적 결과에 대한 근거인데, 갑자기 ③번은 녹색 혁명이 초래한 문제점을 거론하고 있다. ③번을 빼고 앞뒤 문장을 연결해 읽어보면 자연스럽게 이어지므로 ③이 정답이다.

해석 녹색 혁명은 식량 생산을 늘려서 기근을 성공적으로 해결한 일련의 과학적 혁신과 개발의 결과였다. 녹색 혁명의 기본 요소들은 새로운 품종과 화학 물질 사용 및 적절한 관개 시설이었다. ① 녹색 혁명은 생산 증가를 이뤄냈고, 농부들의 사고방식을 바꿔놓았다. ② 이 혁명은 곡물의 질병 저항력을 높이고, 산업과 농업 분야 내에서 많은 고용 기회를 창출해냈다. ③ 그래서, 화학비료와 커다란 관개시설로 생기는 환경적 비용은 상당한 논란을 일으키고 있다. ④ 식용 곡물에 있어 자급자족은 계획 과정들에도 영향을 미쳤으며, 신흥 민주주의 국가들의 국가적 자신감에 활력을 불어넣어 주었다.

02

정답 ②

정답의 단서 첫 문장을 제외하고는 나머지 문장이 모두 선택지로 설정되어 있기 때문에 첫 문장에서 논조의 중심을 잡는 것이 중요하다. 두 번째로 중요한 것이 ①번 선택지의 적절성 여부다. ①번 선택지가 적절한지를 결정하면 글의 주제와 흐름이 분명히 잡히기 때문에 나머지 선택지의 적절성을 판단하기 훨씬 수월해진다. 우

선 첫 번째 문장을 보자. 핵심은 담배에 대한 규제가 다른 소비재에 대한 규제로 번졌다는 내용이다. 콤마 뒤 which에 이어지는 문장은 글의 의미를 제한하는 한정적 용법이 아니라 계속적 용법의 부연설명이므로 무시해도 좋다.
Tighter regulations on cigarette products **have spilled over to** alcohol, soda and other consumer products, which… 뒤에 이어지는 ①번 문장 역시 여러 나라에 걸쳐 규제가 확산되고 있다는 내용이므로 "규제의 확산"이라는 면에서 문맥이 잘 이어진다. ① Countries have taken more **restrictive measures**, including …②번은 regulatory measures를 다루고 있으므로 언뜻 앞의 문맥과 연결돼 보인다. 하지만 "규제의 확산"에서 더 나아가 그 규제의 실패한 결과를 다루고 있다. 이런 식의 전개가 타당한지는 ③번과 ④번 문장의 내용을 통해 파악해야 한다. ③번과 ④번은 다시 규제의 확산에 대한 주제로 돌아간다. 따라서 ②, ③, ④번 중에서 ②번만이 나머지 문장들의 방향과 다르다는 것을 확인할 수 있다.

해석 담배 제품에 대해 더 강화된 규제는 주류, 탄산음료 및 기타 소비재로 번졌고, 이는 소비자의 선택을 제한하고 제품을 더 비싸게 만들었다. ① 여러 국가는 담배 제품에 대항하여 지난 40년에 걸쳐 세금, 그림을 이용한 건강 경고, 광고 및 판촉 금지를 포함하는 더 많은 제한 조치를 취해왔다. ② 규제 조치는 담배 밀수를 키우며 공중 보건을 개선하는 데 실패했다. ③ 담배에 먼저 규제를 적용한 다음 다른 소비재에 규제를 적용하는 것은 다른 산업에 있어 미끄러운 비탈길이라고 불리는 도미노 효과를 만들었다. ④ 미끄러운 비탈길의 최극단은 모든 상표, 로고 및 브랜드 특정 색상이 제거되는 무늬 없는 포장이며, 결과적으로 의도하지 않은 결과와 심각한 지적 재산권 침해를 초래했다.

03

정답 ②

정답의 단서 과학적 발견이나 연구 결과, 혹은 조언과 같은 내용을 주제로 다루지 않는 경우, 종종 서두의 한두 문장만으로는 주제가 파악되지 않는 경우가 있다. 그럴 경우에는 ①번부터 흐름상의 적절성을 판단하기 쉽지 않다. 하지만 이 문제에서처럼 각 선택지가 선택지가 아닌 문장들 사이에 위치해 있을 경우, 각 선택지의 적절성을 판단하는 기준은 주제보다는 선택지가 아닌 앞뒤의 문장들이 우선할 수 있다. ①번은 아이들에게 있어서 미래란 지금으로부터 단지 5분 후일 뿐이라고 하였으므로, 앞 문장에서 언급한 immediate needs(즉각적 욕구)와 의미상 연결된다. 하지만 ②번은 부모는 자녀의 학습에 관심을 가져야 한다는 내용으로서, 판단의 준거가 되는 앞뒤 문장과 연결되지 않는다. 특히 뒤 문장에서 "이런 얘기

를 듣고 싶어 하는 부모는 없을 것"이라고 하였는데, ②번의 내용은 "이런 얘기"에 해당되지 않는다. 따라서 ②번을 배제한 상태에서 앞뒤의 밑줄이 안 쳐진 준거 문장들을 연결해 보면 매끄럽게 연결되는 것을 확인할 수 있다.

해석 아이들에게는 학습에 관해서는 우리 어른들에게 있는 그러한 장점이 없다. 아이들의 행동과 아이들이 하는 선택들은 종종 즉각적인 필요성에 기인하는 것이다. ① 아이들에게 있어 미래는 지금으로부터 5일 후도, 5주 후도 아닌 5분 후이다. 학습이력과, 발전단계, 그리고 즉각적인 만족의 필요성 때문에, 아이들은 계속해서 주의(행동에 따른 결과)를 듣고 또 들어야 한다. ② 부모들은 그들의 자녀들의 학업과 학습에 대해 열정적이고 긍정적인 관심을 가져야 한다. 이런 얘기를 듣고 싶어 하는 부모는 많지 않을 것이다. ③ 모든 부모들은 단번에 그리고 영원히 행동을 변화시켜주는 하나의 마법 같은 (행동의) 결과를 갖고 싶어 할 것이다. 그러나 이렇게 얘기하기는 싫지만, 그런 건 존재하지 않는다. ④ 오히려, 학습의 반복, 많은 양의 반복이 지속성 있는 행동의 변화를 일으키는 데 도움이 될 수 있다. 끊임없이 그리고 반복적으로 유의미한 결과를 아이들에게 주는 것은 시간이 많이 들어가고 약간은 지치는 일이겠지만 필요한 것이다.

04

정답 ④

정답의 단서 첫 문장에서 알 수 있듯 글의 핵심은 "물에 담긴 채 현재보다 더 오랜 기간 동안 생존할 수 있는 벼 유전자의 발견"에 대한 내용이다. 선택지 ①번이 글의 서두에 있으므로 그 문장의 적합성을 먼저 판단하면, ①번을 나머지 선택지의 적절성을 판단하는 근거로 활용할 수 있다. ①번은 The scientists hope…에서 알 수 있듯, 그러한 발견이 홍수에 취약한 지역에 희망을 줄 것으로 예견하고 있으므로 글의 나머지 부분 역시 긍정적인 분위기로 전개될 것임을 예상할 수 있다. ②, ③번 역시 새로운 벼 유전자 발견의 배경, 기대 효과 등을 설명하면서 긍정적인 논조를 이끌어가고 있는데, 갑자기 ④번에서는 이것을 끔찍한 뉴스라고 설명하고 있다. ④ This is dreadful news for people… who have a shortage of crops. 비록 a shortage of crops라는 표현을 사용하여 마치 앞문장과 연결되어 보이지만 주제와는 정반대되는 내용이다. ④번을 빼고 ③번과 마지막 문장을 연결해 보면 더 자연스럽게 연결되는 것을 확인할 수 있다.

해석 생물학자들은 벼가 현재보다 일주일 더 긴 2주까지 물에 담긴 채로 생존할 수 있게 할 유전자를 찾아냈다. 일주일 이상 물 안에 있는 식물은 산소를 빼앗기고 시들어 죽게 된다. ① 과학자들은 그들의 발견이 홍수에 취약한 지역에서 작물의 수확을 연장할 수 있기를 원한다. ② 아시아의 이러한 침수 지역에서 쌀을 재배하는 사람들은 심하게 물에 잠긴 논으로 인해 매년 십억 달러 정도로 추정되는 돈을 날린다. ③ 그들은 새로운 유전자가 태풍과 몬순으로 초래되는 재정적 손실을 줄일 더 강인한 벼 품종과 풍작을 가져오기를 희망한다. ④ 이는 도시화의 희생자이며 작물 부족을 겪는 취약한 지역의 사람들에게는 끔찍한 소식이다. 십억 명의 사람

들이 그들의 주식을 얻는 것을 보장받기 위해 쌀 생산량은 다음 20년에 걸쳐 30% 증가해야 한다.

05

정답 ③

정답의 단서 선택지가 연이어 있을 경우, 각 선택지의 앞뒤 문장이 적절하지 못한 문장일 수도 있기 때문에 선택지 앞뒤의 문장들이 판단의 근거가 되기 힘들다. 하지만 이 문제에서처럼 선택지가 연이어 있지 않을 경우에는 각 선택지의 앞뒤 문장과의 연결성이 확실한 단서가 된다. 이 글에서 ①번과 ②번은 앞뒤 문장에는 밑줄이 안 쳐져 있으므로, 정확한 판단의 근거가 된다. ①번과 ②번이 글의 흐름상 적절하다면, ①번과 ②번은 ③번과 ④번의 적절성을 판단하는 근거가 된다.
→ 아동 문학상이 주어지는 책(①…be given for books of a specific genre…)
→ 아동문학상을 선정하는 대상(②…are chosen by adults, but now…)
→ 아동 문학상을 받은 책에 대한 독자들의 반응(④…readers are wise not to put too much faith in award-winning books.)
①, ②, ④번은 모두 아동 문학상에 관련하여 이야기하고 있으나, ③번은 an award ceremony for outstanding services to the publishing industry, 즉 출판 산업에서의 시상식과 관련된 내용을 다루고 있다.

해석 최근에 아동 문학상이 급격히 늘고 있다. 오늘날 다양한 단체에서 수여하는 100여 개가 넘는 다양한 상이 있다. ① 그 상들은 특정한 장르의 책이나 단순히 일정 기간 안에 출간된 모든 아동 문학 중에서 최고의 책에 주어질 수 있다. 상은 특정한 책이나 아동 문학 세계에 평생 기여했다는 이유로 한 작가에게 영예를 줄 수도 있다. ② 대부분의 아동 문학상은 어른들에 의해 선택되나, 현재는 어린이들이 선정한 도서 상이 점점 더 많이 존재한다. 대부분 국가에서 주어지는 보다 더 큰 국가적인 상은 최고의 영향력이 있으며, 어린 독자를 위해 출간되는 훌륭한 책들에 대한 대중적인 인식을 높이는 데 상당히 기여한다. ③ 출판 산업에 있어 뛰어난 서비스들에 대한 한 시상식이 보류되었다. ④ 물론 독자들은 수상한 책에 대해 너무 많은 신뢰를 주지 않을 정도로 현명하다. 상이 반드시 좋은 독서 경험을 의미하지는 않으나, 이것은 책을 선정할 때 출발점을 제공한다.

06

정답 ③

정답의 단서 이 글은 첫 문장의 takes its toll(해를 끼치다)이라는 표현에서 정확히 드러나듯 운동을 지속적으로 하지 않을 경우 생기는 부정적 결과에 대해 이야기하고 있다. ①, ②번은 꾸준히 운동하지 않을 때의 문제점과 그 결과에 대해 이야기하고 있으므로

주제와 부합한다. ①번은 you're in trouble…. ②번은 will simply disappear이란 표현에서 부정적 결과가 정확히 드러나 있다. ③번의 바로 앞 문장은 선택지가 아니므로 ③번 문장의 적합성을 판단하는 명확한 근거가 된다. Since the demand of training isn't present, your body simply slinks back toward baseline. ①, ②번과 마찬가지로 운동을 멈췄을 때의 부정적 결과를 보여주고 있다. 하지만 ③번은 갑자기 근육을 만들기 위해 단백질 섭취를 해야 한다고 이야기하고 있으므로 앞의 흐름과 맞지 않는다. ④번의 뒷문장은 선택지가 아니므로 ④번의 적합성을 판단하는 근거가 된다. ④번과 뒷문장을 연결해 보면 Of course라는 표현으로 인해 자연스럽게 잘 연결됨을 확인할 수 있다. 사실 마지막 문장은 문두에 But이 생략된 형태로 볼 수 있으며, Of course ~But은 하나의 패턴처럼 두 문장을 자연스럽게 연결해 주게 된다.

해석 당신이 여행하는 중이거나, 당신의 가족에 집중하거나, 혹은 직장에서의 바쁜 시즌을 경험하든 아니든, 헬스장을 벗어난 14일은 단지 당신의 근육뿐만 아니라, 당신의 수행 능력, 뇌, 그리고 수면에까지 해를 끼치게 된다. ① 대부분의 전문가는 당신이 체육관으로 돌아오지 않는다면, 2주 후에 당신에게 문제가 생긴다는 것에 동의한다. "운동을 하지 않은지 2주쯤에, 건강 수준의 감소를 자연적으로 나타내는 수많은 생리학적인 표식들이 있다"고 뉴욕에 있는 운동 생리학자이자 엘리트 운동선수들과 일을 하는 트레이너인 Scott Weiss가 말한다. ② 결국, 모든 능력들에도 불구하고 인체는 (심지어 건강한 신체조차도) 민감한 시스템이고, 만약 당신의 운동량이 줄어들면 훈련을 통해 생기는 생리적 변화는(근력 혹은 더 좋은 유산소 기반) 그냥 사라질 것이라고 그는 언급한다. 운동 요구가 없기 때문에 당신의 몸은 단순히 기본적인 상태(baseline)로 슬그머니 돌아갈 것이다. ③ 당신의 몸에 빠른 속도로 더 많은 근육을 만들기 위해 더 많은 단백질이 요구된다. ④ 물론, 얼마나 많이 그리고 얼마나 빨리 당신의 건강이 원점으로 되돌아갈 것인지는 당신이 얼마나 건강한지, 나이가 몇 살인지, 그리고 땀을 흘리는 것이 얼마나 오랫동안 습관이었는지 같은 많은 요소들에 따라 달라진다. "2개월에서 8개월 동안 운동을 전혀 하지 않는 것은 당신의 건강상태를 마치 이전에 전혀 운동한 적이 없는 수준으로 감소시킵니다."라고 Weiss는 말한다.

07

정답 ③

정답의 단서 흐름상 적절하지 못한 문장을 찾는 문제에서 대부분의 답은 바로 앞문장에 나온 특정 단어를 사용하여 마치 앞 문장과 연결되는 듯한 느낌을 주게 만든다. 따라서 단순히 앞의 문장에 나온 단어나 소재의 언급이 적절성의 판단 기준이 되어서는 안 된다. 항상 주제와 일치하느냐가 첫 번째 판단 기준이 되어야 하며, 선택지가 아닌 문장들과 문맥상 잘 연결되느냐가 두 번째 판단 기준이 되어야 한다. 이 글은 오로라의 발생과정을 설명한 글이다. ①, ②, ④번 모두 오로라의 발생과정을 설명하고 있지만, ③번은 지구 양극으로의 여행 거리에 대해 이야기하고 있으므로 흐름상 적

절하지 않다. ③번은 바로 앞 문장에 나온 the polar regions라는 표현을 차용하여 the poles라는 단어를 사용함으로써 마치 앞 문장과 내용상 연결되는 듯 보이게 만드는 함정을 만들어 놓았다.

해석 오로라는 태양풍과 지구 자기장 사이에서 일어나는 상호작용으로 생겨난다. 태양의 가스가 폭발하면, 일부 입자들은 태양풍 현상을 일으키며 날아가 버린다. ① 태양풍 입자들은 시속 600,000마일 이상의 속도로 이동하며, 지구로 접근하는 데 2~3일이 걸린다. ② 이 입자들이 지구에 도달하면, 일부 양자와 전자들이 지구 자기장에 잡힌다. 이 현상은 자기장이 다른 곳보다 더 강한 지구 극지방에서 가장 빈번하게 발생한다. ③ 각 극 사이의 거리가 멀어서, 한 극에서 다른 극으로 이동하는 데 오랜 시간이 걸린다. ④ 그 양자와 전자들은 이 자기장에 붙잡혀, 거대한 타원형 형태로 돈다. 이 전자들이 지구 자기장의 가스와 상호작용할 때, 그들은 환상적인 "불빛 쇼"를 내보이는 것이다.

08

정답 ③

정답의 단서 이 글은 아이가 가치를 배우는 시기에 대한 언급으로 시작된다. learn values라는 화제는 ①번의 moral education이란 표현과 잘 이어진다. ①에서는 보모가 아이의 감정을 조정하면서 아이들의 반사회적 행동을 교정한다고 하였다. ②번에서 나열하고 있는 방법들(체벌에 대한 위협, 사랑 철회, 외면, 박탈, 타인의 고통 환기)은 모두 아이들의 감정을 조정하는 방법들의 예이다. 따라서 ①과 ②는 매끄럽게 연결된다. ③에서는 갑자기 과한 벌의 부작용을 언급한다. 이렇게 되면 주제가 체벌로 옮겨가 버리게 되며, 다음 문장에는 체벌에 관련된 이야기가 이어져야 자연스럽다. 하지만 ④번에서는 다시 ②에서 나열한 도덕적 교육 방법들(each of these methods)의 효과를 언급하고 있다. 따라서 ③번만이 나머지 선택지와 동떨어진 내용을 다루고 있고, ③번을 뺀 상태에서 ②번과 ④번을 연결해 읽으면 더 매끄럽게 읽히는 것을 확인할 수 있다.

해석 아이들은 매우 어렸을 때부터, 제대로 된 이성적 판단을 하기 이전부터 가치를 배우기 시작한다. 어린아이들은 우리 어른들이 납득하기 힘든 식으로 행동한다. (어린아이들은 소리를 지르고, 음식을 집어 던지고, 아무 데서나 옷을 벗고, 때리고, 할퀴고, 물고, 대개는 소란을 피운다.) ① 도덕 교육은 아주 어렸을 때부터 부모가 이러한 반사회적 태도들을 고쳐 주면서부터 시작되며, 보통은 아이들의 감정을 조절해 줌으로써 태도를 교정한다. ② 부모는 체벌을 하겠다고 겁을 주고(너 맴매한다), 사랑을 철회하며(너랑 더 이상 안 놀아!), 외면하거나(네 방으로 가!), 박탈하고(간식은 없을 줄 알아!), 타자의 고통을 환기시킨다(저 봐, 너 때문에 아파하잖아!) ③ 너무 과한 벌은 부모로 하여금 자신의 행동을 후회하게 만들지 못한다는 걸 이해하는 것이 중요하다. 그것은 그저 아이가 억울함을 느끼게 만들게 된다. ④ 이러한 방식들은 각기 잘못된 행동을 했던 아이가 부정적 감정을 경험하게 하고 그 경험을 벌을 받게 되는 행동으로 연결 짓도록 만든다.

09

정답 ③

정답의 단서 글의 서두에 주제가 명쾌하게 제시되어 있으므로 주제만 파악해도 쉽게 답을 찾을 수 있다. 첫 번째 문장에서는 질문을 통해 독자의 주의를 환기하고, 그에 대한 답을 바로 뒤에 제시함으로써 주제를 밝힌다. 광고와 지도 모두 제한된 진실(a limited version of the truth)을 전달한다(communicate)는 것이 주제다. ①번은 모든 것을 말하지 않는다(neither can meet its goal by telling or showing everything), 즉 제한된 사실만을 말하거나 보여준다고 했으므로 주제와 부합한다. ②번 역시 suppress or play down이라는 표현에 축소와 제한의 의미가 드러나 있다. ③번은 창의적 광고의 효과에 대한 내용으로서 제한한다는 내용과 관련이 없다. ④번은 omit details라는 표현을 통해 광고뿐만 아니라 "지도"가 제한된 정보를 전달함을 알 수 있다.

해석 광고를 하는 것과 지도 제작은 어떤 공통점이 있을까? 의심할 바 없이 최고의 대답은 그것들이 제한된 형태의 진실을 전달해야 하는 필요성을 공유하고 있다는 것이다. ① 광고는 매력적인 이미지를 만들어 내야 하고, 지도는 분명한 이미지를 제공해야 하지만, 어느 것도 모든 것을 말하거나 보여 줌으로써 자기 목적을 충족할 수는 없다. ② 유사 제품과 비교하여 좋은 점을 홍보하거나, 경쟁 제품과 차별성을 두거나, 기업 이미지를 돋보이게 할 때, 광고는 소금과 포화 지방의 존재, 형편없는 보상 수리 기록, 또는 공정거래법과 근로 기준을 위반하고 환경 규제에 저촉한 행위에 대해 유죄를 받은 것을 숨기거나 축소해야 한다. ③ 창의적인 광고는 더 기억에 잘 남고 오랫동안 기억되는 것이며, 매체를 덜 활용해도 효과가 있고, 팬층을 더 빠르게 형성한다. ④ 마찬가지로 지도도 혼란을 일으키거나 보는 이를 산만하게 만드는 세부 사항을 제거해야 한다.

10

정답 ②

정답의 단서 When you choose to adopt a puppy and you have a toddler, a pet several months old is the best choice. 위의 첫 번째 문장에서 the best choice라는 표현에 정확하게 드러나 있듯이, 이 글은 "유아가 있는 집"에서 애완견을 입양할 때 필요한 조언을 주고 있으며, 애완견을 선택할 때는 갓난 새끼보다는 생후 몇 개월 정도 지난 강아지를 키우라는 것이 핵심이다. ①은 좀 더 나이가 든 강아지(an older puppy)가 왜 더 나은 선택인지를 밝히고 있으므로 주제와 부합한다. 하지만 ②번은 갑자기 어린 강아지일수록 길들이기 좋다고 하며 앞의 주장과는 반대되는 주장을 하고 있다. 특히 이 주장에는 서두의 주제에서 전제로 하고 있는 "유아가 있는 집"을 전혀 고려하지 않고 있다는 점에서 글의 맥락에 벗어난다. ③, ④ 모두 아이들이 있는 집을 전제로 논지를 전개해 가고 있으므로 글의 주제에 부합한다.

해석 애완견을 입양하려 하는데 당신이 갓난아기 자식이 있다면, 생후 몇 달 된 강아지가 가장 좋다. 갓 태어난 새끼 강아지들은 놀라울 정도로 연약해서 당신의 어린 자녀들이 단순히 잘못 들거나 떨어트리는 행위만으로도 의도치 않게 다칠 수가 있다. ① 조금 더 큰 강아지는 어린 자녀들을 더 잘 피할 수도 있고 너무 강하게 사랑받는 것도 피할 수가 있는데 그럼으로써 또한 강아지가 스스로를 방어하기 위해서 당신의 자녀를 우발적으로 무는 것을 방지할 수 있다. ② 갓 태어난 새끼 강아지들은 연령이 있는 강아지들보다 훈련하기가 쉽다―예를 들어, 배변훈련을 비롯해 기초 훈련(앉아, 그대로 있어, 엎드려 등), 잔재주 등이 있다. ③ 유아기를 넘은 어린 자녀들 역시 관리가 필요하긴 하지만, 보살핌의 책임을 도와줄 수 있다. ④ 애완견을 입양하는 것은 정말이지, 아이들에게 책임감을 길러줄 수 있는 아주 좋은 방법이지만, 그렇다고 강아지를 희생시키면 안 된다는 것을 명심해라.

11

정답 ②

정답의 단서 When we go to the doctor, we bring **not only** our symptoms **but also** <u>our personalities and our unique reactions</u> to the way the doctor conducts the medical evaluation.

첫 문장에서 알 수 있듯 글의 핵심의 병원에 갈 때 동반되는 환자의 성격과 반응이다. ①번 역시 their feelings라는 단어가 첫 문장의 our personalities and our unique reactions라는 표현과 의미상으로 일치한다. 첫 번째 문장과 ①번 모두 환자의 성격, 반응, 감정에 초점을 맞추고 있다. 하지만 ②번에서는 갑자기 초점을 환자들과 대화를 나누는 의사들의 태도에 맞춘다. 이 문장이 흐름상 적절하려면 다음 문장 역시 환자보다는 의사에 태도에 초점을 맞춘 내용이 전개되어야 한다. 하지만 선택지가 아닌 다음 문장(선택지가 아닌 문장은 판단의 근거가 된다)은 다시 환자의 감정에 초점이 맞춰져 있다. However로 시작하는 문장을 ①번과 직접 연결해 보면 ②번을 넣고 연결했을 때보다 훨씬 자연스러운 것을 확인할 수 있다. ③과 ④ 역시 환자의 감정에 대한 내용으로서 흐름상 적절하다.

해석 진료를 보러 가면, 우리는 우리의 증상만 보여주는 게 아니라 우리의 성격과 의사가 의학적인 진단을 내리는 방식에 따른 우리의 독특한 반응을 보여준다. ① 많은 사람들이 의사와 좋은 분위기의 대화를 나누기에 적합한 감정들을 전달하는 데 있어서는 저만의 스타일이 있다. ② 좋은 의사들은 보통 효과적으로 환자들과 소통하기 위해 침착하고 냉정하지만 친절한 태도를 취한다. 하지만 의사와 환자의 관계에 있어서 장애를 일으킬 수 있는 여타 감정들을 맞닥뜨리게 될 수도 있다. ③ 더구나, 우리가 의사에게 가는 부모나 배우자와 함께 동행 하는 가족이라면 우리는 아마도 우리의 사랑하는 이가 이러한 성격들을 드러내는 장면을 목격하게 될 수도 있으며, 이로 인해 심려하게 되거나 곤란을 겪게 될 수도 있다. ④ 일반적인 문제들로는 걱정, 부정, 그리고 분노가 있고, 우리는 사랑하는 이들과 함께 병원에 가기 전 그러한 가능성 있는 반응들에 대해 대비를 해야 할 것이다.

12

정답 ②

정답의 단서 흐름상 어색한 문장을 찾는 데 있어서 가장 중요한 것은 주제를 찾는 것이다. 사실 글의 모든 문장은 주제문과 주제를 뒷받침하는 문장들의 결합이다. 흐름에 맞지 않는 문장은 결국 주제를 벗어난 문장을 의미하며, 선택지를 판단할 때는 문장과 문장 간의 관계보다는 주제와의 관계가 우선되어야 한다. 이 유형의 문제에서 자주 사용되는 트릭은 앞 문장에 제시된 소재, 즉 단어들을 사용하여 마치 이야기가 매끄럽게 전개되는 듯 보이게 만드는 것이다. 따라서 단순히 앞 문장과의 관계만을 따지면 출제자가 파놓은 함정에 빠지기 쉽다. 흐름에 어색한 문장을 판별하는 두 번째 전략은 각 선택지의 앞뒤 문장을 직접 연결해 보는 것이다. 가령, 주제에 비추어 ③번 선택지가 의심스럽다고 판단될 경우 ③번 문장을 배제하고 ②번과 ④번의 문장을 직접 연결해 보는 것이다. 만약 ③번을 빼고 연결했을 경우가 ③번을 넣고 연결했을 때보다 더 자연스럽다면 ③번이 정답이 되는 것이다.

이 글의 주제는 두 번째 문장에 must를 사용하여 정확하게 드러나 있다. you **must** control your attention to control your life. 삶을 통제하기 위해서는 주의집중력을 통제해야 한다는 것이다. ②번은 얼핏 주의집중과 관련되어 보이기는 하지만 느닷없이 몰입의 부작용을 설명하고 있다. 앞의 두 번째 전략에서 말했듯, ②번을 빼고 앞뒤 문장을 연결해 보면 ②번이 있을 때보다 훨씬 매끄럽게 글이 전개되는 것을 알 수 있다.

해석 당신의 주의는 당신이 경험하는 것을 결정하고, 당신의 경험들은 당신이 사는 삶을 결정한다. ① 혹은 이렇게도 얘기할 수 있다 : 당신은 당신의 삶을 주도하기 위해 당신의 주의를 통제해야만 한다. 주의 관리란 주의가 흐려지는 것을 통제하고, 순간 속에 존재하면서, 흐름을 찾고 집중력을 극대화하는 연습인데, 이것을 통해 당신에게 내재된 특별한 재능을 끄집어낼 수 있다. ② 이것은 반응하는 것 대신 의도적인 행동을 하는 것이다. 이것은, 당신의 집중력이 빼앗기고 있을 때 (혹은 빼앗길 가능성이 있을 때)를 포착하고, 그렇게 빼앗기는 대신 당신이 선택한 활동들에 집중하는 능력이다. ③ 당신이 어떤 일에 너무 몰두한 나머지 당신의 건강을 해칠 수 있음을 잊어서는 안 된다. 엉뚱한 것들이 당신의 집중력을 흐트러뜨리게 하지 말고, 어느 순간이든 당신이 당신의 우선순위와 목표를 이해하는 것에 근거해 어디에 관심을 둘 것인지를 결정해라. ④ 향상된 주의 관리 능력은 향상된 생산성으로 이어지지만, 해야 할 일을 적어둔 목록을 체크하는 것을 넘어 훨씬 더 많은 것을 다룬다. 그 궁극적인 결과는, 바로 당신에게 중요한 것들을 중심으로 선택하는 삶을 창조하는 능력이다. 이것은 단순히 집중을 훈련하는 것 그 이상이다. 이것은 당신의 시간과 우선순위들을 관리하는 능력이다.

13

정답 ②

정답의 단서 첫 번째 문장에 글의 주제가 잘 드러나 있다. Our personality type plays an important role in helping us to choose a well-suited career. 우리의 성격 유형이 직업을 선택하는 데 중요한 역할을 한다는 것이다. 그리고 두 번째 문장에서 그 성격은 어려서부터 형성되어 비교적 잘 변하지 않는다고 말한다. 이 두 문장이 글을 끌고 가는 전제가 된다. ①의 remain consistent라는 단어에서 알 수 있듯 앞 문장에 이어 계속해서 성격의 잘 변하지 않는 특징을 설명하고 있다. 하지만 ②는 갑자기 성격과 태도를 비교하며 초점을 태도에 옮겨 간다. 하지만 Therefore로 이어지는 다음 문장을 보면 behavior에 대한 이야기가 나오지 않는다. ②를 빼고 앞뒤 문장을 바로 이어 보면 역시나 ②가 들어 있을 때보다 이야기가 더 매끄럽게 전개됨을 알 수 있다. ③과 ④는 직업 선택에 있어서 성격의 중요성을 잘 보여주고 있으므로 주제와 잘 부합되고 있다.

해석 우리의 성격 유형은 우리에게 잘 어울리는 직업을 선택하는 것을 돕는 중요한 역할을 한다. 성격이란 이른 시기에 형성되는, 비교적 굳어진 특징의 집합이다. ① 유전적이거나 사회적, 문화적이고 환경적인 요소의 영향을 받는 이 특징들은 대개 다양한 상황 속에서도 내내 일관되게 유지된다. 어떤 상황에서든지 인간이 행동하는 방식은 일반적으로 비슷한 상황에서는 똑같을 것이다. ② 성격의 특성들은 대부분이 고정된 것으로 여겨지지만 행동은 바뀔 수 있다는 증거가 있다. 그래서 우리는 과거의 경험에 기초해 우리의 앞으로의 행동을 보통은 예측할 수 있다. ③ 대개, 사람의 성격은 변하지 않는다; 따라서 성격은 그가 그 일에 적합한지를 나타내는 가장 강력한 지표이다. ④ 자신의 성격 유형을 알고 이해하는 것은 직업을 선택하는 데 있어서 몹시 이로운 것인데, 이는 어떤 성격의 특징들로 직업만족도를 예측할 수 있기 때문이다.

14

정답 ③

정답의 단서 첫 번째 문장에 글의 주제가 잘 드러나 있다. 모든 사람들은 사회적 관계, 사회적 인정, 소속감을 필요로 한다는 주장으로서, 각 문장들이 이 주제를 뒷받침하는 데 필요한 문장인지를 판단하며 읽어야 한다.
→ ① 사회적 인정을 필요로 하는 인간의 자의식
→ 사이버 공간은 소속감의 필요를 잘 충족시켜 줌.
→ ② 사이버 공간에서 쉽게 애착 형성
→ 사이버 공간에서 특정 프로그램의 사용이 즉각적인 유대 관계를 형성해 줄 수 있음.
→ ③ **취미로 얽힌 동지애의 일시성(갑자기 화제를 일시적 동지애의 부정적 측면으로 전환함.)**
→ 프로그램을 사용하며 유대를 쌓는 과정 설명
→ ④ 새로운 환경의 사이버 공간일수록 유대감이 각별하다.

해석 모든 사람들이 대인 관계 접촉과 사회적 인정, 그리고 소속감을 필요로 한다. ① 여러분은 모두가 여러분이 누군지 아는 곳으로 무의식적으로 가고 싶어 하는데, 사람의 자의식은 다른 사람들이 그 존재를 인정해주는 것에 기초한다. 왜냐하면, 사이버공간은 온갖 종류의 사회적 환경을 제공하기 때문에, 그것이 무슨 종류의 집단이든 간에 그 집단에 소속되고자 하는 거의 모든 개인의 욕구를 충족시킨다. ② 사람들은 자신들의 집단에 대한 애착을 쉽게 구분하고, 서로 특정 관심사를 다루는 각기 다른 집단에 가입한다. 그저 특정 프로그램의 유저가 되는 것만으로도 그 프로그램을 사용하는 다른 사람들과 즉시 동지애를 만들어낸다. ③ <u>취미로 얽힌 일시적인 동지애는 각 구성원의 이해관계로 인해 결코 오래 가지 못한다.</u> 여러분은 그 프로그램에 대해 이야기하고 팁을 공유하며, 어쩌면 서로 그 프로그램을 쓰면서 소통할 수 있을 것이다. ④ 그런 형제애와 같은 느낌은 사람들이 완전히 새로운 환경에서 힘을 모을 때 특히 강하다. 그들은 새로운 세상을 만드는 개척자가 된 것 같은 느낌을 갖는다. 그것은 창조적인 과정에 속하는 무척 중독적인 감정이다.

15

정답 ③

정답의 단서 글의 첫 번째 문장에 드러나 있듯, 이 글의 주제는 모집과 채용, 승진에 있어 소수집단 구성원(members of minority groups)에 대한 우대가 다수 구성원(members of the majority group)에 대한 역차별(discrimination)을 가져올 수 있다는 것이다. 글의 전개는 이러한 주장을 뒷받침하는 쪽으로 나아가야 한다. ①, ②, ④번 모두 그러한 주장의 근거에 해당한다. 하지만 ③번은 오히려 members of the majority group에 해당하는 사람들인 White men이 차별받는 일은 드물다는 내용을 제시함으로써 주제와 상반된다. 비록 앞의 문장에 등장한 White men이라는 소재를 사용하여 마치 앞의 문맥과 자연스럽게 연결되는 것처럼 보이지만 뒷문장인 ④번과는 매끄럽게 연결되지 않는다. ③번을 빼고 ②번과 ④번을 직접 연결해서 읽으면 더 매끄럽게 연결됨을 알 수 있다.

해석 소수 집단의 사람들을 모집하고 채용해서 승진시키려는 압박이 때로는 다수를 이루는 구성원들을 차별한다. 그 예로, 어떤 기업은 연방 지침에 부합하고자 조직 내 여성의 수를 더 늘리는 것에 집착해 남성의 기회균등을 거부할 것이다. ① 역차별이라 불리는 이 현상은 일반대학원과 전문대학원에서도 발생했는데, 이곳들은 성적과 시험 점수가 백인 학생 지원자들만큼 높지 않은 소수자들을 위해 일부 백인 지원자들의 입학을 거절했다. ② 여성과 소수자들이 자격이 비슷한 백인 남자들보다 승진에 훨씬 더 유리한 기회들을 가질 때, 역차별은 회사에서의 승진 결정에도 적용될 것이다. ③ <u>백인 남성들이 불리한 대우를 겪는 상황에 처하기가 쉽지 않다는 것은 다들 잘 알고 있다.</u> ④ 다수 집단에 속하는 직원들은 여성과 소수 인종에게 특혜를 주는 고용 관행이 자격 없는 사람들을 채용하게 만들었다고 믿을 것이다.

16

정답 ④

정답의 단서 이 문제는 탄수화물이 건강에 중요한 역할을 한다는 주장을 하는 글로서, 탄수화물이 왜 필요하며, 탄수화물이 결핍되었을 때 건강상에 어떤 문제가 생길 수 있는지를 설명하고 있다. 탄수화물의 중요성이라는 측면에 입각하여 각 문장들이 이러한 주제를 뒷받침하는지를 판단하며 읽어보자.
Carbohydrates are an essential part of a healthy diet.(주제문)
→ 탄수화물의 주요 기능 (①)
→ 탄수화물 섭취 권장량 (②)
→ 탄수화물이 부족할 때 건강에 미치는 악영향 (③)
→ **제대로 된 단백질을 적정량 먹는 것이 중요하다. (④)**
④번 문장은 바로 앞 문장에 나온 protein에 대해 언급함으로써 마치 앞 문장과 잘 연결되는 것처럼 보이지만, 탄수화물의 중요성과는 무관한 단백질 섭취의 중요성을 언급하고 있으므로 주제에서는 벗어나 있다. ④번을 뺐을 때, 그 앞 문장과 뒤 문장 모두 탄수화물 결핍 시의 문제를 다루고 있으므로 매끄럽게 잘 연결됨을 확인할 수 있다.

해석 탄수화물은 (당이며,) 건강한 식단에 꼭 필요한 부분이다. ① 탄수화물은 몸의 주요 에너지원이며, 또한 음식에 맛을 내고 달콤하게 하는 역할도 한다. 탄수화물은 글루코오스와 같은 단순 당으로도 있고 아밀로오스와 아밀로펙틴 같은 복잡한 당으로 존재하기도 한다. ② 영양학자들은 탄수화물이 음식의 1/4에서 1/5 정도는 차지해야 한다고 추정한다. 이 양은 하루 75-100 그램을 섭취해야 하는 양이다. ③ 탄수화물이 부족한 식단은 건강에 해로운 영향을 끼칠 수 있다. 몸에 탄수화물이 충분하지 않을 경우에는 글루코오스신합성이라는 처리 과정을 거쳐 단백질 공급원을 에너지로 사용하게 된다. 하지만 그럴 경우 필수 단백질의 부족으로 이어지고 더 많은 건강상의 문제를 일으킬 수도 있다. ④ <u>따라서 그로부터 건강 혜택을 누리기 위해서는 적당한 양과 적당한 종류의 단백질을 섭취하는 것이 중요하다.</u> 탄수화물의 부족은 경우에 따라 피로, 무기력, 호흡 곤란을 일으키는 케토시스(케톤이 쌓인 것)로도 이어질 수 있다.

17

정답 ④

정답의 단서 첫 문장이 무척 길긴 하지만, 구체적인 실험 결과를 통해 글의 주제를 명쾌하게 전달하고 있다. 자연의 소리가 우리의 정신과 감정에 긍정적인 영향을 미친다는 주장을 기준으로, 각 선택지의 문장이 이와 부합하는지 판단해 보자.
→ ① 자연의 소리가 끼치는 영향(인지능력에서 회복 효과 보임.)
→ ② 자연의 소리가 끼치는 영향(스트레스, 트라우마에서 더 빨리 회복)
→ 수술 영상을 보여 준 후 두 가지 소리를 들려주고 소리가 기분에 어떤 영향을 끼치는지 실험

→ ③ 자연의 소리가 끼치는 영향(자언의 소리를 들은 사람들은 인간이 만들어내는 소리를 들은 사람들보다 기분이 좋아지는 속도가 더 빠름.)

→ ④ 음악치료의 효과(자연의 소리를 음악 치료로 성급하게 연결시키는 논리의 비약)

마지막 문장 ④번이 It is concluded that···으로 되어 있으므로 위의 실험 결과들을 정리하고 결론짓는 역할을 한다. 하지만 music therapy가 소리와 관련되어 있을지는 모르지만 music therapy에 대한 직접적인 실험이나 언급이 없었으므로 자연의 소리를 음악 치료의 효과로 귀결시키는 것은 무리한 결론이다.

해석 렌슬러 폴리테크닉 연구소의 조나스 브라치 음악학 연구가인 조나스 브라치는 실험을 하는 동안, 산골짜기 시내가 흐르는 소리를 들은 직장인들은 평소의 사무실 소음이나 백색 소음을 배경 음악으로 들려준 사람들과 비교했을 때, 그들보다 업무 효율이 높아졌을 뿐만 아니라, 그들의 주변 환경에 대해 더 긍정적인 기분을 느꼈다는 것을 발견했다. 그는 "그들은 인내심을 더 갖게 되었고 실수도 많이 줄었습니다."라고 말했다. ① 자연의 소리는 인지능력에서 회복 효과를 보인다. ② 펜실베이니아 주립 대학 심리학자들의 2015년 연구에 따르면, 자연의 소리를 듣는 것은 사람들이 스트레스나 트라우마에서 좀 더 빨리 회복되는 것 또한 도울 것이다. 그들은 두 그룹의 사람들에게 마음을 불편하게 하는 수술 영상을 보여 준 후, 소리가 그들의 기분에 어떤 영향을 주는지 실험했다. ③ 그 비디오를 본 다음 자연의 소리가 녹음된 것을 들은 사람들은, 거기에 사람 목소리나 자동차 소리 등의 인간이 만든 소리들이 더해진 소음을 들은 사람들보다 기분이 좀 더 빨리 좋아졌다. ④ 음악 치료는 외상 후 스트레스 장애(PTSD)를 앓고 있는 사람들 사이의 증상을 감소시키는 유용한 치료 도구일 수 있다는 결론이 내려졌다.

18

정답 ④

정답의 단서 이 글의 구조를 보면 제일 앞 문장과 제일 뒤 문장이 선택지로 되어 있지 않다. 따라서 그 두 문장을 기준으로 삼아 나머지 문장의 적합성 여부를 판단해야 한다. 첫 문장에서 알 수 있듯 초기 인류의 의복을 이해하기 어렵다는 것이 이 글의 주제이며, 마지막 문장에서는 이러한 어려움에도 불구하고 어느 정도의 예측은 할 수 있다는 주장을 펼치고 있다.

초기 인류의 의복을 이해하기가 어렵다. (①)
→ But, 불가능한 것은 아니다. (②)
→ 이것을 이해하기 위한 또 다른 단서 (③ Another form of evidence) : rock paintings and etchings
→ 타투의 기능 (④) : 타투는 의복이라는 주제에서 너무 멀리 떨어짐.
④번 문장은 바로 앞 문장에 나온 body decoration이라는 표현을 써서 마치 앞문장과 연결되는 것처럼 보이지만, 실은 예시로 들었던 내용(body decoration)을 가지고 또 다른 주제(tattoo)의 글을 시작하고 말았다.

해석 초기 인류의 의복을 이해하는 일은 털이 지닌 부서지기 쉬운 속성에 의해 더욱 난관을 겪는다. ① 뼈와 돌은 수천 년을 살아남을 수 있을지 몰라도 털은 부패되어 사라져 버린다. 인간의 머리 털과 피부도 마찬가지다. ② 하지만 이러한 어려움 때문에 우리가 초기 의복과 장식을 전혀 모른다는 건 아니다. 어떤 경우 인간의 잔해는 얼음에 박혀 있기도 하고 매우 건조한 동굴에서 발견되기도 해서, 의복이 보존되었다. ③ 또 다른 형태의 증거는 의복과 머리카락 그리고 신체 장식을 묘사했던 초기 암석화와 에칭(식각, 새기기)에서 나온다. ④ 타투는 신체 장식의 대표적인 예로서, 불운을 마술적인 힘으로 막아주는 것으로 여겨지며, 그룹 내에서는 타투를 한 사람의 서열이나 지위를 알려준다. 비록 초창기 의복에 대한 우리의 지식은 아주 미미하기 짝이 없지만, 우리의 초기 조상들이 추위를 어떻게 피했는지, 혹은 그들의 동료들에게 어떻게 예쁘게 보이고, 어떻게 무섭게 보이게 했는지도 조금이나마 짐작해 볼 수 있다.

진가영

약력

現 박문각 공무원 영어 온라인, 오프라인 대표강사
- 서강대학교 우수 졸업(전액장학생)
- 영미어문(심화) 전공
- 중등학교 정교사(2급) 영어 소지
- 경찰 및 9급 공무원 영어 강의 6년 이상(개인 운영)

저서

- 진가영 단기합격 영어문법
- 진가영 단기합격 영어독해
- 진가영 단기합격 영어어휘
- 진가영 단기합격 영어 기출문제집
- 진가영 영어문법 이론적용 200제
- 진가영 영어독해 이론적용 200제

진가영
영어독해
이론적용
200제

초판 인쇄 | 2022. 9. 8.   초판 발행 | 2022. 9. 15.
편저 | 진가영   발행인 | 박 용   발행처 | (주)박문각출판
등록 | 2015년 4월 29일 제2015-000104호
주소 | 06654 서울시 서초구 효령로 283 서경 B/D 4층
팩스 | (02)584-2927   전화 | 교재 주문·내용 문의 (02)6466-7202

저자와의
협의하에
인지생략

정가 18,000원   ISBN 979-11-6704-892-9
                 ISBN 979-11-6704-890-5(세트)